NF文庫
ノンフィクション

真珠湾攻撃作戦

日本は卑怯な「騙し討ち」ではなかった

森 史朗

潮書房光人社

真珠湾攻撃作戦——目次

真珠湾攻撃作戦

——日本は卑怯な「騙し討ち」ではなかった

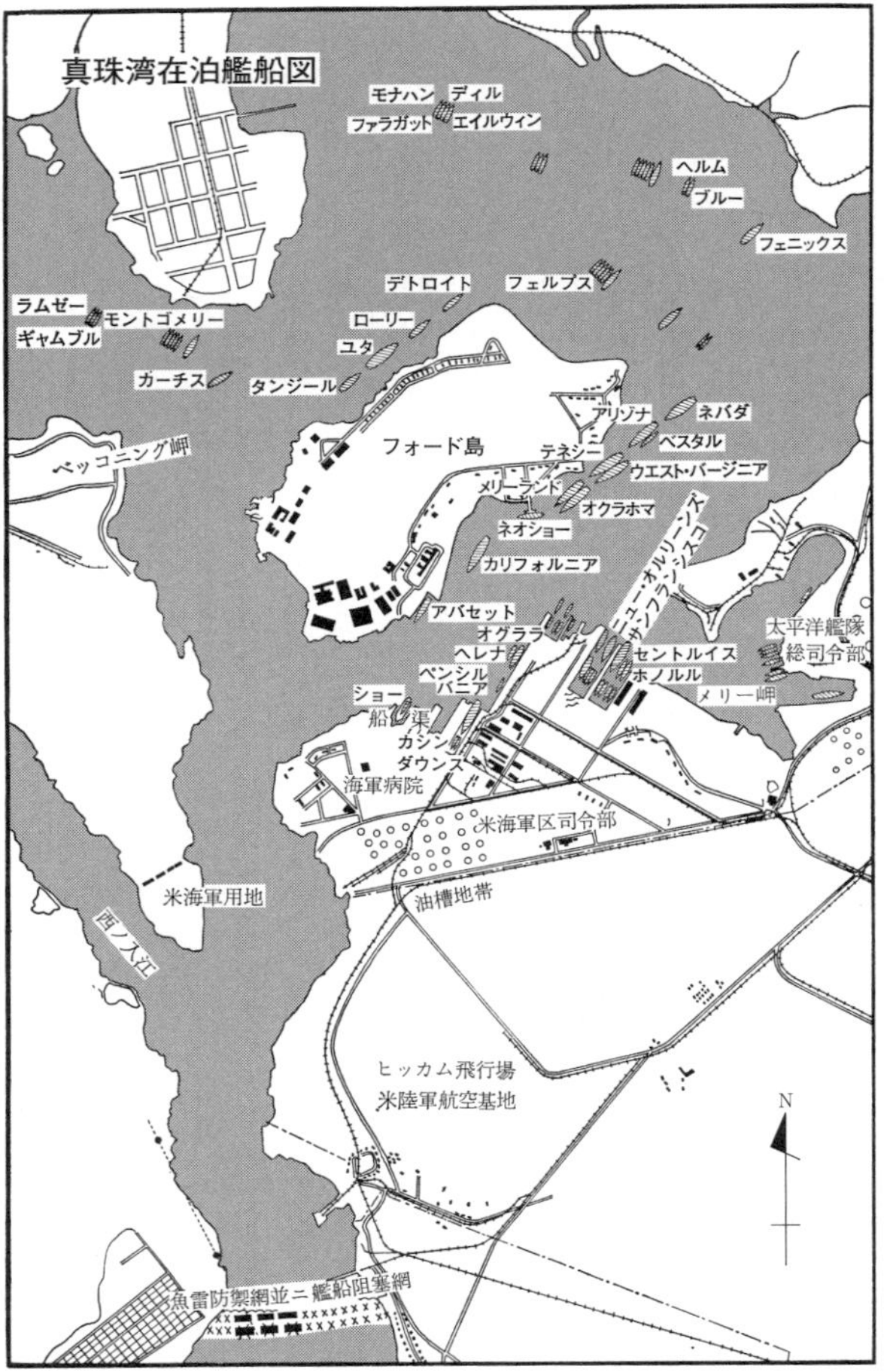

真珠湾在泊艦船図
モナハン
ディル
ファラガット
エイルウィン
ヘルム
ブルー
フェニックス
デトロイト
フェルプス
ラムゼー
モントゴメリー
ギャムブル
ローリー
ユタ
カーチス
タンジール
アリゾナ
ネバダ
ベスタル
テネシー
ウエスト・バージニア
ペッコニング岬
フォード島
メリーランド
オクラホマ
ネオショー
ニュー・オルリーンズ
サンフランシスコ
カリフォルニア
アバセット
オグララ
太平洋艦隊
総司令部
ヘレナ
セントルイス
ホノルル
ペンシル
バニア
メリー岬
ショー
船渠
カシン
ダウンス
海軍病院
米海軍区司令部
油槽地帯
米海軍用地
西ノ入江
ヒッカム飛行場
米陸軍航空基地
N
魚雷防禦網並ニ艦船阻塞網

プロローグ

秋の一日、東アジアや中東で戦争が起こるかも知れないという時期に、久しぶりに真珠湾を訪れることができた。

アリゾナ・メモリアルの入口で整理券をもらうと、腹のせり出した中年の女性警官が館内の映画館でフィルムを観たあと、ランチで対岸のフォード島に渡り戦艦アリゾナ・メモリアルに行くのが順路だと、親切に教えてくれた。

見まわすと、観光客であふれている。大半は米国人だが、日本人客もいて、団体で来ると一通りのコースを見終えるとさあっと潮が引くように去って行く。今は、日本人は私一人のようだ。

老夫婦が多いが、若い女性もいて、主婦らしい米人女性がメモを取ったり、熱心に展示物に見入っている姿も目立った。

真珠湾攻撃より六十一年目。それにしても、このあふれるような人々の関心の高さは何なのだろう。太平洋戦争のあと、米国は朝鮮戦争、ベトナム戦争、湾岸戦争、九・一一同時多発テロを経験している。

同時多発テロは、建国いらい自国を他国に侵攻されたことがないと誇示する米国民を震撼させる出来事であった。テロ行為と日本海軍によるハワイ奇襲作戦は、本質的にその意味を異にするが、いずれにしても「奇襲」であったことに違いはない。

過去の遠い戦争のはずが、それゆえにこそ、いま真珠湾なのだろうか。


映画は十五分ていどのもので、観客に日米戦争の発端と経過、アメリカの勝利、と簡単に歴史的背景を説明するためのものであった。説明役の海軍士官が制服姿で現れて、ここは観光地ではなく兵士たちの墓地で聖地なのだと言うと、ざわめいていた館内が一瞬のうちに静まり返った。

内容は当時のニュース・フィルムが主で、日華事変の勃発にはじまり、日本軍の満州進出、上海事変、南部仏印進駐とつづき、ルーズベルト大統領の対日石油全面禁輸が対米戦争の導火線となったと淡々とナレーションが付く。かつて耳にしていた中国での南京虐殺、その報復としての原爆投下、ミズーリ号艦上での降伏調印式といった露骨な政治臭が消え去り、夜明けの真珠湾ではじまり、日暮れてローソクが燃え上がる鎮魂のシーンで、場内が明るくなった。

このアリゾナ・メモリアル訪問は、私にとって初めての経験である。あまりに政治宣伝臭が強いと聞いていたので敬遠していたのだが、ニュース・フィルムを観て気づいたのは、一時さかんに耳にしていた真珠湾攻撃の「騙し討ち《トレチャラス・アタック》」の表現が一度も登場してこなかったことである。最初から最後まで、奇襲を意味する「surprise attack《サープライズ・アタック》」が一貫して使われていた。

対岸のフォード島へは、二〇〇人ていどの観光客を収容できるランチが出ている。毎便、満席である。

戦艦アリゾナは日本軍機の空爆により撃沈され、わずかにのぞいた艦の砲塔基部を浮桟橋より渡るメモリアルの建物から見下ろすことになっている。館内には、この艦で死んだ一、一七七名の墓碑銘が刻まれている。

戦艦アリゾナの浮き出た砲塔跡は赤錆びていて、不思議にいつまでも油が浮かんでくるといったような風説を忘れるほどに、古びていた。爽やかな海風が頬を撫で、空はあくまでも青い。

——だがあの日、この海面を這うようにして、日本機の搭乗員たちが決死の覚悟で突入してきたのは幻想ではなく、まぎれもない事実なのだ。

この日を忘れてはならない、と真珠湾五十年記念式典でジョージ・H・W・ブッシュ米国大統領は演説している。

「アメリカはかつてどのような国、どのような人種にたいしても戦いを挑んだことはなかった。われわれは、全体主義の悪夢にたいして自由と人間の尊厳を守るために戦った。

ヒトラーとトージョーが戦火を起こし、残虐な行為をおこなったこと。われわれはこれら独裁者にたいして戦いを挑んだことを、世界は忘れてはならない」（傍点筆者）

兵士たちは自国の自由のために戦ったのではない、すべての人々が自由を享受できる日を信じて戦ったのだと、ブッシュ大統領のスピーチがつづく。

この演説の重要なこの部分は、日本の新聞のみならず、米国紙もつたえていない。

トージョーとは、日本の開戦時の首相東條英機大将のことである。東條首相は、戦後極東国際軍事裁判でA級戦犯とされ、絞首刑の判決を受け、刑死した。

この東條裁判の冒頭陳述で、米国ジョセフ・B・キーナン首席検事は高らかにこう宣言している。

「被告らは文明にたいし宣戦を布告した。民主主義とその本質的基礎すなわち人格の自由と尊重を破壊せんと決意し、この目的のためヒットラー一派と手を握った。そして相ともに彼等は民主主義国家にたいし、侵略的戦争を計画し準備しかつ開始したのである。それのみではない、被告らは進んで人間を動産及び抵当物の如くに取り扱った。これは、殺戮と幾百万の人々の征服及び奴隷化を意味する。しかし、そういうことは彼等には何ら重要ではなかった。条約、協定および保障は、彼らにとってはじつに単なる言葉――紙片――でしかなかったし、アジアひいては世界の支配と統制が彼等の共同謀議の主意であったのである」

一九四一年（昭和十六年）、東條首相が日米交渉を戦争という手段でしか解決しえなかったのか、という点については大いに批判のあるところである。だがしかし、少なくとも彼はヒトラーのナチス・ドイツと同じ大虐殺《ホロ・コースト》の実行者ではなく、残虐行為の命令者でもなかった。

勝者が敗者を裁く戦争裁判は国際法上、脆弱な根拠しか持ちあわせていない。法理論的に無理があり、新しく法律を造り出し、それによって過去を裁くという遡及法《そきゆう》を持ちこんだところに、戦勝国側はこの裁判の正当性を主張することはできない。さらにまた、一般市民を無差別に殺戮する広島、長崎への原爆投下が、戦争犯罪として東京裁判でなぜ裁かれなかったのか。

その意味で、当時のフランクリン・D・ルーズベルト大統領は完全に無謬《むびゆう》であったといえるのだろうか。ただ一方的に日本軍の奇襲攻撃を受け、壊滅的な真珠湾での被害を喫しながら、何の準備もなく立ち上がって戦ったと言えるのだろうか。

戦争の危機が今なおつづく世界では、何が戦いの引き金となったのかを解明しなければ、いつまでも過ちはくり返される。雄々しい大統領のスピーチから修辞的な意味あいを取り除けば、過去に二つの国で起こった戦火の真因について、何も語られていないことに、不満が残る。

一方の日本も、相手国を「鬼畜米英」と罵り、十二月八日の朝、仏文学者辰野隆《ゆたか》は「感じたことを一言でいいますと、ざまあーみろです」と敵意の気持をあらわにした。この敵愾心《てきがい》は何によってもたらされたのだろうか。

時が移り、ルーズベルトもトージョーも今は同じ地表の下に眠っているのだ。

南雲忠一中将麾下《きか》の機動部隊六隻の空母から飛び立った攻撃隊三五〇機は第一次、第二次とわかれて真珠湾に殺到した。

村田重治少佐のひきいる雷撃隊は全速で低空を突っ走っていた。高橋赫一少佐の急降下爆撃隊はフォード島の格納庫群に突入を開始している。総隊長淵田美津雄中佐の指揮する水平爆撃隊が上空にあり、さらにその上を板谷茂少佐の制空隊が直衛している。

米戦史家は「かつて、このように憎悪にみちた集団を知らない」と書いた。

オアフ島のきらびやかな空の下、戦艦アリゾナを見下ろす式台に立って、彼らの幻影をたどりながら、私はつくづくと深い疑念にとらわれていた。

——なぜ、このような悲劇が起こってしまったのだろうか？

第一部　暁のZ作戦

第一章　機動部隊出撃す

1　謎の北上

横須賀軍港沖一番浮標《ブイ》を離れた第三戦隊旗艦比叡は、最後の訓練のため木更津沖へむかった。翌日正午、ふたたび燃料搭載のため横須賀港防波堤へ。重油一四二トンを積み込み、大島海上に出た。

ここで二番艦の戦艦霧島と合流し、江田島を巣立ったばかりの少尉候補生を移乗させ、一路エトロフ島単冠湾《ヒトカップ》に向け北上を開始した。一九四一年（昭和十六年）十一月十七日のことである。

少尉候補生は海軍兵学校七十期生で、いずれも大正十、十一年生まれの二十歳前後の若者たちであった。彼ら愛媛県大洲中学出身の青木国雄以下二四名は、時局悪化のため在校期間が短縮され、卒業後の楽しみであった遠洋航海も中止。いきなり第一線配備となる。

卒業時の校長は、のちにラバウル基地にあって活躍した南東方面艦隊司令長官草鹿任一中将で、彼ら七十期生徒が江田島湾から巣立って行く姿を見送って滂沱《ぼうだ》の涙を流した、と語りつたえられている。

戦争の差しせまった情勢を何も知らされずに無邪気に艦船配置に旅立って行く若者たちを見て、このなかの何人が生きて還れるのだろうかと思うと涙がとまらなかったというのが、クラス代表幹事香取穎男に語った老提督の述懐である。

戦艦比叡には、もう一人の乗艦者がいる。海軍の作戦を司《つかさ》どる軍令部第三部の対米諜報班、鈴木英少佐であった。鈴木少佐は横浜発日本郵船所属の客船大洋丸でハワイ航路を往復し、この日早朝、横須賀港に最新の真珠湾情報を持ち帰ってきたばかりであった。その情報は、単冠湾に集結しハワイ作戦にむかう機動部隊首脳が待ちこがれているものである。

比叡は一路北上をつづけ、三日後に色丹《しこたん》島、国後《くなしり》島を望む海上に出た。針路一〇度、速力一二節《ノット》（注、一ノットは一時間に一カイリの距離。一、八五二メートル）、気温三度半、天候は曇。単冠湾までは約六〇浬《カイリ》である。

「左艦首五十五浬に択捉《エトロフ》島のベルタルベ山が見え、右三十度遙か前方には二航戦の飛龍、蒼龍が同航している。時々二羽宛並んで浮かぶ嘴《くちばし》の赤い黒鳥の夢を驚かして進む」

と、このとき比叡艦橋にあった第三戦隊機関参謀竹内将人少佐が日記に書いている。

静かな北上であった。空母蒼龍は第二航空戦隊（注、以下「二航戦」と略記する。他航空戦隊も同じ）旗艦で、飛龍とともに同十八日、九州佐伯湾を抜錨した。第一航空戦隊の空母赤城はそれに先行し、空母加賀はおくれた。第五航空戦隊（五航戦）の空母瑞鶴、翔鶴は十九日零時に別府湾を進発して北上を開始した。いずれも訓練を装った隠密行である。

エトロフ島単冠湾は、ちょうど南千島の国後島とウルップ島の中間にあり、秘密基地としては絶好の位置にある。

人々の出入りもなく、晩秋の湾口はすでに寒風が吹き荒れ、遠くにのぞむオンネノポリ山は厚い雪におおわれている。二つの小さな漁村とそれぞれの小学校、郵便局一つ。そして荒涼たる山々と雪とがそのすべてであった。

二十二日午後、比叡はエトロフ島ウエンジリ岬をまわり込み、単冠湾に入った。ウエンベツ丘沖に先着していた五航戦の両空母近くに投錨する。水深一五〜二〇メートル。艦船泊地に適したこの狭い湾内に、おびただしい艦船が集結していた。

空母六、戦艦二、重巡二、軽巡一、駆逐艦九、潜水艦三、大型タンカー七隻、合計三〇隻。一、二、五航戦を統一指揮する第一航空艦隊（一航艦）——史上初の空母機動部隊である。

機動部隊の旗艦赤城が九州佐伯湾を出撃したのは十一月十八日午前九時のことである。豊後水道を南下し、土佐沖を大きく迂回して太平洋に出た。

旗艦赤城に坐乗する第一航空艦隊司令長官、すなわち機動部隊指揮官は南雲忠一中将である。明治二十年、山形県米沢市生まれ。父は旧米沢藩の下級武士で、一石二人扶持。維新後は上長井村の村長をしていた。郡役所の書記なども勤めている。

米沢藩は藩主上杉鷹山《ようざん》のすぐれた治政で知られ、その師細井平洲を招いて藩校が建てられた。興譲館がそれで、明治になって興譲館中学となり存続した。

校風は上杉鷹山の遺風を汲み、質素倹約、質実剛健をモットーとした。この興譲館中学を中心として、山下源太郎大将を頂点とする「米沢の海軍」が誕生している。

南雲中将は、その伝統をつぐにふさわしい海軍部内での出世ぶりで知られている。すなわち明治四十一年、海軍兵学校三十六期を成績五番で卒業。海軍水雷学校高等科、海軍大学校甲種学生、軍令部第一班第一課、海軍大学校教官、重巡高雄、戦艦山城艦長、第一水雷戦隊、第八戦隊司令官、水雷学校、海軍大学校各校長……。

当時、海軍部内には大別して二つの大きな流れがあった。一方を条約派といい、加藤友三郎―財部彪《たからべたけし》―岡田啓介の系統をつぎ、近くは米内光政―山本五十六―井上成美らがそのライン上にある。他方を艦隊派といい、ロンドン軍縮条約に反対した反条約派ともいう。加藤寛治―大角岑生《みねお》―末次信正―高橋三吉らである。南雲はその艦隊派の若手の雄であった。

前者を英米派といい、また海軍軟派と呼ぶのも当時の風潮を表していて興味深い。他方は当然のことながら硬派と呼ぶが、いざ戦争となった場合、これら軟派と侮られた山本五十六、古賀峯一、豊田副武ら三人の連合艦隊司令長官によって太平洋戦争が戦われたことは、歴史の皮肉といえる。

条約派と艦隊派の対立は、昭和五年に締結されたロンドン軍縮会議において軍艦の保有率を「総括的七割」で妥協した政府、海軍省案（浜口雄幸首相—財部彪海相）を、軍令部（加藤寛治軍令部長—末次信正同次長）が弱腰として強硬に反対したことに起因する。この動きは野党政友会を巻き込み、右翼勢力の応援を得て、部内を揺るがす一大騒動となった。

これは一九二一年（大正十年）に開かれたワシントン軍縮条約に遠因している。この会議には海相加藤友三郎大将が出席し、主力艦の対米保有比率七割を主張したが、最終的には米英日の比率五・五・三に押し切られた。それを不満とする艦隊派がふたたびロンドン軍縮条約締結派を軟弱とし、海軍を二派に分裂させる大きな企てをしたのだ。

その結果、何が起こったのか。同軍縮会議に出席した海軍記者伊藤正徳は、海軍の損失として「軍人の下剋上と海軍の人的損失」の二点をあげている。

すなわち、加藤・末次の反対派コンビは辞職したが、喧嘩両成敗の形で次代の海軍を担うはずの次官山梨勝之進中将も同時に更迭され、カミソリと評された軍務局長堀悌吉少将も海軍を去る破目に陥った。

堀少将を無二の親友と敬愛していた山本五十六は、のちに伊藤正徳にむかって、「堀を失ったのと、大巡（重巡）一割とどちらかナ。ともかくあれは海軍の大馬鹿人事だ」と切言したという。

この潮流のなかで、若き日の南雲忠一は、艦隊派の雄とも呼ばれるにふさわしい存在と化していた。颯爽とした〝水雷屋〟南雲大佐の印象を、のちに真珠湾攻撃の第一次攻撃隊総隊長となった淵田美津雄中佐が描写している。

それは昭和八年十一月、南雲大佐（当時）が重巡高雄艦長、淵田大尉（当時）が軽巡名取乗り組みのときのことだ。

高雄は第三戦隊三番艦で、司令長官高橋三吉中将の直率であった。南雲大佐は淵田の眼から見ると「新進気鋭の俊秀」で、艦隊の錚々《そうそう》たる艦長にくらべてもひけをとらない「ピカ一の存在」として光っているように思われた。

「艦隊作業は、やることなすことにソツがないし、うまいもんだなアと感ずることばかりである。艦隊の研究会あたりで、陳述するのを聞いていると、成程とよく筋が通って啓蒙されることばかりである。これは大した切れものだと頭が自然に下がる。しかも豪放磊落で、情に厚く、私達若いものの面倒もよく見て呉れた。私達は心からなる尊敬を以て、この有能な艦長に絶対の信頼を置いていた」

昭和八年といえば、南雲大佐は四十六歳。壮年の絶頂期にあったのだろう。

こんな逸話もある。前任の軍令部第一班第二課長時代のことだ。兵学校一期後輩の海軍省軍務局、井上成美第一課長のもとに酔っ払った南雲大佐が訪ねてきた。ちなみに南雲の酒豪ぶりは有名で、井上は宮城出身で、同じ東北人ながら酒は一滴も飲《や》らない。

このときの二人の争いは、これもまた、のちの海軍に禍根をのこした「軍令部条例改定」「省部事務互渉規程」——海軍大臣の権限を大幅に制限し、統帥側の軍令部総長に国防、用兵上の権限を強化させた——をめぐってのものであった。

井上成美伝記刊行会編『井上成美』によると、海軍省内でひとり強硬に反対をつづける井上大佐にたいし、「井上、貴様のこの机。ひっくり返してやるぞ」といきまいたという。

井上が「うん、やれよ」と相手にしないでいると、しばらくたって伏見宮邸の桜見の会で、酔った南雲が、

「井上の馬鹿！　貴様なんか殺すのは何でもないんだぞ。短刀で脇腹をざくっとやればそれっきりだ」

明治維新のさい、大政奉還をめぐって異論を唱える土佐藩主山内容堂に西郷隆盛が、「短刀一本あれば足りる」と威嚇して黙らせた故事を思い出してのことか。

それにしても、「大佐にもなっている士官にあるまじき暴言」と同伝記の編者は呆れている。騎虎《きこ》の勢いとはいうものの、激発型の彼の性格を表して余りあるエピソードと言えよう。

——その南雲中将が、いまハワイの米太平洋艦隊にむけて進撃を開始しようとしている。

では、対米強硬策を主張する艦隊派による日米決戦のストーリーとはどのようなものであ

ったのか。

開戦直前、昭和十六年十一月五日発令の「機密連合艦隊命令作第一号」に、艦隊派が信奉する日本海軍の伝統的な戦略構想が提示されている。

それによると――。

日本の戦略目的は、対日石油全面禁輸に踏み切った米国に代わる南方資源地帯を確保するのが第一であったから、まず比島基地を制圧し、ボルネオ、セレベスの油田地帯を押さえる。これに第三艦隊の戦艦群を当てる。さらにマレー半島の英国軍基地を叩き、スマトラ、ジャワ島に進出する。南遣艦隊がこれに参加し、第十一航空艦隊の全航空部隊が両作戦の支援に当たる。

主力は、真珠湾を発して日本に進撃するアメリカ戦艦群との対決にむかう。

一方、米太平洋艦隊司令長官ハズバンド・E・キンメル大将が起案した「太平洋艦隊作戦計画第四六号」（一九四一年七月二十一日付）によれば、戦艦部隊はマーシャル群島方面に進撃し、日本軍基地を破壊し、占領する。作戦目的は南方進出をめざす日本軍の攪乱《かくらん》が主で、空母部隊と潜水艦は本州近海に出没し、適宜《てきぎ》奇襲攻撃を加える。そして艦隊泊地としてトラック島を占領し、ここを基点とする。あくまでも欧州を第一義とし、日本艦隊との決戦は出来るだけ避けるというのが基本構想だ。

この両者の作戦構想によって、日本側が想定する主力艦同士の艦隊決戦が起こり得るだろうか。

日本側戦略構想の最大の隘路《あいろ》は、米艦隊来攻の主導権が相手側に握られていることである。邀撃《ようげき》作戦——その時機が到来するのを、ただ坐して待つのか。

それを憂えたのが、連合艦隊をひきいる山本五十六大将であった。南方資源地帯確保を第一義とすれば、開戦劈頭《へきとう》にまず米太平洋艦隊の空母、戦艦部隊を叩き、ハワイに釘づけすることによって南方作戦の完遂をめざす。放胆だが、それ以外に日本の戦う途《みち》がない、というのが山本長官の戦略構想であった。

南雲中将にとって、この山本構想は驚天動地の出来事であったことは想像に難くない。

では、なぜ史上初の空母機動作戦の指揮官に南雲中将が選ばれたのか。これは、海軍省における平時の人事感覚というべき他はない。米海軍のキンメル大将も然り。日本海軍には俗にいう〝ハンモック・ナンバー〟と呼ばれる序列人事があり、兵学校卒業順次、のちの論功行賞などによってすべての任官順位が決まる。

ちなみに、一期下にのちに南雲長官の後任となる小沢治三郎、三期下に五航戦司令官原忠一、四期下に二航戦司令官山口多聞など各将官がいるが、ハンモック・ナンバーでは南雲のほうが上位にある。

たとえば、小沢治三郎の場合、このとき南遣艦隊長官としてサイゴンに在るが、前任の第一航空戦隊司令官時代に、航空戦指揮に水際だった手腕を発揮した。これも淵田中佐にまつわる逸話だが、昭和十四年十一月、彼が飛行隊長として空母赤城に着任したとき、司令官として小沢がいた。艦長は草鹿龍之介大佐。

開戦二年前で、小沢―淵田のコンビはわずか一年たらずにすぎないが、本来〝水雷屋〟であるはずの小沢司令官がこのウルサ型の飛行隊長を瞠目《どうもく》させる作戦指揮を見せた。淵田もその期待にこたえ、ここで母艦航空部隊の用法について、さまざまな改革案を実現させている。

現在から見れば当たり前のようだが、大艦巨砲主義の感覚に立てば、いかにも常識外れの、破天荒な理論であった。まず第一は「母艦群の集中配備」という当時としては画期的なアイデアである。従来は空母それぞれが主力部隊に配備され、補助兵力としてしか位置づけられていないのにたいし、この固有の編制を外し空母だけを集中配備して、独自に一個航空艦隊を編制する。これは、のちにハワイ作戦を成功させる鍵となったアイデアだが、当時の常識では、赤城の飛行隊長が他の母艦飛行機隊を統一指揮しようものなら、当の艦長から、

「よその隊長がわきから口を出すな」

と抗議を受ける始末であった。

だがこの建策は、小沢少将の大いなる賛同を得て、同少将から海軍大臣あて「航空艦隊編成に関する意見」が提出されている。

なお、この空母の集中配備は、一航艦の航空参謀源田実中佐がアメリカのニュース映画を見て着想をえたと本人も書き、通説ともなっているが、すでに小沢―淵田コンビで昭和十五年六月、吉田善吾海相あてに建策がなされているのである。同様のアイデアが出ているのは、すでに新しい母艦作戦の用法の機が熟していたと見るべきだろう。

また、母艦機の急速着艦訓練——一機ずつ格納庫に収容する手間を省いて、つぎつぎと着艦させせ、飛行甲板前端部にためていく。衝突を予防するために飛行甲板にバリケードを立てて防ぐ。これで着艦収容の飛躍的な時間短縮となった。

一航戦の攻撃隊員の技倆は超一流のものとなり、翌年十月の教育年度仕上げの際、淵田少佐のひきいる九七艦攻二七機が夜間雷撃訓練を実施、全機命中の成果を挙げた。

これを見ていた山本連合艦隊長官から、

「作業見事なり」

と賛辞の電報が打電されてきた。淵田隊長もわが意をえたという思いだったが、山本長官は、これでハワイ作戦の成果も確実に挙がると自信を深めたのである。

だが、開戦一年前の人事異動で、小沢少将は第三戦隊司令官に、淵田少佐は三航戦参謀となった。小沢—淵田の「航空コンビ」は通常の人事行政で栄転となり、息のあった航空主兵論者はバラバラに解体された。小沢提督の建言によって、新編成された第一航空艦隊（空母四隻で編成）長官には、航空畑には無縁の南雲忠一中将が序列で選ばれることになった。淵田少佐の切歯扼腕するさまが想像できよう。

海軍省首脳は日華事変当時、米内海相—山本次官—井上軍務局長の条約派、いわゆる〝左派トリオ〟で、一貫して日独伊三国同盟反対の立場をとったが、平沼騏一郎内閣の総辞職によって、条約派の吉田善吾海相と交代した。

吉田海相が病に倒れると、及川古志郎と豊田貞次郎のコンビが後をつぎ、さっさと三国同盟に賛成した。後任の嶋田繁太郎海相は陸軍に〝受けの良い〟山本の同期生で（注、井上成美は前掲書で、嶋田を「三等大将」と酷評している）、軍令部総長は艦隊派の巨頭、永野修身《おさみ》大将。この流れでいえば、南雲忠一の評価が海軍部内でいや増すのは当然といえるだろう。

南雲中将は最後までハワイ作戦実施に抵抗した。一方の旗頭キンメル大将も、のちに真珠湾防衛の責任を問われて海軍を追われた。この二人の行末を思うとき、何とも皮肉な人事という他はない。

さて、南雲長官の股肱《ここう》の臣ともいうべき参謀長は草鹿龍之介少将、首席参謀は大石保大佐である。この二人も、山本五十六のハワイ作戦を「投機的」「大バクチ」と見た。

草鹿参謀長は南雲長官の五歳下、四十九歳であった。石川県出身で、開戦時に兵学校長から第十一航空艦隊長官に転出した草鹿任一中将の従兄《いとこ》に当たる。

草鹿参謀長も砲術科出身だが、その経歴に見るように南雲長官よりまだ航空用兵に柔軟な考えを持っていた。

空母鳳翔、赤城の艦長をつとめ、日本海軍士官によるグラフ・ツエッペリン飛行船の太平洋初横断の経験もある。前任は第二十四航空戦隊司令官。

猪首の、ずんぐりとした村夫子《そんぷうし》を想わせる風貌だったが、剣道の達人で一刀流の免許皆伝となり、太い腕から振りおろされる太刀さばきは、圧倒するような意志の強さを感じさせた。

草鹿は、山本長官にたいして歯に衣を着せずものをいうことで、他の参謀たちときわだった対照をなしていた。このころになると、彼のように長官にたいしてズケズケとものをいう幕僚はほとんどいなかった。軍歴においても（連合艦隊においてただ一人の日露戦争経験者である）、その政治歴において、また体力において、闘志においても、山本にかなう人物はなく、そしてすでに連合艦隊司令長官としての山本大将は、尊敬されるというより、むしろ渇《かつ》仰《ごう》の対象に近い。

草鹿がこの作戦にあまり反対するので、あるとき山本長官は、

「いくらぼくが将棋やトランプが好きだからといって、あまり投機的、投機的というなよ」

と苦笑したほどであった。

山本長官のハワイ作戦企図は、草鹿参謀長の指摘するように「投機的」であることに間違いなかった。山本の海軍航空本部長時代、航空主兵主義の大西瀧治郎が頭角をあらわすが、その大西にあてた手紙にみずからの尋常ならざる意図が簡潔に語られている。

昭和十六年一月下旬のことで、美濃罫紙三枚につづられ、「第十一航空艦隊参謀長大西瀧治郎殿」と達筆な字でつづられてあった。

「……攻撃は片道攻撃とし、目標は戦艦とする。また、攻撃部隊の責任者には、連合艦隊司令長官の職を辞して、不肖山本がこれに当たる」

飛行機隊がハワイを攻撃すると同時に母艦は引き返し、帰途についた搭乗員は不時着水して潜水艦に収容され、本土に帰還するという決死の作戦であった。

この大西宛書簡には、軍令部や連合艦隊司令部幕僚たちが思いもよらない政戦略家の山本

の憂慮がのぞいて見える。

「我南方作戦中の皇土本土の防衛術力を考慮すれば真に寒心に耐えざるもの之有り」

とは、南方作戦中に米空母部隊の空襲を受ければ東京、大阪の主都市は一たまりもなく焼き尽す恐れがある。この予言は適中し、翌年四月十八日のドゥーリットル空襲ではやすやすとB25型爆撃機の侵入、爆弾投下を許した。

「国論は果して海軍に対し何といふべきか日露戦争を回想すれば……」

とは、日露戦争のさい津軽半島沖に出現したロシア軍艦を見て函館区民にパニックが起こり、近在に逃れ、また貯蓄銀行に取り付け騒ぎが起こった騒擾《そうじょう》事件を指している。山本は軍艦日進に乗り組み日本海海戦に参加しているから、国民の付和雷同ぶりを思い起こしたのであろう。

文中にある「桶狭間」と「ひよどり越」と「川中島」とを合せ行ふ、とは、寡兵をもって大敵に対す劣位戦を覚悟し、川中島合戦のような息の長い戦いをも展開する持久戦の心得を忘れてはならない、と戒めているのである。

大西少将はこれを一航艦の航空参謀源田実中佐に披瀝し、源田が攻撃目標の第一を戦艦とするのはおかしい、空母こそ目標だと日ごろの持論をのべると、大西はこう答えたという。

「お前の考えはよく判る。俺もそう思った。しかし、長官は全然別なことを考えておられるのだ。開戦の初頭から片道攻撃をやる、こんな馬鹿げた戦争をやる国民がどこにある。さあ、そこだ、そこのところだな、相手に与えるそうした心理的効果をねらっておられるのだ。日本人というやつは無茶苦茶な戦さをする、こんなのを相手に当り前の戦さをしたら馬鹿をみるぞ、とアメリカの国民に思わせる。それが戦争を終らせるかも知れぬ。戦争は亡国に導くと考えている長官は、そこをねらっておられるのだ」(『悲劇・真珠湾攻撃』)

これは後の話になるが、「日本人というやつは無茶苦茶な戦さをする」という山本長官の意図は、見事に米国側の心理を見ぬいていたようである。

米国の歴史学者ロベルタ・ウールステッターによれば、「米海軍にしても一回の攻撃に二隻を越える空母が使われるとは考えていなかった」という。それというのも、米海軍自身の能力をもとに考えていたからで、

「(米国上下両院合同)議会査問会でも、一九四五年になってはじめて参加した空母が六隻であると判明したわけだが、海軍側証人は空母は四隻と信じきってそれをたびたび口にしている。どこの海軍が、一作戦に全主力空母を投入するだろうか、というのがその理由である」

2　単冠湾上にて

旗艦赤城が単冠湾に投錨したのは、比叡より先んじた午前九時三〇分のことである。

この日、単冠湾は朝から雨まじりの雪が降り、風速一〇メートル、気温はすでに氷点下に

達していた。ふりしきる氷雨は南雲長官の座る艦橋を叩きつけ、内部の熱気でガラスは水蒸気にぬれていた。

南雲長官は赤城艦橋の右窓寄りの、通称〝猿の腰かけ〟と呼ばれる高椅子に腰を下ろしている。反対側に艦長長谷川喜一大佐、背後に一航艦の草鹿参謀長、大石首席参謀以下の各幕僚が顔をそろえている。

ふだんは艦橋外で発着艦の指揮をとる増田正吾飛行長も傍らにいて、後続の各艦がつぎつぎとさだめられた位置に投錨するのを眺めていた。

「各艦無言なるも、意自ら通ずるものあるを覚える。蕎麦《そば》屋の二階に集り来る義士のような気持である。

時々、吹雪交りの寒雨降り来りて、一層その感を深くす」

と、増田中佐の日記にある。

三川軍一中将のひきいる第三戦隊の高速戦艦比叡、霧島、さらに山口少将麾下の二航戦空母蒼龍、飛龍、原少将指揮する五航戦の空母翔鶴、瑞鶴、阿部弘毅少将の第八戦隊重巡利根、筑摩、第一水雷戦隊司令官大森仙太郎少将坐乗の軽巡阿武隈を中心とする駆逐艦九隻、そして給油艦七隻が湾内をうずめつくした。

その大艦隊を、まだ何も知らされていない一般乗員は茫然とながめているばかりであった。湾内の水は暗く、凍てつく寒さが錨甲板に出た乗員たちを襲ってくる。

翌日は新嘗祭《にいなめ》であった。昔は、陰暦十一月の中の卯の日におこなわれ、その年の新穀をはじめて天地の神々にささげる宮中の儀式だったが、近代では十一月二十三日がその祭日となった。

この日早朝、おくれていた一航戦の空母加賀はようやく基準排水量三八、二〇〇トンの巨体を単冠湾に現し、赤城の近くに錨を下ろした。佐世保出港いらい格納庫では、水深の浅い真珠湾のための浅沈度用魚雷一〇〇本の改造のため、工事関係者が不眠不休で仕事をつづけ、ようやく間に合ったものである。彼らは取付け工事をおえて退艦したが、機密保持のため十二月八日までは同湾で外出禁止となった。

午後一時、前路哨戒隊として急遽編入された第二潜水隊の伊十九、二十一、二十三潜水艦がすべるように冬の海に黒々とした艦体を現した。これで機動部隊の全艦艇がそろったわけである。

この日、吹雪はやみ、厚い雲のなかから弱い冬の陽がのぞいた。声をだせばすぐ木霊《こだま》がかえってくるような奇妙に静かな一日であった、と記録はつたえている。

午前九時、旗艦赤城に各隊司令官、幕僚、艦長、航海長が集められ、草鹿参謀長以下一航艦幕僚による計画説明があった。

草鹿参謀長はまず米側情報から説明に入った。「米国は日本の比島攻略は考えているが、ハワイ空襲などは考えておらぬらしい。その証拠に、たとえば電報などは生《ナマ》で打っている」

しかしながら、まだ戦争がはじまったわけではない。決定は今月一杯で決まるとして、「日露戦争以後、大海戦は初めてである。したがって実際戦ってみると、具合の悪いことが沢山出てくると思われるから、細かい点まで今後とも注意し、万遺憾なきよう注意されたい」と、いかにも長官の女房役らしい口調で言った。草鹿参謀長は「十中九分通りまで戦争することになっている」という言い方をしたが、命令を下す側の山本長官は、日米和平交渉にまだ一縷《る》の望みを託している。

出撃前の十一月十三日、岩国基地で麾下の各長官を招いて攻撃計画を説明したさい、日米交渉が妥結した場合、攻撃部隊はただちに引き返せ、しかも母艦を飛び立った後でも反転せよ、という命令にたいし、南雲長官が、

「引き返すのは士気にかかわります」

と不満を洩らし、つづいて二、三の長官から口ぐちに同調する発言がなされたところ、山本長官は、はげしい口調で、つぎのように宣告した。

「百年兵を養うは、ただ平和をまもらんがためである。指揮官のうちでも引き返すことができないと思うものがあれば、ただ今から出動を禁止する。即刻辞表をだせ！」

全艦隊の将兵、本職と生死をともにせよ、とかたい決意を披露する長官の声に一同は声をのみ、ただ頭を垂れるのみであったという。

草鹿参謀長は「今後とも電波を輻射《ふくしゃ》（放射）せぬよう」と厳重に無線封止を守るよう指示し、注意事項を具体的にのべた。

「一、敵機の空襲に対し対空射撃が迅速に出来る様、充分準備し注意され度い。
一、敵水上部隊の襲撃が一番心配だからこれに対する支援部隊の行動を手抜かりなくやられ度い。
一、空襲終了後は敵機の来襲は必ずあると予期されるから気を弛めぬ様注意のこと。赤城を中心として警戒航行序列で帰途につく。
一、行動圏が大きいから何かのため立往生にならん様に、機関その他には特に注意のこと、長官も心配して居られる。
一、味方機が近づく時は、艦上機は脚を出して来る、水偵機が来ることもあるが、これは味方識別の波状飛行を行う」

本行動中の通信関係はとくに大切、と草鹿参謀長はつづけた。「こちらからは全然電波を輻射しない。当隊の電報はみな放送による」とし、

「一、往航時は電波戦闘管制
特令なき限り各級指揮官と雖《いえど》も勝手に電波を輻射しないこと、但し独断専行を要する場合は別、分離する必要があった場合も同様である。
一、攻撃隊の帰還後は電波警戒管制、各級指揮官の所信によりやってよいが、敵に発見さ

れる迄は極力電波を輻射せぬこと。

指揮官の知らぬ電波は絶対に出させせぬこと、順調に経過し帰る時もまた戦闘管制とせられることがある。
一、平文は絶体絶命の時以外は使わぬこと、これにより暗号解読の糸口になる、独ソ戦の時に平文によりソ連の配備が解ったと云う」
のちに問題となる無線封止は、この段階ではまだ微妙な言いまわしとなる。すなわち、徹底的な「電波戦闘管制」を指示しながら、「独断専行を要する場合は別」と緩みをもたせていることにある。このことが、のちに思いもかけぬ騒動の端緒となる。

最後に、草鹿少将はこれまで秘匿されていた作戦の企図を明らかにするように命じた。

「本日より、部下にハワイ作戦の内容を話してもよろしい」

つづいて首席参謀大石保大佐が立ち上がり、出撃予定日は三日後の二十六日。艦内哨戒予定とX日（攻撃予定日）夜、またはX+1日早朝に五航戦と三戦隊を分離し、X+2日早朝にミッドウェーを空襲することなどをのべた。

また、帰途をさえぎられた場合は、

「第一案　瀬戸内海へ
第二案　東京湾へ

第三案　単冠湾または北海道へ
第四案　マーシャル列島線を突き切り帰る」

四通りの方法がある、と司令官たちにつたえた。

空襲計画については、航空参謀源田実中佐が説明役に立った。

周知のように、ハワイ作戦の航空攻撃は源田実航空参謀が中心的役割を果たした。

山本長官は比島攻略の航空作戦を第十一航艦の大西瀧治郎参謀長に託し、真珠湾攻撃の全体を連合艦隊の首席参謀黒島亀人大佐に、航空作戦の実際を、この三十八歳の少壮参謀にゆだねた。彼ら三人は山本五十六の強力な信頼のもとに、攻撃計画の実施に当たったのである。

源田参謀は、海軍航空隊のなかでその抜擢《ばってき》にふさわしい人物であったことにまちがいはない。強烈な個性と歯にキヌを着せぬ物言いで敵も多かったが、海軍航空での先駆者的存在として、彼の理論に太刀打ちできる存在は数少ない。

明治三十七年、広島県生まれ。広島一中から海軍兵学校に進み、昭和三年、第十九期飛行学生となった。翌年、横須賀航空隊（横空）付で戦闘機専修学生。赤城、龍驤、霞ヶ浦航空隊、横空勤務から海軍大学校甲種学生へ。昭和十二年、第二連合航空隊参謀として日華事変に参加。のち横空教官に転じ、駐英大使館付武官補佐官、第一航空戦隊参謀がその主な来歴である。

「源田サーカス」や、彼が世界最大の戦艦大和・武蔵の建造を耳にしたさい、「秦の始皇帝は万里の長城を造ってその恥を千載に残し、日本海軍は大和、武蔵を造ってその悔いを後世に残すか」という有名な警句を吐いて名高いが、源田参謀による航空万能論は、当時の海軍部内にあっては急進的すぎるものの、しかし、その卓抜なアイデアと独特の理論が海軍航空隊の発展に影響をあたえたことは無視できない。

この日、源田参謀は第一次、第二次攻撃隊の編成、攻撃要領について詳細に説明した。最大の問題は、米太平洋艦隊が真珠湾に在泊しない場合の緊急事態であった。

艦隊泊地として使用される場所に、ハワイ諸島のなかで二番目の大きな島、マウイ島のラハイナがある。十九世紀に、帆船が泊地として活用したように、休火山ハレアカラを背景に、ここには静かな入江がある。

もしラハイナ泊地に米太平洋艦隊が碇泊していたら……。これは、真珠湾を想定して鹿児島湾で雷撃訓練を熟成していた艦攻隊員たちにとって、重大な盲点となる。その場合、三通りの手段がある、と源田参謀が言った。

「真珠湾在泊の場合は、全機をもってこれに攻撃を加える。もし、ラハイナ泊地に移っている場合は、まずラハイナを叩き、さらに全機真珠湾にむかう。三ヵ所に分散している場合は、二ヵ所を空襲する」

そして雷撃機の目標は空母、とかねてからの自説を強調した。

「雷撃機四〇機は、敵空母の右舷から一航戦、左舷から二航戦。戦艦四隻へは水平爆撃隊五〇機がこれにむかう。——もし空中で敵戦闘機の抵抗ある場合は、攻撃順序は戦闘機—艦爆

——水平爆撃——雷撃隊の順で行く」

代わって、水雷参謀渋谷龍稚《たつわか》中佐が先遣部隊二五隻の潜水艦配備について説明した。

ポイントは大型潜水艦五隻に搭載された特殊潜航艇の行動予定であった。秘密名「筒《とう》」と呼ばれている五隻はX-1日夜、真珠湾内に侵入し、空襲後残存艦を攻撃。X日夜湾外に脱出、味方潜水艦がこれを収容する。

機関参謀坂上五郎少佐が燃料補給について指示し、つづいて比叡から移乗してきた鈴木英少佐がハワイの最新情報について説明に立った。


鈴木少佐は、情報収集が専門ではない。飛行学生から軽巡神通分隊長、横空教官となり、昭和十一年、軍令部第三部第五課付となった。これが対米課報収集の主務課である。その後、横空分隊長、第四艦隊参謀、海大甲種学生をつとめた。いわば〝航空畑〟のエリートで、その華ばなしい経歴のゆえに白羽の矢が立ったのだろう。

鈴木少佐が隠密裡に乗り込んだ大洋丸には、もう二人の同乗者がいた。一人は潜水学校教官前島寿英中佐、他は特殊潜航艇の乗員松尾敬宇中尉であった。

前島中佐が船医に扮し、鈴木少佐がボーイに変装して邦人引き揚げ船大洋丸に乗船したいきさつは、戦後映画に輩出したスパイ映画のヒーローを彷彿とさせる。しかしながら、国家の運命を背負っている二人は、決死の覚悟でいた。

往路は機動部隊の進撃と同様に、北方航路をとる。霧が多く、波の荒い快適とはいえぬ航路である。米側の対日資産凍結により、邦人の引き揚げ収容の目的でハワイにむかうのだが、航路の気象、海象の状況、洋上補給、水上機使用の能否、商船との遭遇状況など、機動部隊にとっては垂涎《すいぜん》の情報が得られる航海であった。

真珠湾入港後は、事情を察知していた領事館側の説得もあって、大洋丸から一歩も船外に出ていない。船内電話は盗聴され、上陸すればかならずＦＢＩの尾行がつくからだ。大洋丸訪問と称して来船する奥田乙治郎副領事、海軍側スパイとして送り込まれた森村正一等書記生（注、実は、予備役の吉川猛夫元海軍少尉）らの情報をもとに、船上にあって真珠湾に出入りする艦船のチェックに当たった。

その結果は、確信にみちたものであった。第三潜水隊司令佐々木半九大佐の回想によれば、彼らが得た情報とは――。

「一、米太平洋艦隊は金曜日に真珠湾に入泊休養し、月曜日か火曜日に出港するのが通例で、大艦の錨地はフォード島の周辺である。

二、湾口には防潜網が張ってあり、ワイヤーを張れば網が展張され、これをゆるめれば網が海底につき、艦が通れるようになっている。

三、湾口付近は駆逐艦で哨戒しているが、範囲は湾口から十浬以内で、警戒はさほど厳重ではない。

四、真珠湾周辺は、右以外は平常とあまり変わらないようである。

五、ハワイ海域の海水の澄明度は内南洋程度と見てよい」

防衛庁戦史室著の戦史叢書『ハワイ作戦』には、鈴木少佐の帰国まで、「まだ機動部隊は敵艦隊がラハイナ泊地をその訓練基地としているかどうか判りかねていた」との記述がある。敵艦隊はラハイナ泊地を使用していない――という一情報将校の視認報告が、機動部隊の成否を決めたのである。

鈴木少佐の確信にみちた情勢分析は、前途に不安を抱いていた司令部幕僚たちを安堵させた。さらにフォード島岸壁に係留された戦艦群が二列配備であることも、雷撃隊、水平爆撃隊の戦法に重要な判断材料となった。

竹内将人少佐のこの日の日記は、簡潔にこうしめくくられている。

「一二〇〇　参集者一同でするめを裂き勝栗を噛って、予《あらかじ》め本作戦成功の祝盃をあげる」

つぎは、搭乗員たちがハワイ作戦の封印を解かれる番であった。翌二十四日午前九時、旗艦赤城に旗旒信号があがった。

「搭乗員ハ全員赤城ニ集合セヨ」

連絡便に乗って六隻の空母から赤城に参集したのは、その数約八〇〇名におよぶ。

実際に真珠湾攻撃に参加したのは三五〇機、七六五人だが、五航戦瑞鶴、翔鶴のように技倆未熟の搭乗員で不参加となった者もおり、赤城は人であふれ返るありさまであった。同年兵や同期生同士が集まって、取りあえずは久しぶりの出会いを喜び、肩をたたき合ってにぎやかな集いとなった。

その中心人物は、やはり第一次攻撃隊の総隊長淵田美津雄中佐であった。奈良県畝傍《うねび》中学校出身。兵学校では源田参謀と同じ五十二期で、前任は第三航空戦隊参謀であった。赤城飛行隊長は二度目であったから、いわば〝格下げ〟の人事である。

「いささかうんざりした」

と、淵田中佐は、戦後手記に書いている。

来年は四十の声を聞く齢である。願わくば飛行長という職を拝命できて、大きな双眼鏡を胸にぶら下げて、動物園の虎みたいに格納庫のエプロンを行きつもどりつすれば、御用はつとまる。飛ぶこともめったにないから、墜ちる心配はない……。

おまけに飛行長の増田正吾中佐から、

「てっきり飛行長だと早合点しましてね、さっそく私も荷物をまとめて転勤準備をやっていたのですが」

と言われる始末。「二度の飛行隊長というのは楽じゃないですな」と、苦笑いしながら返答するしかない。

赤城の雷撃隊長は村田重治少佐である。長崎県島原中学校出身。アダ名を「ブツ」といい、その由来ははっきりしないが、いつも長靴《ブーツ》をはいていたためとか、仏さんのような大きな存在であったから、とかの両説がある。

前任は龍驤飛行隊長で、この二人は源田参謀が海軍省にかけあって引きぬいた特別人事によるものである。その背後に、山本長官の巨大な意志が働いていたことは言うまでもない。

さらに、源田参謀の内意で、海軍省人事局がその希望をかなえた飛行隊長には、赤城の戦闘機隊長板谷茂少佐がいる。

板谷少佐は佐賀県三養基中学出身で、県下の俊秀と謳《うた》われ陸軍士官学校と兵学校を同時受験。入学成績が陸士一番、海兵二番という抜群の成績で、陸海軍が奪い合いを演じたという逸材であった。

板谷は兵学校をトップで卒業したさい、従来の常識を破って〝鉄砲屋〟砲術科を志願せず、飛行科を希望した。五十七期一二二名が卒業したのは昭和四年春のことだから、その一事を取り上げても板谷の先見性がよく理解できる。

兵学校恩賜《おんし》組の飛行科転向は、当時の海軍航空関係者を狂喜させたといわれる。もう飛行長となるべき人物と、優秀な飛行隊長を二人も迎えたのであるから、「注意深い観察者なら、第一航空艦隊が何か異常な任務を与えられ、その体制の整備に努めつつあることぐらいは判断できたであろう」と、源田参謀は指摘している。

さらに源田中佐によれば、世界でも革命的だと言われた至難な真珠湾での浅海面魚雷発射をこの〝雷撃の神様〟に相談したさい、

「どうだ、ブツ、出来るか」

「何とかいきそうですなあ」

と短い言葉をかわした。このわずかなやりとりが、海戦史上未曾有の大戦果をもたらしたことになる。

村田の性格は明るく大らかで、どんな沈痛な局面でも彼が姿を現すと座が明るくなった。中肉中背、物事にくよくよしない磊落な性格の持ち主である。のちに草鹿参謀長は、「頭がキレるという男でもない、かといって凡庸な人物とはいえない。肚のすわった、いい隊長でした」と言っている。

余談にわたるが、飛行学生の同期生新郷英城にこんな想い出がある。

村田を一期先輩として、開戦当初フィリピン航空攻撃に参加した新郷と、のちダバオ空襲に加わった龍驤戦闘機隊長相生高秀の兵学校五十九期生二人が、飛行学生二十五期のトリオを組んだ。

飛行学生といっても、この時代はまだノンビリしたもので、三人でお揃いの背広を作り、胸に色ハンカチをのぞかせ、日曜日の外出には霞ヶ浦から土浦まで出かけたものである。

日華事変が激化するまでは霞ヶ浦も泰平の時代で、よく飲み、かつ遊んだようである。遠くは銀座まで足をのばしたこともある。三人のうち、もっとも純情だったのが村田重治で、飛行学生を無事終了した昭和九年七月、隊門を出て土浦駅からそれぞれの配属先に転任することになった。

土浦には村田の馴染《なじ》みのエス（芸者）がいて、それこそ〝ホームの電柱の陰〟から見送りに来ている。村田は一見豪快そうにみえるが苦労人タイプで、人の面倒もよく見、芸達者でもあったから粋筋《いきすじ》にはよくモテたのである。

やがて汽車が発車し、むかいあう形で座っていた新郷と相生が、さぞ別れがつらいことだろうと声をかけずにいると、村田は両手で新聞をひろげ、顔を隠すように高く掲げている。

二人は顔を見合わせた。新聞がさかさまなのである。

「村田さん！」

新郷たちがのぞきこんでみると、村田の顔が、涙でくしゃくしゃになっていた……。


蒼龍水平爆撃隊の先任分隊長阿部平次郎大尉も、旗艦赤城に姿を見せていた。大正元年、香川県高松市生まれで、村田少佐の二期下。加賀の艦上爆撃機隊分隊士から大村航空隊、蒼龍と渡り歩き、昭和十三年十二月、蒼龍分隊長となった。日華事変では十二空の陸偵隊として奥地の単独偵察、戦闘機誘導、中攻隊との偵察協力と、危険だが地味な役割を果たしていた。

漢口基地攻撃では、地上銃撃中に中国軍歩兵の銃撃で被弾し危うく墜死する憂き目に遭い、九死に一生を得て帰還している。

この年の九月一日、二度目の蒼龍転勤が命じられ、てっきり艦爆分隊長と思い込んでいたところが、艦攻分隊長。しかも水平爆撃をやれ、とのお門違いの注文でおどろかされた。

ある日、源田参謀と行き交ったさい、
「おい貴様、どこに行ってたんだ。ずいぶん探したぞ」
と言われて、はじめて自らの立場の重さを知ったことだった。
他にも、同じような飛行機隊幹部がいた。第二次攻撃隊の総隊長、瑞鶴の嶋崎重和少佐である。

嶋崎少佐は三十四歳、赤城の板谷少佐と兵学校同期生。アダ名は〝おへんこ〟だが、その由来はだれも知らない。嶋崎少佐は三重県立上野中学出身で一高進学をめざしたが、受験直前に発病して断念。翌大正十五年、兵学校五十七期生となった。

一期上が翔鶴艦爆隊長高橋赫一少佐で、この縁で、高橋の妻マツエの妹ウメノと結婚し、二人は義兄弟となった。嶋崎少佐は第十四航空隊飛行隊長から瑞鶴へ、高橋少佐は宇佐航空隊飛行隊長から翔鶴へ転じてきたものである。

五航戦は八月八日の翔鶴、九月二十五日の瑞鶴就役をまってはじめて結成されたもので、搭乗員に熟練者が少なく、訓練も行きとどいていない。軍令部第一部長福留繁少将の記録によると、五航戦の搭乗員は着艦訓練や洋上航法通信訓練を主とし、爆撃、雷撃、空戦、夜間飛行などを十分にする余裕がなかった、としている。

「(一航戦は)二年三年と引続いて母艦に勤務する者が大部分であり、第一期甲種飛行練習生卒業者や、第六期、第七期乙種飛行練習生卒業者などは、未熟の若輩扱いにされていたのであるが、第五航空戦隊においては熟練者を多数に得ることが困難であったので、右のような搭乗員が中堅の主力であって、それよりも練度の低い者も多数配員された状況であった」

五航戦の搭乗員たちは、一、二航戦のベテラン連中から足手まといにされ、当時はやった漫画映画の主人公の名をもじって〝マルチン航空兵〟とあだ名され、からかいの材料となっていた。

実際の攻撃隊編成でも、五航戦の艦攻隊は水平爆撃のみの第二次で戦闘機隊は帯同せず、艦爆隊は第一次攻撃に参加するのみと、〝嶋崎おへんこ〟少佐は彼らの大いなる不満を買うことになった。

搭乗員総員を前に、最初に源田参謀が立ち上がり、「本機動部隊は十二月八日未明を期して真珠湾を奇襲し、米太平洋艦隊を撃滅する」と宣言し、

「詳細は各母艦において説明がおこなわれる。真珠湾の地図および模型は別室に供えてあるので、各順位によって見学する」

と、つけ加えた。

訓示が終り、各艦ごとに長官室中央におかれていた真珠湾の模型が披露された。二メートル四方の大型パノラマで、オアフ島全体が精密に再現され、各飛行基地、軍事施設、フォード島の戦艦列、空母群などが細大もらさず展示されている。

搭乗員の多くは、はじめてハワイ作戦を現実のものとした。加賀水平爆撃隊指揮官橋口喬

少佐は、すでに十月七日、志布志湾上での赤城ですでに見ていたが、その折、銅像の除幕式のように白い布をぱっと取りのぞくと真珠湾の精巧な模型があらわれ、飛行隊長以上が息をのむと、南雲長官が厳粛な面持ちで「これをやるのだ」と言った。

橋口少佐は、「自分も攻撃隊指揮官としてこの壮挙に参加できるのは搭乗員の本懐であるという感激で胸がいっぱいだった」としている（『昭三会記録』）。

このパノラマ型模型に一際《ひときわ》眼をこらす集団があった。第八戦隊の重巡利根、筑摩の水上偵察隊六人で、彼らは二機にわかれて、利根機はマウイ島ラハイナ泊地、筑摩機は真珠湾港へと事前偵察にむかうことが予定されている。

筑摩機の機長福岡政治飛曹長は、自分のあまりの任務の重さに眠れぬ日々をすごしている。彼ら三人は出港時、すでに飛行長小野二郎大尉からハワイ作戦の詳細を聞かされていた。

それによると、X日予定の十二月八日、攻撃隊発艦一時間前に零式三座水上偵察機をもって発進。ハワイの事前偵察をおこなう。むろん、ホノルルには情報部員が潜入しているが、もし情報不達の場合、第八戦隊は艦隊を離脱。X-1日に薄暮偵察をおこなう、というものであった。

いずれの場合も、失敗は許されない。操縦員伊藤祀一飛曹、電信員笠森重信三飛曹の表情に緊張の色が走る。

ラハイナ泊地にむかう利根機の機長は成川亮三飛曹長である。彼らは高度八、〇〇〇メートル、機速一二〇節で予定泊地にむかう。操縦員は高橋与市一飛曹、電信員奥信雄二飛曹。

福岡飛曹長は必死になってパノラマ模型を追ってみる。オアフ島は南北と東西に山脈が走り、それに囲まれてなだらかな傾斜があり、その懐《ふところ》に真珠湾がある。北東の季節風が絶えず吹いているから、風下から侵入するとすれば、西側の山脈をまわり込んで行くのが順当だ。模型の縮尺上の距離三〇浬。高度三、〇〇〇メートルに眼をもって行き、徐々に近づけながら地勢の見え具合を研究する。

操縦員伊藤一飛曹も、同じように身をかがめ、真珠湾の模型に顔を近づけて行く。傍目《はため》から見れば珍妙な行動にちがいないが、二人は大真面目である。

各艦搭乗員が分かれて母艦にもどり、午前九時から司令官、艦長、飛行科士官を集めて、南雲中将の訓示があった。

「暴慢不遜《ふそん》なる宿敵米国に対し愈々《いよいよ》十二月八日を期して開戦せられんとし、茲《ここ》に第一航空艦隊を基幹とする機動部隊は開戦劈頭敵艦隊を布哇《ハワイ》に急襲し、一挙に之を撃滅し転瞬にして米海軍の死命を制せんとす」

これが長い訓示のはじまりであった。南雲中将はつづける。「是実に有史以来未曾有の大航空作戦にして皇国の興廃は正に此の一挙に存す。本壮挙に参加し護国の重責を双肩に担う諸子に於ては誠に一世の光栄にして武人の本懐何ものか之に過ぐるものあらむや……」

この訓示の最後に、ひとつのハプニングが起こった。

「――訓示終り」と南雲長官が壇から降りようとしたところ、副官があわてて駆けよってきて、「まだ先の方が残っております」と注意した。長官は軽くうなずき、ふたたび壇上にのぼり、その先をつづけた。

「……希《こいねがわ》くば忠勇の士同心協力以て君恩の万分の一に報い奉らんことを期すべし」

長官の落ち着きはらった様子を見て前途の不安が消えた、との感想が見えるが、この手違いは南雲中将の心の安寧がまだ得られていなかったせいであるかも知れない。

波が荒れ、午後から雨となった。エトロフの山々は雪雲がおおっている。風雨乱れて、司令官、艦長たちの退艦後は連絡便も使えなくなり、この夜、飛行隊長のほとんどが赤城泊りとなった。

赤城の士官室では、源田参謀をかこんで飛行隊長、各分隊長たちの議論がかまびすしい。攻撃隊指揮官がつぎつぎと発言をもとめ、源田参謀に日頃の疑問をくり返した。

その一人が空母加賀の戦闘機隊先任分隊長志賀淑雄大尉であった。攻撃隊には各飛行隊長があり、分隊長は先任、後任に分れている。加賀の後任分隊長は二階堂易大尉である。

志賀大尉は旧姓を四元《よつもと》といい、蒼龍戦闘機隊の飯田房太大尉と兵学校同期生である。すでに中国戦線での熾烈な空中戦を体験し、第十三航空隊から加賀に転じた。当初、ハワイ奇襲を耳にしたとき、彼は真っ先に航空参謀に食ってかかっている。

「それは、けしからんことじゃないですか」と彼は憤然としていった。「なぜ、海上におびき出しても、堂々とやらないのか。司令部にその自信がないのですか」

「空母が真珠湾にいなければどうなりますか」と、板谷少佐が冷静な口調で、この論争に加わった。「また、ハワイ作戦の見通しはいいとしても、後の作戦の見通しはどうなのか」

この日も、奇襲攻撃について同じやりとりとなった。

「文句をいうな！」

源田参謀が一喝した。「戦闘機のことは板谷少佐にまかせる。こんどの攻撃の成否は一に雷撃機、二に爆撃機にある。おまえたちは、掩護を第一にして考えればいいんだ」

「いつ、どこの戦史をみても」と源田中佐はことばをついだ。戦備充分と思って勝った例はない。このまま手をこまねいていれば、海軍はジリ貧になってしまうのだ――。

「攻撃順序について疑問があります」

声の主は、翔鶴艦爆隊長高橋赫一少佐であった。

「私の経験では、重い爆弾を抱いた艦攻や艦爆が敵戦闘機に襲いかかられると、一たまりもない。それを防ぐには、まず第一に飛行場制圧、敵戦闘機を舞い上がらせないようにするのが肝要ではないか」

中国戦線での手痛い戦場体験から、高橋少佐は切々と自説をのべた。源田参謀が手で制し、この意見具申も一蹴した。

「高橋隊長、その事は後で話そう」

こうした源田参謀と現場指揮官との意見の対立は、後に思わぬ錯誤を生むことになる。

重大な関心事は電波輻射の問題であった。草鹿参謀長につづき、通信参謀小野寛治郎少佐の通信計画のなかに「もし攻撃前、エンジン不調となって不時着水した場合、救助活動の関係もあるので位置通報をしてもさしつかえない」との説明があったからだ。

「異議あり！」

赤城の艦爆隊先任分隊長千早猛彦大尉が立ち上がっていった。千早大尉も志賀と兵学校同期生である。「この日本がのるかそるかの大決戦に、どんな理由があろうとも攻撃前に電波を輻射することは反対であります」

そして、指揮官たちにこう訴えかけた。「どうだ。われわれはエンジンが止まったら黙って死んで行こうじゃないか」

この提案によって、攻撃前にはいっさいの電波を出さないことに決まったと、源田参謀の回顧録にある。司令部の不安は、千早大尉の自発的提案により一気に解消されたのである。

しかしながら、だからといって千早大尉が狂熱的な愛国主義者であったわけではない。大正二年生まれ、二十八歳。幼少のころは病弱で、鹿児島二中から兵学校を受験すると申し出て、兄正隆をおどろかせた。艦爆の偵察員となり、日華事変のさい陸軍の九八式陸偵をゆずり受けて陸偵隊を編成し、零式戦闘機の大勝利となった重慶攻撃では単機上空にとどまって中国軍機の反転を通報。零戦の重慶再突入を導き出して、未曾有の大戦果を演出している。

「激することもなく、沈むこともなく、強じんさを内に秘めて、黙々と事を運び、笑って耐える人であった。一方、苦しいとき、悲憤慷慨したくなるときに彼と話すと、実にユニークな言葉が返ってきた。不思議な魅力を持つ友であった」

と、同期生志賀淑雄の追悼文にある（『無二の航跡』）。

千早大尉は少佐に進級し、昭和十九年八月十一日、テニアン基地を発進し米機動部隊索敵に進発し、未帰還となっている。

最後の宴とあって、赤城主計科では生鮮食料品のほとんどを調理し、搭乗員たちに大盤振舞いをした。士官室では機関科や航海科の分隊長にまじって村田少佐が笑い声をたて、ハワイ作戦が初陣の若い後藤仁一中尉が隊長のくつろいだ表情に、緊張感が解きほぐされる思いでいた。

その夜は、嵐になった。狭い湾内を風が荒れ狂い、二〇メートルの強風が警戒駆逐艦を木の葉のようにもてあそんだ。南雲長官以下、草鹿参謀長たち各幕僚も、これが最後となるはずの夜を指揮官たちと過した。

「ほんとうに心ゆくまで語りかつ飲んだというのは、このときのことであろう」

と源田参謀は述懐している。事実、この日が永遠の別れとなった指揮官たちもいたのである。加賀の鈴木三守、牧野三郎、蒼龍の飯田房太各大尉……。

その鈴木三守大尉は、源田参謀に強い印象を残した。

宴果てて中佐が自室にもどると、ドアを叩く音がする。加賀雷撃隊の鈴木三守大尉であった。

「航空参謀、今度はどんなことがあっても、必中を期して魚雷を発射しなければなりません。

いくらの距離で投下すればよいと思われますか」

源田参謀は思わず笑った。自分は戦闘機乗りだ。それは君の専門部門だろう、と彼はいった。

「しかし、いくら近距離といっても、魚雷が調定深度に安定するだけの距離はとらなければならない、と思うがね」

「わかりました」と、鈴木大尉は思いつめた口調で答えた。「私は距離六〇〇メートルで発射します」

雷撃法は、すでに村田重治少佐からさんざん頭に叩き込まれていたはずである。あらためて航空参謀に確認をもとめに来たのは、やはり雷撃隊は二度と生きて還ることはできないという不安がよぎったためなのか。

鈴木三守の兵学校同期生、加賀戦闘機隊の二階堂易、蒼龍雷撃隊の長井彊、翔鶴艦爆隊の藤田久良各大尉も、同様に赤城にとどまり、赤城艦爆隊の阿部善次大尉たちとともに、車座になって仲間との最後の夜を過した。

南雲長官は、この夜も痛飲している。阿部善次大尉にとって、南雲長官と酒席をともにするのはこれで二度目であった。一度目は佐伯湾での合同襲撃訓練で、その夜は、鹿児島市岩崎谷の旅館で飛行科士官たちの送別会となった。

その席で、背が低くがに股の〝親しみのあるおじいさん〟南雲中将が一人ひとりに酒を注ぎ、「頼むぞ」と声をかけて回わった。

長官が阿部大尉の前に座り、「頼むぞ」と声をかけてくれたとき、太い鼻に特徴のある顔で、「その目にはキラキラと涙がにじんでいた」……。

阿部大尉には、新婚一年半の妻と生まれたばかりの長男が故郷山口県鹿野町の実家にいる。二十五歳と二十歳の新婚家庭――その妻と生まれたばかりの長男の写真は、いま彼の胸ポケットにひそんでいる。

阿部大尉の戦後回想――。

「職業軍人だから当然のことだが、（飛行機乗りの自分は）いつも死と隣合わせだった。いつ妻の邦子が私の上官から海軍葬の報せを受け取ってもおかしくない状況にいた。『死を恐れない』というと恰好がよいかもしれないが、兵学校時代からそういう教育をされてきたのだから、これが当たり前だったように思う。だから自分自身急降下爆撃の訓練をしていても、それほどの恐怖は感じなかった。生とか死とかではない。単純率直に命令に従うだけである」

3　「酒保開け！」

無礼講の盛大な幕開けとなったのは、二航戦の旗艦蒼龍であった。

この日蒼龍では、早朝から臨戦準備第一作業があった。艦橋、高角砲の砲座をハンモックで防護するのである。午後、雨足がはげしくなり、予定された総員集合は一時間おくれて、午後三時三〇分からとなった。

真珠湾攻撃の予定は、前日、草鹿参謀長の指示により楠本幾登飛行長より搭乗員に公表された。

水平爆撃隊の搭乗員金井昇一飛曹の日記。

「吾《わ》が航空艦隊の空襲を合図に全海軍は立上り南方進出を決行するの大壮挙に出ずる予定にして、日米開戦は最早や旬日の問題にしてこの先陣を実に吾が攻撃隊にありと聞き血潮の躍るを禁じ得ず。

冬期は一番荒れる為、商船は航海しないと云はれる北太平洋の難コースを突破して、吾が機動部隊は鞭声《べんせい》粛々敵の牙城に迫り、一ノ谷の逆落しの奇襲戦法を以て一挙に敵艦隊を殲滅するの大壮挙を決行するのである。

日本海軍は遂に決意して立上つたのだ、暴慢なる宿敵に大鉄槌は下りるべき秋《とき》は来た。

（中略）

此の大雄図を始めて聞き直接先陣を承《うけたまわ》る吾々搭乗員の悦びは、緊張は如何ばかりか」（原文、片カナ）

金井昇一飛曹は、阿部平次郎大尉のひきいる水平爆撃隊の嚮導機《きょうどう》である。操縦佐藤治尾飛曹長—偵察金井一飛曹のコンビは指揮官機に代わって爆撃照準に当たり、その精度は艦隊随一と謳《うた》われた（電信員は花田芳一二飛曹）。

このトリオは、動的目標捕捉率七五パーセント、命中率一七パーセントという成果をあげ、山本長官より短剣を、艦攻隊全員には万年筆を授与されるという栄誉を担っている。いわば、蒼龍飛行機隊の象徴ともいえる人物である。

楠本飛行長につづいて、二航戦司令官山口多聞少将が壇上に立った。

「暴戻《ぼうれい》卑劣なる敵米国海軍はすでに秘かに策すところがある」と、山口少将は烈々たる闘志をみなぎらせながら、よくひびく声でいった。

「遂にいま大命によつて我々は開戦劈頭ハワイを急襲するの光栄ある命をいただいた。思へば三十年酷暑厳寒をしのぎ狂風怒濤を冒《おか》し、日夜錬武に努めたのは一に今日の御奉公を果さんがためであり、いまその秋は来たのである。宿敵米英と洋上にまみえ、わが一撃によつて神国の皇威をしめし、この世紀の大戦争の先陣をつとめるのは、じつに武門の本懐これにすぐるものはない」

この内容は、昭和十八年四月二十三日付東京新聞に掲載されたものである。戦時中の記事なので多分に誇張されているきらいもあるだろうが、飛龍会編『空母飛龍の追憶』より、該当部分を一部引用してみたい。

「訓練はすでに成り、準備すでに整ふ。人智をつくし臣道の限りをあげ、いまや物も人も不足はない。この誠忠とこの海軍力をひつさげ闘ふ以上、天下何事か成らざらんである。

さあれ、今次大戦の容易ならぬものなることは申すまでもない。かつまた、我々の前途に寒風怒濤、敵の阻止反撃等幾多困難なる障碍《しょうがい》あるは勿論なるも、天は名なき戦に組みせず、天佑かならず在るを確信するものである。

ここに杯を挙げてはるかに聖壽萬歳を三唱するとともに、あらかじめ成功を祝し、諸官の武運長久を祈る」

この訓示を受けて、「満場寂として声無く、凄壮の気は部屋にみち、ややあって天皇陛下萬才の声がわき起こり」と、同記事にある。

飛行機隊以外、各科準士官以上も招集されており、ここではじめてハワイ作戦を告知されたのである。中国を敵にし、さらに英米との戦争に踏み切るこの国の重すぎる選択に、しばし息を呑んだのも当然であったろう。

山口少将は明治二十五年、東京に生まれた。旧松江藩士の家庭で、父宗義は二百石取りの旧幕臣から維新政府の招きをうけて大蔵省入り、のち日銀理事となった。叔父の半六は学習院長。

母は佐賀小城藩士の娘で、八人兄妹の三男坊。多聞とは古風な名だが、楠正成の幼名時代の名が多聞丸といったことから、父が遺徳をしのんで名づけたといわれる。

富裕な家庭に育ったにもかかわらず、開成中学時代、これもよく知られている話だが、本郷の自宅から神田まで電車を使わず往復を歩いて通学した。真冬でも外套を着用せず、学生服のままで過した。みずからを刻苦勉励の徒として、自省したのである。

開成中学から海軍兵学校入り。小柄だが闘志にあふれ、撃剣、柔道、乗馬、テニスと何でもこなし、当時では珍しいゴルフも手がけた。

だが、山口生徒の名を高めたのは兵学校恒例の棒倒し競技である。中学校四年修了で入校したために、最若年の十七歳にすぎなかった彼は、それでも最先頭に立って突進した。

「着ている作業衣はズタズタ、敵味方のはな血でどす黒く汚れたが、しかしながら、満面朱をそそいで強敵を選んで取っ組んでゆく武者振りは、今も眼前に彷彿たるものがある」と、同期生の福留繁が書いている。卒業成績は二番。

海軍兵学校をおえると、練習艦隊でオーストラリアを航海した。少尉時代、独艦エムデン号捜索に従事。水雷学校普通科、高等科と進み、その間、第一次大戦の地中海通商作戦に参加。戦利艦として譲渡されたドイツ潜水艦呂六号の艦長として日本への回航に従事、その手腕を高く評価された。

大正十年より二年間、米プリンストン大学に留学、海軍大学甲種学生、ロンドン軍縮会議全権委員随員、連合艦隊参謀、米国大使館付武官、潜水戦隊旗艦五十鈴の艦長をつとめた。つねに兵学校四十期のトップグループを歩む勇将と位置づけられていた。

兵学校同期生に原忠一、福留繁、大西瀧治郎らがおり、海軍大学校では兵学校一期下の草鹿龍之介がいる。

草鹿の回想録に、山口多聞らしい面白いエピソードがある。卒業前の兵棋演習で、山口が青軍（日本海軍）司令官、草鹿が赤軍（敵軍）司令官を演じた。

「やっているうちに山口の部隊がどんどん突込んでくるものだから、私の方はどんどん引き下がる。そして、なおも追っかけてくるところを、先頭の船に砲力を集中する。逃げながら打つのは角度からいって非常に効果的である。どんどん引き下がっては追っかけてくる山口の部隊の頭に攻撃を集中し、とうとう山口の部隊を全滅させてしまった」

演習後の研究会では、教官が「実際の戦争ではあんな馬鹿なことはない」と痛み分けとされるのだが、爾後の展開を見ると、両者の性格を表していて興味深い。

山口多聞が航空畑の指揮をとるのは、昭和十五年一月のことである。第一連合航空隊（一連空）司令官。

日華事変が拡大し、蔣介石国民政府は奥地重慶に逃れてから戦線は膠着、泥沼化した。一方の太平洋では日米関係が緊張を高めていたことから、航空戦で一気に結着をはかるべく、山口多聞に白羽の矢が立ったのである。

山口少将は南雲と同じ〝水雷屋〟だが、航空戦の急速拡大にともない航空畑に人材不足が目立つため、海軍部内の輿望を担って登場したのだ。

山口一連空司令官、〝航空屋〟大西瀧治郎が二連空司令官、おなじく同期の寺岡謹平が三連空司令官となって、日華事変の渦中に身を投じた。ちなみに、このとき漢口に駐在していた海軍特務機関長左近允尚正少将も同期生。

四人のクラス会の席でのことだ。草創期から海軍航空の育成に携わり、のちに神風特攻を実行する熱血型の気性の烈しい大西が、このさい欧州でのドイツ軍による英仏軍の大敗を機に重慶への徹底無差別爆撃を決行すべきだと、強硬に主張した。

ところが、山口はウンといわない。日本側はこれを事変と呼び、戦争ではないのだから、国際信義を重んじ各国公館の点在する地域をさけ攻撃は軍事目標にかぎる、という大前提がある。

東京の軍令部、支那方面艦隊司令長官嶋田繁太郎大将からの大方針をつたえられているために国際情勢に明るい山口は、対日国際世論の動向も無視できないのである。

論争はついに激論となり、徳利の飛びかう修羅場となったが、山口少将は大西提案を徹底的に拒否し、道義の筋を通した。同席していた寺岡謹平は、

「厳然として大西司令官の進言と主張を退けた時の如きは、彼の勇気と信念が既に玉成せる人格になり切って居たもの」

と、この同期生を称賛している。

さて、山口少将がハワイ作戦にあたってどのような情勢判断をしていたかは、つぎに語る戦略構想によって知られよう。源田参謀によれば、作戦当事者の軍令部全員、一航艦司令部のほとんどがハワイ作戦に反対したなかで、積極的に賛成したのは山口司令官一人ぐらいということだが、彼の構想は山本五十六よりさらに一歩進んでいた。すなわち第一次、第二次につづくハワイ第三次攻撃隊の反覆である。

その主旨はこうだ。――真珠湾在泊艦船、基地攻撃だけでは修理施設、燃料施設などの後

方施設がそのまま温存されることになり、米太平洋艦隊の再建に大いに威力がある。ハワイのような太平洋の孤島ではこれら施設を反覆攻撃、壊滅させることにより、以後の米国戦略はきわめて困難となる。そのために、反覆攻撃はかならずやらねばならぬ。

だが、それを実現させるためには難問があった。使用兵力の問題である。ハワイ作戦では二航戦の両空母、戦艦改造型の赤城の三隻が、燃料補給の問題で参加が危ぶまれていたのである。

九月末、山本長官の意志が不退転のものと知った軍令部側は、計画そのものには同意したが、使用兵力量についてはは異をとなえた。すなわち、一案として航続力の大きい加賀（一航戦）、瑞鶴、翔鶴（五航戦）の三隻だけを使用し、残り三隻を南方作戦にまわすという案が考えられた。そして、ハワイ作戦には当時もっとも練度の高かった一、二航戦の搭乗員をこれに移す。

だが、この案を二航戦司令官山口少将が受け入れてくれるだろうか。

「草鹿参謀長！」と、源田参謀はその悩みを打ちあけた。空母三隻案を実施するにしても、二航戦の搭乗員を取りあげることは、司令官の山口多聞少将が聞き入れてくれないだろう。どうもあの人は苦手なので、と源田参謀がいった。「参謀長から説得していただけませんか」

「わかった。——私から話そう」

草鹿が苦笑しながらいった。鼻息の荒い源田参謀も、時々私に応援をたのみにきたと、草鹿は述懐している。

「そんな無茶な作戦がありますか!」

案の定、山口は喰ってかかった。しかし、参謀長がこの件に関して一歩もしりぞかないとみると、さっそく南雲中将のもとにかけつけてこうまくしたてた。

「二航戦は航続力がないといわれるが、それなら往きの燃料だけくだされぱいい。帰りは波にただよって、あなたがたはさっさとお帰りになればいい。何といっても、この山口はハワイに行くぞ!」

航続力問題については、もう一つ逸話がある。

二航戦通信参謀石黒進少佐の回想記によると、航続力延伸のため呉工廠造船部と、両空母の艦底空所を重油タンクに増強すべく話しあいが持たれたが、造船側はこれに難色をしめした。荒天が予想される太平洋北方航路では船体強度に自信がもてない、との理由からである。

ついに、たまりかねた山口少将が、

「責任は自分が取る!」

と断言して呉工廠側は折れたのだが、しかしそれだけではまだ足りない。このため、艦内のすべてに一八リットル入りの石油缶が積み込まれることになった。

呉出港前の十一月十一日から十三日にかけて同艦に積み込まれた燃料は、ドラム缶五〇〇本、石油缶二四、〇〇〇缶、合計三五〇トンで、航続力九、九〇〇浬が一二、二〇〇浬に延伸された（注、真珠湾への往路は三、五〇〇浬）。

しかしながら、結論的にいえば山口多聞の意見具申はことごとくしりぞけられた。実際に彼が海軍で許される「独断専行」に踏み切るのは、ミッドウェー海戦大敗北の真っ只中の一回のみであったから、まさにこの人物こそ〝悲劇の提督〟というほかはない。

石黒少佐が十一月十三日の連合艦隊最後の図上演習に参加した折のことだ。その帰途、鹿児島の岩崎谷荘に一泊したさい、山口少将の部屋を訪れる用があった。

岩崎谷からは窓越しに桜島の雄大な偉容を真正面に眺めることができる。夕暮れの空にゆったりと噴煙が立ちのぼり、それを山口少将がじっと見つめていた。

言葉をかけかねて、石黒少佐がそのまま立っていると、気配を察した山口少将がやおらふり返ってゆったりと吟じた。

我が胸の燃ゆる思いにくらぶれば
　煙はうすし桜島山

幕末の尊攘派志士、平野国臣の歌である。「その時の様子は今も眼底に焼付いている」と、石黒少佐は回想している。

この情景は、二航戦の航空参謀鈴木栄二郎中佐の記憶にも強く残っている。とすれば司令部の参謀たちが帯同して司令官の部屋を訪ねたものか。

鈴木中佐は山口県出身で、三十六歳。前年十一月に山口少将とともに司令部付となって赴任してきた。その折の思い出である。

山口少将は平野国臣の和歌を吟じたあと、「これは恋の歌ではありませんよ」と念を押すように言った。「国を思い、国の将来を憂えた、赤心《せきしん》を吐露した歌です」

今日、こんなことがありましたと、二航戦の航続力不足で作戦参加ができなくなった経過を説明し、航空参謀としての意見をもとめた。「鈴木参謀、君はどう思いますか」

作戦室で、山口司令官は冗談のようにこんな構想を話したこともある。ハワイ作戦では第一次、第二次につづいて機動部隊をそのまま反覆攻撃にむかわせ、その後南方諸島の西側に避退させる。一方の補給部隊は、最後に補給をおえるとただちに内地に直行。ふたたび油を積み込んで機動部隊と合流する。

「補給部隊が合流するまで、機動部隊は漂流をつづけてもいいじゃないか」

と山口少将は微笑みながら、本気ともつかない言い方をした——。

ところで、二航戦司令部の艦橋作戦室に、だれでも何でも書ける雑記帳があり、そのなかに山口少将がみずから書き込んだいくつかの感想文がある（石黒進元少佐蔵）。

十二月二日
皇国夙志興亜業
英米弄策漫援蔣

聖断一決膺懲師
一挙直屠敵牙城
含枚粛々渡大洋
堅艦快艇意気壮
怱驚圧空海鷲群
電撃一閃敵影空

これは型通りの七言絶句だが、注目すべきなのは翌三日付の一首である。

三十《みち》とせの恨《うらみ》をはらすみいくさの
　先かけなさむことの嬉しさ

他に、「吹く風の身を刺す寒さしのびつつ　渡る航路の勇ましきかな」と雑感風の短歌がつづくが、この「三十とせの恨」とは何を指すのだろうか。

ハワイ作戦の三十年前といえば、明治天皇が逝去し大正と改元された年に当たる。前掲の準士官以上への訓示にも、「三十年酷暑厳寒をしのぎ」という個所がある。

米国に留学し、駐米大使館付武官となり、彼の国に知己も多かったはずの山口少将が、これほどの敵意を抱いていた理由とは何だったのだろうか。

これには、淵田中佐の手記に一つの回答がある。大正十年、淵田が海軍兵学校に入校した当時、お前の敵はアメリカだと教官から骨の随まで叩き込まれた。大正十三年、二十二歳のとき遠洋航海でサンフランシスコを訪れた。その折、在留邦人からこの年七月、米国議会で排日移民法が誕生し、日本人の移民が完全禁止になったことをつたえられる。

それはどうしたことか、と訊ねる淵田への回答は「人種的偏見だ」というものであった。米国大統領ワシントンやリンカーンの建国の精神は自由、平等ではないのかと食い下がる二十二歳の将校に、在留邦人はにべもなく答えた。「いや、今日のアメリカではワシントンやリンカーンがアメリカのすべてではないと言っている」

これは淵田中佐の一個人的体験にすぎないが、かねてより兵学校教官から日本人の敵はアメリカだと聞かされた経験を、彼は「正しくその通りである」とし、はげしい調子でつぎのように書いている。

「地球は白人のためのみに備えられたとでも思っているのか。凡《およ》そ人類あるところ、白色であろうと、有色であろうと、その生成発展は本能的意欲である。日本が鎖国の夢をむさぼっていた間に、地球は先進の白人諸国によって縄張りが決まった。

今日、日本は年々百万の人口増加ではけ口を求めているのだ。今見るこのカリフォルニア一州だって日本と同じ広さというじゃないか。少し入れて呉れたってどうなのだ。日本が人口増加をこなすのに、産児制限だ計画出産だなどと人為的抑制の無理をしなくたって、なんのまだまだ地球は広いや。

二十二歳の若き候補生は力み返ったのであった」

それより十七年目、淵田中佐は真珠湾攻撃にむかう赤城艦内でこう誓う。

「敵愾心《てきがい》は火と燃えて、戦意は旺盛、自信は満々、祖国の興廃と民族の栄枯をかけるこの一戦に、騙し討ちだの侵略戦争だなどとの後めたさは毫末《ごうまつ》もなかった」(「真珠湾上からの十一年」)

戦前の日本海軍士官に、米国へのこのような敵愾心が芽ばえていたことは否めない。米国の極端な排日、反日政策が日本の愛国主義《ナシヨナリズム》に火をつけ、淵田中佐の勇猛心をかき立てている。

山口少将のはげしい闘志が、何によって生まれてきたのかについては資料がない。やはり淵田中佐と同じように日本人であるがゆえの差別、屈辱的体験があったのだろうか。

蒼龍乗員一、五〇〇名にたいしては、柳本柳作《りゅうさく》艦長が訓示をのべた。

柳本大佐は二日後の午前七時、機動部隊は単冠湾を出撃してハワイにむかい、八日未明、米太平洋艦隊の根拠地である真珠湾を攻撃することを、はじめて全乗員に明かした。

そして企図を秘匿していた経過を詫び、その目的は、米国の艦隊を覆滅することによって太平洋の権益を獲得し、泥沼化しつつある支那事変を解決して独ソ戦を終焉させ、東洋の平和を確立する——との日ごろの信念をのべた。

「皆の技倆により、この作戦の大捷を確信する。各員は最後まで、その職分を守れ！」

部内でも精神家として知られ、日ごろ乗員たちから信仰的にまで崇《あが》められている柳本柳作大佐の畢生《ひっせい》の訓示である。

「その闘魂のほとばしるところ、言々血を吐いた……倒れて後已《や》むでない、一片の肉、一滴の血残れば、それにて敵にぶち当れ……歯一本残れば敵に噛みつけ……如何なる烈しい言葉も、これ以上のものはなく、如何なる所作の大獅子吼も、決して仰山な仕草ではなかった」と、金尾滝一砲術長は記している（「柳本蒼龍艦長」）。

さらに、柳本大佐は士気鼓舞のためにみずから軍歌指揮をとった。つねに口ずさんでいた日露戦争後の明治四十三年、「第六潜水艇の遭難」を悼んで歌われた大和田建樹作詩、瀬戸田藤吉作曲の、軍歌である。

身を君国に捧げつつ
己《つとめ》が務をよく守り
斃《たお》れて後に已《や》まんこそ
日本男子の心なれ

総員が足を踏みならし、声を張り上げての大合唱である。一、五〇〇名が一団となってどしっ、どしっと鉄甲板を踏み、一番をくり返しての熱唱である。艦長は「精魂は傾けつくし、声はついに破れ果てた」と、金尾手記にある。

軍歌指揮が終ると、柳本大佐はすかさず当直将校の金尾少佐に命じた。「今日は兵員に腹一杯飲ますがよい」

「酒保開け！」

が命じられると、緊張しきった兵員に笑顔がよみがえった。「酒保全開の喜びはおそらく軍はじまって以来のことであろう」と第十一分隊整備兵の元木茂男が書いている。

「(雷撃分隊の)長井分隊長、高橋掌水雷長までがかけつけてこられた。おそらくどの居住区も無礼講の真盛り、世紀の出陣の前とはこういうものなのであろうか、初陣の吾々若年兵は戸惑うばかりであった。

長井分隊長、高橋分隊士に上座をすすめても、全く意に介せず、兵隊のひとりひとりに迄〝お酌〟をして廻っておられた。

その内に〝はしご〟で漸《ようや》くここまでたどりついたと思われる候補生が元気よく入ってこられた。湯のみを片手に、

『大いにやれ！』

とまことに威勢がいい」

士官室、士官次室《ガン・ルーム》(注、中少尉の部屋)、搭乗員室、各居住区それぞれで酒宴がはじまった。

「艦長からの差し入れだぞォ……」

先任搭乗員が艦長室に行き、あいさつをおえると、清酒四斗樽の鏡開きがおこなわれた。

搭乗員室では、この四斗樽をめざして各飛行機隊員たちがわっとそのまわりを取り囲んだ。

冷酒をあおってのむため、酔いが早かった。車座がくずれ、席が乱れた。軍歌が一段落す

ると、つぎは民謡とかわった。搭乗員たちは無礼講で酒をのんだが、その酔いかたにそれぞれの差があり、また声の大きさもちがった。昂奮がさめてみると、危険の多寡によって攻撃隊員たちに微妙な感情のずれが芽ばえていたからである。

とくに雷撃隊の場合がそうだった。浅海面魚雷が間に合ったとはいうものの、投下高度五〇ないし一〇〇メートル、照準距離は目測にたよるという関係で、近迫発射が要求される。そのあいだ、機体は防御砲火の集中をあび、それだけ被害も大きい。

防衛庁の戦史叢書『ハワイ作戦』は、雷撃隊の命中率は「二〇パーセントないし三〇パーセントに低下するもの」とみている。

浅海面魚雷が完成する以前には、真珠湾攻撃用に高度一〇メートル、速力一〇〇ノットで発射訓練をするよう命令が出たこともある。これは目標の寸前でフラフラの状態で飛ぶことになり、犠牲も大きくなることを予想されたが、あえて訓練が続行された。雷撃機はそれだけ攻撃効果を期待され、また死地に投ぜられることも多かった。

それにくらべて、水平爆撃隊は高度二、五〇〇メートル以上から徹甲弾を投下するだけの攻撃だったから、逆に生還の可能性は大となる。

蒼龍雷撃隊員森拾三一飛曹の手記は、訓示を聞いたときの水平爆撃隊員は、「なんだか晴れやかに見える」と書き、さらに率直にこうつづけている。

「私は、後甲板に出て一服つけた。昂奮がまださめないせいか、どうも煙草がうまくない。自分ではすでに一人前のつもりでいるが、まだまだ腹ができていないとみえる。大きく深呼吸してみた。のどがからからに乾いて生つばが出てくるようだ。

（まず雷撃隊は全滅するだろうな。おそらくいちばん先に靖国神社へ行くことになるだろう）

そんなことを考えながら隊員たちの顔を見わたすと、気のせいかだれもが真剣そのものの表情をしている」

あるていどの覚悟はしていたものの、戦争という死が現実のものとなってみると、出撃する各搭乗員たちにとってそれは漠とした不安以外の何物でもなかった。


旗艦赤城の艦爆隊は千早猛彦大尉を筆頭に、阿部善次大尉、分隊士山田昌平中尉、大淵珪三中尉の指揮官四人で構成されている。

山田昌平こと〝ジョッペー〟中尉は、艦隊で鳴りひびいた張り切りボーイであった。

東京麻布中学出身。一九〇センチもあろうかという長身で、二十六歳の独身。兵学校時代、麻布中学五人組の一人で、同期生横溝幸四郎の回想によると、休暇で帰省したときなど、同じノッポの川瀬治郎吉との二つの頭が、「山田邸の塀越しに外から見えた」という笑い話がある。

棒倒し競技では台持ち、すなわち棒の根元を支える配置で、これには力と機敏さと頑張りを必要とする。その頑張り屋とずば抜けた背の高さで、艦隊筆頭の若手頭《がしら》となった。この十月十五日、大尉に昇進。

山田昌平は兵学校同期生に会うと、帰りにはかならず「じゃあ、永久にさようなら」と別れの挨拶をするのが常だった。

「縁起でもないことをいうなよ」と同期生がたしなめると、真剣そのものの表情をしてこう答えた。

「俺たち飛行機乗りは、いつどこで、どんなことで殉職するか知れないんだよ。だから、今日の別れが永久の別れになるかも知れない。俺はいつもその覚悟でいるんだ」

その言葉通り、翌年十月二十六日、南太平洋海戦で米空母ホーネット攻撃に参加し、未帰還となった。

古手組の下士官筆頭は、操縦練習生三十二期出身の古田清人一飛曹である。彼は指揮官千早猛彦機の操縦員をつとめている。

古田一飛曹は、山口県徳山市の出身。農家の長男として生まれ、下に男二人、女三人の弟妹がいた。昭和六年、十五歳のとき呉海兵団に入り、はじめは機関科員として石炭を罐室にはこぶ重労働を体験した。この当時の不況では、零細農家出身者はほかに就職口がなかったのである。

二十歳になって、操縦練習生に選抜されたが、開戦直前に民間航空パイロットとして転身するため、「再現役不望」と書いた。下士官で退役し、日本航空に就職したいと考えたからである。この希望はみとめられず、昭和十六年十月、赤城に転勤命令が出た。

彼を迎えた千早猛彦大尉は、顔なじみの部下にむかっていった。

「指揮官に人がおらんのだ。だから、お前をよびよせた」

歴史の大きな流れのなかでは、個人の願いなど無に等しいのである。再現役不望と書いた二十八歳の搭乗員は、民間航空の操縦席ではなく、いま九九艦爆のせまい座席で操縦桿をにぎる運命にある。空港の着陸許可を待つはずのレシーバーは攻撃の指示をつたえ、右手のなかにあるボタンは、機銃弾を空に放つ。

だが、その落差を味わうだけの余裕を、転勤したばかりの赤城では感じられなかった。「なにか異様なまでに空気が緊迫し、身体がひきしまるのをおぼえた」と、開戦前の赤城の雰囲気をのちに彼は語っている。

〝ショッペー〟中尉の手きびしいシゴキに耐えぬいた若手組の一人、操練五十期の飯塚徳次三飛曹は、ハワイ作戦への参加に悲壮感など抱いていなかった。

彼の記憶に残るのは、出撃前夜、長谷川喜一艦長の訓示のあと夜の食卓で、相変らずの高速走行のため艦の動揺がはげしく「食器がおどるので、最後の夕食という感激もわかなかった」というていどのことである。

二十歳前後の若者たちも多かったから、

「戦争末期の必死の特別攻撃隊とちがい、死はある程度は覚悟していたが、必死ではなく決死、という差異と、勝運に乗っていたというか、それほどの悲壮感はなかった」

と、回想している。そのためでもあるまいが、ハワイ作戦の出撃前、鹿児島での基地訓練をおえ三日間の休暇が出されたさい、故郷の栃木県までは往復できないとあきらめて鴨池郵便局に出かけた。

飯塚メモによると、「昭和十六年十一月十三日　鹿児島・鴨池局にて二五円　払戻し」とある。目的は霧島、鵜戸神宮などの歓楽街で芸者遊びをするためであった。

当時、十円ていどの金額で一晩の芸者遊びができたから、若い搭乗員の遊びぶりは派手だったといえる。「若いパイロットたちは、カフェや芸者をあげて遊ぶということが最高の楽しみであった」

それ以外に楽しみがない青春——とは、飯塚三飛曹の言い分であるが……。

戦闘機隊では、隊長の板谷茂少佐が彼らのざわめきのなかでひとり取り残されたかのように、黙々と箸をすすめている。いつも考えごとをしているようで、口数も多いほうでなく、あまり部下と談笑することもなかった。「彼は何かに耐えているようだった」と当時の同僚は語っている。

その、いわば秀才型の隊長にくらべると、分隊長進藤三郎大尉はつねに洒落たいでたちで部下搭乗員の話題になっていた。

進藤大尉は板谷の三期下で、中国戦線で零戦を指揮し、重慶上空で中国軍機二七機全機撃墜の殊勲をあげた伝説的な人物として知られていた。彼は源田中佐と同じ広島県の生まれで、この当時の荒っぽいパイロットのなかでは、そのダンディぶりで名が高い。

搭乗員たちはふつう包帯がわりに白いマフラーを首に巻くが、彼はそのうえに真白な鹿皮の手袋をはめている。発艦時にはその白さがひときわあざやかで、進藤大尉といえばその手袋が代名詞となり、また一方で下士官たちの酒のサカナにもされていた。

赤城の搭乗員室では、司令部の固苦しい雰囲気にくらべると奇妙な明るさにみちていた。戦闘機隊では最年長の小山内末吉飛曹長で二十七歳、若年の木村惟雄《ただお》一飛曹で二十一歳という若さである。

木村一飛曹は大正九年、大阪生まれ。少年時代から海が好きで、はじめは水産講習所の試験をうけ商船に乗り組もうと考えていたが、「板子一枚下は地獄、そんな生活はやめてくれ」という父親の反対で断念。なにげなく、「飛行将校募集」というポスターを見つけ、将校ならいいだろうと受験したところ、難なく合格した。そのうちに電報がくるやら、憲兵が身許調査にくるやらで大さわぎになったが、彼の回想によると、「将校とは名ばかりで、入隊するといきなり水兵服をきせられてがっかりした」という。

この「飛行将校募集」に応じてあつまったのが、海兵に次ぐ中学校出身者たちによる海軍甲種飛行予科練習生第一期生（甲飛）である。

甲飛とは、昭和十二年、搭乗員を大幅にふやすために航空本部教育部長の大西瀧治郎大佐が熱心に主張し、それによって出来上がった制度だった。従来の少年航空兵＝乙飛にくらべて採用条件はきびしかったが、進級は逆に早く、そのため乙飛出身者との不和は深刻なものがあったという。

「――操練出身のベテランと乙飛の古参搭乗員のあいだにはさまって、われわれは大変な苦労をしたものだった」と木村一飛曹は述懐している。

この制度は、甲乙という当時の学業成績をあらわす表現をそのまま持ち込んだ無神経さと、採用方法自体にもあやまりがあった、と関係者は指摘している。

もと土浦航空隊にいた倉町秋次教授の記述によると、たとえば昭和十二年六月に乙飛八期生が入隊し、九月に甲飛一期生が入隊したが、四ヵ月後には乙飛は三空兵、甲飛は一空兵というように地位が逆転した。この両者の反目は日曜日に乙飛が甲飛に殴り込みをかけるなどしてつづき、「両者間の軋轢を取除くことは終戦まで不可能だった」という。

木村一飛曹は、自分はこのハワイ作戦から生きて帰れるとは夢想だにしていない。増田飛行長から「この一撃の、成否こそは皇国千年の大計に及ぶことを思い、不惜身命、忠誠の実を以って、誓って成功を期さねばならぬ」と叱咤《しった》激励されたさい、身体が震えるような感動をおぼえた。

増田中佐も、若い搭乗員たちの反応を率直に受けとめた。同日記の一文——。

「攻撃計画説明のあとで、(不惜身命と) こう付け加えると、一同の顔面筋肉は、異様に動いた。目をいからせ、口を引き締め、肩をふるわせ、或は深呼吸をする。若い兵は、只無邪気な微笑を交して、無言の裡《うち》に喜びの色を示している」

木村一飛曹の回想によると、単冠湾にむかう艦内で小隊長とこんなやりとりをかわした。

「小山内兵曹長」大阪生まれの木村は、いくぶん関西なまりのまじった声でたずねてみた。

「本艦はどこへ行くんでしょうか」

「わからんな」小山内は首をふった。

「じつは、おれも気になっているんだ。なにか重大なことが起こるのかもしれない。そんな予感がしてな」

「相手はソ連でしょうか」

「――いや、どうかわからん」

ふだんは剽軽《ひょうきん》な小隊長も、そのときだけは真顔にもどった。

下士官室に帰った木村は、二、三人の同僚におなじことをたずねてみたが、だれもが首をかしげるばかりである。

相手はソ連なのだろうか、と彼は想像してみた。そういえば、十一月九日から十三日にかけて佐世保軍港で出港準備をととのえたさい、いつにないめずらしい搬入品があった。

まず、赤城からランチ二隻、カッター一隻、運貨艇一隻をのぞいたすべての私有物、および戦闘に必要ない備品いっさいが揚陸された。それに代わって、艦の通路や空室、下甲板やちょっとした空所のすみずみにまでドラム缶入りの重油、軽油が積み込まれた。そして、それに加えて搭載されたおびただしい防寒具のむれ。

しかし、ソ連を相手にするにしても、どうしても理解しがたい搬入品があった。防暑服――これは、いったい何を意味するのだろうか？

加賀雷撃隊の前田武二飛曹は、内地を進発した直後、「総員飛行甲板へ」の拡声器の声に搭乗員待機室を飛び出して行った。

艦長岡田次作大佐を囲んで、飛行長佐多直大中佐、飛行隊長橋口喬少佐、北島一良、牧野三郎、志賀淑雄各分隊長、士官たちが勢揃いしている。

岡田艦長が重い口を開く。

「本艦はただいま四国の沖を東に航行している。あとしばらくで日本の本土を見ることができなくなる。一両日中に艦隊の集結地に到着するが、どこへ行くかはまだ言う時機でない。本艦の乗組員のうち何人か、あるいは全員が、ふたたび日本の土を踏むことが叶わぬ事態になるかも知れない。今のうちに日本の陸地を眺め、父祖の国に別れを告げるように」

（ついに、そのときが来たか）

というのが、甲飛三期出身の前田二飛曹の感懐であった。飛行隊長の橋口少佐から「私物の夏物は故郷に送り返すこと」、また「故郷の近い者は帰郷して、身辺の整理をしておくように」との厳命を受けたときから、開戦近しとの嗅覚が働いていた。

前田二飛曹によれば——。

各搭乗員とも、今までの訓練内容から推して、港湾に碇泊する艦船の雷爆撃が目的であることに異存はなかった。夏物の送還と、耐寒艤装は北方への出撃を意味する。したがって「アラスカ」「ダッチハーバー」が大方の予想であった。いやそれはスパイをあざむく偽装で、シンガポールだとうがった発言もあった。私は頭の片隅に「真珠湾」という三文字を浮かべたが、（いや、あそこはあまりに遠すぎる。三、五〇〇浬を敵哨戒機に発見されずに行けるはずがない）と打ち消し、ダッチハーバー説に賛同したものであった……。

艦爆隊の山川新作一飛も、同じ飛行甲板にいた。彼も分隊長伊吹正一大尉に、「本艦はどこに行くんですか」とそれとなく訊いてみたが、「さアどこへ行くのかな」とトボケられた。北に行く、いや南だと、がやがや騒ぐうちに、「飛行機搭載のコンパスを見たらわかるよ」と言い出し、確認すると南である。「いや、針路は北に変わった」とまた別の声があり、行き先がわからない。彼の手記。

「わたくしたちには、何がなんだかわからなかった。けれども内地の山かげを見るのもこれが終りかと思うと、眼前にそびえる高千穂の峯々が急に懐しく思われ、発着甲板に腰を下し、搭乗員たちはみな頬杖をつきながらながめるのだった」

戦闘機隊の阪東誠一等飛行兵の場合も、そうだった。

出撃の訓示とも激励ともつかぬ妙な訓示のあと、岡田艦長はさっさと壇をおり、艦橋に姿を消してしまった。志賀淑雄大尉や二階堂易大尉の表情にも、この日ばかりはどこか他人をよせつけないきびしさがあって、彼らもふだんのように気軽に声をかけるわけにはいかなかった。

阪東一飛は狐につままれたようなふしぎな気持になった。内地の見おさめ——いったい艦長は何を言おうとしているのだろうか？

「どうしたんでしょうか」阪東は自分の小隊長である五島一平飛曹長にたずねてみた。

「——さあ」五島もまた浮かぬ顔をしてこたえた。「なにがなんだか、おれにもさっぱりわからん」

発着甲板にあつまった一般乗員たちの表情にも、戸惑いの色がみえるようだった。

「南方作戦だろう」

「いや、ソ連とやるらしい」

あちこちで人の輪ができ、乗員たちのかわす私語がひそかなざわめきとなって甲板をながれた。だれもまだ、何も知らされていないように思われた。艦長の訓示があいまいであればあるほど、不審の念は強まり、甲板の空気は妙に重苦しいものとなった。

加賀戦闘機隊も赤城と同じく零戦の定数が一八機である。搭乗員も一八名。艦攻隊二七機の大世帯にくらべれば小ぢんまりしたものだが、その分結びつきが濃いものであった。

志賀大尉を先任分隊長とし、後任は二階堂易大尉。分隊士は坂井知行中尉。

二階堂易大尉は大正三年、鹿児島生まれ。兵学校六十四期出身で、二十七歳。零戦がかつてフラッター事故をおこしたさい、両翼のエルロンを吹き飛ばしながら機体を無事に母艦に着艦させ、山本長官からその功を賞《め》でて、記念の軍刀をもらったことがある。

研究熱心で、よく若い搭乗員をあつめ模型飛行機を使って講義をした。

「おれはな」と、二階堂大尉は部下のパイロットたちを前にしてよくいった。「おれの頭蓋骨は、事故でヒビがはいっているんだぞ」

彼は冗談のつもりだったらしいが、実戦経験のない若い操縦士たちにとってその言葉は何となく凄味があった。

彼の小隊長、五島一平飛曹長は明治四十四年、熊本県生まれ。熊本中学から昭和七年、佐世保海兵団に入り、潜水母艦迅鯨《じんげい》に配属されたあと、操縦練習生第十九期生となった。技倆優秀で、毎日新聞社主催の紀元二六〇〇年記念式典では、大村航空隊から祝賀飛行の指揮官として参加している。

阪東一飛はまだ十八歳。操縦練習生は四十八期だから、五島飛曹長から見ればまだヒヨコのあつかいである。五島は剣道五段の錬士でもあり、偉丈夫で、空戦訓練などでは赤児の手をねじるように、阪東はあっけなく組み伏せられてしまう。口惜しいが、圧倒的な力量差だから、ただ頭を垂れているしか方法がない。

しかしながら、若輩でも五島小隊の三番機に選ばれたことは誇らしい気持であった。

蒼龍では、艦長訓示はさらに厳格な儀式となった。伊勢神宮沖を通過するとき、柳本柳作大佐は総員を飛行甲板に集め、つぎのような訓示をしている。

ハワイ作戦を前に、海軍首脳がこの日米戦をどのようにとらえていたのか。その訓示の内容を見よう（十一月十八日付、金井昇日記より）。

まず、戦争発起の理由。

「日清戦争により国民は臥薪嘗胆、十星霜を経て日露戦争に臨んだ。今の時局はそれとよく似て居る。何故ならば九ヶ国条約其の他の巧妙なる手段により、大戦後勃興せる日本の勢力を米国は陰に押えようと、圧迫し続けて来たが、英国参戦に依り英国に代り最近愈々《いよいよ》露骨な態度を現して来た」

そして、兵士としての心構えとは。

「心ある人は、二十年前既に日米戦争に就て考えて居たのであり、過去二十年の間は日本にとって実に重大な時期であったのである。米国未だ反省せざる限り、日米開戦は不可避である。正義の国日本に盾つく邪敵に対しては、何処でも之を打払い八紘一宇《はっこういちう》の大理想に向って粉骨砕身吾々は努力しなければならぬ。

各員に望むところは、夫々《それぞれ》の配置にあって、最後の肉の一片、血の一滴に至るまで戦い抜く、それで未だ足らざるところは七生報国朝敵を破らなければならぬと」

金井昇一飛曹はこの艦長訓示を聞いて、「艦長の熱誠溢るる言葉に総員感奮今更乍《なが》ら決意を新にせり」と、日記の末尾に書いている。

蒼龍乗員は艦長の号令一下、伊勢神宮を遙拝。さらに夜になって東京湾を通過するさい宮城を遙拝し、武運を祈願した。


最後尾を往く五航戦の空母瑞鶴、翔鶴では、一、二航戦の各艦とは異なった雰囲気のなかにある。

五航戦司令部はこの九月一日、新編成されたばかりなのである。同二十五日、瑞鶴が完成し、これを機に旗艦となって司令部一行が乗り込んできた。

司令官は猪首で、大柄な〝キング・コング〟原忠一少将、首席参謀大橋恭三中佐、航空参謀三重野武少佐、通信参謀大谷藤之助少佐、機関参謀吉田穀少佐——。小ぢんまりした司令部だが、それぞれに初陣としてのきびしい緊張感がある。

艦長横川市平大佐は岡山の人。明治二十六年生まれで、四十八歳。飛龍艦長から転じて、瑞鶴の艤装員長として誕生に立ち会い、竣工とともに艦の指揮を採っている。

横川大佐はこのハワイ作戦が成功するとは夢にも思っていない。九月十一日から二十日にかけておこなわれたハワイ作戦の図上演習では「敵の反撃を受け、味方空母勢力半減」の結果が出ていたからだ。

「もし米空母部隊に発見され、あるいはハワイ基地航空兵力の反撃を受けたら、生還を期せないだろうと考えていた」

とは、この最新鋭母艦を操る艦長の率直な感懐である。

搭乗員たちは、それぞれが〝寄せ集め〟の集団である。各航空隊、各艦から引き抜かれ、この九月二十五日から、瑞鶴では急速練成訓練がはじまり、ペアの編成も初顔、編隊飛行も初めて。二ヵ月後には作戦参加という乱暴で、あわただしい成り立ちである。

それでも、新顔ぞろいが集まって、艦橋下にある士官室は、多くの搭乗員たちでにぎわっていた。いつもは航海科や機関科の士官が、空席の多い机でぽつりぽつりとわびしい談笑をかわすだけであったが、出港後はよみがえったように、タバコの煙と喧騒にみちていた。笑い声がいたるところできかれ、それは下士官室や各居住区からも起こっていた。

嶋崎少佐の指揮のもとで、瑞鶴艦爆隊二七機をひきいる分隊長は坂本明大尉と江間保大尉である。二人は海軍兵学校六十三期の同期生で、それぞれ一中隊を指揮することになっていた。

先任の坂本大尉は色白で酒を飲まず、後任の江間大尉は斗酒なお辞せず、髭を顔中に生やし、その性格も好対照の指揮官だった。とくに江間は〝エンマ大王〟と名づけられ、彼の中隊が編隊を組んで飛ぶと、「おい、江間一家が行くぜ」と艦上の話題になった。戦闘機と異なり、艦爆や艦攻隊はチームワークが必要とされるため、統率力のある、しかも親分肌の指揮官が部下の信望をあつめた。

飛行長と談笑しているのは、瑞鶴戦闘機分隊長佐藤正夫大尉である。彼も六十三期の同期生。典型的海軍士官タイプで、兵学校時代は器械体操をよくし、銃剣術は特級の腕前であった。〝ゴリラ〟というアダ名は彼の風貌からきたものだろう。この〝佐藤ゴリさん〟と、牧野正敏大尉とが最新鋭の零式艦上戦闘機一八機をひきいることになっている。

そして第二次攻撃隊は嶋崎重和少佐が総隊長として、一六七機を指揮して真珠湾上空に突入することが決められている。

この発表は、瑞鶴搭乗員たちをくやしがらせた。第一、第二航戦の攻撃隊が使用する八〇〇キロ徹甲弾および航空魚雷は、優に敵戦艦、空母を破壊、撃沈させる威力を持っている。だが、第五航戦翔鶴、瑞鶴に課せられた任務は二五〇キロ陸用爆弾をもって敵飛行場をたたけというものであった。この瞬発性の爆弾は軍艦の厚い装甲には歯がたたない。

「飛行長!」

居丈高の搭乗員をまえに、原忠一司令官はこうさとした。

「いかに敵戦艦を撃沈しようとも、陸上基地から敵機に追撃されたら、わが方にもかなりの被害がでると考えねばならん。それを思えば、敵の追撃の手を封ずるのも重大な任務だ。各員はそれをしっかり胸にたたみ込んでやってもらいたい」

五航戦の二番艦翔鶴でも、戦闘機隊先任分隊長の兼子正大尉が部下搭乗員の同じような苦情に手を焼いていた。単冠湾出撃以前に、編制表が発表されたが、それによると、一、二航戦各艦はそれぞれ二中隊一八機が参加するのにもかかわらず、五航戦からは戦闘機隊はわずかに第一次六機ずつしか参加できないからである。

「どうしてわれわれは参加できないのですか」

若い搭乗員が食ってかかるように兼子大尉にいった。「われわれは技倆未熟だといわれるが、しかし誘導さえしていただければあとは単機でも帰れます」

「いや、それはおれもおなじ気持だ」

と、兼子大尉が制していった。

「これはすでに決定したことなのだ。はじめはおれたちまで置いてけ堀をくうところだったくらいだ。まだ作戦の機会がある。そうあせるな」

乙飛一期出身の安部安次郎飛曹長は、兼子大尉の二番機として作戦参加がきまっていたが、少年飛行兵として三式、一〇式、九〇式、九五式艦戦——と、草創期からの戦闘機をのりこなしてきただけに、さして昂奮はしていなかった。ただ、ベテラン搭乗員の彼は、何事によらず一、二航戦の連中が〝マルチン航空兵〟を足手まといの扱いにすることは我慢がならなかった。

「われわれ戦闘機隊はくやしい思いをしましたが、しかしそれは実戦において証明するよりほかに方法がなかった」とは、戦後の安部飛曹長の述懐である。

こうして南雲機動部隊が空からの攻撃を企図しているのにたいし、海中からの一本の矢が同じように真珠湾口をめざしていた。
一本の矢——すなわち五隻の特殊潜航艇による真珠湾在泊艦船攻撃である。

4　五隻の特殊潜航艇

暗い海面を五隻の大型潜水艦がすべるように、一路東をめざして進航している。

間隔は二〇浬。北から南へ、伊号第二十四潜水艦、第二十二、第二十、第十八、第十六潜水艦と横列を組んでいる。無線封止をつづけているため、たがいの位置を交信できない。艦影は遙かとらえることができず、水平線の彼方に航海の無事を祈るのみである。

潜水艦伊二十二潜には、司令佐々木半九大佐、艦長揚田清猪中佐とともに、特別攻撃隊の岩佐直治大尉、佐々木直吉一等兵曹、整備の河本孟七郎一曹、赤城逸美三曹、四人の姿がある。

伊二十二潜は遠目に見ると、奇妙な形をしていた。全長一〇九・三メートル、排水量二、一八四トン。艦首に魚雷発射管八門をそなえ、対大型艦船用と対港湾泊地攻撃用の母艦としてこの年の三月に完成したばかりである。

奇妙な形というのは、艦橋の後半分がすっぽりと黒い帆布に覆われ、直線で切り取ったような前甲板とは対照的に、重い荷を背負って歩むような不様な恰好と変わっていたからである。

甲標的（部内では極秘裡に「的《てき》」とも呼んだ）、あるいは特型格納筒とも称された特殊潜航艇が、その積荷の正体である。

特殊潜航艇は、これら丙型潜水艦の後背に乗せられるように小ぶりに設計されている。全長二三・九メートル、直径一・五メートル、乗員二名。魚雷発射管二門。六節《ノット》で八〇浬《カイリ》の航続力を誇る。水中で速力二一・五節。全力で五〇分航走後、微速で八時間走行しうる日本海軍の秘密兵器であった。

着想は日露戦争当時、横尾敬義少尉が魚雷を抱いて露艦襲撃を企図した論文に触発され、昭和七年、当時艦政本部第一部第二課長岸本鹿子治大佐らが開発に着手したものである。造船設計は、片山有樹造船中佐がこれに当たった。第一次大戦で、イタリア海軍が実施した有人魚雷も影響をあたえたといわれている。

昭和十四年に本格的実験が開始され、翌年呉工廠で量産体制に入った（注、開戦時には二

○隻保有)。のちに空母に改装された水上機母艦千代田は、これらを収容し、決戦海面に輸送すべく極秘裡に設計建造された母艦である。
甲標的に搭載された九七式四五センチ魚雷は駛走《しそう》距離五、五〇〇メートル、炸薬量三〇〇キロで、航空機用に開発された九一式改二型航空魚雷の二〇四キロにくらべて、格段に破壊力が大きい。その恐るべき威力から、強力に特殊潜航艇のハワイ作戦参加を推し進めたのが、この岩佐直治大尉であった。


岩佐直治は群馬県前橋市の生まれである。昭和九年、前橋中学から海軍兵学校に進み、六十五期生徒となった。この期は六十二期、六十五期、六十八期とつづく〝バンカラクラス〟の名で知られ、いわゆる兵学校特有の「修正」(注、鉄拳制裁の意)で勇猛を馳せたクラスである。

岩佐直治は男六人、女二人の子沢山の家庭に生まれ、末子である。父直吉は富農だが、厳格な人で、質素を第一として子供たちを教育した。性格は内気だったが、小学生で県下の剣道大会に優勝し、前橋中学では剣道二段の腕前に上げた。兵学校では同校はじまっていらい、最下級の四号生徒で優勝している。

こんな逸話がある。兵学校では入校直後、最上級の一号生徒から武道についての調査を受ける。岩佐生徒の順番となったとき、低いながらも自信にみちた声で、

「剣道です。二段です」

と答えると、一号たちから一瞬どよめきの声があがったという（横溝幸四郎『第六十五期回想録』）。一号生徒には皇族の伏見宮博英王がいて剣道に関心が高く、すでに二段の腕前を持つ新人生徒に、上級生たちも畏怖の念を抱いたのである。岩佐はとくに選ばれて、のちに伏見宮の「ご学友」となった。

武道での自信が、内攻的ともいえた岩佐直治を大きく変貌させたようである。

江田島精神とは、武技では柔道と剣道に集約される。最上級の一号生徒で剣道係主任となった岩佐は、剣禅一体を学び、日本精神を維新の志士吉田松陰にもとめた。のちに真珠湾への出撃に先立ち、「尽忠報国」と大書したのはその精神的帰結といえるであろう。

岩佐大尉以下、士官、下士官十人の特殊潜航艇員が誕生したのは、志願によるものではない。通常の海軍省人事だが、この特殊な任務ゆえに選考は厳正をきわめた。「身体強健で、意志強固な者」、「元気旺盛で攻撃精神の強い者」、「独身者」、「家庭的に後顧の憂いのない者」――がその条件であった。

これによって昭和十六年四月、当初士官一二名、下士官一二名、合計二四名の搭乗員（と呼ばれた）が誕生し、このうち一〇名が特潜艇の作戦参加者として選ばれた。

――まだ、呉を出港して真珠湾をめざして南下中の出来事である。北上中の戦艦長門と豊後水道ですれちがった。奇妙な形の潜水艦を見て、不審に思ったのか、

「艦名報ラセ」

との手旗信号を送ってきた。佐々木司令が「ワレ伊二十二潜水艦」と応えると、すぐさま返事がきた。

「予《あらかじ》メ成功ヲ祝ス」

長門は連合艦隊の旗艦である。遠く見える艦橋には山本司令長官、宇垣参謀長以下幕僚たちが勢ぞろいしているにちがいなかった。特潜艇を搭載し真珠湾にむかう、先遣部隊司令艦と知ってのことだろう。

山本長官以下が「帽振レ」の壮途を見送る儀式をしているのが望見された。伊二十二潜から手旗信号が送られる。

「ワレ誓ッテ成功ヲ期ス」

このとき、揚田艦長のかたわらにいた岩佐大尉には、特別の感懐があったにちがいない。山本長官は当初から一貫して特潜艇の真珠湾攻撃に猛反対していたからだ。


これより二ヵ月前、九月初旬のことである。母艦千代田での極秘訓練をつづけていた岩佐大尉は特潜艇の作戦使用に成案をえて、千代田艦長原田覚大佐とともに柱島にある旗艦長門に山本長官を訪ねた。

岩佐大尉は訓練の成果をこう報告した。従来の作戦は主力艦同士の艦隊決戦のさい、特潜を伏兵的に海面にバラまいて主力艦を魚雷で奇襲するという洋中作戦だったが、航空戦が主体となった現在、もはや艦隊決戦は生起しない。では、特潜を生かす道とは何か。それは開戦劈頭、潜水艦で特潜を相手国港湾にまで運び、主力艦を魚雷攻撃で徹底的に叩く。シンガポールしかり、真珠湾しかり。サンフランシスコ、シドニー……。

この主力艦同士の艦隊決戦思想が潰えたという岩佐説には、山本長官もおなじ意見であった。だが、特潜艇使用の進言は、言下に否定された。

「襲撃後、艇員を収容する見込みのないような計画は採用できない」

日露戦争時の「決死隊」は死ぬことを前提にして編成されたわけではない、とみずからの参戦経験をもとに、山本長官は年若い指揮官に諄々《じゅん》と説いた。「決死」とは「必死」ではない。いたずらに死に急ぐことは、小官の採るべき作戦ではない。再考せよ。

原田大佐と岩佐大尉の二人は、この段階ではハワイ作戦の決定を知らされていない。しかしながら、情勢が緊迫しつつあるさなか、南方作戦において英国艦隊の主力基地シンガポール攻撃はどうかと、岩佐大尉はひるまない。

日華事変において海軍航空隊による「渡洋爆撃」の喧伝いらい、潜水艦乗員たちは〝ドン亀乗り〟と自嘲して無聊《ぶりよう》をかこっている。何とかわれわれも一泡吹かせてやろうではないか――。

山本長官の指摘する航続力不足は、特潜艇技術者たちにとっても手痛いものであった。艇の推進力としては名和武造兵中佐が完成した軽量小型の二次（蓄）電池と東京芝浦電気製の軽量電動機を使用している。これを改良して航続力を延伸し、収容法については特潜側から

電波を出し、母潜でこれを測定し水中信号で知らせるなどの方策をとられたが、

「警戒厳重な海面では収容に確実性なし」

というのが、山本長官の回答であった。

当時、伊二十二潜に乗艦していた第三潜水戦隊司令佐々木半九大佐は、終戦後これら潜水艦作戦を回顧して前掲の『鎮魂の海』を著したが、その記述のなかで、ハワイ作戦を念頭に置いていた山本長官にとっては無理からぬものがある、と回顧している。事実、その後の経過を見ると、長官の予測は現実のものとなったのだが、佐々木司令自身もこの作戦の成果に自信を持っていない。

同書にいう。

「わずか二名の艇員をもって艇を操縦し、警戒厳重でしかも狭く複雑な水道を、夜間突破して港湾内深く潜入し、かてて加えて味方部隊の空襲の大混乱のなかで、目標を求めて襲撃を敢行、猛烈な反撃を受けながら防潜網をくぐって脱出、帰投することは、想像もおよばぬ困難なことである」

しかしながら、岩佐大尉の若さはそれに抵抗をつづける。紆余《うよ》曲折をへて特潜艇のハワイ作戦が決定したのは一ヵ月後の十月十一日から十三日にかけて、旗艦長門でおこなわれた図上演習のさいのことである。

この決定までに、きびしい条件がつけられていた。――艇員収容のために潜水艦を予定地点に配備し、艇員のみを収容して艇は放棄しすみやかに脱出せよ。

人情家としての山本五十六大将の素顔はよく知られていることだが、出撃前に、整備員をふくめたこれら特潜艇員たち三六名全員を士官、下士官をとわず旗艦長門に招いている。緊張しきっている艇員たちを前に、「決して死に急いではならない。かならず生還するように」と強くいい、一人ひとりに握手をもとめた。

さらに出撃直前、連合艦隊から水雷参謀有馬高泰中佐を派遣して、佐々木司令に「特潜の湾内進入はかならずしも強行するにおよばず。また搭乗員の収容に関しては万全を期するように」との直話をつたえさせている。

山本長官は血気にはやる若者たちの情熱を是としながらも、特潜作戦の実施に確信がもてなかったのであろう。彼らの戦死後、呉水交社の壮行会での指揮官たちの寄せ書きを長官公室に掲げて、見入っていることが多かったという。

司令潜水艦の北、二〇浬を往く伊二十四潜では、艇長酒巻和男少尉と艇付稲垣清二曹の二人がジャイロ・コンパスの整備に必死となっていた。

転輪羅針儀《ジャイロ・コンパス》——は艦船の方向、物標の方位を測るには欠かせないもので、とくに特潜艇のように水中航走に限定される場合、その故障は盲目の状態となったことに等しい。まず第一に、目的の港湾侵入でさえ不可能となる。

この伊二十四潜も昭和十二年度計画の丙型潜水艦の一つだが、佐世保工廠で完成したのはわずか三週間前の十月三十一日。引きつづき、特潜艇搭載のための特別工事がおこなわれ、乗員たちが初航海し、満足に潜航できたのは訓練三回目というあわただしさであった。

十一月十八日出撃。突貫工事がつづき、艤装員と工廠とのトラブルも多出。「艤装後の訓練のいとまもない出港であった」と、航海長荒木浅吉大尉の回想にある。

深刻な問題は小型ジャイロ・コンパスの相つぐ故障であった。伊二十二潜では出撃直前にコンパスの異常がわかり、岩佐大尉が高速艇で工廠まで予備品を取りに帰り、不眠不休でこれと交換した。出港はおくれて翌日午前三時となってしまった。

伊十八潜でもミッドウェー付近からコンパスの調子がおかしくなり、ハワイ到着時まで整備に忙殺された、と記録にある。

伊二十四潜では、ついにジャイロ・コンパスの異常が整備できなかった。これが二十一歳の青年少尉酒巻和男に凄絶な体験を強いることになるのだが、しかしこのとき、二人はまだ希望を捨てないでいた。特潜艇の整備員として乗り組んでいた吉田忠次郎、山根利男両二曹も油汗を流しながら艇内にこもっていた。

(何とかしなければ……)

——真珠湾到着まで、あと数日しかない。

御難つづきの新造艦であった。艤装完了前、工廠岸壁に係留されていると、潜舵の下からブクブクと水泡がわき出している。それが数ヵ所におよび、あわてて調べてみるとメインタンクの鋲が打たれず、木栓を差し込んだままとなっている。水中潜航では、致命的なミスとなる。

十二月四日には、特潜艇に被害が出た。荒木大尉が哨戒長として司令塔にいると、潜航中の艦がどうしたわけか急に重くなった。排水の命令を出すと、水圧の関係で海水が逆流して進入したらしい。

「チョイ、ブロー」

いそいで荒木大尉が命じたが、沈下は一向に改まらず、艦は沈下するばかりである。深度計は刻一刻と数字を重ねて行く。三〇メートル……四〇メートル……五〇……。艦内は騒然となった。

先任将校で水雷長の橋本以行《もちつら》大尉が司令塔に飛び込んで、もっとも重要なメインタンクのブロー弁をまわしてみるが、固く締まってビクともしない。艦の背中に積んでいる特潜艇にも巨大な水圧がかかっているはずである。橋本大尉は用具をすてて渾身の力を込めるが、弁はビクともしない。

原因は空気手の一兵曹が弁の軸から海水が洩れ出しているのを見て、押えのネジを締めつけておいたため、それを緩めなければブロー弁が動かなくなっていたのである。彼はそれをだれにも報告していなかった。

橋本大尉は捨てた用具を拾い、ふたたび全力でブロー弁をこじ開けた。今度はうまく動いた。シューという乾いた音とともに、高圧空気がメインタンクに送られた。深度計は一〇〇メートルを指していた。

「本艦の保証された耐圧深度は百メートルであり、計算上百五十メートルまでの余裕はあることになってはいるが、あのまま沈下をつづければ、水圧でヒシャゲてしまう」

開戦前であり、しかも事故によってだれにも知られず太平洋の海底深く消え去る……。思い出しても不気味な事故であったと、橋本大尉は戦後の回想録に書いている（『伊号58潜帰投せり』）。

気がかりなのは艦上の特潜艇の状況であった。真珠湾攻撃まであと四日とせまり、米軍哨戒機警戒のため、洋上航行はできない。じりじりと夜まで待って、酒巻少尉は急いで艦尾に出る。やはり案じていたように、深度一〇〇メートルまで沈下したため、発射管の四五センチ魚雷が一本、水圧のため表面の鉄鋼板がヒシャゲてしまっている。これでは正常な水中航走が期待できそうにない。艦内にある予備魚雷と交換することにした。

といって、航行する洋上では簡単な作業ではない。一トン近くある魚雷を外し、艦内にある予備魚雷を吊り上げ、ソロソロと艦尾まで運ぶ。外された魚雷を外洋に投棄するのも容易ではなかった。艦側から静かに降ろして、推進器とぶつからぬようにそっと海上に離す……。

その作業を酒巻少尉と稲垣清二曹がじっと見下ろしている。

第二章　史上最強の艦隊

1　出撃

駆逐艦の砲声がいんいんと暗い冬空を渡っている。空母加賀の志賀淑雄大尉は、はじめて眼にするめずらしい光景にしばし我を忘れていた。大陸戦線の勤務の長かった彼は、まだ艦砲射撃を見たことがなかったのである。

――十一月二十六日午前六時、単冠湾外に出た警戒隊四隻の駆逐艦は先ぶれのようにいっせいに一番砲塔から実弾射撃をおこなった。出撃である。

磯風、浜風、谷風、浦風――一二センチ砲弾が空をきり、山腹に茶褐色の哨煙が立ちのぼる。しばらくして、ズンと腹にこたえるような震動がつたわってくる。寒い冬の夜明けであった。北西の風、風速毎秒五ないし一〇メートル、きわめて寒し、吹雪、と記録につたえられている。

警戒隊につづいて、第八戦隊の重巡利根、筑摩、第一潜水戦隊の潜水艦群、さらには空母部隊が抜錨した。しんがり役は第三戦隊の比叡、霧島である。

午前七時、先頭を切って旗艦赤城が錨を上げ、揚錨機が一リンクずつ重い鉄鎖をたぐりはじめたとき、事故が発生した。

「どうしたんだ」南雲長官がいらだったようにさけんだ。

「もう出港の時刻がすぎている。——何をしておるのか」

「申し訳けありません」

長谷川喜一艦長が狼狽して、副長藤野寛中佐を呼んだ。機関科指揮所にいる機関長反保慶文中佐から「右舷外軸の調子がおかしい。いつもの圧力では回転しない。何か引っ掛かっていないか！」と、あわただしい声が上がってくる。

後甲板に駆けつけた反保中佐が点検すると、直径一インチほどのワイヤロープが海面からのぞいて見えた。

「どうやら、推進軸にロープがからんでしまったようです」

長谷川大佐の報告で、南雲長官は露骨にいやな顔をした。晴れの門出にしては、不吉な出来事だった。事故の原因は、昨夜出港用意完了という副長の報告を受けていた長谷川大佐が、防舷物をすでに取りのぞいてあると早合点し、出港を命じたものである。

不注意のそしりはまぬがれなかった。出港準備中の第三戦隊旗艦比叡でも、先頭艦の赤城がいっこうに行動を起こさないのを見て不審を抱いていた。

「赤城推進器ニワイヤカカリタル為メ出港暫ク遅レル」

晴れの門出に水をかけるような失態であった。赤城からの発光信号に、司令官三川軍一中将はただちに返答する。「本艦ニ水中切断器一組アリ為念」

艦長西田正雄大佐も二番艦霧島に信号を送る。

「一二節二〇分待機トス」

赤城では、南雲長官みずからが艦橋を出て艦尾に走り、潜水夫の作業を心配そうに見守る。

一時間後、ようやく防舷物を取りのぞき、単冠湾出撃となった。第一水雷戦隊が先頭に立ち、六隻の空母群がそれにつづき、最後尾に三戦隊の戦艦二隻がしたがう。湾口を出て、第一警戒航行序列に占位する。

落着きを取りもどした南雲中将は、いつものように姿勢よく軽く腕を組み、少し胸をそらせ気味にしていたが、その後姿からは、どこか生気のない老人臭がただよっていた。

加藤寛治大将を中心に、艦隊派の雄として軍縮条約反対に気勢をあげたころの若さや闘志は去り、その面貌からは、もはや精気は失われている。猛将というイメージよりは、むしろときにお人好しの平凡な老人としか見えない瞬間があった。

近代航空戦のなかでは、かつて彼が学んだ水雷術は何の役にも立たなかった。ハワイ作戦の命令を受けた瞬間から、南雲長官はいっそう精彩を失った。作戦に自信がもてず、つねに不安にかられている。

あるとき、南雲中将はついにその不安を口に出した。

「参謀長」長官は草鹿少将の耳もとでこうささやいた。「きみはどう思うかね。ぼくはエライことを引き受けてしまったよ。気を強くもって、きっぱりと断ればよかった。いったい出るには出たが、——うまく行くのかね」

「大丈夫ですよ」参謀長はなぐさめていった。

「かならず、うまく行きますよ」

「そうかね」

南雲中将はため息まじりに彼をみた。「きみは楽天家だねえ。うらやましいよ」

あるとき、源田参謀がたまりかねたように草鹿参謀長に訴えたことがある。

「どうもいけませんな」源田中佐は、草鹿を詰問するように言った。「長官にあまり心配せんようにいってください。あんなに不安がられると、搭乗員の士気にかかわります」

搭乗員の士気——でいえば、攻撃隊の総隊長淵田中佐は南雲中将への失望を隠せなかった。かつて「末たのもしい提督」とあがめた彼は、赤城に転じて来ると、「何とも冴えない長官」であり、「早くも耄碌《もうろく》したのではなかろうか」と思われる南雲と出会ったのである。

淵田中佐は評している。

「航空という畑違いのせいもあってか、何だか因循姑息《いんじゅんこそく》で、だんだんとあきたらなくなった。温情は旧に倍して、情味豊かな長官ではあるが、溌剌颯爽たりし昔日の闘志が失われ、何としても冴えない長官であった。

作戦を指導する態度は退嬰的であった。長官自ら乗り出してイニシアチブをとるという風はなかった。一番最後に『ウン、そうか』で決裁するだけのようである」

同じ〝水雷屋〟の山口多聞少将が相手が艦隊司令長官であろうと、参謀長であろうと直言してはばからず、艦長、参謀をも叱咤する指揮官ぶりを見せているのにくらべると、南雲長官の逡巡は年齢のせいばかりではないようである。

源田参謀も、部下である自分の苦衷をこの同期生にこう洩らしている。――いつでも自分の起案した命令案が、すらすらと通ってしまう。抵抗がなくていいようなもんだが、実は違う。自分だけの考えで起案したものが、いつも上の方で、何のチェックも受けずに、命令となって出て行くと思うと空恐ろしい。俺自身はいくら自惚《うぬぼ》れても、もとより全知全能でない。重大事項については、いろいろと判断に迷う。自分の判断一つで、ただちに国運が左右されるかも知れない影響をおよぼすと考えると、重大な責任感に圧迫されて、自然と萎縮してくる。

上官が積極果敢な大西瀧治郎少将（十一航艦参謀長）や山口多聞少将なら、と源田中佐は言った。

「かならず自分の案を、あらゆる角度からチェックして突っ返してくる。そうなるとこちらも安心して、自由奔放な作戦計画を練れるというものだが……」

源田参謀が苦慮しているのは、米太平洋艦隊がもし真珠湾を留守にした場合のことであった。洋上に出ているか、あるいはマウイ島ラハイナ泊地に碇泊しているのか。その場合、ラハイナ泊地攻撃を優先とするが、在オアフ島の全陸海軍基地航空隊が反撃してくれば、大混戦は必至となる。もし三方面に分散したとして、その二方面攻撃で手一杯とすれば……。

(おまえは大変なことをしようとしているのだぞ、いまのうちに考え直したらどうだ)

単冠湾を出撃していらい、この悪魔の声におびやかされつづけたと源田参謀は述懐している。——それはいかにも魅惑的な誘いだった。一か八か、六隻の母艦兵力をもっともリスクの大きいこの奇襲作戦に投入するよりも、これを中止し、正攻法で米艦隊を迎え撃ったほうがまだ勝算はある。もしハワイにアメリカ太平洋艦隊が在泊せず、米空母部隊に味方機動部隊が発見されたら……。

眠れぬ夜が明けると、彼は艦に祭られてある赤城神社に詣で、一心不乱に祈った。

「作戦を成功させてくれ」

源田参謀はつぶやいた。もし、成功させてもらえるなら私は死んでもいい。充血した眼で、彼はまるで気が狂ったように手を合わせた。

南雲中将への源田中佐評——。

「あまりにも大きな責任、しかもそれは四十年にも及ぶ海軍生活の中で、未だかつてやったことのない航空部隊を率いての作戦である。その作戦はまた、人類史上類例のない大遠征作戦であり、祖国の興亡をその双肩に担っての、いちかばちかの大奇襲作戦である。責任感が強ければ強いほど慎重になるのは当然のことであって、南雲中将の責任感の強さとその純真さが、第三者から見た場合に躊躇逡巡《ちゅうちょしゅんじゅん》と受け取られたのであろう」

　そして、その結論は明快である。もし南雲中将の勇気を云々するならば、「この作戦は、自分の経歴と自信を越えたものです。国の運命をかけた大事な作戦ですから、だれか他の適任者を登用していただきたい」と意見具申する勇気に欠けていたというべきであろう、と。


　機動部隊は単冠湾外に出た。海上はややうねりがあるが、まずは平穏な航海である。

「恩根登山の雪は朝日に映えて真白く半曇、防寒外套の襟元に吹き入る風はさすがに冷たい。気温三度、風速三米」

　と竹内将人日記にある。基準針路九十七度、速力一二節。天候は曇で、視界三〇キロ。

　開戦時、アメリカが太平洋に保有していた空母はレキントン、エンタープライズの二隻にすぎず、それに比して南雲機動部隊は制式空母六隻。そして現にいま、東征中の六隻の空母群は、世界でもっとも強力な、もっとも破壊的な機動部隊なのであった。

　南雲部隊の空母群は、それぞれつぎのような卓越した性能を持っていた。

　一航戦の赤城、加賀は、いずれも当初戦艦および巡洋戦艦として設計されたため、搭載機数に関してはそれほど多くはない。改装に手間がかかり、おのずから格納庫に広いスペースをとることができなかったのである。赤城は九七式艦上攻撃機二七、九九式艦上爆撃機一八、零式戦闘機一八機——計六三機（加賀は七二機）。

格納庫は三層となり、前部から発艦距離の短い艦戦、艦爆、艦攻の順に収容されている。エレベーターは艦中央に一基増設され三基となった。飛行甲板の長さは二四九・二メートル（加賀は二四八・六メートル）、幅三〇・五メートル（加賀も同じ）、昭和十五年の紀元二六〇〇年式典にはじめてその姿をあらわした赤城は、戦艦長門でさえ子供のようにみせる巨大さであった。

航続力は加賀が巡航一六ノットで一〇、〇〇〇浬、赤城は八、二〇〇浬。兵装は赤城が一二センチ高角砲一二門、二五ミリ連装機銃一四門、加賀は一二・七センチ連装高角砲一六基、二五ミリ連装機銃一一門。航続力においては加賀がすぐれていた。

第二航空戦隊の空母蒼龍は、昭和十二年、呉工廠で完成されたもので、基準排水量一五、九〇〇トン、搭載機数五七（補用一六）――赤城、加賀にくらべて航続力も短い中型空母だが、飛龍（艦長加来止男大佐）とともに近代空母のさきがけとなった。速力三四・五節（飛龍は三四・六節）、飛行甲板の全長二一六・九メートル、幅二六・〇メートルの高速空母である。

これら中型空母は、来攻する米艦隊を日本近海で迎撃する目的でつくられたため、航続力が短いのである。

第五航空戦隊の空母瑞鶴、翔鶴は、日本海軍がほこる最新鋭の大型制式空母であった。翔鶴（艦長城島高次大佐）は基準排水量二五、六七五トン、搭載機八四、最高速力三四節。昭和十二年十二月十二日、横須賀海軍工廠で、瑞鶴（艦長横川市平大佐）は翌年五月二十五日、神戸の川崎重工業において、それぞれ起工式をあげた。いらい両艦は三年有余にわたって最新式の装備と最高の技術を駆使して建造工事がすすめられ、既述のように前者は昭和十六年八月八日に、後者は同年九月二十五日にようやく完成した。

無条約時代の建造であるため無理のない構造で、機関はタービン四基四軸、主罐は八基を八罐室におさめた四機四区分の理想配置となり、最高馬力をだした。三四節の高速をだすべく、大和型戦艦と同様球塊状艦首《バルバス・バウ》を採用し、防御力は弾薬庫が八〇〇キロ爆弾の水平爆撃および二〇センチ砲弾に耐え、機関室が二五〇キロ爆弾の急降下爆撃に耐えるよう設計されている。

典型的な島型空母《アイランド》で、重心を低く保つために飛行甲板の高さは一四メートル、そのため細長い箱を浮かべたような軽快な印象となったが、極端に近代化された艦影はかえって機能的な美しさを感じさせた。

六隻の空母と四〇〇機の飛行機隊――それは従来の海戦史の常識を破る画期的な革命であった。地球上のどの海軍も、いまだかつてこれだけの攻撃力と機動力をそなえた空母部隊を持ったことがなかった。各国海軍の戦術の中心となった海上兵学の権威、マハンの制海権――つまり、海上交通貿易の自由を掌握する海上権力――の思想は、日本海軍にも根強い信仰となってあらわれている。大艦巨砲主義といい、艦隊決戦思想といい、その主役となるのは大口径主砲を搭載した戦艦である。

その代役を、果たして航空機がつとまるのかどうか。

重要任務をおえた鈴木英少佐は旗艦赤城を離れ、偽装演習の任務についていた海防艦国後《くなしり》に便乗して、大湊警備府を経由し、柱島の連合艦隊司令部にむかうことになっていた。

山本長官以下幕僚たちにも、真珠湾港事前偵察の模様を報告するためである。その指示が、軍令部第一課長富岡定俊大佐から大湊要港部参謀長あて打電された（十一月十八日午後一二時二〇分）。

「所用デ第一航空艦隊ニ出張中ノ鈴木少佐ヲ十一月二十三日カ二十四日ニ単冠湾ニテ大湊要港部第二基地所属ノ船ニヨリ収容方手配サレタシ」

通報先は第一航空艦隊参謀長草鹿龍之介少将である。

2　暗号は破られたか

米合衆国大統領フランクリン・D《デラノ》・ルーズベルトが事前に真珠湾攻撃を知っていたと告発する説は、戦後の早い時期から数々と唱えられてきた。

海軍側の第一人者はロバート・A・シオボールド少将で、彼は開戦当時キンメル提督麾下の米太平洋艦隊駆逐艦部隊司令官でいた。一九五四年に刊行された著書『真珠湾の審判』の中で、シオボールド少将は、ルーズベルトが米国をナチス・ドイツとの戦いに参戦させるべく、日本軍に先制攻撃させ、米国世論を一致団結させる企みをした、と痛烈に批判した。米国憲法下では、大統領に宣戦布告の権限はない。たとえルーズベルトがナチス・ドイツとの戦いを欲したところで、米国議会の承認が得られなければ、一兵たりとも欧州の戦場に派遣することはできないのだ。

シオボールドは、この米国大統領の誘発により、真珠湾では四、五七五名のアメリカ人が殺傷され、一八隻の軍艦が撃沈され、一七七機の飛行機が喪失した（注、当時の調査による）。そしてワシントンの裏面工作により、真珠湾の責任の大半は、米太平洋艦隊司令長官キンメル大将と陸軍司令官ショート中将の二人に負わせた。これは不当きわまる処置である、と指弾している。

シオボールド少将の闘いは、二人の汚名を晴らすことにあったが、一方ジャーナリストのジョージ・モーゲンスターンは一九四七年、戦後二年目に早くも『PEARL HARBOR：The Story of The Secret War』を著した。邦訳『真珠湾――日米開戦の真相とルーズベルトの責任』がそれである。

著者のモーゲンスターンは「シカゴ・トリビューン」紙論説委員で、従軍歴もあり、戦後海兵少佐に昇進し、退役している。同書によれば、彼の主張はこうだ。――政府のごくわずかな指導者が国家の政策をまるで私的なたくわえのように処理し、彼らの意思決定は（真珠湾）事件のあと米国民に発表された。戦争が終ってしまってから、当局の秘密の仕切りのカーテンの背後でなされた多くのことの片鱗がうかがえるにすぎない。

そして彼は、こう明言する。「アメリカはズルズルと戦争にはまっていったのではない。系統だった図式の進路に沿っていた」のだ、と。


ルーズベルトの政戦略に批判するこれら「修正主義者《リビジョニスト》」（注、野党共和党はじめ反ルーズベルト派は、米国内でこう呼ばれている）にたいして、具体的な事実をしめして「陰謀説」を立証しようと試みたジャーナリストが現れた。その代表が、ピューリッツアー賞受賞作家ジョン・トーランドによる著書『真珠湾攻撃』（一九八二年）である。

トーランドの作家活動は、米国民が日本軍による「真珠湾攻撃」をどのように捉えていたかを知る恰好の材料といえる。はじめ彼は、この緒戦の大被害を米国海軍の油断と見、日本軍の「奇襲」は「正当な理由のない戦闘行為」として『But Not in Shame』（邦訳『真珠湾は燃えている』）を書いた。これが一九六一年のことである。

九年後、トーランドの立場は大きく変化する。視点を日本側にもひろげ、日米戦争の選択とそれにいたる過程を、日本側に立って理解をしめすようになる。すなわち、真珠湾は日米双方の過誤と誤算によるものだ、と。

『The Rising Sun』（『大日本帝国の興亡』）の中で、トーランドはこう書く。

「お互いの誤解と、言葉の障害と翻訳上の過ち、日本側の便宜主義《オポチユニズム》、軍部内の下剋上、無思慮、名誉欲、プライドと恐怖心、それにアメリカ側の人種的偏見、対日不信、東洋への無知、硬直した政策、独善、名誉欲、国家的プライドと恐怖心……そのようなものが重なって、戦われる必要のない戦争が始まった」

戦われる必要のない戦争が、戦われた。では、その第一撃となった真珠湾攻撃は米国側の情報網から完全に遮断されていたのか。遮断されていなかったとすれば、米政府首脳たち、とくにルーズベルト大統領はこれらの事実を本当に知らなかったのだろうか？

これにたいして、具体的資料をあげて「ルーズベルトの陰謀」を証明しようとしたのが一九九九年、米国「オークランド・トリビューン」紙の写真部員兼記者ロバート・B・スティネットが著した『真珠湾の真実―ルーズベルト欺瞞《ぎまん》の日々』（『DAY OF DECEIT』）である。

同書によれば、著者は一九二四年、カリフォルニア州生まれ。真珠湾攻撃の折には高校生で、卒業後、海軍を志願。四六年までジョージ・ブッシュ海軍大尉（米国元大統領）の下で働き、その軍功にたいし青銅従軍星章一〇個、大統領感状を授与された――とある。

彼の立論が「修正主義者たち」だけでなく、多くの米国民の支持を得たのは、次のような立論であろう。

「確かに苦痛に満ちていたけれども、ルーズベルトの下した決定は――われわれのすべてが大事にしている自由を脅かしていた――枢軸国に対して連合軍を最終的勝利に導くために、戦略的に計算されたものであった。戦争挑発諸政策を作成した幕僚たちは、政策に含まれるリスクは承知しておりながら、それらを忠実に推し進めた」

すなわち、「ルーズベルトの陰謀」は正しい選択だったというのである。

――『真実』は、大要三つの所説により成り立っている。

その一は、米海軍情報部極東班長アーサー・H・マッカラム少佐による日本を対米戦に導く「戦争挑発行動八項目」の発掘であり、その二は、これこそが日本側にとって驚天動地のものであった。従来信じられてきた南雲機動部隊の無線封止が米国側に破られていただけでなく、膨大な艦隊無線が太平洋上を飛び交っていたというのである。

「南雲が最もお喋りだった」と、スティネットは米海軍通信諜報班が傍受した日本側電波一二九通の内訳をあげる。真珠湾攻撃にいたる十一月十五日から十二月六日にかけての二十一日間のものである。

A	南雲司令長官発信の電報	六〇通
B	東京から機動部隊の艦船あて電報	二四通
C	空母発信の電報	二〇通
D	航空戦隊司令官発信の電報	一二通
E	第一航空艦隊の空母以外からの電報	八通
F	ミッドウェー破壊隊からの電報	四通
G	航空戦隊司令官あて東京電報	一通
	合計	一二九通

この南雲司令長官発信の電報六〇通——とは、いったい何を指してのものなのか。これほど大量の電波を発信する必要が果たしてあったのか？

だが、同書の記述は具体的である。たとえば、

「米海軍の無線方位測定機が日本艦船の移動を確認した。日本艦船から発信された無電は太平洋岸全域で捕捉された。赤城、飛龍、翔鶴及び第一、第二、第五航空戦隊の空母の位置がコレヒドール、グアム、ダッチハーバーの無線傍受局で確認され、さらに北北東の針路で動いている様子がコレヒドールの無線監視局CASTから確認された。ついでこの情報は真珠湾の（無線監視局）HYPOからTESTMと呼ばれた米海軍の特別暗号回路で、ワシントンのアーサー・マッカラム経由でルーズベルト大統領に届けられた」

南雲長官については、

「南雲中将は絶えず赤城の通信設備を使用して、麾下部隊に電報を打っては無線封止を破った。だが、通信軍規違反を犯したのは南雲だけではなかった。長谷川（喜一）艦長と南雲艦隊の戦艦巡洋艦部隊司令官だった三川軍一中将も同じ罪を犯した。三川は彼のハワイ作戦専用の呼出符号『ンワ2』を使用して、無線監視局CASTに探知されてしまった。CASTの無線方位測定機によると、三川の無電発信により、彼の率いる部隊は日本東海岸沖にいることが判明した。日本軍の通信を秘匿保全するうえでさらによくなかったことは、南雲、三川の両提督が、ハワイ作戦だけに取っておいた、最も秘密にしていた呼出符号を使用したこ

とだった」

第三点は、さらに明快な指摘だ。日本側機動部隊の真珠湾攻撃を容易にするために、「日本軍の母艦航空機発進海域にいるキンメルの率いる艦艇を、真珠湾に帰投させるよう急いで指示し」、さらに海軍当局は北太平洋を「真空海域」とした。

こうすれば、日本側はだれにも発見されず、阻止されずにハワイまでたどりつけるのである。

もし、『真実』が指摘する三つの要点が事実だとすれば、歴史上これほど悲劇的な――いや、喜劇と言って良いかも知れない――国民は他にあるまい。米国大統領によって「戦争挑発行動八項目」が採用され、日本は大戦突入を誘発される。しかもハワイ奇襲作戦は見破られて、その行動はルーズベルトの掌《たなごころ》の上にある。さらに「真空海域」まで設定され、北太平洋上を無電でわめき散らしながら、盲目的に一路ハワイに突進する……。

しかしながら、歴史はこのように単純なものではない。

日米戦争にいたる過程には、日露戦争後の太平洋の覇権をめぐる相克があり、たがいに相手国を仮想敵の第一とし、作戦計画を時代にあわせて更新しつづけた。戦争の契機はどうあれ、いずれは衝突せざるを得ない運命であったことは、双方にとっての悲劇といえよう。

これら諸点について、事改めて詳細を論じることは不必要と思われる。南雲長官よりの発信電にしても、日本側の偽電工作の通信も多数ふくまれていて、個々の証言についても具体的資料の裏づけがなく、その後の事実検証によって、証言者自身の記憶が揺らぎ変転し、また本人から提示された日記にも改竄《かいざん》がおこなわれた形跡がある（秦郁彦編『検証・真珠湾の謎と真実』参照）。

最近の研究では、これらの証言は重要視されていない。

——ルーズベルト大統領とは、謎の多い人物である。

フランクリン・D・ルーズベルトはニューヨーク州ハイドパークに生まれた。日露戦争時の大統領セオドア・ルーズベルトとは、遠い縁つづきの義理の甥に当たる。

オランダ名門家族の出で、ハーバード大学に学び、ニューヨーク州議会から政界入りを果たした。小児マヒを患い、一時引退していたが、ニューヨーク州知事として復帰。一九三三年（昭和八年）、米国三十二代大統領となった。異例の大統領三選を果たし、四五年四月十二日、四選目直前に病死した。

日本にとって、日華事変勃発前から一貫して対日政策の中心人物であったといえる。

民主党員として、ニューディール政策による福祉、社会改革で国民の支持を得、対外的にはヒトラーのナチス・ドイツに対抗する有名な「民主主義の兵器廠」として、連合国側の軍事、経済的援助に大いに貢献した。

日本にたいしてはどうか。一国の政策を政治家個人の資質に依拠して論じることは戒めねばならないが、どうやらそうでもなさそうである。ルーズベルトの〝日本嫌い〟について、他ならぬ国務長官コーデル・ハル自身が評している。

その第一は、海軍次官を七年もつとめ、その結果、日本は米国にとって最大の敵手であるとの米国海軍の信念にかぶれるようになったこと。

第二は、彼の母が少女時代を中国ですごし、その影響で中国にたいしての親近感が深まったこと。

事実、大統領はハルや他の閣僚たちに、自分の家族が十九世紀初代に中国高官や商人たちと親しく交際したことを喜んで語った。「私の祖父デラノは……」とくり返し語る思い出話は、側近たちを閉口させたものだ（注、ジョン・ガンサーは「彼の祖父は阿片商人だった」と指摘している＝後述）。

「この種の個人的思い込みは、ときとして高位についた人間のものの考え方に、争われない影響をおよぼすことがある」と、ハルは指摘している。

当選初期、米国の伝統的な外交原則（注、モンロー大統領が提唱した欧米両大陸間の不干渉主義）を遵守していたルーズベルトが一転して欧州介入に踏み切ったのは、一九四〇年、ヒトラーのナチス・ドイツによるフランス占領であった。次の目標は英本土上陸である。とすれば、米国も戦争到来は避けられないだろうし、さらにいえばヒトラーの鉾先は西半球にむかう。その一方で、日本は太平洋を傍若無人に暴れまくるにちがいない……。

ルーズベルトはこれらの動きにそなえて、矢つぎ早やの戦略構想を展開する。一、あらゆる方法による英国援助、二、航空機の増産、三、両洋――大西洋、太平洋――艦隊の建設。すなわち、艦隊兵力の七〇パーセント増強、戦闘艦艇で一三二万トンの新造計画の達成、四〇億ドル拠出の議会承認要求である。これには一五、〇〇〇機の海軍機もふくまれ、一九四〇年七月十五日に成立した。

　米国の眼はヨーロッパのヒトラーの動きに釘づけとなっている。これらの戦略目的を達成されるまでは、とにかく日本を「to baby（あやす）」ことだ。

　これが、ルーズベルト戦略のあらましである。彼と英国首相ウィンストン・チャーチルの関係については、もし一九四〇年のダンケルクの撤退（注、英仏連合軍がドイツに大敗した）のままであれば、英国の敗北はまぎれもなく、それを救ったのはルーズベルトの個人的な強い意志と助力であったことは、多くの史家の認めるところである。

　その理由は何か。米ジャーナリスト、ジョン・ガンサーは、うがった見方を紹介している。すなわち、「二人は遠縁の間柄であった」。

　話は、ヨーロッパからの米国移民船メイ・フラワー号にさかのぼると言うから、恐れ入る。――その船にジョン・クックという人物が乗り込んでいて、このジョンは、サラ・ウォーレンという女性と結婚した。その娘の一人がルーズベルトの母サラ・デラノの八代前の祖母に当たっており、もう一人の別の娘がアメリカ生まれのチャーチルの母、ジェニー・ジェロームの直系の先祖だそうである。

　ルーズベルトの在任五年半のうちに、二千七百通におよぶ電報、手紙が二人の間でかわされたというのも、尋常ではない。むろん、ヒトラー勝利後の欧州情勢を踏まえたルーズベルトなりの世界戦略があってのことなのだが、二人の関係について訊かれたルーズベルトは、「そうさ、私はたしかに疲れている！　五年間、ウィンストンを手押車に乗せて坂道を登りつづければ、疲れないわけにはいかんよ」と、徳川家康みたいな愚痴を言ったことがある。

「ルーズベルト大統領は日本の真珠湾攻撃を知っていたか」という従来くり返されてきた論争について、少なくとも知っていた、と言い得る証言は二つある。

その一は、一九四一年（昭和十六年）一月二十七日付、グルー駐日大使からのワシントンあて電報である。それにはこうある。

「駐日ペルー公使が当大使館員に語ったところによると、彼は日本人を含む多数の人から、日本軍は、万一米国と事を構えることになったならば、日本のすべての軍事力を使用して、真珠湾に大挙して奇襲攻撃を試みることを計画したと聞いた。彼は、この計画は根拠がないようであるが、これを多くの筋から聞いたので、この情報を伝える気になった、とつけ加えた」

さらに「詳しい説明」として、この情報は「日本人通報者をふくむきわめて多くの異なった筋」から聞いたので、これを米国大使館につたえたものと報告している。

駐日ペルー公使とは、リカルド・リベラ・シュライバーである。彼はこの情報を友人の米国一等書記官につたえ、グルー大使はそのまま本国に打電したものである。

山本長官が及川海相あて「軍備ニ関スル意見」でハワイ奇襲作戦を提示したのは一月七日

付だから、三週間もたたないうちに情報が洩れたのである。戦後の調査では、ペルー大使館に傭われた日本人コックが、たまたま読んでいた日米未来戦記を話したことからこの騒ぎがはじまったとされているが、また一方で日本人翻訳係秘書が出所ともされている。

この情報はワシントンの陸海軍情報部につたえられ、スターク作戦部長、ルーズベルト大統領、二月一日付で太平洋艦隊司令長官となったキンメル大将にも報じられている。

これにたいするスターク提督の判断は、つぎのようなものであった。

「米海軍情報部としては、この流言は信じられないものである。さらに、日本の陸海軍部隊の現在の配備と行動について知り得たデーターによれば、真珠湾にたいする行動がせまっているとか、予測できる将来において、こうした行動が計画されているとは考えられない」

一九四一年当初の段階では、この判断は無理からぬものがある。ハワイ奇襲作戦は山本長官の構想段階で、海軍部内でも同調するものは数少なかった。

第二は一九五一年、ニューヨーク「デイリー・ニューズ」がトップニュースで報じた同社政治部記者ジョン・オドンネルによるソ連スパイ、リヒャルト・ゾルゲの告白記事である。ゾルゲはドイツ紙記者として来日し、尾崎秀実らとともに諜報活動に従事。それが発覚し、一九四四年に刑死した。

その告白調書によれば、昭和十六年十月、ゾルゲはソ連クレムリンあて「日本が六十日以内に真珠湾を攻撃する意図を持っている」と報告し、クレムリンからルーズベルト大統領、ジョージ・C・マーシャル陸軍参謀総長、ハロルド・R・スターク海軍作戦部長その他に知らせた旨の通知を受けた、との由である（注、当時米首脳はこの事実を否定）。

ゾルゲの目的は、ソ連防衛のために日本を北進論より南進論に転じさせ、日本を太平洋戦争に突入させるという点にあり、これは日本占領時、同文書類を押収したGHQ諜報部長チャールス・ウィロビー陸軍少将の証言にある（一九五一年、米上院マッカラン委員会）。


史料として提出しうるこれらの材料をもって、ルーズベルトが真珠湾攻撃を知っていた――とするのは早計にすぎるようである。オドンネル記者も、その事実を確言していない。

米政府に殺到する情報洪水のなかで、十一月二十六日のハル・ノートから攻撃直前の十二月七日朝にいたる日本側戦争発起のさまざまな徴候――これと「ルーズベルト陰謀説」がどうからみあうのか、それをさらに検証しなければならない。

では、日本海軍の暗号は破られていたのか？　日本海軍の暗号は、最高度の「海軍暗号書甲」、一般戦略常務用の「海軍暗号書D」、航空通信用「C」、海外武官用の「J」などがあり、通常は「D暗号」が使用されている。米側はこれを「JN――25」（Japanese――Navyの略）と呼んだ。

「D暗号」は昭和十五年十二月から使用され、日米開戦がせまったため昭和十六年十一月一日には呼出符号を、十二月四日には乱数表が更新された。

米太平洋艦隊司令部の情報参謀エドウィン・T・レートン少佐は、戦後回想録『太平洋戦争暗号作戦』を著したが、そのなかで昭和十六年度には日本海軍の「D暗号」をほとんど解読できたが、開戦直前の更新によって再び白紙の状態にもどった、としている。したがって、当時ハワイでの彼らは日本空母の存在をつかむことができなかった。

例をあげよう。たとえば、同年十一月十七日付キンメル提督あて日本艦隊の動静報告では、つぎのように正確な情報をつたえている。

「連合艦隊

第一および第二艦隊の大部分は、呉方面から移動していない。本日の第二艦隊司令長官の発信は、きわめて多かった。これら電報は主として第二艦隊あてのものであったが、第三および第四艦隊司令長官とパラオ部隊にも発信した。

第四艦隊

委任統治領における通信の大部分は、パラオの第三根拠地隊とヤルートの第六根拠地隊のものであった。

航　空

連合航空部隊指揮官は高雄にあり、しばしば三亜（原注＝海南島）と交信した。空母（複数）は、九州方面に行動中の一部をのぞき、主として呉および佐世保方面にいる」

だが、それ以降になると、空母群の動静ははっきりつかむことができなかった。連合艦隊の偽電報が彼らの耳から完全に南雲部隊を隠してしまったのである。

十一月二十四日付の通信情報では、

「空　母
その所在については明らかな徴候がない」

とし、さらに十二月二十七日付の報告で、つぎのようにキンメル大将につたえている。

「航　空
高雄方面の航空隊が『翔鶴』と『蛟竜』（注・瑞鳳の誤りか）と通信した。空母（原注＝複数）は依然として日本近海にいる。連合航空部隊の航空隊の海南島への移動は見られない。
（以下略）」

ワシントンでも、この更新された「JN-25b」については海軍通信保安課長ローランス・サフォード中佐が判読できたのは一部でしかなかったとし、同書によればその割合は一〇％ていどとしている。

すなわち、米海軍情報部は単冠湾への「D暗号」を傍受したが、解読できなかったとするのが、妥当であろう。

だがしかし、南雲機動部隊が厳重な無線封止を守りつづけたという「神話」も事実ではない。少なくとも一回——確実に言えることは——無線封止を破っている。

単冠湾を出撃して一週間ほどのことである。

3　ハル・ノート

南雲機動部隊が単冠湾を出撃しつつあるちょうど同じ時刻（ワシントン時間十一月二十五日午後四時三〇分）、国務省にあるハル長官の卓上電話が鳴った。

「長官、お知らせしたいことがある」

声の主は陸軍長官ヘンリー・L・スチムソンだった。以下、彼自身の膨大な回顧録「スチムソン日記」の記述にしたがって話を進める。

「陸軍情報部からの報告です。日本陸軍の五コ師団が中国山東、山西両省から上海に集結。そこで三〇隻か、四〇隻か、または五〇隻の船に乗り込み、これらが台湾沖で認められたとのことだ」

この視認報告は、英国情報部からもたらされたものだった。これは日本側記録と照合すると、マレー半島攻略にむかう佗美浩少将他の第二十五軍各支隊で、X－4（開戦四日前）に進発すべく台湾の南、海南島三亜に集結中の陸軍部隊に該当する。軍司令官は山下奉文中将。

「よし、わかった」

ハル長官は、そのまま黙って受話器を置いた。国務長官室はさして広くない。彼の愛用している黒い大きな机と、その前に来客用の低い椅子が二脚——それ以外むだなものはいっさいなく、主《あるじ》の性格をつたえるような、せまい質素な部屋だった。

コーデル・ハルは一八七一年、テネシー州に生まれた。民主党上院議員の長老で、このとき七十歳。弁護士、州議員をふり出しに、裁判官、のち上院議員となり、一九三三年、ルーズベルトの大統領就任と同時に、乞われて国務長官となった。

スチムソンの報告に、ハル長官は大しておどろきの色を見せていない。その理由としてあげられているのは、この日正午、ホワイトハウスでは最高軍事会議が開かれており、米国の対日最終対応が定められていたことだ。

出席者はルーズベルト大統領、海軍側からノックス海軍長官、スターク作戦部長、陸軍側からスチムソン陸軍長官、マーシャル参謀総長、ハル国務長官。そして、大統領顧問のハリー・ホプキンス。

この七人が対日戦争決定に重要な役割を果たした最終メンバーと言える。このなかで、対日政策についてもっとも強硬論者は、スチムソン陸軍長官であった。野党共和党の長老で、七十四歳。

閣議では、その長い政治歴と明確な国策の推進で、多くの支持と尊敬を集めていたのがこのスチムソンであった。その経歴を見ると、彼がなぜ対日強硬論者になったのかがよくわかる。——弁護士、連邦検事を経て、陸軍大佐として第一次大戦に参戦。それ以降、タフト大統領のもとで陸軍長官、フーバー大統領下の国務長官。ロンドン軍縮会議では、米国首席全権をつとめている。そして一九三一年、満州事変では日本への集団制裁を主張して、当時ニユーヨーク州知事をつとめていたルーズベルトの強い支持を得た。

スチムソンは米国議会の主流を占めていた孤立主義——とくに上院において——を批判し、大統領となったルーズベルトが欧州介入、英国援助とつぎつぎと積極外交政策を展開することに大いに共鳴し、共和党を除名されながらも、反対党の民主党大統領の陸軍長官となった。筋金入りの、強烈な個性の持ち主である。

こうした彼の立場から見ると、ルーズベルトとハルの対日交渉は生ぬるいものであった。「スチムソン日記」にいう。二人は日本との戦争回避のために〝ある種の外交上の暫定協定によって抑制できる、というぼんやりとした希望〟持っていて、

「ハル長官は、日本の政策の完全な破棄の可能性さえも信じていた」

そして彼は、一九一九年（大正八年）における山東およびシベリアよりの日本撤兵、一九二一年（大正十年）ワシントン軍縮会議における日本側譲歩により、米国が極東での意志を明確にし断固たる行動に出た場合、日本は米国の政策に屈服するにちがいないと主張した。

「今日、米国が極東にたいして明確な政策を有しない、というような軟弱で定見のない行動をしめすことは、日本を無遠慮な行動に元気づけるだけである」（一九四〇年十月二日覚書）

もっともスチムソンは、のちにルーズベルトが決定した石油全面禁輸といった対日強硬策の根拠について、こう弁明している。

「きたるべき対日破局の危険は承知しながらも、私は対日禁輸は日本をして開戦に追い込むよりも、むしろ日本を抑制し後退させる効果があると信じた。私が入閣以後一年以上もちつ

づけた基本的な考え方は、日本は米国と戦争するという自殺的な方法を好んでとらないだろうというのであった。こうした方法のおろかさについて、私は十年前のロンドン海軍軍縮会議当時、信頼できる日本人から得心のゆくように聞かされたものだし、一九四〇年と一九四一年の日本の指導者についてはヒトラー以上に信頼しなかったと同時に、日本指導者の思慮分別の欠如を正確に評価しなかった」

一九四〇年と一九四一年の日本の指導者とは、第二次、第三次近衛内閣から東條英機内閣のことを指す。

一方、フランク・ノックス海軍長官も、スチムソンと同様の立場をとった。彼もまた共和党員であったが、米国の欧州参戦に賛意を示し、党除名の処分を受けて海軍省入りをした。

こうしてルーズベルト政権は、二人の共和党員により陸海軍への強力な地歩を固めたのである。

この日、閣議の議題は欧州戦線より、切迫している対日関係のみに絞られた。ハル国務長官が口火を切る。

「日本との協定が成立する見込みはほとんどない。日米会談が続行されると考えるのはもはや絶望的だ。日本は、いつなんどきでも突如として武力による新征服行動をはじめる可能性がある」

この時点で、ハル国務長官は日米交渉に何らの希望も抱いていない。それは、つぎの言葉によって知られるだろう。

「わが国家的安全を防衛する問題は、陸海軍の所掌である。失礼ながら……」

と、ハルはいった。

「私は軍事首脳部にたいし、日本は奇襲の原則をその戦略の主眼とするかも知れない、ということを申し上げたい。彼らは同時に数地点を攻撃する可能性がある」

ルーズベルト大統領が、ハルの意見に同意をしめした。

「日本人は、がんらい警告せずに奇襲をやることで悪名高い。おそらく米国は、つぎの月曜日ごろ攻撃される可能性があるだろう」

つぎの月曜日——とは、十二月一日のことである。

このハル長官の不意の強硬策転換に日本側の窓口、野村吉三郎駐米大使は何も気づいていない。史実で見るかぎり、ハル長官も前日まで日本との妥協案を模索しており、野村大使もこの米側の和平工作に一縷《いちる》の望みを託している。

野村吉三郎は明治十年、和歌山に生まれた。和歌山中学から海軍兵学校に入り、海軍省軍務局、米大使館付武官、ワシントン会議全権委員随員、軍令部第三班長、横須賀鎮守府長官、海軍大将。予備役、学習院長、阿部信行内閣での外務大臣。

米国に知己が多く、とくにルーズベルト大統領とは日本では数少ない個人的交流があった。

野村大将の回想録によれば、最初の出会いは在米大使館付武官のころで、ルーズベルトは海軍次官。練習艦隊をひきいてニューヨーク州入りをした折には州知事。大統領当選、再選時に個人的祝辞を送り、その返書には「自分はかつてしばしば君に話した通り、ある時期にはかならず東洋を訪問して日本の偉大なる成長《グレート・アッコンプリシュメント》を見たい」と書かれてあった。

野村のルーズベルト評は、「実に天空海濶《かいかつ》、言語頗《すこぶ》る明晰、融通無礙《むげ》の性格」であり、その政治姿勢も野村と意を同じくするものであった。回想録は日本の敗戦後、昭和二十一年に書かれたものだが、ここでもルーズベルトの政治的功績を賞讃してやまない。

「彼は民主党に対する顕著な功績により三十二歳にして海軍次官となり、八年も勤続し海軍を特に好んだので海軍の事情には極めて精通し、海洋の大戦略にも通暁《つうぎよう》して居った。彼はライン河に於てドイツの西漸勢力を喰い止めんと欲して居った。ダンカークの惨敗後米国は兵器庫を開いて大胆にも小銃五十万挺其の他大砲弾薬等を英国に送ったが、大体フランスがマヂノ線に頑張って居る間は、米国の知識層は英国の海軍、仏国の陸軍、米国の工業力の三位一体を以てドイツを喰い止め得るように考えて居ったようであるから、マヂノ線が脆くも突破せられ、ドイツ軍が英仏海峡に殺到し、英国を指呼の間に睨み、パリの命旦夕に迫るに至って米国は大いに心配した、がフランス政府降服は愈々《いよいよ》英国の戦争は即ち米国の戦争であると認めて一段とその真剣味を加えて来た。一九四〇年六月二十二日にフランスは休戦規約に調印降服したが、八月老齢駆逐艦五十隻を英国に譲与し、大西洋西部及びカリビアン海に在る英国の根拠地を租借し、以て米国の国防線を大西洋の中央まで推し進めた」

野村大将を駐米大使に起用したのは、第二次近衛文麿内閣の外相松岡洋右であった。野村の米国での豊富な交友関係が、松岡の胸にあったのだろう。渋る彼を口説き落としてワシントンに送り込んだのは、昭和十五年十一月。

だが、このときすでに日米戦争の導火線となった日独伊三国同盟が締結されており、その画策者が松岡洋右であったから、野村大使の前途に光明はない。

翻《ひるがえ》って考えてみると、一九三七年（昭和十二年）から不幸の導火線が火を噴きはじめていたのである。北平（北京）での盧溝橋事件を耳にすると、ルーズベルトはナチス・ドイツの対日接近ともからめて、政府部内でただちにドイツを焦点にあてた反枢軸国政策を研究することを命じた。

翌年末には、いままで太平洋＝オレンジ、大西洋＝レッドとカラー・ネームでわけていた戦略を一本にし、独・伊・日三国が結合して西半球で攻勢をかけてきた場合を想定したレインボー・プランの研究がはじめられ、同計画は昭和十四年六月に公式文書となった。

そして、米国の対日強硬策は同年七月二十六日の「日米通商航海条約」廃棄、翌年七月の軍需物資輸出許可制、石油、くず鉄の許可制、航空機用ガソリンの輸出禁止とつづけられて行く。

野村大使の米国派遣は当初、いちおうの成果をあげた。この時期、日米関係はまだ急をつげていず、取りあえず「日米諒解案」が誕生した。

これは、近衛首相の側近である井川忠雄（産業組合中央金庫理事）と陸軍省軍事課長岩畔《いわくろ》豪雄大佐の協力を得て出来上がったもので、米側からは米人ジェームス・E・ウォルシュ神父とジェームス・K・ドラウト神父が仲介し、ルーズベルトの閣僚ウォーカー郵政長官にパイプをつないだ。

その内容は、日華間の協定による日本軍の撤退、満州国の承認、蔣介石・汪兆銘政権の合流、日本は武力による南進政策をとらず、米国は資源入手を保証するというものであり、この諒解案が受け入れられれば、ホノルルでの近衛・ルーズベルト会談を実現させるとしていた。

ハル長官は、この草案を提示されたさい「大部分は、血気の日本帝国主義者が望むようなものばかり」と失望したが、サムナー・ウェルズ国務次官補と協議して、同意不同意はともかく、日本との幅広い交流を期待して諒解案に応じることにした。

彼は「ハル四原則」——ルーズベルト大統領との間で決められた領土の保全、内政不干渉、機会均等、太平洋の現状維持——を提示し、これを日本政府が承認し提示すれば日米交渉開始の基礎になるだろう、と野村大使につげた。

この動きはじめた〝平和機械〟にブレーキをかけたのが松岡外相である。三国同盟を締結し、日ソ中立条約をも調印して単独にワシントンに乗り込もうと壮大な夢を抱いていた松岡は激怒し、「日米諒解案」を宙に浮かせる工作をした。

松岡外相の独走に困惑した近衛首相は、彼を更迭し後任に豊田貞次郎をすえたが、三国同盟は破棄せず、そのまま継続した。これがヒトラーとの全面対決を決意したルーズベルト大統領を硬化させることになった。

さらに、事態は悪化する。日本および野村大使を絶崖の縁に立たせることになった「南部仏印進駐」である。

昭和十六年七月二十八日の日本軍による南部仏印進駐は、ヨーロッパにおけるフランスとオランダの敗北が契機となっている。

東南アジアの二大植民地、仏領インドシナ（インドシナ半島東部にある交趾《コーチ》支那、安南、東京《トンキン》、カンボジア、ラオス）と蘭領インドシナ（マレー群島およびニューギニア）は、宗主国がナチス・ドイツに敗れたため、外交上の〝無人の地《ノーマンズ・ランド》〟と化している。

これら地域の権益を守りたい、というのが日本側の目論見《もくろみ》の一つ。また戦勝国ドイツが蘭仏に代わって宗主国として排他的地位を主張する可能性があり、そうなれば南方資源地帯確保を第一とする日本側戦略が揺るぎかねない。東南アジア唯一の独立国、隣国のタイは、仏印との国境紛争をたびたび起こしており、日本側は日泰《にったい》和親友好条約のもと、調停役として進出する大義名分があった。

これが、陸軍の南進論に拍車をかけた。

もともと参謀本部は、長期戦にそなえて中国への「援蔣ルート」の遮断および資源獲得のための仏印、蘭印進駐をさかんに論じていた。蘭印の石油、マレーのゴム・鉄鋼石、仏印のスズなどの戦略物資が日本側の長期持久戦略に欠くことができないからである。

前年九月の北部仏印進駐につづいて、さらに南進すべしという意見が陸軍部内で圧倒的となった。その中心人物は佐藤賢了軍務局長、参謀本部土居明夫作戦課長らである（これにたいする北進論者は、参謀本部作戦部長田中新一少将など）。

海軍にも異存はなかった。三国同盟に反対した米内内閣は陸軍によって総辞職を余儀なくされ、中央にあるのは対米強硬派の永野修身軍令部総長である。軍令部第一部長（作戦）は福留繁少将。

このコンビのもとで、海軍省の若手課長クラスを中心とした「政策第一委員会」（軍務局第二課長石川信吾大佐、同第一課長高田利種大佐、軍令部作戦課長富岡定俊大佐、同戦争指導課長大野竹二大佐）が対米開戦論の中心となり、「直に戦争（原注＝対米を含む）決意を明定し強気を以て諸般の対策に臨む」べきだとかねてから強硬論を唱えていた。

とくに独走しがちだったのは中原義正（海軍省人事局長）、石川信吾両大佐で、それらの強硬論を見聞きした山本長官が、「海軍中央部課長以下位の処にて、この時流に乗り、今が南方作戦の仕時なりと豪語する輩もありと聴き」とにがにがしげに語っている（高木惣吉談話）。

南部仏印進駐は、仏印共同防衛のための軍事協力の名目で、ドイツの傀儡《かいらい》政権である仏ヴィシー政府とのあいだで取り決められた。近衛首相自身は、これをあくまでも「平和進駐」であり、米国も強い態度に出るまいと考えていた。

陸軍もまた同様であった。

「仏印への武力進駐は英米の参戦を招くのではないか」

という原嘉道《よしみち》枢密院議長の質問にたいし、杉山元参謀総長はきわめて楽観的な見通しをのべた。

「仏印進駐は英米を刺激するが、現在はドイツの戦況が有利なので英米は参戦しないと思う。――ソ連の極東軍は三〇個師団のうち四個師団を西送したが、なお絶対優勢なので、もっぱら関東軍の充実をはかり、五、六十日して独ソ戦の見通しがつくのを待ちたい」

米国は強硬策に出た。ルーズベルト大統領は報復措置――在米日本資産の凍結、対日石油輸出の全面禁止である。

これは、日本側にとって致命的な痛手であった。国内石油必要量の七割を米国からの輸入に頼っている日本は、喉元をジワジワと締め上げられて行くのである。

とりわけ、一日一七、〇〇〇トンの石油を消費する日本海軍は存亡にかかわる危機となった。ちなみに、石油の輸入が全面的にストップした八月一日現在、日本の全石油貯蔵量は九四〇万キロリットル（海軍軍務局推定）。生産量は、国内産油、人造石油をあわせると、年七〇万キロリットル。消費は月平均四五～四六万キロリットル。つまり、差引き月四〇万キロリットルの不足である。

この経済制裁がつづくと、日本は二年足らずのうちに石油を使い果たし、戦わずして、「遠からず痩衰起つ能わざるべし」という状態に追い込まれる。

この南部仏印進駐を政策決定した近衛首相自身が、アメリカ側の予想外のきびしい反応に強い衝撃を受けていた。元外相有田八郎あての書簡で、つぎのように自分の苦衷を訴えている。

「……矢は弦を離れたる形にて最早《もはや》如何ともする能わず、ただし日米国交調整の見地よりすれば、蘭印ならば兎《と》も角、仏印なれば大した故障なかるべしとの見透しが、陸海とも一致したる見解にて、この見透しが誤り居り、今回の如き結果となりし事、遺憾至極に存居候《ぞんじおり》」

海軍側はどうか。七月三十一日、「艦隊派」の長老、永野軍令部総長は絶望的な上奏をしている。

「国交調整不可能なりとし、したがって油の供給源を失うこととなれば、このままにては二年の貯蔵量を有するのみ。戦争となれば一年半にて消費しつくすこととなるを以て、むしろ此際打って出るのほかなし」

ルーズベルト大統領は、ウェルズ国務次官の「対日通商禁止は、必然的に戦争を招来するのではないか」という質問にこう答えている。

「いや、戦争になるとは思わない。日本は中国においてきわめて大きな過失を犯したので、日本経済は極限にまでひろがっている。日本の貿易が閉ざされたならば、その必要とする東南アジアの石油、その他の資源材料を入手する以前に行きづまってしまうだろう」

ハル回想録によれば、大統領はもっと強い口調でウェルズに言ったという。

「日本の南部仏印侵略は、南西太平洋に全面的な攻撃をおこなう前の最後の布告だと思われる。日米交渉の最中にこういうことをしたのだから、交渉を継続させる基礎はなくなった」(傍点筆者)

もう一人、ハル国務長官の不信を募らせた人物として来栖《くるす》三郎大使の名前をあげねばならない。

来栖三郎は前駐独大使で、三国同盟調印の当事者であり、日本をこの同盟から脱落させようと腐心するハルにとっては、もっとも好ましからざる〝ヒトラーの擁護者〟であった。

十月十八日、東條英機陸軍大将が後継首班となり、外相は東郷茂徳と代わった。東郷は苦境にある野村大使を扶《たす》けて、交渉に当たる特使として来栖に白羽の矢を立てた。

なぜ、このような重大な時期に曰《いわ》く付の人物を日本側が送り込んだのか理解に苦しむが、その点について来栖自身が戦後手記でこう弁明している。

「現に外務大臣ら使命受諾を求められた際にも、早速この点が問題に上ったのだが、結局右のような不利はあるにしても、一面からみると、条約の調印者であることが、この条約に関する我方の立場や義務の限界等を説明する上に、かえって役立つことも考えられるという意見も出て、結局そこに落着いたのである」(『泡沫《ほうまつ》の三十五年』＝傍点筆者)

右のような不利――とは、来栖によれば、三国同盟の調印者とはその通りの事実で、当時すでに一年近くドイツにあり特命全権大使として在勤したかぎり、三国同盟との関係が薄いとはいえない、という苦慮の立場を指す。ただし、来栖自身は条約締結の交渉は松岡外相の手によって「専《もっぱ》ら東京で行われ」、自分は「単に命令によって条約に調印したにすぎない」と弁明しているが……。

来栖特使は訪米に当たって日本側の和平提案、甲乙両案を提示することになっていて、甲案とは、

「一、通商無差別問題
二、三国同盟の解釈として、米国が自衛権に基づいて独伊と戦った場合、日本側は参戦の義務はないとする
三、中国における撤兵問題。北支、蒙彊《もうきょう》、海南島には所要期間駐兵。中日平和条約成立後二年間に撤兵完了、仏印も極東和平後、直ちに撤兵する」

というものであった。乙案は、

「一、日米両国が、仏印以外の南東アジアおよび南太平洋地域にたいし武力的不進出を確約する
二、蘭印物資獲得保障のため、日米相互に協力する
三、日米通商を資産凍結令以前の事態に復すること、米国は所要石油の対日供約を約する

四、米国は日支和平の努力を妨げない」

つまり、甲案とは三国同盟の解釈としてはいままで通りとし、仏印、支那撤兵についても期間を設けるものの、従来の主張を変えない、というものであった。乙案については、甲案を米側が受け入れない場合、取りあえず対日資産凍結以前――すなわち日華事変の処理を除外し、南部仏印進駐以前の状態にもどす、という宥和《ゆうわ》案であった。

この乙案は、米グルー、英クレーギー両大使が有望視しているとして東郷外相が固執したものであった。

この中国よりの撤兵問題は、東條首相から「断じて譲歩することはできない。もしこの問題で譲歩すれば、靖国神社の方をむいて寝られない」と釘を刺されている。

そして東條は来栖にたいし、「諸般の関係上、交渉は十一月一杯に終了しなければならない」ときびしい口調で言った。

渡米前、駐日米大使グルーを訪ねると、さっそく「何か新しい解決案を持って行くのか」と訊かれた。来栖は「いや、そうではない」と答えると、「それでは行っても無駄だと思う」と〝頗《すこぶ》る失望した表情〟で、グルーはいった。

そう、行っても無駄であった。初対面から、ハル国務長官の来栖評は冷たい（十一月十七日）。

「来栖は野村とは正反対の人間のように思われた。彼の顔つきにも態度にも、信頼や尊敬を

呼ぶものがなかった。私は初めから、この男をうそつきだと感じた」（傍点筆者）

一国の外交官をうそつき呼ばわりし、それを回顧録に残しているくらいだから、ハル長官も外交当事者としての冷静さと、礼節を欠いている。

ハルは初対面からの腹のさぐりあいや外交交渉の駆け引きなどではなく、「傍受電報や正規の情報」から、来栖大使のワシントン派遣の目的は二つ、とする。

一、あらゆる圧力と説得を用いてわれわれに日本側の条件を受諾させる

二、それが失敗した場合、日本の攻撃準備が出来るまで会談でわれわれを引きずっておく

ハルは、あくまでも野村、来栖両大使について冷やかである。たとえば、回想録十一月二十二日の記述――。

「野村と来栖が私の家にやってきた。この二人の外交官が私の家ににこにこ笑顔をつくり、ていちょうな態度で表面親しそうにしてやってくるのを見るのは、なにか白々しいものであった。私のように電報の傍受によって日本の不法な計画を知り、野村、来栖も同じ情報を持っていることを知っていながら、彼らと同じ調子でものを言うのはまったくつらいことであった。二人はていねいにおじぎをして腰をかけた。野村は時々くすくす笑い、来栖は歯を見せて笑ったりする。だがこの間、彼らの心を幾度となく去来したものは、もし米国が日本の要求にイエスと言わないならば、日本政府は数日のうちに新しい侵略に乗り出し、それは遅かれ早かれ米国との戦争をもたらすのだ、という考えであったにちがいない」

これほどまでの対日不信を抱いた人物を国務長官として相手にせざるを得なかったのは、

日本側にとって不幸な事態であったといえるだろう。

さらに不幸なことは、これら外交暗号電報がすべて米側に解読され、交渉内容が事前につつぬけになっていたことである。むろん、野村大使が提案する甲乙両案、さらにそれに付随する東郷外相の極秘指示でさえも――。

日本側の外交機密暗号は「紫暗号《パープル・コード》」と呼ばれていた。これは昭和十二年、日本海軍技術研究所の田辺一雄技師が最高機密の通信用として開発した九七式欧文印字機のことで、平文でキイを叩くと即座にアルファベットの暗号文となり、しかも機械の歯車を回転させることによって文字の組み合わせはアルファベット二六文字の二六乗以上の変化を持つ、という精巧な機械である。

これを米暗号解読の第一人者ウイリアム・F・フリードマンのひきいる陸軍通信隊ＳＩＳが破った。同機の模造機が完成したのは、一九四〇年（昭和十五年）八月のことである。つまり日本側は、野村大使が赴任する以前から外交の手の内を知られていたことになる。

戦後、ハル長官は上下二巻におよぶ膨大な回想録を著したが、その事実を率直に記している。

この事実を秘匿するために「魔法《マジック》」と呼ばれていたが、それによって、

「われわれは、日本の外務大臣が野村その他の代表に送っている訓令の多くを知ることが出

来、野村が私との会談について東京に送っている報告も知ることが出来た。そしてこれらは、日本政府がわれわれと平和会談をおこないながら、一方では侵略計画を進めていることを示していた。これらの傍受電報を見ていると、自分のいい分と反対の証言をおこなう証人を見ているような気がした。もちろん私はこういう特別の情報をにぎっているという印象を少しでも野村に与えることのないように注意しなければならなかった」

米暗号史家デーヴィッド・カーンは、フリードマンたちは「まだ一度も見たことのない九七式欧文印字機の模造品を、想像と推理だけで完成した」としているが、一方でこんな話もある。

戦後、同機を製作した海軍技術研究所の田辺一雄技師がアメリカ人暗号技師の訪問を受けたさい、

「あの九七式印字機は、普通の手段では解読不可能だと思う。どうやって解いたのか、ほんとうのことを話してくれないか」

と頼むと、米人技師は、

「実はこれだ」

と言って、人差指を鉤形に曲げて見せたという（阿川弘之著『軍艦長門の生涯』）。

フリードマンは一九五六年、米陸軍情報部を退役すると同時に一〇万ドルの功労金を受けている。戦時中には「民間人特別功労章」、トルーマン大統領からは「最高功労章」、アレン・ダレスCIA長官からは「国家安全勲章」を授けられている。民間人としてはそれ以来、

この三章を授与された者はいない。

十年後、当時ワシントンに隠棲していたフリードマンを訪ねた日本人記者がいたが、彼はつぎのように答えて証言を断った。

「日本の記者諸君、私はインタビューを拒否しなければならない。私は国家の規制によって何も言ってはいけないのだ」

マジック情報は、東郷外相から野村大使にあて甲乙両案の提示について、つぎのような期限をつけていることをつたえていた。

「この協定調印にたいするすべての準備を、今月二十五日までに完了することが絶対に必要である。既定方針をつらぬいて最善をつくされたい。われわれが日米関係を二十五日までに解決したいと思っていたのには、あなた方の推測のおよばないある理由がある。しかし、もしもここ三、四日のうちに米国との交渉を終り、二十九日までに調印できて（もう一度いうが二十九日である）……こんどこそはこの期限を絶対に変更できない。それからあと事態は自動的に進むことになる」

野村、来栖両大使はこれを真珠湾攻撃をふくむ戦争決意と見なさなかったわけだが、ハル長官にとっては事態は決定的に思われた。すなわち、日本は米国との戦争をあえて辞するものではないとの〝戦争機械の車輪〟を回わしはじめたのだ。

十一月二十六日（ワシントン時間）、ハル国務長官は野村、来栖両大使を呼び、米国側の対案を手交した。いわゆる「ハル・ノート」である。

前日まで、米国側は日本側の甲案乙案受諾でなく、独自の「暫定協定案」を準備していた。これは制限つきにせよ、石油、綿花をふくめた対日経済制裁を緩和させることにあり、ルーズベルトが六ヵ月期限としたのを、スチムソンの「戦争準備のために三ヵ月の余裕がほしい」との提案で三ヵ月の猶予とした。時をかせぐために、とにかく日本を「to baby（あやす）」必要があったからだ。

一夜にして、ハル長官はこの「暫定協定」を破棄し、スチムソン、ノックス両長官に諮《はか》ることもなく、ルーズベルト大統領一人の同意を得る形で（後述）対日強硬策、いわゆる「ハル・ノート」を日本側両大使に手交した。

この態度急変は謎である。「スチムソン日記」は、これを日本側の陸軍輸送船団の南下の報が原因とし、これをのちに知らされたルーズベルト大統領も「椅子から飛び上がらんばかりにおどろいた」としている。

しかしながら、日本軍の船団南下が米首脳の対日戦決意の理由とするには根拠が弱い。彼ら船団が必ずしも米英領に侵攻する意図があるかどうかは、この段階では不明である。では、なぜハル長官は急変したのか。

さらに事実経過を追ってみなければならない。

そのハル・ノートは、対米和平に望みを託す野村大使を立往生させる強硬案でつらぬかれていた。「日米諒解案」から一転して、中身は日本側の妥協する余地のない文案で一貫していた。

すなわち——。

一、日本国政府ハ支那及印度支那ヨリ一切ノ陸、海、空軍兵力及警察力ヲ撤収スベシ

一、合衆国政府及日本国政府ハ臨時ニ首都ヲ重慶ニ置ケル中華民国国民政府以外ノ支那ニ於ケル如何ナル政府若クハ政権ヲモ軍事的、経済的ニ支持セサルヘシ

一、両国政府ハ其ノ何レカノ一方カ第三国ト締結シオル如何ナル協定モ同国ニ依リ本協定ノ根本目的即チ太平洋地域全般ノ平和確立及保持ニ矛盾スルカ如ク解釈セラレサルヘキコトヲ同意スヘシ

つまり、日米交渉開始時の原則に立ちもどって、「中国より全面撤兵」、「満州国非承認」、「三国同盟の死文化」、「南京政府の否認」という、いままで一年にわたる交渉をまったくみとめない強い調子でつらぬかれていた。

野村、来栖両大使は衝撃を受け、「このまま本国に伝達するのは、日米和平のために尽してきたわれわれにとっては、果たして採るべき途なるか疑問」と問い質したのにたいし、ハル長官は投げやりな態度に終始した。

「いつか大統領は、外交に最後の言葉《ラスト・ワード》はないとおっしゃられたが――」と反駁《はんばく》しても、ハルははかばかしい対応を見せなかった。

日本側が米国の最後通諜と見たこのハル・ノートが、実は財務長官ヘンリー・モーゲンソーの次官ホワイトによって書かれたものであることはすでによく知られている事実だ。ハリー・デクスター・ホワイトは、戦後政府機密文書をソ連に流したスパイとして非米活動委員会に告発され、一九四八年八月、初喚問後三日目に心臓マヒで亡くなった。一説には自殺との憶測も生んでいる。

財務次官ホワイトはロシア移民の子で、当時四十九歳。アメリカ生まれだが、周辺にロシア人、共産党シンパ、米共産党グループが集まってくるのは、出自から言って当然であろう。

その事実を告発したのは、当時共和党のリーダーであったハミルトン・フィッシュで、彼はルーズベルト大統領が日米交渉の過程やハル・ノートの存在を議会にまったく報告せず、秘密裡に〝合衆国を不必要な戦争に巻き込んだ〟として告発した人物である。真珠湾攻撃を、日本の理不尽きわまりない奇襲と決めつけた共和党員たちもふくめて、「宣戦布告の決議に投票する時点で、これに気づいていた議会議員は一人もいなかった」。

ハミルトン・フィシュ議員は膨大な回想録を書き、そのなかで「ルーズベルトの陰謀」を痛烈に告発しているが、ホワイトに関する部分はこうである。

当時、ドイツは圧倒的な勝利を背景にして、独ソ不可侵条約を破棄しソ連領内に攻め込んでいた。〝敬虔《けいけん》な共産主義の擁護者であるH・D・ホワイト〟は、いよいよ焦りを感じ、合衆国を参戦させてソビエト連邦を救う決意を固めた。

フィッシュはこう論難する。

「アメリカがソ連を救う状況はただ一つ。ヨーロッパの戦争にアメリカを裏口から参加させるため、日本がアメリカを攻撃せざるを得なくなるよう、ホワイトは明らかに謀ったのである。

ホワイトは目的に向かって努力を重ね、六月の〝最後通牒〟をさらに強硬なものへと変えていった。日本軍の中国・タイ・ベトナムからの撤兵要求や経済的独立の放棄に加えて、さらに満州からの撤兵も要求したのだ。日本軍は国家的な侮辱を受けることなく、これらの要求を受け入れることはできなかっただろう。仮に日本が満州を放棄して、資源の豊かな同地を長らく羨望していたソ連に明け渡していたなら、それは日本にとって国家的な自殺行為となっただろう。……しかし、これこそが、共産主義擁護者H・D・ホワイトの欲していたところであった」

フィッシュ議員は、強固な反共主義者でルーズベルトの政敵の一人でもあったから、その分を割り引いて考えねばならないが、ハル・ノートが日本側に譲歩の余地のない最後通牒に等しいものであったことは事実である。だからこそ、とフィシュは明確に指弾する。

「日米戦争も真珠湾の悲劇も、ルーズベルト一人の責任である。彼らの共通の目的は一つ。議会の助言と合意なく、またアメリカ国民に知らせないまま戦争を始めることだったのである。しかし、この間の事情は長らく覆い隠されていた。それは、古今未曽有の隠蔽《いんぺい》劇だった」

だが、財務省次官ホワイトの意図的な提案がどのようであれ、それを国家政策容認したのはモーゲンソーであり、ハル国務長官であり、ルーズベルト大統領であることはまぎれもない事実なのである。


コーデル・ハル国務長官自身は対日敵視政策を一貫して取りつづけていたわけではない。彼は上院に隠然たる勢力を有し、それがために大統領は国務長官を委嘱したのだが、ハルは上院の孤立主義というより、むしろ米国を参戦させないという国務省の主流を占めていた中立政策のために労を厭わなかった。

日本の開戦によって、ハル長官はその役割を失い、閣僚としての後半生は地味なものとなる。ジョン・ガンサーによると、大統領はハルに好意と尊敬の念を抱きながらも、「うるさい点と頭の働きののろさを嫌っていた」とあり、またいささか執念深いところのある老人で、それはハル家の伝統的性格だったのかも知れない、と評している（『回想のルーズベルト』）。

すなわち、ハルの父はかつて、テネシー州で血みどろの争いがあったとき、ある男を追いつめて冷酷に殺している――。

一九四四年十一月、病のため辞職するまでの十二年間、一貫してルーズベルト政権の外交上の責任者として君臨したが、後年はカサブランカ、テヘラン、ヤルタ会談のことごとくから外され、不遇をかこっていたという。

ハル・ノートの暫定協定案破棄にしても、実はルーズベルトの指示によっておこなわれ、実質的な国務長官としての外交権限はハルになかった、との説がある。

ハルは国際連合の設立宣言をしたモスクワ三国外相会議に出席し、その実現に尽力。一九四五年、ノーベル平和賞を受賞。その十年後に亡くなった。八十四歳。

4　「無線封止神話」の崩壊

「艦長は、いったいいつ眠られるのであろうか」

というのが、蒼龍艦橋にいた首脳部のおどろきであった。艦橋には山口多聞以下二航戦司令部幕僚と艦橋主要職員がいるが、二十四時間つねに柳本柳作艦長の姿がある。

山口少将の〝猿の腰かけ〟の反対側が柳本大佐の高椅子だが、その背後に船匠兵に作らせた安楽椅子があり、深更になっても毛布二枚の仮寝だが、日中ほとんどは元気で立ち働き、便所と食事以外は艦橋を離れることがない。

「海軍の乃木さん」

とは、その謹厳実直ぶりを評した艦長時代の柳本大佐評だが、戦後になって昭和四十二年に編まれた兵学校同期生中堂観恵元大佐による『柳本柳作伝』を見ると、単なる謹厳一本槍の頑固居士ではないようである。

蒼龍生存者が年に一度、靖国神社に集まり戦友の慰霊祭を欠かさずつづけているのも、柳本柳作艦長を同心円として動いているように思えてならない。

同伝記によると、柳本家の先祖は伊勢神宮から長崎県平戸に派遣された神官の末裔で、明治維新後、旧藩主松浦家から払い下げられたわずかながらの耕地で田畑をたがやして生計を立てていた。貧農だが学問の家柄で、刻苦して勉学に励み、とくに理数系統が得意であったという。

兵学校を卒業して青年士官となり、たまには紅灯の巷に出入りする機会があったが、酒も女性も弦歌も無縁のものとして近づけない。趣味は遠足、山登り、剣道あるのみで、給料のほとんどを郷里の母に送り、柳本家の再興にあてた。

「わたしらから見れば、青春を殺した気の毒な生活であった」

と、中堂観恵は評している。

こんな逸話がある。昭和二年十二月、海軍大学校を卒業し第二遣支艦隊参謀として中国に赴任したさい、妻あてにつぎのような手紙を書いている。

「小生支那に来て、痛切に感じ居り候ことは、支那の老大国が、いかにも悲惨なる状態にあること、及、支那と日本との関係の密接なることの二つに御座候。支那がかくも我国の存立に重大なる関係あり、しかもかかる悲惨なる有様にありながら、これを救済する能わざるは何故かを考うるに……」

その原因は日本人の利己主義にある、と若き柳本大尉は考える。日本人は「支那の開発」とか「救済」とは考えず、何とかして自分の利益にしようとするのみで、「真に根本的な救済」は眼中にない。

「もし誠心誠意をもってこれを救済することに努力を惜しまざるときは、必ずその効果を挙げ、よって日本の永遠安泰を期し得るものと信じ申し候。かくの如く、種々思いめぐらすに、我等は一時も安閑として居る能わず、将来機会を得次第、この支那問題を解決するを要するものと痛感いたし候」

昭和二年といえば、中国の蔣介石国民政府が北伐を開始し、国内が混乱をきわめていた時期に当たる。国内労働者のストライキが続発し、南昌で中国共産党が武装蜂起した。この時流にあって、自分はどうすべきか。

まず、中国語の勉強をはじめる。すでに中国語教師をやとい、この国への理解を深めたい。「これ小生が昭和三年を期して着手せし一大事業なるべし」と、柳本大尉は妻に書き送った。

翌三年十二月、比叡副砲長兼分隊長として中国を去るが、誠実な柳本柳作らしい生き方の発露といえよう。

ハワイへの進撃の途次、小春日和めいた一日があった。「間がぬけて、腕は鳴り、活気の捨て場がなかった」と、金尾砲術長はある一日のエピソードを紹介している。

蒼龍の体育指導係でもあった金尾少佐は、手あき総員五～六〇〇名を飛行甲板に集めて綱引き競技をやらせた。ホーサー（蛇管）を甲板に置き、二手にわかれて引き合う。艦首軍も艦尾軍も無聊《ぶりょう》を持てあましていた連中だから、意気込みが違う。

一進一退——。艦橋からも山口司令官が顔を出して、たがいに頑張れと声援を送る。進軍ラッパとともに艦首軍が三メートルほど引き離したので、金尾砲術長が休戦ラッパを吹こうとしたら艦尾軍が一メートルほどに挽回した。艦のピッチングのせいもあって、なかなか結着がつかない。

ついに業《ごう》を煮やした少佐が一メートル差をもって艦首軍に軍配を上げようとしたとき、柳本艦長が割って入った。

「艦尾軍の勝ち！」

意外な展開に、金尾砲術長は一瞬、無理に艦長が口ばしを入れなくてもと思ったが、やむをえずその裁定にしたがった。

勝負のあと、柳本大佐は兵員たちを集め、こう諭した。その訓示の内容は、以下の通りである。

「艦尾軍がズルズルと敗け出したにもかかわらず、徹底的に頑張ってついにこれを挽回した不撓《ふとう》不屈の精神は絶賛に値する」

聞く者みな、なるほどと納得し喜んだ、と金尾手記にある。

平素の絶対の心情である「倒れてのち已《や》まず」の精神がここにも強くにじみ出て、その根性は一兵の末端にいたるまで浸透しているのであった、と金尾砲術長は述懐している。

蒼龍の水平爆撃隊指揮官阿部平次郎大尉は、嚮導機の金井昇一飛曹が一日もおかず格納庫に入り、自機の九七艦攻で爆撃照準のテストをくり返すのを眺めていた。

艦型を形どった大きな紙を下に敷き、整備員たちが徐々に引き出すのを見下ろしながら、「ヨーイ」「テイ！」で投下索を引くのである。それを、あかずくり返す。

「私はそれを見て感嘆しながら、この男と一緒ならば命中間違いなしとの確信を持っていた」

爆撃照準のテストが終ると、金井一飛曹は下士官室にもどり、今度は好きな囲碁の勝負をした。いつもその相手をしていたのが、下方ベッドに起居していた岡元高志二飛曹である。

厳重な無線封止のため、戦闘機隊は対潜哨戒の任務から解放されている。もし機位を失したら、そのまま母艦に帰ることができず、また戦闘機による対潜哨戒を米軍潜水艦に発見されたら、母艦の存在が露見し、いままでの努力が水の泡である。そのために、彼らは一日中、何もすることがない。

無聊をかこっていた岡元二飛曹にとって、彼は囲碁勝負の良きライバルであった。

岡元二飛曹は鹿児島県出身である。このとき二十三歳。四男二女の末っ子として生まれ、家が貧しく上級学校に進む余裕がなかったため、佐世保海兵団を志願した。家系は維新のさいに活躍した士族の流れであり、また薩摩という土地柄のせいもあったのだろうが、志願の動機の大半は経済的な理由からである。

この時代の搭乗員たちのなかにも、士官、下士官をとわず、海軍軍人となった動機に経済的な理由をあげる人が多い。軍人になることは、学問や技術を身につけることであり、就職することでもあったからだ。

赤城でハワイ作戦を耳にしたとき、「とうとうくるべきものがきたという感じだった」と、彼はのちに語っている。

搭乗員の多くがそうであったように、岡元二飛曹には何か信じられないようでもあり、夢のようでもあった。艦隊が猛訓練をはじめてからうすうす感づいてはいたが、実際に開戦ときまってみると、いったい自分がどんな死にざまをするのか気がかりとなった。——おれは従容《しようよう》と死ねるのかな、と思うと、岡元二飛曹は不安になった。

そして彼は、飯田房太大尉の最期を見送った、ただ一人の列機となった。

一航戦の赤城、加賀にくらべると、二航戦の飛行機隊には、気楽な、のびのびした雰囲気があった。山口少将の磊落《らいらく》な性格もあってか、〝二番艦〟の気安さがみられた。

戦闘機隊先任分隊長の菅波政治大尉は、福島県の出身である。口の重い、武骨な隊長であったが、こまかいことに口出しはせず、部下のいっさいは後任の飯田房太大尉と、古参搭乗員の田中平飛曹長にまかせていた。「印判などは私に預けっ放しで、その一事だけでも当時の海軍でも例がないことでした」と、田中飛曹長は回想している。

田中平は明治四十四年、山口県岩国市に生まれ、操縦練習生第十九期生となった。呉海兵団をふり出しに、海軍生活は一二年におよんでいる。故郷に妻と二歳の娘を残し、彼自身はこの夏で三十歳をむかえている。

真珠湾攻撃に参加した蒼龍戦闘機隊下士官兵一四人のうち、彼が最年長である。ついで第三小隊長の小田喜一一飛曹の二十八歳。

田中飛曹長にとって、己の生死よりは、これら若い搭乗員をどうやってハワイまで連れていくかのほうに関心があった。

もう一つ、気がかりな出来事がある。操練十九期の同期生、加賀の五島一平飛曹長のことである。

十九期といえば、中国戦線で活躍した磯崎千里、半田亘理、高橋憲一、稲葉武雄といった古参搭乗員ばかりである。艦隊勤務は五島一平との二人だが、単冠湾で搭乗員呼集がかかったとき、二人だけの会話で、彼は妙なことを言った。

「久しぶりだな」

田中飛曹長が肩をたたくと、五島一平はふり返り、なつかしそうな表情をした。階級制度のきびしい軍隊では、わずかに同期生だけが心を許せる仲間なのである。

「――じつは、あまりいいたくないんだが」しばらく雑談したあとで、同期生が打ち明けて言った。「貴様《きさま》だけにいっておくが、こんどのハワイ作戦じゃ、おれは帰らないつもりなんだ」

「どういうことなんだ、それは」と、田中はきき返した。「その覚悟はわかるが、はじめから戦死ときめてかかることはないじゃないか」

「そうじゃないんだ」五島飛曹長は首をふった。「もうおれは帰ってきたくはないんだ。オアフ島上空に燃料がつきるまで飛んでいて、全弾を射ちつくしたら、基地か格納庫かどこかに体当りするつもりだよ」

「馬鹿をいうな！」

田中平はたしなめていう。自爆だけがいいわけじゃない、相手は強敵じゃないか。おれたちはあくまでも生きて戦いぬく必要があるんだ。

しかし、その言葉は通じていないように思われた。

「うまくいっていないんだ」

と、同期生は語りはじめた。きさまと二人で呉に下宿していたころ、そこの娘と婚約し結婚した。子供も生まれ、最初は幸せだと思ったが、そのうち夫婦仲がうまく行かなくなった。性格が合わないようだ。言葉もかみあわず、いまは殺伐とした家庭になってしまった。

「結婚運が悪いんだな、おれは」

五島飛曹長は寂しそうな表情をした。——それだけだった。艦も別々で、たがいにゆっくり語りあう余裕もなく、左右に別れ、すぐランチに乗せられて母艦にもどってしまった。いまとなってはそれ以外に理由があったのかどうか、聞きただすすべもない。

田中飛曹長は同期生の誠実な人柄を想いおこし、心が暗く沈むのをおぼえた。彼は本当に還って来ないつもりなのだろうか。

蒼龍には艦内新聞が発行されている。

艦橋下部の搭乗員待機室に謄写版を持ち込み、昭和十二年就役いらい、機関兵二名が中継される海外短波放送を聴き、乗員たちに日々のニュースをつたえるのである。

一部五銭。「蒼龍新聞」と題し、発行は蒼龍新聞社。投稿は自由で、匿名も可。艦内三ヵ所に投稿箱を設け、艦内ニュース、時事、和歌、俳句、論文、短文、随筆、小説などを募集した。柳本艦長もよく投稿している。

単冠湾出撃いらい、「蒼龍新聞」は刻々と日米交渉の緊迫をつたえている。「日米交渉妥結」との一報が入れば、機動部隊は内地に引き揚げるため、乗員たちは毎日の艦内新聞をむさぼり読んだ。

だが、日米交渉は解決の目処《めど》が立っていない。

十一月二十五日付「蒼龍新聞」。

龍田丸「ロスアンジェルス」へ

政府は近く、米国に向け、第二配船として「龍田丸」を「ロスアンジェルス」及び「バルジア」へ出港せしめる旨二十四日発表した。

同船は「ロスアンジェルス」で在米引揚邦人を「バルジア」では「パナマ」から締出され

た邦人を夫々収容して帰国する筈で準備出来次第此の月中に出港の予定である。
「米」全砲艦引揚か
「紐育《ニューヨーク》」二十五日、情報に依れば、米政府は揚子江にある全砲艦を引揚げるに決したと報じてゐる。

十一月二十七日付。

日米第四次会談
「華府《ワシントン》」二十六日、「野村、来栖」両大使と「ハル」国務長官との、日米第四次会議は二十六日午後五時から約一時間に亘り行はれ、会談終了後国務省から「ハル」長官は日本代表に文書を手交したと発表された。
右文書は太平洋問題の平和的解決に関する米の態度を漸決したものと見られる。国務省官辺では、此の文章に依つて協定案を提出したものか否かに就いては言明せず、たゞ右信書は「ハル」長官が屢々繰返し闡明《せんめい》した或る種の原則に基礎を置いたものであるが、之に依つて日米会議は愈々最高潮に達したと語つた。
一方「野村、来栖」両大使も会議内答には答へず、我々は今尚平和の為苦斗中だとのみ語つた。

旗艦赤城の淵田中佐は、作戦の前途に思いをはせるより、むしろ搭乗員の精神状態のほうが気がかりだった。闘志はさかんであっても、攻撃に必要なのは一瞬の判断と冷静さである。とくに低空で集中砲火をあびる雷撃隊員や、火箭《ひや》のなかを突入する急降下爆撃隊員には困難にもたじろがぬ男気と、ねばり強い精神力が必要とされる。

「きさまたちに申し渡しておく」ある日、赤城搭乗員をあつめて淵田中佐は言った。「これから、いっさい酒を飲むこと相ならん。もちろん、日本に帰りつくまでだ。この作戦は最後まで気をゆるめてはならん。——わかったか」

淵田中佐によると、この禁酒の申し渡しは、アメリカの雑誌をみてから思い立ったものという。つまり、日本海軍航空隊は恐るべきものだが、パイロットが酒を飲んでいるあいだは大丈夫だというのである。おそらく、日華事変当時の海軍航空隊を見聞きしていた米軍記者の書いたものであったろう。

その戒告からしばらくたってのち、淵田中佐が搭乗員室のカレンダーを何気なくみると、十二月二十三日——すなわち日本帰港予定日に、盃と徳利の絵が描いてあった。それをみて、彼はニヤリと笑った。

酒好きの士官たちが叱られた子供のように禁酒を守ろうとしているのもめずらしいことだし、またこれだけ気分にゆとりが出てくれば、まず心配はなかったからである。

待機のつづく搭乗員たちは、内地よりすでに二週間にもおよぶ航海に、退屈をもてあまし気味だった。剣道の素振りや海軍体操や、そして待機室のトランプなどでその無聊をなぐさめるものも多かったが、茶目っ気の多い加賀の志賀淑雄大尉はせっせと絵筆をとって、「太平洋夜話」の仕上げに取りかかっていた。

これは戦艦比叡の士官室で描いていたものを手に入れ、さらに加賀にあった四国の寺の男女交歓の図を拡大し極彩色に仕上げたもので、二枚とも加賀士官室に堂々と展示された。まだ独身の青年士官たちが多かったから、決死の進撃行とはいえ、刺激の強いものだったにちがいない。


「駆逐艦や潜水艦の乗員が、夜を日についで、この風濤《ふうとう》、暗黒と闘う辛苦の程、思いやられる。

……主隊の側方に随伴する潜水艦、午前七時頃ともなると、日施潜航を始める。一日一回は潜らないと通じが悪いらしい、河童の皿が乾くと潜行力を失うからでもあるまいが、三十分位もぐると『これで気がすんだ』と云つた貌をして随伴を続ける」

増田飛行長のいる旗艦赤城も、この北方航路では荒天に悩まされた。「四万トンの大艦赤城も、木の葉のように揺れている」との記述がある（十一月二十七日付）。

「駆逐艦の連中は大変だろうな」

増田中佐は、士官室で思わず板谷隊長に語りかけた。だが、そう話すだけで、実際の駆逐艦乗りの苦労を実感していたわけではない。

随伴駆逐艦陽炎《かげろう》には、第十八戦隊軍医長林靖大尉が乗艦している。その記録するところでは――。

「われわれ駆逐艦は、この北洋の荒海の大波にあうと、水泳の平泳ぎよろしく、艦首は波の下をくぐり、艦橋の上は海水の洪水となる。

食器をならべて食事するなど、まったく思いもよらず、天井からつるしたザルのなかのにぎりめしを、足をふんばり、片手で柱をにぎってパクつくのであるが、油断をすると、士官室の外の通路まで走りでることがある」

前方に船影があれば、突っ走って見てこい。側方に潜望鏡らしきもの、行ってたしかめろ。給油船が霧の海で迷子になった、探してこい、と駆逐艦は前後左右を番犬のように走り回わる……。

だが、喜びの日もある。駆逐艦秋雲では、単冠湾でのハワイ作戦告知の後、艦長有本輝美智中佐から「酒、遊技とも存分に楽しめ」との命令が出た。

さらに、乗員一同を沸き立たせる報らせがあった。砲術長千種定男少佐の日記。

「この日、ボーナス二〇割の通知をうけ、一同大いによろこぶ」

そして、支給日が来た。

「本日、航海加俸の残額が支給され、乗員一同大よろこび。今夜の夜食は、乗員が歓迎する汁粉と決める」

いくらハワイへの進撃途中とはいえ、やはり現金が要るのだ。「酒保開け」の後は、一定量ではあるが酒、キャラメル、チョコレート、花林糖《かりんとう》、煙草などを自由に買えた。それも航海の唯一の楽しみなのである。

ところが、空母加賀でありうべからざる事件が起こった。搭乗員の盗難事件である。

証言者は加賀雷撃隊偵察員の中村豊弘二飛曹。

中村二飛曹は大正六年、島原市に生まれた。二十四歳。父親が亡くなり母の実家に預けられたが、島原中学二年で諫早農学校に転校させられた。学資の援助を断たれたのである。

卒業後、小浜鉄道に就職。徴兵検査をひかえていたため、早目に佐世保海兵団入りをした。着任先の空母加賀では信号兵の配置。そして、このときほど艦橋から見上げた飛行機隊の颯爽とした搭乗員が、羨ましく思えてならなかったことはない。

また、駆逐艦に信号兵として乗り組んでいるうち、人懐っこい彼の性格を気に入ったのか、新任の航海士が、

「おれも近く飛行学生になるが、お前も飛行科に来んか。信号兵から偵察練習生になれる道があるぞ」

と、声をかけてくれた。

はじめて知る耳よりな話である。不眠不休で勉強し、眠いときには水を張ったバケツに足をひたして徹夜した。第四十四期偵察練習生へ。

「搭乗員は誇りを持て」

というのが、中村二飛曹のモットーである。先輩からよくこんな話を聞かされたものだ。

一度飛行機が飛び立てば、司令官も艦長もいない。士官も下士官も、上下に関係のない実力

の世界だ。その証拠に、爆弾に士官用と書いてあるか。

「下士官兵であっても、搭乗員は一人前の人間だと対等に扱ってくれる世界でもあった。きびしいが、誇りもある人生でした」

と、中村豊弘二飛曹は語っている。

さて出撃前、真珠湾を見立てた雷撃訓練は彼の想像を絶する苛酷さであった。中村二飛曹はこれをシンガポール港湾攻撃と誤解していたが、その訓練は、まず訓練用魚雷を抱いた九七式艦上攻撃機で鹿児島基地を飛び立ち、城山の右、甲突川上流三、〇〇〇メートル上空に占位することからはじめられた。

「全軍突撃せよ」の合図で単縦陣となり、西方山に囲まれた女学校校舎を目標に、四五度の緩降下で一気に沖合の浮標に殺到する。

そのときには、校舎三階の女学生が見下ろすことができるほどの低空を飛んでいる。（うるさくて勉強はできないだろうな）と、つぶやきながら高度二〇メートル、機速一六〇節で魚雷を投下する。

この高さでは高度計は零を指し、翼端には波しぶきがかかりそうな低空飛行となる。

――こんな猛訓練のくり返しで、宿舎に帰るとそのまま寝床に倒れ込む毎日であった。ところが、一転してハワイ進撃時には艦内に閉じ込められて、何もすることがない。

毎日、集められて攻撃目標はコレと指示されるだけ。情報が入るたびに変更される、一日ですることといえばこれ一回。搭乗員には一日一本のサイダーが配給されるが、あとはバクチ三昧《ざんまい》。碁と将棋のできる人がうらやましかった、とは当人の弁。

そんなある日、突然、

「艦攻隊員は持ち金全部もって飛行甲板へ集合！」

との意外な命令が下士官室のスピーカーから流れた。あわてて甲板に駆け上がると、「貴様たちのなかに、とんでもない不心得者がいる」と、先任搭乗員が怒気をふくんでいった。

「財布を盗んだ奴は一歩前へ出ろ！」

意外な成り行きに、隊員たちのなかからざわめきが起こった。「だれだ、そんな馬鹿なことをする奴は！」

案の定、名乗り出る者がいない。結局、全員の有り金全部を没収し、これはのちに均等配分して返された。

先任搭乗員が、隊員たちに聞こえよがしに声高に言った。

「こんなときに、だれが端金《はした》を上官にとどけやがったんだ！」


十一月二十九日、旗艦比叡の竹内参謀が艦橋当直に立った。気温九・二度、曇。風速一五メートル、速力一二節。

「防寒衣、防寒帽にマフラーをして長靴を着用して立つ。第一警戒航行序列、艦内哨戒第三配備中。

○四四八　日出、五航戦と駆逐隊補給をはじめる。
○八一〇　半速九節、霧島と開距離三万五千米で砲戦、測的教練をはじめる。二十六日の日米会談のニュースを聞く。
N（正午）～二時艦橋当直　虹出る」

午後から天候が荒れはじめた。濃霧が立ち込め、視界二、〇〇〇メートル。日没後、第三警戒航行序列となり、霧中航行用意をする。旗艦赤城より各艦あて、濃霧のさい曳航して艦位を知らせる「霧中標的入レ」の発光信号が下された。

無線封止は厳重に実施されていた。無線機は封印されてだれも手をふれることができず、また格納庫にある攻撃機の送信機のキイにまで白い紙をはさんで事故をふせいだ。もしだれかがあやまって発信音をだしてしまえば、米軍情報網にキャッチされて、すべての苦労は水の泡となってしまうかもしれないのだ。

翌日も、霧が晴れない。午前四時五一分、日出。気温一二度、風速一三メートル、波三。

竹内日誌をつづける。

「午前六時～九時艦橋当直、針路九十五度、速力九節、昨夜より引続き霧深く他艦見えず、やうやく自艦の艦首が見える程度、天井の露落ち雨の中に立つやうである」

この日、「蒼龍新聞」は日米交渉の行方をこう報じた。

「米」陸海最高首脳重要会議
「華府」二十八日、「ルーズベルト」大統領は二十八日、白亜館に「スチムソン」陸軍長官、

「ノックス」海軍長官、「マーシャル」参謀総長、「スターク」海軍作戦部長の陸海最高首脳並に「ハル」国務長官を招集重大協議を遂げた。会議内答は公表されないが、日米間緊迫の折柄注目される。

尚、「ル」大統領は同日午後三時「ウオームスプリング」へ休養旅行の為出発した。「華府」帰着は十二月二日の予定。

布哇《ハワイ》軍管下の米兵警戒訓練

「ホノルル」二十八日、当地「米」陸軍当局は二十七日夜半から「布哇」軍管下の全陸軍兵に非常警戒訓練を実施した。

午後から霧がおさまり、二航戦旗艦蒼龍より信号あり「当隊明日一日〇八〇〇ヨリ重油補給ヲ実施ス」と報じ、八戦隊、一航戦、三戦隊も同日中に補給をすべて完了することになった。

北方航路を東進する燃料補給の困難さは、出撃前連合艦隊を悩ませた難題であった。たとえば比叡の場合、つぎのように困難をともない、手間どるものである。

「〇三三〇　総員起床、三戦隊旗艦より『列ヲ解キ補給位置ニ占位セヨ』

〇三四五　十六節（快速力）

〇三五四　日出

○四○四　九節（半速）
○四二○　日本丸艦尾につく。
○五一五　曳索を取る。
○六○九　蛇管を取る。
○六二一　送油始める。
○九三○　搭載量三○一瓲《トン》。
○九四七　艦尾より約五米のところで蛇管破れる。
○九五五　補給中止。
一○三三　曳索を放つ、比叡搭載量三四九瓲。
一○五○　霧島、国洋丸より燃料搭載終了、搭載量四六○九瓲」

艦橋当直からもどると、竹内将人少佐は自室で「布哇進撃　途上之作」として記念の漢詩を書き上げた。

布哇進撃期成功　征兵十万気軒高
今回欲遂平生志　太平洋上月三更

このころ、ふたたび南雲司令部を震撼させるような事件が起こった。
三十日夕刻、哨戒隊として前方を航行していた伊号第二十三潜水艦が航跡をたち、そのまま行方不明となってしまったことである。同艦は、左舷の主機械調速器伝導歯車が壊れ、「ワレ最大速力十分ノ八全力」と報告してきたが、その後しだいに落伍しはじめ、ついに姿を消してしまった。

「まだ、姿は見えんのか！」

南雲長官は赤城艦橋をせかせかと歩きまわり、焦燥の色を濃くしていた。「もし、途中で敵に発見されたら、何もかもが水の泡になる。――連絡は、まだこないのか」

彼は艦橋にいた司令部職員に声をかけ、はかばかしい返事がかえってこないのをみると、ますます落着きをなくした。そして、ついにたまりかねたように、長官がいった。

「通信参謀、どうだろうか。電波をだして呼んでみたら」

「は？」小野寛治郎少佐はおどろき、おうむ返しにたずねた。

「電波を出すのですか」


このころ、南雲中将は憔悴《しょうすい》しきっていたようである。霧中航行が二日目となり、しかも機動部隊の最後の重油補給作業日がせまっている。

機動部隊はまもなく待機地点（北緯四一度、西経一六五度）に到達し、その地点から南下をはじめる。ハワイまではあとわずかだが、たとえば、米軍の哨戒圏に突入し、発見されたり、あるいは不意に米艦隊に遭遇したらどう対応すべきなのか。

「そんなときは礼砲をドカンと射って、引き返すのですな」

二航戦の山口少将は笑って言ったが、南雲にとっては冗談事ではない。唯一の行動指針は、NHKの海外日本語放送の終りにうたわれる詩吟「山川草木転荒涼《さんせんそうもくうたたこうりよう》……」に耳をすますだけであった。乃木大将の作になるこの詩吟は、日米交渉は妥結せず、引きつづき行動せよ、との意味を暗示していたが、一方的に流されるこの情報だけでは何とも心細いかぎりであった。

南雲中将は予想されるあらゆる事態に悩み、案じ、口にだして部下に苦衷を訴えた。

また、南雲中将を苛立たせるニュースも軍令部からつたえられてきた。たとえば、潜水艦が出没しているという情報である。機動部隊はあわてて進路を変えたが、誤報とわかった。また「国籍不明の飛行機発見！」という報告があり、司令部を震撼させたが、よく調べてみると、それは加賀が風速をはかるためにあげた気球なのであった。危険な綱渡りのような航海をつづけていたため、その何げないミスでさえも彼を疲れさせた。

南雲中将は落着きを失って艦橋を歩きまわり、不安を表情にあらわし、そしてその額にきざまれたシワはますます深くなる。

かつての艦隊派の雄は、自分に課せられた運命の重さに打ちひしがれる思いであったにちがいない。ハワイ奇襲作戦は自分の本意ではないのである。山本長官の鉄壁の意志に抗《あらが》うすべもなく、時日は刻々とせまっている。しかも日米交渉の前途に光明はない。

この国の歴史のなかで、一指揮官がこれほどの重い責務を託された例は数少ない。一個人間の判断が、日米戦争の前途を決定し、その誤ちは国家の衰亡を誘《いざな》うのである。

戦史叢書『ハワイ作戦』には、「機密機動部隊命令作第一号」としてつぎの記述がある。

もし事前に米側に発見された場合、採るべき処置の腹案として、「X-2日以前に敵に発見された場合は空襲を実施せず、X-1日に発見された場合は当時の状況により判断する。X日攻撃できない場合は翌日決行する」

作戦立案に携わった黒島亀人参謀は、戦後の回想で事前に「その様な指導はされなかった」と言い、同書編者は「重大な問題なので、南雲長官が直接山本長官の了解を得ていたものかも知れない」と推定している。

この大幅な裁量委譲が、かえって南雲中将を苦しめることになった。運命の鍵を握っているのはたった一人、自分なのだ。

霧中航行では南雲長官の不安が頂点に達した。霧が深く、竹内日記にあるように「ややく自艦の艦首が見える程度」だから、索長三五〇メートルの霧中標的を入れていても、当然のことながら航行序列が乱れる。

南雲長官は艦橋内をしきりに歩きまわり、不安をすぐ口に出して言う。――隊列が乱れる、迷子が出来る、遅れる、霧は晴れぬか、灯火を出せ、いや消せ……。

草鹿参謀長は黙然とそれを見守るだけで、大石首席参謀以下幕僚たちも黙ったまま。長谷川艦長も主将の動揺に黙り込んでいる。

結論からいえば、この南雲中将の不安がついには厳重な無線封止を破って、旗艦赤城から電波をださせることになる。ごく短い時間に区切って、伊二十三潜をもとめる電波が発信された。

この瞬間において、ハワイ作戦の秘匿行動はもっとも危機にさらされた。半歳にわたる辛苦が、一長官のおびえのために水の泡となるかもしれないのである。

これを証言したのが攻撃隊の総隊長淵田中佐である。戦後の座談会で、その内実をつぎのように語っている。

「南雲長官はすごく憶病もので、(十二月八日の)前日にも敵の潜水艦がついているにちがいないから、飛行機を出して捜索をやろうといった。そんな、いまごろ飛行機を出してまた電波をだしたりしてややこしい、放っておきましょうというと不服そうだったが、やめていた。ただ、前にいる潜水艦(伊二十三潜のこと)が心配になって、〝お前はどこにおるや〟とついに電波を出してしまった」(増刊文藝春秋『日本航空戦記』一九七〇年)——。

従来、盛んに唱えられてきた「無線封止神話」は絶対的なものではなかったことは、これで明らかだろう。その証拠に、翌年六月のミッドウェー作戦時でも、南雲機動部隊は無線封止を破っている。これも、淵田美津雄・奥宮正武共著『ミッドウェー』に根拠がある。海戦二日前、機動部隊はやはり同じく霧中航行となった。〝わずか六〇〇米しか離れていない隣艦すらしばしば見失う〟濃霧ためのである。

このとき、機動部隊はミッドウェー島攻撃のために変針点に近づいている。六月三日、視界は極度に悪く、旗旒信号、探照灯信号であっても全部隊に通告することは不可能である。残るは無線のみだった。

議論は真珠湾時と同じように交された。もし微弱な電波でも米艦隊が受信すれば、味方機動部隊の位置は白日のもとにさらされる。逆に部隊の変針が正確につたわらなければ、かならず味方にはぐれ艦が出てくる。攻撃前、それは何としてでも避けねばならない。

同書はいう。ついに今度は草鹿参謀長が断を下した。「艦隊が予定通りの行動をつづけますために、止むをえませんから、ここで微勢力の隊内通信電波で変針を下令してはいかがでしょう」

南雲長官は一言、

「よし」

とうなずいた、と。当時、南雲司令部は米空母部隊を「出撃ノ算ナシ」と判断していたから、さらなる油断をしたのだが、この微弱なはずの電波を六〇〇浬離れた後方の主力部隊、戦艦大和で受信された、と淵田中佐は指摘している。

——この旗艦赤城からの捜索電波が米側に受信されたかどうかについては、資料がない。幸運なことにと言うべき他はないが、この後さらなる奇妙な偶然が南雲機動部隊を救うことになる。

十二月二日、「蒼龍新聞」には柳本艦長からの所感が掲載された。

「一八〇度線通過　　　　　　　　　　艦　長

一日（昨日）一六四五、本艦は一八〇度線を通過した。一八〇度線といふのは、東経と西経の分れる所である。一八〇度線は又「日付変更線」とも云はれてゐる。即ち西からこの線を越えて東に行く時には、日が一日遅れるのである。と云ふことは、一日一六四五之を越えると一六四六は十一月三十日となり、西へ越える時には之と反対に一日跳ぶのである。日月出没時間は日本の中央付近（東経一三五度）より恰度三時間早い、明日の日出は〇三五六であるが日本では大体〇七〇〇である。

又、此の線は一面から見れば東洋と西洋の分岐点である。広い太平洋を略々二つに分けてをつて、此の線より西は帝国、東は米国の勢力下に在ると見るべきものである。

此の見地から言へば今迄自国の領海に居た本隊は、愈々敵地への第一歩を踏み入れたことになる。

又、今夕米国「アリューシャン」列島の根拠地「キスカ」と、南方根拠地「ミッドウェー」を結ぶ線を通過した。両地共米国の飛行艇の根拠地であつて、今通つて居る処は、右両地から飛行艇の到達し得べき範囲内に在る。愈々敵地に入つたのである。

敵機来襲の虞れある海面に入つたのである。一層褌を緊め直して決して油断してはならない。

（終）」

この日、日出は〇三三五、日没は一二四五——と記録はつたえている。〇三三五とは、午前三時三五分である。機動部隊は東京時間を採用しているため、時差の関係で、少しずつ時間がくり上がっているのである。

この「時差」については、乗員たちも日ごろの勘をすっかり狂わせられてしまったらしい。警戒駆逐艦秋雲の千種定男少佐は、いくぶん閉口気味にその日の日記にこう記している。

「午前十時半朝食、午後二時三十分夕食。きわめて早し。食事をすることだけがわれわれのすることの全部のごとし」

——機動部隊では、またひとつの小さな事件が起こっている。荒天のため、後続の加賀で舷外作業をしていた下士官ひとりが波にさらわれたのである。ただちに、加賀は戦列をはなれ救助にむかったが、その下士官はすでに波にのまれたのか、姿は見えなくなっていた。

海は冬雨にけむって肌寒く、視界が悪い。

「カエレ、カエレ」

赤城からすぐさま発光信号が送られた。加賀は応答し、救出をあきらめてふたたび列に復帰する。いまや個人の死にかかわりあっているときではないのである。個人の感情や生死を無視して部隊は計画にしたがって、ひたすら正確に行動をつづける。戦争の非情な側面がはやくも一つの素顔をのぞかせたのだ。

溺死者一名——加賀の戦死者名簿のなかにこの下士官の名が事務的に記録され、機動部隊は何事もなかったようにふたたび東進をつづける。

ハル・ノートは日本側を震撼させたが、これによって和平へのすべての途が断ち切られた。したがって、十二月一日に開かれた御前会議は単なる儀式にすぎなかった。

午後二時、宮中東一の間でおこなわれた御前会議は、対米英蘭開戦の件、「十一月五日決定の『帝国国策遂行要領』に基く対米交渉は遂に成立するに至らず帝国は米英蘭に対し開戦す」

と決定し、わずか一時間あまりで散会した。

翌日午後二時四〇分、杉山参謀総長は、サイゴンにある南方軍総司令官寺内寿一大将あてにつぎの指令を発した。


「一、大陸命第五六九号（鷲）発令あらせらる
二、ヒノデはヤマガタとす
三、御稜威の下切に御成功を祈る
四、本電受領せば第二項のみ復唱電あり度」

ヒノデとは「開戦」の意味であり、ヤマガタとは「十二月八日」の暗号であった。海軍でも間髪を容れず、全軍あてに暗号電報が打電された。十二月二日午後五時半、連合艦隊参謀長宇垣纒中将は、南雲長官あてに打電した。

「ニイタカヤマノボレ　一二〇八」

十二月八日を期して予定通り攻撃せよ、の意味である。このとき、機動部隊はちょうど北緯四〇度、西経一七五度付近をハワイにむけて航行中であった。

第三章　破局への道

1　たった一人の諜報活動

開戦決定の報らせは、南雲忠一中将の抱いていた不安を拭い去る役割を果たした。いまや機動部隊は途中で引き返すことなく、一路ハワイにむけて進撃するのみなのである。

機動部隊はその後、晴天に恵まれ、案じていた燃料補給も好調に進み、暇さえあれば各艦に洋上補給をほどこすことができた。

警戒隊の駆逐艦は連日補給を実施し、航続力の充分な第五航空戦隊の翔鶴、瑞鶴にも念のため給油がおこなわれた。

草鹿参謀長は、「今まで心のなかにわだかまっていたシコリもいっぺんに吹き飛んで、私の心は一片の雲もない空に澄む秋月のごとくであった」と、その心境を記している。

赤城飛行長増田中佐の日記。

「総ては決定した。右もなく、左もなく、悲しみもなくまた喜びもない。

只厳粛なる神の声を聞く。綸言《りんげん》は汗の如し」

十二月三日、昨夜から降りはじめた雨はさらにはげしくなった。荒天のため、この日は燃料補給を中止。風速は二〇ないし二四メートル。飛行甲板には不意の出来事にそなえて戦闘機六機が待機になっていたが、板谷少佐の判断で格納庫待機に代わった。

同日、軍令部から、待望のハワイ方面の詳細な報告がとどいた。それによると、機動部隊の予想通り、真珠湾におびただしい太平洋艦隊の艦船が集結していることがわかった。

「A情報　十二月二日午後十時発信
十一月二十八日午前八時（ハワイ時間）真珠湾ノ状況左ノ如シ
戦艦二（オクラホマ・ネバダ）、空母一（エンタープライズ）、甲巡二、駆逐艦一二、以上出港
戦艦五、甲巡三、乙巡三、駆逐艦一二、水上機母艦一、以上入港、但シ入港セルハ十一月二十二日出港セル部隊ナリ
十一月二十八日午後ニ於ケル真珠湾在泊艦ヲ左ノ通リ推定ス
戦艦六（メリーランド型二、カリフォルニヤ型二、ペンシルバニヤ型二）
空母一（レキシントン）
甲巡九（サンフランシスコ型五、シカゴ型三、ソルトレーキシテイ型一）
乙巡五（ホノルル型四、オマハ型一）

「空母一隻しかおらんのか」淵田中佐がこの報らせをきき、歯ぎしりしていった。「しかし、前線隊がやりすぎると、爆煙で目標がみえんぞ」

「ああ、腕が鳴る」待機のつづく戦闘機隊の板谷少佐が、両手をさしあげてさけんだ。

この日夕刻、機動部隊はオアフ島北方一、四五〇キロの地点に達した。「――暴風雨益々《ますます》猛り狂い、揚旗線は唸りを立てている。戦闘旗の半分は已に千切れて終った」と増田飛行長は記した。

十二月四日午前四時、機動部隊はさらにC点を通過し、針路を一四五度に変針してD点にむかった。


この情報は、ハワイの喜多長雄総領事のもとで森村正外務書記生が担当した。

森村とは実は仮名で、昭和八年、海軍兵学校を卒業後、病気のため退役し、故郷で療養生活を送っていた予備役、吉川猛夫海軍少尉のことである。

この二十八歳の青年は愛媛県松山出身。昭和十二年、兵学校先輩の勧めで軍令部出仕となり、第三部第五課入りをした。鈴木英少佐が勤めた対米諜報班である。故郷での療養生活のかたわら米人教師の個人授業を受けていたことが、推薦の理由であったかも知れない。

三年目の秋、第五課長山口文治郎大佐から「君、ほかでもないが、髪を伸ばしてみる気はないかね」とナゾめいた声をかけられたのが、諜報活動に携わるきっかけであった。

吉川少尉の仕事は第五課の一画にある小さな机で、在外公館から毎日とどけられる厚さ三〇センチほどの情報書類を整理することに明け暮れていた。予備役にもかかわらず、三年の間に軍令部屈指の〝アメリカ通〟に育っていた。

もう一つ、山口大佐は吉川猛夫のスパイとしての適性を見ぬいていたのかも知れない。すなわち、療養生活を通して育まれた孤独に耐える強い資質、禅書を読みあさり、派手な交遊関係をもとめない克己心、そして何ごとにも控えめな我慢強い性格……。

結果的にいえば、この人選がどれほどの重要な意味を持つことになったか。山口大佐ものちの日本の選択を思い知ったとき、慄《りっ》然とするものがあったろう。昭和十五年秋といえば、まだ真珠湾奇襲作戦が立案の域を出ず、そして一年後の今は、機動部隊のすべての耳が吉川猛夫たった一人の諜報活動にむけられているのだから。

「ぜひ、やらせて下さい」

吉川猛夫の奇妙な生活は、その翌日からはじまった。午前中は外務省に出て〝外交官の卵〟を装い、午後は軍令部にもどって機密書類の検討に入る。

当時、在外公館からの情報といえば、つぎのようにお粗末なものであった。いわく、「ダイヤモンドヘッド砲台の大砲口径は、釣鐘ほどの大きさ」、駆逐艦と戦艦を間違えて、「在泊戦艦二〇から三〇隻なり」。

これでは軍事情報とは言えない。山口大佐もこの事態を憂えて吉川少尉に白羽の矢を立てたのであろう。

約半年の準備と訓練期間をおえ、北米航路新田丸に乗り込んだのは昭和十六年三月二十日のことである。名前は「森村正」。モリムラとは、米国人がいちばん発音しにくい名前で、しかも覚えにくいという理由で、軍令部と外務省が知恵をしぼってつけた名前である。当所持金は六〇〇ドル。当時の為替レートは一ドル＝四円だから、二、四〇〇円。当時の大学卒サラリーマンの月給が平均六〜七〇円であったから三年余分ということになる。

乗船して一週間後、ホノルルに到着した。出迎えの館員に案内されてヌアヌ・ストリートにある日本領事館に到着した。これも、広東から転任したばかりの〝小柄ではあるががっしりと肥った〟喜多総領事が、つかつかと近寄ってきて、耳元でささやいた。

「吉川君だろう。わかっている。面倒は充分見てあげるから、思う存分働きたまえ」


「森村正」の諜報活動を米側がどう捉えていたのか。

ホノルル通関時の情景は、吉川猛夫の戦後手記にも登場する。新田丸が名物アロハ・タワー近くの第八桟橋に到着したさい、降りたのは数人の二世と日本人は彼だけだった。

「出来るだけ目だたないように上陸したかったのだが、これでは腹をすえるより仕方ない。

案の定、ちょっとした事故が、まちかまえていた。

私の荷物はスーツケース一つきりだった。あまり身軽なので身柄をうたがわれたのだろうか。税関吏が、私の査証をしげしげと見つめた挙句しばらくのあいだ上陸させようとしないのである。

思いあまって私は、チップをはずんでみた。すると意外にも税関吏はしぶしぶながら私を通してくれた」

米太平洋艦隊情報参謀レートン少佐は、吉川猛夫の広範囲な諜報活動を海軍情報部が知ったのは、真珠湾攻撃後だと明言している。すなわち、拘留した日系領事館員リチャード・琴《こと》城戸《しろど》と吉川の案内役、タクシー運転手ジョン・三上の尋問により、はじめて「周辺の飛行場やアイエアの丘にある料亭春潮楼、真珠湾を見下ろすパンチボウル」にちょくちょく出かけていたことを知った——のだ。

むろん、連邦捜査局FBIも単に腕をこまねいていたわけではない。J・エドガー・フーバー長官の命により、全米で活動する日本人スパイとおぼしき人物三四二人について詳細な調書が作られ、ハワイとその周辺地域（第十四海軍区）にある日本領事館も、海軍情報部とFBIの監視の眼が光っていた。むろん、吉川猛夫もFBIホノルル支局長ロバート・シバーズの監視下にあった。

レートンはこう記している。——第十四海軍区情報部とFBIの調べでは、総領事館はスパイ活動の本部だった。二〇〇人を越えるスパイ網が、ハワイ中に張りめぐらされていた。少なくとも、このうち四〇人は、四六時中監視されていた。ハワイには、当時一六万人の日系人がいた。彼らの多くは、果樹や野菜の栽培をしており、またホノルルで認可されていたバーの半数以上が日系人の経営だった。さらに、大勢の非番の水兵たちをひきつけていた合法、非合法の多くの売春宿も日系人によって営まれていた。

オアフ島の兵隊生活は単調で退屈だった。その一方で、誘惑に満ちた赤線街もあった。非番の兵たちは、たいてい下士官兵集会所で過すか、さもなければ混み合ったバーやいかがわしい場所にも足を向けた……。

これらの赤線街やバーで、水兵たちはよくお喋りをした。休暇はいつか、艦隊の演習日やその海域、空母の数や出入り、ラハイナ泊地は使われているか。つぎの出港日はいつか、などなど。レートン回想録によれば——。

「われわれのおもな関心は無許可で海上を嗅ぎ回るのを阻止することにあった。一九三九年には沿岸警備隊が日本国籍の漁船がダイヤモンドヘッド沖で操業するのを禁止しようと試みたこともある。しかし、オアフ島居住の一五万人の日系人の中にもう一人日本人がふえてうろついていても、これは注意をひくわけがなかった。海軍のプロ・スパイであり、何が必要で、どうやって情報をとり、それを報告するかをすべて心得ていた吉川は、森村という仮名で素早く、効率的に活動した」（傍点筆者）

ハワイの太平洋艦隊司令部では、この吉川猛夫の諜報活動に大して注意を払わなかった。この点は、前掲の暗号史家デーヴィッド・カーンも指摘するところである。

吉川猛夫情報は喜多長雄の名前で、外交電報により本国に送られ、外務省北米課長を経由して軍令部にまわされる。ここで海軍暗号に換え、「通常使用しない特別の波長で宛先を明示せずに機動部隊に送信された」。これでは、ハワイの情報部は関心外のことになる。

米国では連邦通信法の規定により、盗聴と外国間の通信を傍取する行為を禁止していた。日本領事館の外交電報はRCA電信会社他を通じて、海底電線により東京に送られていた。RCAはこの情報提供に応じなかったので、吉川情報は第十四海軍区通信諜報班も入手できないままでいる。

米海軍は日本海軍暗号解読を二手にわけ、通信諜報班のジョセフ・J・ロシュフォート少佐には最高級指揮官用の甲を、「D暗号」はワシントンとフィリピンの解読グループが担当したため、ロシュフォートのこの作業は未解読のままで終っている。

吉川猛夫の諜報活動とは、つぎのようなものであった。彼の手記によれば——。

ヌアヌ通《ストリート》りを下ってダウンタウンを西に折れると、まっすぐに道路が走っている。道の片側は、見渡す限りのサトウキビの畑だった。その反対側が、真珠湾なのだ。

私は快適に疾走する車のなかで、サトウキビの景観を賞《め》でるふうをよそおいながら、全神経を反対側の地形に集中した。

まず、ヒッカム飛行場の長大な滑走路が目に飛びこんでくる。つづいてフォード島の海軍基地が目に入った。軍令部で毎日のように見つめていた地図が、いま実物となって、明らかに眼前に展開されているのだ。

そのうち、車のスピードがぐんとあがった。難詰すると、このへん一帯は要塞地帯であり、ゆっくり走ると罰せられるという。

「それより旦那、いったいどこまでいくんです?」

バックミラーに映る運転手の眼が、不審の色を帯びている。私は危険だと感じた。どこで、F・B・Iの眼が光っているか知れたものではない。そのまま、一本道をまっすぐに戻ったのである。

案内役は日系人のタクシー運転手ジョン・三上が当たった。吉川猛夫の任務はむろん極秘で喜多総領事以外、館員たちのだれもがその事実を知らない。館員たちの吉川評は、「昼下がりに顔を出す、飲んだくれの女好き」という散々なものであった。

三上が吉川に狎《な》れすぎてきたので、喜多の注意で案内役は館員秘書官のリチャード・琴城戸に代わった。

ある日、喜多総領事が、「ちょっといいところへ案内しようか」と言って連れて行かれたのが、高台のアレワ・ハイツにある春潮楼である。

何げなく窓の外に眼をやった吉川は、一瞬息をのんだ。眼下にはさえぎるものもなく、一望のもとに真珠湾がひろがっている。艦船の出入りも、阻塞気球の有無もすべて視認できる。喜多長雄の配慮が心に沁みて、「私は胸の中で手を合わせた」と、吉川少尉は手記に書いている。

春潮楼の女将が偶然松山出身で、一度で意気投合し、〆香《しめか》だのまり千代だのと芸者遊びをしたり、遊覧飛行と称してオアフ島上空を偵察したりだの、スパイ活動にふさわしいエピソードが数多くあるのだが、ここでは省く。

十一月一日、軍令部から前島寿英中佐がハワイに派遣されてきた。前掲の鈴木英少佐との一行である。

喜多総領事が大洋丸の船医に変装した参謀からコヨリにした和紙を受け取ってくると、百余りの質問事項が書かれていた。

哨戒機の動き方、陸軍の防備配置、防潜網の配置……。吉川少尉はこれにも徹夜して返事を書き、喜多総領事に手渡してもらった。

これらは孤独な作業であった。

ハワイの総領事館には、喜多長雄総領事と電信主任の月川左門、森村正の単身組、それに新婚の館員関興吉夫妻、家族ぐるみは副領事の奥田乙治郎、書記生油下《ゆげ》恭之助両一家が主な顔ぶれでいた。

油下書記生は妻きよと長女和子、次女絢子《あやこ》、〝お手伝いの貞ちゃん〟こと貞子の五人暮し。昭和十三年三月、中国大陸から一家ぐるみでハワイに転任してきた。

敷地内の官舎が一家の住居で、その隣りに突然森村書記生が赴任してきたのだ。当時、九歳であった油下和子の記憶によれば、日本語の上手でない二世のメイドが通いで来ていて、森村は妙ちくりんな英語で会話をして子供たちを笑わせたり、ことさら日本の悪口を言って奥田副領事の男の子を大いに憤慨させていたという。

「あれもこれも、敵をくらますには味方からもってせよ、とかいう兵法の一つだったのでしょうか」と、油下和子の戦後手記は書いている。

あまり目立つことのない、単身赴任で、子供たちに清冽な印象をあたえていた森村正が、ある夜、大暴れをして少女和子をおどろかせたことがある。

酔って帰った森村は、大声で歌いながら隣りの官舎に入って行った。まもなくガラスの割れる音がして、心配した油下一家が表に飛び出すと、二階からその足元に椅子や家具を抛《ほお》り投げてきた。泥酔した上での、乱暴狼藉《ろうぜき》である。

近所のポルトガル人——実は米側の諜報員と後でわかった——の通報で市警パトカーが駆けつけ、一騒動となったのだが、この一件は、課せられた彼の任務からいえば不注意のそしりはまぬがれない。

しかしながら、後に森村正の陰の役割を知った油下和子は同情的である。

「表面的にはともかく、裏の緊張は大変だったろうと想像されます。使命が重大だった上に、頼る人はほとんどいないのですから、神経がどれほどすり減ったことか。それで子供たちを相手にふざけて喧嘩したりして、わずかな心の慰めとしていたのでしょう」

森村正こと吉川猛夫は、十二月四日付の重大情報を機動部隊あてに送ってきた。いわゆる「A情報」と呼ばれるものである。

A情報　十二月三日二三〇〇発信

十一月二十九日午後（ハワイ時間）真珠湾在泊艦左ノ如シ
A区（海軍工廠　フォード島間）
　KT（海軍工廠北西岸壁）
　　ペンシルバニヤ、アリゾナ
　FV（繋留泊地）
　　カリフォルニヤ、テネシー、メリーランド、ウェストバージニヤ
　KS（海軍工廠修理岸壁）
　　ポートランド
入渠中　甲巡二、駆逐艦一
其ノ他　潜水艦四、駆逐母艦一、哨戒艇二、重油船二、工作船二、掃海艇一
B区（フォード島北西方、同島付近海面）
　FV（繋留泊地）
　　レキシントン
其ノ他　ユタ、甲巡一（サンフランシスコ型）、乙巡二（オマハ型）、砲艦三
C区（東入江）
甲巡三、乙巡二（ホノルル型）、駆逐艦一七、駆逐母艦二
D区（中央入江）
掃海艇一二

E区　ナシ
十二月二日午後（ハワイ時間）迄変化ナシ
未ダ待機ノ情勢ニアリトハ見ヘズ　乗員ノ上陸モ平常通リナリ」

A情報とは、彼が主として探知していた秘密情報で、まず真珠湾を五区域に分け、A水域（フォード島と兵器庫の間）、B（A水域の島の反対側）、C（東入江）、D（中央入江）、E（西入江および水道に通ずる諸通路）とし、さらに艦艇所在位置を四つに細別した。

すなわち、KS（工廠内の修理桟橋）、KT（工廠内一〇一〇桟橋）、FV（フォード島近くの繋留泊地）、FG（フォード島内の横付岸壁）がそれである。

2　不吉な予兆

ハワイの米太平洋艦隊司令部は、フォード島を見下ろす潜水艦基地ビルの二階にあった。司令長官ハズバンド・E《エドワード》・キンメル大将はいつものようにひざまずき、床にひろげた書類や海図に見入っていた。一八八二年、ケンタッキー州生まれ。社交ぎらい、無口で人づきあいの良い方ではなかったが、〝宴会型提督〟の多い米海軍のなかでは、旺盛な仕事ぶりと、きまじめな努力家として知られている。

多くの幕僚たちにも愛され、一九四一年（昭和十六年）二月、太平洋艦隊司令長官に就任し、いまや海軍生活の頂点にある。

執務室の背後には、大きな地図が掲げられている。その中心はハワイで、それを中心として太平洋の各地点への距離が書き込まれていた。その盛んな仕事ぶりのために、本来は旗艦カリフォルニアに司令部が置かれているはずのものが、陸上基地に移され、ハワイ陸海軍を膝下に敷くような能力ぶりを発揮している。

キンメル提督は、その後真珠湾攻撃すべての責任を負わされ、晩年は汚辱にまみれたが、その一因に、この熱中するあまりの真面目な仕事ぶりがある。ハワイの在泊艦船については、その安全に陸軍司令官ウォルター・C・ショート中将の責任があり、艦船そのものについても第十四海軍区司令官クロード・C・ブロック少将の責任分担であった。キンメル大将は戦艦上にあって艦隊を指揮すればよいだけであって、ハワイ全体の防衛責任を問われることはなかったのである。

しかし、キンメル提督はその限られた責任に不満足であった。陸軍側のショート司令官とひんぱんに連絡をとり、ブロック少将にも艦隊防衛のための指示をたびたび出している。自然と、ハワイ防衛はキンメル大将を中心として動くことになるのである。

南雲部隊が北太平洋上で燃料補給に明け暮れているころ、エドウィン・T・レートン少佐が部屋の扉をノックした。

レートン少佐は既述のように艦隊司令部の情報参謀である。語学研修のため日本に派遣され、在日米大使館勤務の経験がある。中将時代の山本五十六とも面識のある、知日派士官であった。

　彼は手短に日本海軍の現状について報告し、さらに日本の空母部隊の通信量がきわめて低いことを告げた。レートン少佐の手元にあった「第十四海軍区通信情報」は、十二月に入っても日本空母の所在は依然としてつかめないことを示していた。

　ここで、戦史上有名なやりとりがキンメル提督のあいだで交された。レートンの自著によれば——。

「なに？　きみは空母がどこにおるのかわからん、というのか」キンメルはどなった。

「はい、長官」と、私。

「どこにいるか予想もつかんのか」

「はい、長官。ですから『本土水域か』と『か』の字をつけました。位置はわかりません」

「情報参謀たるものが、空母の位置をつかめんというのか」

「はい、つかめません」

「やつらがダイヤモンドヘッドを回わってやってくるかもしれんというのに、わからんというのだな」

「ただ、それならいままでに発覚していると思います」

「わかった」といったキンメルの目は、日本艦隊の主力の行方を見失った私をからかって輝いていた。

このやりとりは、事実のようである。レートン少佐は日本海軍の呼出符号に注意し、艦隊の動きを絶えず記録しているが、ハワイの海軍情報では十二月七日朝まで、ついに日本空母の行方をつかめなかったのだ。

ワシントンでも、状況は同じだった。

海軍情報部極東課は十二月一日付「日本艦隊の所在について」の報告書を作成したが、克明なレポートにもかかわらず、内容は正確ではない。日本側の苦心のカムフラージュが成功した例である（以下、一九四五年から翌年にかけておこなわれた米上下両院合同調査委員会の「報告書」「証言記録」「真珠湾攻撃記録」に基づいて記述する。「議会証言」と特記しない限り、談話は同書によるものである＝『現代史資料』太平洋戦争〈1〜3〉所収）。

まず、戦艦部隊についての報告はつぎの通りであった。

「第一艦隊　　　　　日本本土水域
　戦艦長門　　　　　呉付近
　　陸奥　　　　　　同右
　　山城　　　　　　横須賀

扶桑　呉付近
伊勢　同右
日向　同右
比叡　佐世保付近
金剛　舞鶴付近
霧島　呉付近
榛名　同右
重巡三　同右
重巡一　佐世保付近
軽巡一　呉付近
軽巡一　佐世保付近」

航空艦隊の所在報告。

「　空母赤城　九州南部
加賀　同右
蒼龍　呉
飛龍　呉
鳳翔　同右
蛟龍（瑞鳳の意）　九州南部

春日　　　　同右
龍驤　　　　呉
瑞鶴　　　　同右
翔鶴　　　　同右
駆逐艦一〇　九州南部、呉
駆逐艦五　　横須賀」

ワシントンの海軍情報部はお手上げの状態であった、といえる。佐世保にいるはずの戦艦比叡、呉に碇泊しているはずの戦艦霧島はいずれももぬけの殻であり、本土水域に帰港しているはずの六隻の空母はそれぞれハワイにむけて進撃中であった。

これらの推定報告は、十一月中の情報にもとづいて作成されたもので、これ以降、ワシントンは日本艦艇に関する新しい情報を手に入れることはできなかった。

ハワイの第十四海軍区通信諜報班にいたＪ・Ｊ・ロシュフォート少佐は、日本側の改変された呼出符号を前にし、悪戦苦闘をつづけていた。

このとき四十三歳。一水兵から身をおこし、すぐれた語学の能力と勤勉さを買われ、この年の五月半ば、ハワイの第十四海軍区通信諜報班主宰者として重巡インデアナポリスの情報将校から転任してきた。のちに彼は、その天才的な解読力で日本海軍のミッドウェー作戦の暗号を解明する勲功をたてるのだが、このときだけは、さすがに彼のすぐれた能力をもってしても、わずかな期間であらたなコール・サインを解読することはむずかしかった。

　十二月二日、ロシュフォート少佐は、

「今日、空母について報告することはほとんどない。変更された呼出符号の未確認がこうした情報に欠ける理由の一部である。しかし、十二月一日の呼出符号の変更いらい、二〇〇以上の呼出符号の一部は識別できるようになった。しかし、空母の交信はきわめて低調である」

　と書き、さらに翌日もまた、

「潜水艦、空母に関する情報はまったくない」

　と報告した。

　だが、このときロシュフォート少佐もレートン少佐も、この空母に関する情報不足をとくに重要視しているわけではなかった。七月に日本軍が南部仏印進駐したさい、空母が本土水域にとどまっていたことから、もし開戦となったばあい、日本の空母部隊は来攻するであろう米艦隊を迎え撃つべく本土基地にとどまっているにちがいない、と彼らは推測していた。

　十二月三日の夕刻、ワシントンでは陸軍の暗号解読班（ＳＩＳ）が日本大使館あての「紫暗号《パープル・コード》」を解読し、その訳文の内容に色めきたっていた。

「Ｏ暗号、Ｌ暗号一冊ずつをのぞき、あらゆる暗号書を焼却せよ。……前記の処置が終れば、『ハルナ』と発信せよ。『秘』の電報類をすべて焼却せよ」

この重要暗号に事態の急変を知ったＳＩＳは、ただちに訳文コピーを米国首脳たちにとどけた。ウェルズ国務次官は一読したあと、ため息をつくようにしていった。

「これで、和平の可能性は千分の一から百万分の一にへった」

ルーズベルト大統領は訳文を届けたベアデール海軍大佐に、「きみはいつ戦争がはじまると思うかね」とたずねた。

「きわめて近いと思います」と、彼は率直に答えた。

いずれにしても、破局はあと数日のうちにせまっていることが明らかであった。ハワイ、ワシントン、ロンドン、マニラの日本大使館からつぎつぎと送られてくるハルナ・メッセージは、その不吉な予兆であった。暗号書の焼却は、単なる外交交渉の断絶を意味しておらず、もし外交を断つつもりなら、外交官はそれを持って帰国すればよかったのである。暗号書を焼けという指示は、——つまり戦争を意味しているのだった。

翌日の午後八時四五分（日本時間十二月五日午前一〇時四五分）、ワシントンの海軍情報部はふたたび緊張感をみなぎらせていた。日米関係の破局を意味する「風暗号《ウインド・メッセージ》」が東京から入電しているらしいとの情報がもたらされたからだ。

「風暗号」は、ワシントンの日本大使館とちがって、「紫暗号」機械を持たない各公使館、領事館にたいして暗号書破棄、国交断絶の極秘事項をつたえるものである。

「非常事態のさい（原注＝わが国の外交断絶の危険）並に国際通信中断の場合は、毎日の日本語短波ニュース放送の中間に次の如き警告を挿入する。
一、日米関係切迫の場合　東の風、雨
二、日ソ関係切迫の場合　北の風、曇
三、日英関係切迫の場合　西の風、晴
この信号は、短波ラジオ放送の天気予報の中間と最後に入れて、各文句は二回反復される。この放送を聴取した時は、暗号書一切その他を破棄されたい。これはまだ極秘の扱いをうけるものとする」(十一月十八日付)

このウィンド・メッセージは米側で傍受、十二月四日に解読された。

同日午前八時三〇分ごろ、海軍通信保安課の解読班長アルウィン・クレーマー少佐は、上司の保安課長ローレンス・サフォード中佐の事務所を訪ねてきて、「とうとうやってきました」とテレタイプ電報の写しを見せた。これが、彼らが息をひそめて待ちかまえていた「風暗号」であった。

文言は、明らかに戦争開始を意味していた。十二月一日、「魔法《マジック》」で解読された暗号機械破棄の電報と軌を一にする重要電報である。

サフォード中佐は、海軍通信局長リー・ノイズ少将に報告し、少将は戦争計画局長ターナー少将と作戦部長スターク大将につたえた。陸軍側は通信隊軍事課長オーチス・K・サトラー大佐が聞き、諜報部長マイルズ代将と極東課長ルーファス・S・ブラットン大佐につたえている。

サフォード中佐は、議会証言でこの事実をみとめたが、一方のクレーマー少佐は日英関係のみについて証言し、日米関係についてはまったくふれないままでいる。だがしかし、同少佐は以前におこなわれた「海軍査問会議」では、放送の傍受を十二月四日とし、そのテレタイプの写しには米国との開戦か、または国交断絶を意味する「東の風、雨」という日本語放送が入っていたと断言しているのである。

この証言内容は妙である。なぜ、クレーマー少佐の回答が変転するのだろうか。のちの査問委員会でも、報告を受けたターナー少将はこれを「北の風、晴」であったと証言し、ノイズ少将も確言をさけ、スターク作戦部長は記憶にない、としている。

両院合同調査委員会以前の八回にわたる委員会で、残された証言は、サフォード中佐のそれと放送文の写しが作戦部次長インガソル少将の手もとにとどけられた——という二つだけになっている。

送信した日本側の原資料は、残されていない。『真珠湾攻撃報告書』の結論は、つぎのようなものである。

「広汎《こうはん》な証拠がその問題について集められたが、その結果としては、真実の実施電報は、真珠湾攻撃以前には陸海軍省によって傍受もされず受信もされなかったということを示している。日本において行なわれた調査は、攻撃前には実施電報は発信されなかったことを強く示しており、実施電報に対して聴取しつつあった英国およびオランダ側もまた、このような電

報は傍受されなかったことを知らせてきた」(傍点筆者)

ワシントンが日本側の「紫暗号《パープル・コード》」に一喜一憂しているころ、南雲部隊はおだやかな海上を南東に下り、まもなくD点に達しようとしていた。

前日の嵐は嘘のようにおさまり、風速は毎秒二ないし七メートル、南西の風、波浪二。視界はやや不良だったが、冬の日差しが雲間から洩れ、鉛色の海にきらきらとまばゆい光を落としている。

冬日とはいえ、経度からいえばハワイにほぼ近く、海上をわたる風さえいくぶん暖かに感じられる。

すでに空母部隊は燃料補給をおえ、あとは航続力の短い第八戦隊の重巡利根、筑摩および警戒駆逐艦に補給するのみとなった。このころになると、作業も熟練の域に達し、補給速力は当初九ノットだったのが一二ノットにまで増速された。

柱島泊地にあった連合艦隊の宇垣参謀長は気象通報を耳にし、心配されていた燃料補給も順調におこなわれていることを知り、「……弱風の海面続くべし。何たる天佑ぞ」と記した。

十二月六日、少し波が高くなったが上空に雲が多く、視界不良で、隠密行動としては絶好の天候がつづいた。この日午前一時、おくれていた伊二十三潜が応急修理をおえ、ようやく本隊に追いついてきた。信号が送られる。

「ご心配をおかけしたり、全力発揮に差支えなし」

午前五時三〇分、第二補給隊（東邦丸、東栄丸、日本丸）の三隻のタンカーは警戒駆逐艦霰にまもられて機動部隊と分離した。明朝より米軍哨戒圏内に突入するので、いったんハワイの八〇〇浬圏外に出て、そののちL点に先行するのである。

手あきの乗員は総員上甲板に出て軍帽をふり、別れを惜しんだ。いちばん後に列を離れた東栄丸の甲板には、大勢の乗員の姿がならび、最後の敬礼を送っていた。補給隊がゆっくりと波間に遠ざかるとき、長官からねぎらいの言葉が送られる。

「労苦を多とす。武運長久を祈る」

東栄丸にさっと旗旒信号がかかげられた。

「ご成功を祈る」

帽を振る乗員たちの姿がしだいに小さくなり、やがて水平線に溶けた。

この日、南雲司令部を憂慮させる電報がつぎつぎと飛来した。

これは「作戦緊急信」として埼玉県大和田通信所より発信されたもので、ハワイの北方八〇〇浬に米国潜水艦らしきものが探知され、他の一隻およびハワイ基地と交信中という思いがけない情報であった。

「われわれの航路付近の見当になりますな」と、通信参謀小野寛治郎少佐が緊張した面持ちでいった。「さっそく、連合方位測定をやってみましょう」

さらに、五日付の連合艦隊司令長官名の警戒電が暗号解読して、艦橋にとどけられた。

「十二月一日……ニ於テ行方不明ノ陸軍徴用機搭載中ノ陸軍作戦ノ重要書類支那軍ニ窺取セラレ、我企図ノ一部ヲ敵ニ察知セラレタル疑アリ、各部隊ハ敵ノ先制攻撃ニ備ヘ特ニ警戒ヲ厳ニセヨ」

司令部で詳細はわからなかったが、実は重大な危機が大本営を襲っていたのだった。すなわち、香港攻略開戦命令を携行していた陸軍参謀杉坂共之少佐が、中国大陸で搭乗機とともに行方不明となった事件である。機密書類は部下が処分し、参謀本部は愁眉をひらいたのだが、さらにマレー攻略部隊からの入電があった。

「敵大型機触接シアリ撃墜セヨ　一五〇〇、地点マメヤ25」

小野参謀は、一安堵したように南雲長官に声をかけた。

「長官、敵潜の位置はハワイとサンフランシスコの中間にあるようです。心配はありません」

南雲中将は深くうなずいた。昨日来、長官の表情はすっかり落着きを取りもどしていて、草鹿参謀長を喜ばせていた。もはや覚悟をさだめたのか、動揺の色はない。

七日、最後の燃料補給がおこなわれ、駆逐艦霞に護衛された第一補給隊（極東丸、健洋丸、神国丸、国洋丸）は機動部隊と別れをつげた。

午前六時三〇分、連合艦隊電令第十三号を受信した。

「皇国ノ興廃繋《かか》リテ此ノ征戦ニ在リ
粉骨砕身各員其ノ任ヲ完《まっと》ウスベシ」

この文章は宇垣参謀長の起案になるもので、簡単にして要を尽し、しかも力強さにあふれるようにと心を砕いて練りあげたものである。足手まといのタンカーと分離してしまった機動部隊は、たちまち精強な戦闘集団と化した。

全員が戦闘配備につき、〇七〇〇、戦艦赤城に「DG」の信号旗が掲げられた。かつて日本海海戦のさい、旗艦三笠檣頭にひるがえったZ旗と同信文――「皇国ノ興廃此ノ一戦ニ在リ　各員一層奮励努力セヨ」の意味である。

信号降下とともに、機動部隊各艦は二四ノットに増速し、真珠湾の真北D点から一路南下をはじめた。

午後一時、ハワイから最後の在泊艦船情報が送られてきた。第一回目の情報として「阻塞気球なし、戦艦は魚雷防御網を有せず」との報告が入り、攻撃隊指揮官村田重治少佐をよろこばせたが、最終情報は比較的短いものであった。

「六日在泊中の艦艇は戦艦九、水上機母艦三、軽巡三、駆逐艦一七　ドックに入渠中のもの軽巡四、駆逐艦二、空母および重巡は出動中　飛行機による空中偵察は実施していない」

戦艦九――とあるのは標的艦ユタを見誤ったもので、実際は八隻が入港中であった。

しかし、レキシントンが出港したというニュースは源田参謀を悲しませた。とくに空母攻撃を担当する艦爆隊は目標を失って失望していた。九九艦爆の搭載する二五〇キロ爆弾では戦艦の厚い装甲を破ることができないのである。

「――仕方ありませんな」千早猛彦大尉はうらめしそうな表情で参謀をみやって、ぐちをこぼした。

3　ルーズベルトの「陰謀」

十二月六日（日本時間十二月七日）土曜日は、ホワイトハウスの夕食会だった。豪華なシャンデリアのきらめきの下で、ルーズベルトは列席者に愛想よく微笑をふりまいていた。

この夜、ハル国務長官は自宅にもどり、スターク海軍作戦部長は妻とともに観劇に出かけていた。ノックス海軍長官も招待客があり、ホワイトハウスに居残った米政府首脳はルーズベルトと側近のハリー・ホプキンスの二人だった。真珠湾攻撃の前日、ワシントンでは臨戦体制が敷かれていない。

前日までホワイトハウスを悩ませていたのは、コタバル基地にあった英軍機からの触接報告で、インドシナ半島南端のカモー岬沖で南下中の日本軍輸送船団を発見したというものであった。

五日の触接時には輸送船二五、戦艦一、巡洋艦五、駆逐艦七隻を数えたが、翌日午後には「コタバル北方一一〇マイルに輸送船一、巡洋艦一隻発見」、「パタニー北方六〇マイルにて駆逐艦四隻発見」と触接報告が相つぎ、在ロンドンの米大使およびフィリピンのハート大将などからも緊急信としてつぎつぎに打電されてきた。

マレー攻略にむかう陸軍第二十五軍は、ハワイ奇襲作戦と同時にマレー半島の国境に近い三地点シンゴラ（第二十五軍司令部および第五師団主力）、パタニー（第五師団歩兵第四十二連隊）、コタバル（第二十三旅団）に上陸作戦を敢行しようと企てている。六日早朝、触接にむかったカタリーナ水上機が直掩の日本陸軍戦闘機に撃墜され、事態はますます緊迫の度合いを深めている。

午前一〇時、ホワイトハウスでの定例閣議でこの英軍機からの最新触接報告がつたえられ、日本軍の新たな動きが緊急の課題となった。

スチムソン日記によれば、閣議で話しあわれた日本船団の行先はタイ、シンガポール、マレー、フィリピンで、「こうした攻撃がハワイにいる米国艦隊にむけられる可能性は小さい」というものである。

南西太平洋にむけられた米国政府の判断は、二つに絞られた。

「その第一は、日本に対して南西太平洋地域にかける指定地点を越えた侵略は、米国との戦争を意味する旨を明らかにすること、そして第二は、このような侵略がおこなわれた場合、対日戦決定に米国民の支持を確保することであった」

ルーズベルトの関心は、依然として米議会の動向と国内世論の喚起であった。

彼を困惑させていたのは、日本がこれらの米国内情勢を熟知した上でタイ、または蘭領東インド、英領シンガポールなどに攻略を限定した場合、参戦をめぐって国内に深刻な対立を生じかねさせないという懸念であった。

この段階で不思議なことは、米政府、米国軍部のなかで、日本が二正面作戦をおこないつつあることを夢想だにしていないことである。山本長官の途方もない企てが、彼らの想像力を上まわったのだ。

ついでルーズベルトは、日本の天皇あての親電を送ることに閣僚たちの同意をもとめた。反対論者のハル長官は、結局これらの草案をウェルズ次官とチェックし、二、三の修正を加えて大統領にもどした。

その内容は、日本の南部仏印進駐によって戦争の危機感が高まり、フィリピン、マレー、タイ、そして蘭印に住む人々は、彼らの土地もまた日本に占領されるのではないかと恐れているとし、「日本の陸海軍が仏印から引き揚げてさえくれれば、アメリカはそのあとを占領するような意図は絶対に持たない」としている。

さらに、ルーズベルト大統領はこうつづけた。

「同じような保証は蘭印、マレー連邦政府、そしてタイ政府からも得られるものと信じます。中国政府の側からもまた同様の保証を得るべく努力するつもりであります。……この時期に当たって、陛下にも私が現在おこなっていると同様に、この緊張事態の暗雲を払うよう思いをいたされることを熱烈に希望いたします」

大統領はこれに署名し、つぎのような注をつけてハル長官に返した。

「大至急グルーに送れ。灰色信号（注、機密の度あいの低い暗号）でいいと思う。時間を節約するのだ。傍受されてもかまわない」

天皇あての親電は、日本大使館の寺崎英成書記官と野村、来栖大使がそれぞれ別個のルートで、ルーズベルトに打診した。大統領はこれに賛成し、軍部に妨害されたりして返事のないときには新聞に公開してあくまでも天皇の返電を待つ、とまでいった。これが十二月三日である。しかし、対日不信にこりかたまったハル長官の反対のため、打電の時期が遅れた。対日強硬論者のハル長官がいなければ、おそらくこの親電は即日、天皇あてに送られたにちがいない。

しかし、ルーズベルト大統領がそれにどれだけ戦争回避の効果を認めていたかという点になると、疑問がある。後に記すように、やはりアメリカは「後世の歴史のために」この天皇あての親電を打ったと考えるのが妥当だろう。

この日は、ハル・ノートにたいする日本側回答の期限日であった。

第十四部からなる日本側の最後通告は、第十三部までと残る第十四部を別に分けて野村大使あて発信された。この外交電報はアメリカ側陸海軍暗号班によって同時に傍受され、ただちに解読、訳了された。

残る第十四部を待ち受ける解読班を待機させたまま、クレーマー少佐は第十三部までの解読文を特別の革製書類鞄に入れ、特別に頼んだ夫人の運転する車でホワイトハウスにむかった。

午後九時三〇分、特別夕食会から抜け出したルーズベルトは、二階の大統領執務室『楕円《だえん》の間』で日本側外交電報の回答を待っていた。

海軍副官補佐官のロバート・E・シュルツ中佐がクレーマーから鞄を受け取り、書類を大統領に手渡した。ルーズベルトは一〇分ほどで第十三部までの回答文を読み終った。そして、すぐそばを行ったり来たりしているホプキンスにむかって言った。

「これは戦争を意味する」

日本側のハル・ノートへの回答文は、日米交渉に当たってのこれまで米国の態度、日本の対応について縷々《るる》とのべ、第十三部ではつぎのように結ばれていた。

「今次合衆国政府ノ提案中ニハ、通商条約締結、資産凍結令ノ相互解除、円弗為替安定等ノ通商問題乃至支那ニ於ケル治外法権撤廃等、本質的ニ不可ナラザル条項ナキニアラザルモ、他方四年有余ニ亘ル支那事変ノ犠牲ヲ無視シ、帝国ノ生存ヲ脅威シ権威ヲ冒涜スルモノアリ。従ッテ全体的ニ観テ、帝国政府トシテハ交渉ノ基礎トシテ到底之ヲ受諾スルヲ得ザルヲ遺憾トス。

尚帝国政府ハ、交渉ノ急速成立ヲ希望スル見地ヨリ、日米交渉妥結ノ際ハ英帝国其他ノ関係国トノ間ニモ同時調印方ヲ提議シ、合衆国政府モ大体之ニ同意ヲ表示セル次第ナル処、合衆国政府ハ英、豪、蘭、重慶等ト屢々《しばしば》協議セル結果、特ニ支那問題ニ関シテハ重慶側ノ意見ニ迎合シ前記諸提案ヲ為セルモノト認メラレ、右諸国ハ何レモ合衆国ト同ジク帝国ノ立場ヲ無視セントスルモノト断ゼザルヲ得ズ」

ホプキンスも書類を読み終り、大統領の言う通りだと同意した。二人は五分ほど日本軍の情勢について話しあった。

「戦争が切迫しているのだから、日本は自分たちにとって準備が出来、一番好都合なときに攻撃するつもりなのだ」

と、ホプキンスが言った。ルーズベルトと二人の話題はもっぱらインドシナ情勢にむけられた。

議会証言で、シュルツ中佐はそのときの様子をこう語っている。

「大統領は、日本軍部隊がインドシナに来ていることに関する、その撤退を要求する趣旨の親書を、日本の天皇に送ったということに触れました。

それからホプキンス氏は、戦争は疑いもなく日本に具合のいいときに起ころうとしているのだから、われわれが最初の攻撃を加えて、いかなる種類の奇襲をも阻止することができないのは残念なことだ、という見解を述べました。大統領はうなずいて、それから、要するに次のようなことを言いました。『いや、われわれにはそれができないんだよ。われわれは民主主義国で平和愛好国民だ』それから、彼は声を高めました。で、これはとてもはっきりおぼえています。彼は言ったのです。『しかし、われわれにはいい記録がある』

私が得た印象は、われわれはその記録を堅持しなくてはならない、われわれには最初の公然たる行動をすることはできないのだ、われわれはそれが起こるまで待たねばならない、ということでした」

真珠湾について。

「この討議のあいだ、真珠湾についてはぜんぜん言及されませんでした。私が思いだせる地名はただインドシナだけです。戦争が起こりうる時期については論じられませんでした。でも、討議の様子からおして、明日こそまさにその日だという徴候はぜんぜんありませんでした。この印象が、ニュースがとどいたときの私の個人的な驚きを増す原因になったので、私はそれをいつまでも忘れずにいたのです」（傍点筆者）

シュルツ中佐の証言は、ハリー・ホプキンスのそれと大略一致している。ホプキンスは、戦後膨大な自伝を書くつもりでいたが、一九四六年に死亡した。そのメモを記載した米人作家ロバート・シャーウッド著『ルーズベルトとホプキンス』によれば、大統領はのちにそのときの自分の立場についてこう語った。

その一は、ハル国務長官との政策の食い違いである。ルーズベルトは、日本軍がシンガポール、蘭領インドシナを攻撃した場合、アメリカは結果的には参戦せざるを得ないと考えていたが、ハルはその強硬策に同意しなかった。ルーズベルトはまた、日本がタイや仏領インドシナを攻略し、中国にさらに深く攻め入り、マレー海峡にも触手をのばし、さらに将来的にはソ連をも攻撃するだろうと〝本気で〟考えていた。

ハル長官については、ホプキンスは好意的な評価を下している。たしかに、ハルは陸海軍長官にむかって、「日本はいついかなるときに攻撃するかも知れない」と言った。

しかし他方で、

「ハルはつねに、日本との協定を達成したいと思っていたのだ。たしかに、それは日本がたぶん受け入れそうにもない種類の協定ではあったが、でも他方、それは、もし成立したとしたら、極東におけるわが国の評判をひどく悪いものにしたろうと思えるような種類の協定でもあったのだ。

彼はなによりもまず平和を欲していた。なぜなら、彼は日本との調整に達することに心を注いできたからであり、また、数週間というもの、日夜そのために労苦してきたのだから。戦争勃発にさきだつ最後の十日間がくるまでは、なんらかの調整に到達しうるものという希望を彼がいだいていたことには、なんの疑問もないのである」

その場合、米国の権益を保護するという意味で大統領は困難な立場にさらされねばならない。ホプキンスはその理由を、こうのべている。

――アメリカの強力な介入がないかぎり、日本は、アリューシャン列島からインドまで、さらには中東にまでも伸び拡った資源に富める帝国を、占領しかつ運用することができるだろうと思われた。しかも、国家全体が戦争に突入するという、完全な、究極的な、取り返しのつかない行為を措いては、いかなるアメリカの強力な介入もありえないということは、いまさら言うもおろかなことであったし、そのことなら、ルーズベルトはほかのだれにもましてよく知っていたのだ。

シュルツ中佐に解読書類を返すと、大統領は「楕円の間」でポプキンスと二人きりになった。そこで何が話されたかは資料がなく、またホプキンスの自伝もそのことにふれていない。

その夜、シュルツ中佐がまだ部屋にいる前で、ルーズベルトは奇妙な行動を取った。ホワイトハウスの交換手にスターク作戦部長を呼びだしてくれ、と頼んだ。交換手がいま劇場でオペラを観劇中ですと答えると、では、芝居が終るまで待とうと呼び出しを断ったのである。「これは戦争を意味する」と判断した直後にもかかわらず――。

さらに米政府首脳たちの動きも奇妙である。クレーマー少佐は引きつづき、ハル、スチムソン、ノックスに解読文をとどけたが、彼らは翌日午前十時半の会議を約束しあっただけで緊急配備の措置を取らず、そのまま眠りについた。

翌日、マーシャル参謀総長は日曜日恒例の乗馬を楽しんでいる。この悠長な対応はいったい何なのだろうか。

時計の針を十一月二十六日、ハル・ノート手交日にもどさなければならない。

この日、突如としてルーズベルトはハル長官が準備した「暫定協定案」を破棄し、一晩にして対日強硬案提出に転じた。この事態急変は、史家たちに謎とされている。

太平洋艦隊情報参謀のレートン少佐は、その謎を解くカギは、この日未明午前三時ごろホワイトハウスにとどけられた英首相チャーチルからの緊急電報にある、と見ている。

レートンの記述にしたがえば、日本の「陸軍あるいは海軍の戦争計画の詳細」を英国が入手し、これを即刻ルーズベルトにつたえた。その情報源としてリヒャルト・ゾルゲ逮捕後、まだ日本に潜伏しているソ連側スパイ、あるいはクレムリンにたいする彼らの情報報告の解読、オランダ側の情報提供——の可能性を示唆している。

その証拠の一つとして、大統領の息子ジェームズ・ルーズベルト大佐はその日午後、ニューヨークの英国諜報機関を訪ね、チャーチルあて「交渉打ち切り。軍は二週間以内に行動の見込み」との父から託されたメッセージを手渡したことがあげられている。

最近公開された英側機密文書によれば、英首相チャーチルはドイツの英本土進攻、日本のシンガポール攻略、英領ボルネオの油田地帯の権益を確保するために米国の大戦介入を強力に画策した。

その最大の成果は、南部仏印進駐直前の七月十四日発電の広東総領事から日本本国の外務省あて極秘電報の傍受、暗号解読である。英国情報部は日本側のおどろくべき極秘情報を入手した。すなわち、日本の戦争計画で、その主旨は、

「仏印進駐の第一の目的は仏印に対する力が諸目的を達成するにある。第二の目的は、国際情勢これを許せば、仏印を基地として迅速な行動を開始するにある。仏印占領後のつぎの目的は蘭印に対する最後通告の発送である。シンガポール占領には海軍が主要な役割を演ずる。――われわれは航空部隊と潜水艦部隊をもって断固として英米軍事力を粉砕する。近く仏印に進駐する兵力は第二十五軍である」

この具体的作戦計画は現地陸軍のある将校から得た情報として、広東総領事が本省あての報告文に記載したものである。陸軍将校の放言が外務省あての公電として記されていることで、英国首相は仰天した。即刻米側に通知し、米側も同月十九日に解読していたことから、「東南アジアにむける日本軍事計画の発覚」として重要視された。

広東総領事のうかつな発電が、日米交渉をぶち壊してしまったのだ。

さて、ルーズベルト宛の書簡のことだが、今日では闇に葬られたままになっている。その内容は十一月一日の御前会議決定「戦争発起は十二月初旬、外交交渉は十二月一日午前一時まで」の情報を入手。ルーズベルトに伝達したものと思われる。

この推断の上に立てば、一夜にしてハルとルーズベルトが「暫定協定案」を破棄してしまった理由が理解できる。「紫暗号」解読により、日本は四十八時間以内に甲案、乙案いずれかで協定成立を急いでおり、その一方で――目的は真珠湾とは判然としないものの――戦争を決定しており、ルーズベルトはこの段階から、日本の戦争発起を知っていたのだ。

同少佐によると、その意味でスチムソン日記は〝出来事を注意深く再構築したもの〟で、彼の戦後調査では、スチムソンがハルに報告した「三〇隻、四〇隻、あるいは五〇隻の船団が台湾の南方で視認された」とあるのは、原文では「一〇から三〇隻の兵員輸送船」とあり、これら船団は海上ではなく揚子江下流にいて「通常の動きをしていたにすぎない」のだ。

これら英軍情報は大統領にとどいていず、スチムソンの報告で「飛び上がらんばかりにおどろいた」というのは不自然で、チャーチル電を意図的に隠蔽《いんぺい》しようとする作為が見られる、とレートン少佐は指摘している。〝気の短いハル〟がスチムソン電話に大しておどろきの色を見せなかったというのも、すでに日本の戦争決定を知っていたからではないのか。ともかくも、「日本船団南下」情報についてはハル回想録にも記述がなく、当日の状況でもとくに重大視されたような動きが見られない。

そして、この一点に絞ってみると、二十六日午後からのホワイトハウスの動きは理解しやすくなる。ハル長官は陸海軍両長官の了解を得ず――おそらくはルーズベルトの指示で――ハル・ノートを手交し、ノックス、マーシャル両将軍はこれらの対日要求の詳細を知らされないままに「戦争警告」を発した。

スターク作戦部長からキンメル提督あて電報――。

「日米交渉はすでに終った。日本の侵略行動がここ数日以内に予期される。日本陸軍の兵力・装備および海軍作戦兵力の編成は、フィリピン、タイ、またはクラ半島（マレー）、あるいはボルネオにたいし行動するものと思われる。適切な防衛措置を実施せよ」

マーシャル陸軍参謀総長からは、フィリピンのダグラス・マッカーサー大将およびハワイのショート中将あてに、警戒命令が発せられた。

「日本の敵対行動はいつ起こるやもわからない。もし敵対行動が避けられないものとすれば、米国は日本が最初の公然たる行動に出ることを望んでいる。偵察その他必要な手段をとれ」

この「戦争警告」を手にしたとき、レートン少佐は〝電流にふれたような衝撃〟を受けた。今まで、こんなメッセージを受けたことがなかったからである。

キンメル大将から、さっそく呼び出しがかかった。

「日本軍は南進をつづけるでしょう」

と、少佐は自分の情勢分析をのべた。

「日本は、フィリピンのわが軍を側面に残したまま攻略するような危険を冒さないでしょう」

議会証言で、キンメル提督はつぎのようにのべている。

「多数のすぐれた部下や主要な機動部隊の指揮官たちは、私の入手したすべての情報を見ていたが、しかし、彼らがそのとき、その警告の緊急性を見出すことができなかったのは、その警告とそれを作成した人びとの間に、何か重大な手落ちがあったにちがいない」（傍点筆者）

陸軍のショート司令官も、同様の反応をした。日本の攻撃の鉾先は南にむかっており、ハワイでは日系人による破壊工作によって基地航空機が甚大な被害を受ける可能性がある。マーシャルの指示通り、「日本が最初に公然たる行動をとる」のを待って、とりあえずは第一次警戒態勢――もっとも軽い警戒態勢をとることにした。

比島を防衛するマッカーサー大将への指示は、マーシャル参謀長の「日本はかならずフィリピンを攻撃するにちがいない」との強い進言によりおこなわれた。すなわち、欧州へ配備予定の『空の要塞《フライング・フォートレス》』B17型爆撃機四七機をただちにフィリピンに送る手配がなされた。そのために、戦闘機による適切な護衛が必要となる。

スターク作戦部長からキンメル大将への命令が下される。

「二隻の空母と戦闘機二五機、地上整備員を至急ウェーク、ミッドウェー両島に派遣するよう準備せよ」

二隻の空母とはハルゼー中将ひきいるエンタープライズとレキシントンである。これに在ハワイの海軍機半数を搭載し、B17の護衛のために出動する。これで、真珠湾上空の防衛は、逆に手薄となった。

これらの配備状況を見るかぎり、ワシントンの眼がいっせいに南にむかっていたことが理解できる。真珠湾攻撃当日、二隻の空母が不在であった理由に説明がつき、キンメル大将自身も日本のハワイへの攻撃に無関心と変化していた事態もよくわかる。

ルーズベルト大統領自身も同じであったろうか?

十一月二十六日夜から十二月七日にいたるまで、ルーズベルトはひたすら待ちつづけていた。七日当日朝には、ホワイトハウスの自室で趣味の切手収集を楽しむため、いっさいの電話を取りつがないように交換手に命じている。

　ルーズベルトは困難な立場に立たされている。それは、ホプキンス自伝が語る通りのものである。その事態を明確にしたのは、議会証言でのスチムソン発言であった。これが、のちに「ルーズベルトの陰謀説」として修正主義者たちの根拠となるものである。

「一つの問題が、われわれを非常に困惑させていた。日本側をして最初に攻撃させるということに含まれた冒険にもかかわらず、われわれは米国民からの完全な支持を得るために、日本人自身が最初に攻撃したのであり、そこで侵略者がだれであるかを何人にとっても疑う余地のないようにしておくことが望ましい、ということをよく承知していた。

　この会議において、われわれは日本のある種の突然の行動に基づいてわれわれが急に戦わねばならなくなった場合に、米国民と全世界にたいし、米国の立場をもっとも明白に説明できるための基礎について話しあわれた」（傍点筆者）

　この証言は、ルーズベルト大統領の置かれた立場と米国の政略をもっとも明確に表したものといえる。米国大統領は無謬でなければならない。事前に真珠湾攻撃を知っていてはならず、また日本の戦争決定を察知していてはならない。

　もし知っていたとしたら、「四、五七五名のアメリカ人が殺傷され、一八隻の軍艦が撃沈され、一七七機の飛行機が喪失した」責任をどうするのか。「不作為の作為」――すなわち、知っていながら無為、無方策でこれらの大被害を生じさせたのだとしたら、米国議会での追及は必至である。

先のスチムソン日記は、十一月二十六日深更のチャーチル電報が存在してはならず、そのために日本の「戦争決定」ではなく、「戦争決定を暗示する徴候」としての「日本船団南下」を作為的に仕上げたものではないのか。徴候——であれば、ルーズベルトへの議会での追及は免責されよう。

対日強硬論者であり、大統領と戦争発起について協調していたスチムソンにとっては、対米開戦は願ってもない出来事であった。

ハル・ノートを手交した翌日の朝、彼はハル長官とこんなやりとりを交している。

「あの暫定協定はどうなったのか」

「私は問題をすっかりご破算にしたよ」と、ハル長官は答えた。「私はもう日米交渉から手を引いたよ。今や、これからは君とノックス君。つまり陸海軍の出る幕だ」

スチムソンは日記にこう誌した。

「——私はべつに何らの後悔も憂慮も感じなかった」

ワシントンでクレーマー少佐が部下を督励して第十三部までの解読作業を進めているころ、一つの偶然が米側に日本軍の攻撃開始を予知させる機会をあたえようとしていた。

ドロシー・エドガーズ夫人。日本に三十年近く住み、日本語が堪能であるために、兄に勧められて彼の勤める陸軍情報部GY班（暗号解読）入りをした。

この日、新入り班員だった彼女は、土曜日の一時以降は休みとなり帰宅しても良かったのだが、保留扱いとなっている優先順位の低い外交電報に興味を示し、「これを自分が先に翻訳してもいいか」と上司に申し出た。

これは、ホノルルの喜多長雄総領事にあてた十二月二日付の東京の指令で、「現情勢にかんがみて、戦艦、空母および巡洋艦が港内に在泊することがきわめて重要である。今後できるかぎり、これを毎日報告されたし」といい、ハワイでの戦艦防雷網の有無、阻塞気球の有無についての報告をもとめていた。

ふしぎに思ったドロシーが翌日の返電をみると、吉川少尉の報告にもとづいて、喜多総領事は詳細な在泊艦船の情報をハワイの独人スパイ、オットー・キューンを通して連絡するむねを約束しているものだった。

上司は兄のフレッド・ウッドラフだから、すぐに許可された。ドロシーが興味を持ったのは、キューンの指示したハワイ在泊艦船の出入りを民家の点灯で合図する「光信号《ライト・メッセージ》」の詳細についてのべたものであった。これは、何か重要な軍事情報に間違いないと彼女は思い、午後二時までかかって翻訳を完了した。

だが、昂奮するドロシーを第十三部までの翻訳で頭が一杯となっていたクレーマー少佐は無視し、「大して重要性はない」と言い、こうつづけた。

「来週、この電報を片づけよう。だから、もう帰っていいですよ」

喜多総領事は東京からの命令で暗号機械を破壊してしまったため、もっとも解読の簡単な領事暗号（ＰＡ―Ｋ２）で打電したため、クレーマー少佐がその重要性に気づかなかった、というのが通説である。

この保留電報を、ハワイに通報するだけで、米太平洋艦隊はせまりつつある危機を察知できたとレートン少佐は述懐するのだが、――逆に日本側の「Ｚ作戦」（ハワイ奇襲作戦）はまたしても危ういところを助かったのである。

4 「美しい眺めじゃないか」

真珠湾口に布陣した五隻の潜水艦からは、すでに特殊潜航艇がすべて発進をおえていた。彼らが湾口一〇浬沖に到達したのは、第一次攻撃隊が発艦する六時間半前のことであった。岩佐直治大尉が湾内に侵入するのは日の出（注、ハワイ時間午前六時二六分）一時間前の予定で、彼がしんがり役をつとめた。第一番の〝斬り込み隊長〟役は横山正治中尉となった。横山中尉は鹿児島県立二中（現・甲南高校）出身。実家は米穀商と荒物商を営んでおり、男八人、女五人の子沢山の家庭に生まれた。六男坊。

ちなみに、戦時中ベストセラーとなった岩田豊雄の小説『海軍』のモデルとなったのは、この横山正治である。

岩田豊雄が横山中尉を主人公にえらんだのは当然のことだろう。薩摩の海軍という伝統、桜島を背景とした海の景勝地。県立二中での卒業成績は二四二人中一番で、人物評定《よ》に「……級友カラ常ニ敬ハレ慕ハレ級長改選毎ニ級長ニ挙ゲラル」という人柄。運動も能くし、柔道二段というスポーツマンでもある。

卒業時、県立二中からは海軍兵学校七名、陸軍士官学校二一名の合格者を出し、全国一の賞讃をあびた。まさしく当時の世相に合った、理想的な海軍軍人といえるだろう。

だがしかし、横山中尉は軍人精神にこり固まったタイプの人間ではなかった。上京すると東京物理学校の友人を訪ね、公用でないときは士官服はイヤだと脱ぎすて、友人の着物を借り、澄ました顔で一緒に新橋の喫茶店に出かけたという逸話がある（牛島秀彦著『九軍神は語らず』）。

同郷の海軍大尉に渡した遺書には、遺髪と爪と現金二〇〇円が入っており、「戦死した際には、忠愛なる部下の上田兵曹の家と、私の家と半分あて送って下さい」とあった。

横山中尉が案じたように、艇付上田定二等兵曹は貧しい農家の出身であった。広島県下、山陽山陰の分水嶺に当たる川迫村に生まれた。

父市右衛門は米の仲買商人で、大正九年、東京株式取引所の株価暴落のあおりを受け、事業に失敗。母サクの田畑仕事で一人息子と妹三人の家計をささえた。

戦死後の回顧録に、こんなエピソードが載っている。

親しい友人二人が中学に進学するというので、上田定もどうしても進学したい。だが家の貧しさを思うと、どうしても口に出せない。卒業がせまった二月、ついに意を決して父親の前に進み出た。

果たして、市右衛門は渋い表情をした。「お前の気持はわかるが、家にそんな経済的な余裕はない。進学をあきらめてくれ」というのがその答えであった。

抗弁できない定の急場を救ったのが母サクである。ぜひ、子供の思い通りにさせてやってくれ。学資の足りない分は、何としてでも自分が働いて仕送りするからと、熱心に説いた。

上田定が隣村の新庄中学に入学したのは、昭和四年春のことである。川迫村から片道約六キロの通学路を、毎朝自転車で通った。五年後、呉海兵団に入り、海軍水雷学校に進む。高等科教程をへて特潜艇付となる。

中学五年間の母親サクの生活は、毎朝四時に起き、野良仕事のほかに日本紙の原料となる楮《こうぞ》の皮剥ぎの内職と近所の材木商の木材運搬の手伝い、夜は夜で十二時までの手内職という働きずめの毎日であった。

上田二曹の遺書は、つたえられていない。

現地時間十二月七日午前零時四二分（日本時間十二月八日午後八時一二分）、横山艇は伊十六潜艦長山田薫中佐以下の見送りを受けて母潜を発進した。電話線が切れ、伊十六潜を離れてしまえばもはや二人は後もどりできない運命にある。

横山艇より三四分後、こんどは岩佐直治大尉が伊二十二潜より発進した。古野、広尾、酒巻の三隻は整備に手まどって予定時間から大幅におくれている。

岩佐大尉は、この日の出撃に当たって司令佐々木大佐以下、伊二十二潜の乗員たちに忘れがたい印象を残した。佐々木司令の回想録によると、自室のせまい寝台でしばらく身辺整理をしたあと、「浮上する三〇分前に起こしてくれ」と当直従兵にいって寝床に入った。出撃を数時間後にひかえても、深々と眠りについたようである。従兵が起こしかねて、掌水雷長の藤沢政六中尉に「どうしましょうか」と訊ねたほどであった。

佐々木司令自身があれを思い、これを考えて輾転《てんてん》反側していたほどだから「大悟徹底のほどがよくうかがわれた」と書いている。

目ざめると、岩佐大尉と佐々木一曹はアルコールで身体をふき、下着を真新しいものと取りかえ、搭乗服を着た。これは飛行服とおなじだが、戦後判明した事実ではその下に海軍大尉の正式の軍服を身につけていた。覚悟の上の身支度であったろう。

だが、岩佐大尉は胸の奥に深い悩みを抱えていた。艇付の佐々木直吉一曹のことである。

これは兵学校時代の教官猪口力平の回想にある話だが、重巡那智乗艦時、教え子の岩佐直治が小蒸気に乗って訪ねてきた。

「教官、ちょっとお話を伺いたいことがありまして」と折改まった口調でいうので、艦内の私室に招じ入れた。

まだ特殊潜航艇の存在を知らない教官にむかって、岩佐大尉はこう切り出した。

「戦争がはじまるかも知れません。命を捨てることは、もう自分には覚悟ができています。

しかし部下を連れて行くときに、その部下に覚悟を決めさせるにはどうしたらいいでしょうか」

質問の意味がどういうことなのか、猪口教官は訝しく思ったと回想するのだが、岩佐大尉にしてみれば当然の懊悩であったろう。

自分は志願だが、艇付の佐々木一曹は単なる人事異動による配置にすぎない。特潜艇出撃を「決死」と心に決めても、その覚悟は部下にも同一のものか。きびしい訓練も佐々木一曹にとっては未帰還を想定してのものではなかったろう。

二人の間で、どのような話し合いがあったのかはわからない。

藤沢中尉がたてた抹茶を飲み、乞われて筆を取り「至誠」と書いた。特潜艇整備のため乗り組んでいた河本孟七郎一曹、赤木逸美三曹にこれまでの苦労を謝し、「戦争もこれから先は長い。今回の経験を生かして今後、特殊潜航艇の育成に努力してもらいたい」と、二人の手を握った。

とくに艦長揚田中佐の許可をえて、佐々木一曹とともに艦内一般への伝声管の前に立った。そして淡々とした口調で、全乗員に感謝の言葉をつたえた。

「私どもが本艦乗り組みを命ぜられてから一か月、内地を出港してから二十日間、この間、乗員一同の熱誠なご協力と絶大なご努力によって、搭乗員も艇も無事かつ完備の状態で、ただいま真珠湾が眼前に見えるところまで連れてきていただいたことは、まったく感謝に耐えません。これからは私たちの仕事であります。本艦の名を恥ずかしめず、みなさんのご期待にそむかぬよう最善を尽して、私たちの最後の任務達成に向かって出発いたします。最後に臨み、伊二十二潜水艦の今後のご奮闘と武運長久をお祈りいたします。さようなら」

日没後、艦は浮上して微速で水上航走に移っている。露天艦橋には揚田艦長、航海長で兵学校同期生の菅昌徹昭大尉、松尾敬宇中尉が見送りに上がってきていた。

松尾中尉は潜水学校教官前島寿英中佐とともに、邦人引き揚げ船大洋丸の船員を装ってハワイ付近を隠密偵察し、出撃直前に帰国してきた。泊地攻撃の貴重な最新情報を持ち帰った第一人者である。

彼は手短に、最後の注意点を大尉につたえた。

湾口には防潜網が張られているが、早朝艦艇の出入りがあるので日の出後は開かれているはずだ。湾口は駆逐艦の哨戒があるが、範囲はせいぜい一〇浬以内で、警戒はさほど厳重ではない。戦艦、空母などの大艦の錨地はフォード島周辺である。

二人は無言のまま握手を交し、後甲板の特潜艇にむかった。搭乗を確認し、伊二十二潜は水上航走のまま発進地点の真珠湾口の一七一度九浬の位置にゆるゆると進んだ。漂泊点に達した、ちょうどそのときのことである。通信室からあわただしい動きがあった。連合艦隊長官山本五十六大将から全軍将兵にあてた訓示である。

「皇国の興廃繋りて此の征戦にあり」

日本海海戦の折、旗艦三笠に東郷平八郎大将が掲げたZ旗の一文が擬せられている。一文はつづいた。「粉骨砕身、各員その任を完うすべし」

佐々木司令はハッチを閉め、戦闘配置についたまま艇内にひっそりと閉じ込もっている二人にこの訓示をつたえねばならぬ、と思った。電話でその内容を読み上げると、耳をすまして聞いていた岩佐大尉の口から嗚咽する声が洩れてきた。

思えば、度重なる懇請にもかかわらず、断固として若者たちの生還を期しえない攻撃を許さなかった長官の温情に、いま死への旅立ちの現場に立ってみれば思いあふれるものがあったのだろうか。

岩佐艇につづいて、古野艇、広尾艇が真珠湾口にむけ発進した。最後に酒巻艇だけが洋上に残った。


ジャイロ・コンパスの故障はついに直らなかった。伊二十四潜には、山根利男、吉田忠次郎両二曹が特潜艇整備員として乗り組んでいた。

青ざめた表情で、吉田二曹が涙を流していた。「なあに、どうにかなるさ。心配ないよ」

「艇長、すみません」

と酒巻少尉は二人を慰めたが、しかし事態は明らかに絶望的であった。

転輪羅針儀《ジャイロ・コンパス》は、高速で回転する転輪機、すなわち独楽《コマ》の特性を利用して造られた羅針儀である。高速で回転するコマはつねに一定方向を指す特性がある。これを南北方向に指させることで正確な位置が測れる。水面下では磁気羅針儀よりもはるかに性能が勝っているのだが、これを特潜艇用に電気ジャイロとし、小型軽量化したための無理があったのだろうか。

酒巻少尉は拳で机をたたいて口惜しがった。彼は稲垣二曹の運命を思いやった。死ぬとは決まっていても、まさか死ぬことはないだろうという楽観論が、二十一歳の少尉の気持をここまで支えてきたのである。しかしいま、稲垣兵曹は確実に死の淵に立っている。彼の生命は少尉の手中にあった。


土曜日の夜は、真珠湾は荒れているが、視界はよかった。月齢十八日、月出二〇〇七――月は煌《こう》々と輝き、東よりの風が強く吹き、泡立つ白い波がざわめいている。

湾口より二〇二度、一〇・五浬沖に伊二十四潜は浮上漂泊し、特殊潜航艇の発進時刻を待っている。

右手はるかに、ダイヤモンドヘッド灯台の光芒が海面を照らし出していた。ワイキキの浜辺のネオンサインだろうか、赤や青の色とりどりの灯が見える。ヒッカム飛行場付近には夜間警戒の赤ランプがならんでいる。街路を走る車のヘッドライトが不意に浮かび上がったりした。現地は土曜日の真夜中、また歓楽の頃あいだ。

「どうだ、いい位置だろう」

艦長花房博志中佐が〝いつになくにこりともせず〟言った。酒巻少尉にはそう感じられたのだが、花房艦長はそのとき、特殊潜航艇を発進させるかどうかで思い悩んでいたのである。ただでさえ困難な任務に加えて、ジャイロ・コンパス故障のままの発進では、帰途に収容のメドが立たない。

「酒巻少尉、いよいよ目的地にきた。ジャイロが駄目になっているが、どうするか」

花房艦長は決断しかねて、下駄を酒巻少尉にあずけた。少尉は力を込めていった。

「艦長、行きます」

——戦後になって、酒巻少尉の有為転変の人生を思いやり、「なぜ母潜水艦の艦長が出撃中止を命じなかったのか」という批判の声がある。たとえその場は苦しくとも「中止したまえ。私の命令だ」ということこそ、先輩の後輩にたいする愛情ではなかったかというのが、海軍の同じ先輩としての指摘である。

水雷長橋本以行大尉は、後年アッツ島沖で伊二十四潜と運命をともにした花房艦長がこのことをつねに悔やんでいた、と述懐している。橋本大尉にしても、特潜艇の攻撃について成案を持つことができなかった。艦内の事前打ち合わせで、最後の収容の段階になると、いつも具体的な話とならず時間切れを迎えてしまったからだ。

それが生還を期していない酒巻少尉の覚悟と知って、よく少尉をたしなめたものだ。「死は易いから、死に急ぐ必要はない」と。

酒巻少尉は、このときの特潜艇員たちの心境についてこうのべている。戦後になっての感懐だから、大むね真実の心の声だと思われる。

「出撃というものが、感激悲壮の一瞬であることにちがいはないであろう。しかし、残念ながら、私には悲壮な感懐がなかった。これは私が鈍感だったからかも知れない。しかし帰国後聞くと、『お弁当持ったり、サイダーを持ったり、チョコレートまで貰って、まるでハイキングに行くような気がする』とある士官がいったそうである。別に面白半分に出かけたというわけではないが、そんなふうな軽い気持で出かけられたことは、私たち十名にとって共通な心情であったのではなかろうか。それにしても、死の悲劇を見たこともなければ、悲惨な戦闘もみたこともなく、ただ元気いっぱいとび出した若武者であるから、悲壮な気持に陥らないうちに、朗らかに笑いながら死地に乗り入ることができたのだと思っている」

ついに、出撃のときがきた。横山艇より約三時間おくれて酒巻艇が伊二十四潜を離れた。そのとたん、艇はもんどり打って傾いた。釣合《ツリム》が予想していたより悪かったのだ。

特殊潜航艇は発進時には水中三〇メートルに潜航し、母潜から海中に発進する。酒巻艇は海上に飛び上がった。いそいで少尉は推進器を停止し、せまい電池室に腹ばいになって修理作業にとりかかる。

稲垣兵曹と二人の額から油汗が流れた。

太平洋艦隊司令長官キンメル大将は、土曜日の夜を私的なディナー・パーティですごしていた。ワイキキ海岸のハレクラニ・ホテルの晩餐会で、彼はホスト役であるリアリー提督と大きなハウ樹の下で夕食をとった。風がなく、少し暑苦しい夜だった。

儀礼的なあいさつと退屈な会話がつづくと、この〝宴会ぎらい〟の提督はさっさと出席者に別れをつげ、午後一〇時までには自宅のベッドに入っていた。たのしみといえば、せかせかと散歩することと仕事をすることぐらいのもので、彼はカクテルの雰囲気にはほど遠い存在である。それに、明日はショート司令官と朝早くからゴルフに行く約束がある。

サーチライトの光芒が深い夜を彩り、太平洋艦隊の灯火がこの週末をにぎわいのあるものにしている。この夜、キンメル提督にとって、ハワイについて何も案じることはなかった。

ワシントンの警告は、むしろ東京の動きに呼応したハワイ在住の日系人一五七、九〇五人のサボタージュにある。彼らの破壊工作にそなえて、各基地にある戦闘機、爆撃機、攻撃機はすべて一ヵ所に集められ、見張りをつけてある。空襲をうければ、たちまち全機炎上という危険があるが、しかし、ワシントンはそのことでとくに新しい情報をつたえてきたわけではない。

この土曜日の夜は、一般将兵にも通常の外出許可が下りていた。湾内に碇泊中の太平洋艦隊の艦艇は、総計九四隻にのぼっているが、その乗員たちは、わずかな当直だけを残して眠りにつこうとしていた。

そのショート中将は、スコーフィールド兵舎の将校クラブでおこなわれた慈善ショウに出席したあと、九時半に夫人の運転する自動車で会場を出た。

自宅のあるシャフターにむかう途中、車は真珠湾を見下ろす高台を走った。

「美しい眺めじゃないか」ショート中将は嘆息するようにしていった。「それに、あれはまったくいい目標だ」

いい目標――とは、湾にそって二列に整然とならべられてある八隻の戦艦群を指していた。

第二部　「トラ　トラ　トラ」

第四章　運命の日

1　発艦始め

その朝、総隊長淵田美津雄中佐は午前五時に起き、身支度をととのえると士官室にむかった。

夜明けにはまだ間があり、艦内の通路や居住区は深い闇のなかに眠っているようである。足もとを照らすかすかな明かりを頼りに、彼はしっかりとした足どりで指揮官たちが待ち受ける艦橋下にむかった。

赤城の広い格納庫では、最後の整備作業がおこなわれていた。三層に分かれた庫内では零戦、九七艦攻それぞれの発動機、無線機、燃料タンクの点検が終り、つづいて二〇ミリ機銃弾、八〇〇キロ航空魚雷、八〇〇キロ徹甲弾の搭載がはじめられている。

整備を完了した機はエレベーターのチャン、チャン、チャンと鳴らされる警報のもとに一機ずつ飛行甲板に上げられて行く。波浪は高く、全速で走っている艦の動揺ははげしく、波しぶきのなか、整備員たちが受持ちの機体を両腕ですがりつくようにして支えている。

淵田中佐は、前夜ぐっすりと眠り、いつもと変りなく食事の箸をすすめた。赤飯と尾頭つき。出陣を祝う古武士のしきたりにならって、勝ち栗までも添えられている。

総隊長より離れて士官室の末座にいる最若年、二十一歳の後藤仁一中尉は、生還の可能性が少ない雷撃隊員ながら、「死んでも本望だ」と若者らしい気概でいた。彼の位置は村田雷撃隊長の第二小隊長――もしかしたら、日米開戦の第一弾を放てるかも知れない、と兵学校生徒出身らしい誇りにみちた気分でいた。

淵田隊の第三中隊長布留川泉大尉が撮影機アイモをぶら下げてきて、「こいつが転がっていたから、撮ってこようかな」と冗談めかした口調でいった。布留川大尉は写真係将校でアイモ担当だが、訓練に夢中でめったにフィルムを回わしたことがなかったのである。

士官たちのわいわいとした騒ぎのなかで、布留川大尉が笑いながら、「じゃあ、気まぐれに撮ってみるか」と相槌を打った。

気まぐれに撮ったフィルム――それがのちに『日本ニュース』で全国公開される真珠湾上空での八〇〇キロ徹甲弾を下げた九七艦攻、フォード島の攻撃風景、ヒッカム、カネオへ基地などのニュース・フィルムとなって全国民を驚倒させるのである。

赤城の左舷側後方を往く空母飛龍では、やはり同じ雷撃隊の分隊長松村平太大尉が緊張した面持ちで、この朝を迎えていた。

（もはや生きて還ることはない）

というのが、後藤中尉より七歳年長の分隊長の覚悟であった。この日朝までに身辺整理をおえ、髪の毛と爪を切り、故郷の親あてに遺書を書いた。

そのとき、不思議なことに気づいた。一年ほど前、母親が送ってくれた千人針のチョッキを取り出し着込もうとしたとき、二枚あるのに気づいた。よく見ると、もう一枚は弟用のもので、夏の南部仏印進駐のさい陸軍機に乗って自爆戦死したため、母の願いがかなわなかったのである。

彼は二枚とも着用することに決め、そして前夜、首に巻く白いマフラーに、

「合以正
　勝以奇」

と書きつけた。「正義を以《も》って合《かな》う　奇襲を以って勝つ」の意味である。もし戦死した場合、米軍将兵たちに自分の信念を知ってもらいたい、と願ったからである。

この飛龍では前夜、加来止男艦長の発意で搭乗員たちの壮行会がひらかれた。そのとき、攻撃に参加できない三組の若いペアから、「ぜひ、一緒に連れて行って下さい」と涙を流して頼まれた。

「その応対に困り、第二次攻撃にはかならず入れるからと約してどうにか納得してもらったのだが、私自身は、ふたたび還ることなど毛頭考えていなかったので、何とも後めたい気持であった」

松村大尉の兵学校同期生、戦闘機隊分隊長岡嶋清熊大尉がこれが最後になるかも知れない夜を、寝苦しいままにすごした。機動部隊が南下するにつれ艦内の気温が上昇し、横になってはみたものの、なかなか寝つけるものではなかった。ビールを一本のみ、飛行学生時代のことをあれこれ回想しているうち、ようやく眠りについた。

出撃前の打ち合わせのさい、松村大尉から「真珠湾上空までは何としてでも敵戦闘機から守ってくれ」と頼まれた言葉を思い出し、必ずハワイまで連れて行くぞ、と覚悟を新たにしていた。

二航戦の旗艦蒼龍では、同じ戦闘機分隊長の飯田房太大尉が前夜、一人で飛行甲板を歩く姿を目撃されている。この二十八歳の青年大尉が何を思い、黙々と飛行甲板を歩いていたのか。その感懐を知る資料はない。

飯田大尉は、戦闘機乗りに不似合いの〝お嬢さん〟というニックネームで知られていた。兵学校は六十二期で〝バンカラクラス〟で勇猛を馳せたクラスだが、彼はいつも温顔を絶やさず、事挙《あ》げをすることがない。

「逸話のないのが飯田君の逸話」

と中学校時代の恩師の回顧談にあるように、声を荒らげることのない、優しげな雰囲気がその名の由来であったのだろう。

飯田房太は大正二年、山口県に生まれている。真珠湾攻撃で戦死したため、のちに二階級特進となり、母校の徳山中学校が中心となって戦時中に『飯田中佐伝』が編まれた。

同伝記によると、このニックネームは小学生時代からのものらしい。「天性寡黙にして几帳面」とは、教師たちがこもごも語る飯田評だが、素封家の家庭に十年ぶりに生まれた一人息子であったから、祖母との四人暮しで、穏やかで物静かな日々の移ろいがあったのだろう。

その性格の育成は、まさしく彼の自己修養の結果であった。内に秘めた烈々たる闘志は、ときに周辺をおどろかせている。兵学校時代、恒例行事として江田島の標高五三〇メートルの弥山登山があるが、飯田生徒は三位で駆け登り、登頂後は倒れてしばらく意識を失う烈しい闘志であったという。

こんな逸話がある。本人は当初三高（現・京都大学）が志望であったらしい。四年生のとき受験に失敗し、徳山中学で最上級の五年生となった。彼は籠球部（バスケットボール）主将をつとめており、受験のために選手辞退を申し出ると、血気さかんな部員たちから、「飯田、お前は俺たちを見殺しにするのか。三高など思い切ってやめてしまえ」とけしかけられた。すると飯田房太は「そうか、ではお前たちの言う通りになろう」と部活動をつづけ、三高受験もせず、さらに一年の浪人生活を送った。

昭和六年、海軍兵学校に入校した。なぜ彼が軍人志望に心を動かしたかについては、前掲伝記にふれられていない。ただし、当時徳山市の近郊、山口県都濃《つの》郡富田町（現・新南陽市）の平野という小さな集落から兵学校生徒が誕生したことは、驚異的な出来事であったと伝記はつたえている。

兵学校時代、皇族の朝香、伏見両宮が同期生として入校し、飯田生徒は「御学友」として推挙されている。

昭和十一年、飛行学生となり戦闘機専修を熱望した。これも周囲が大反対したように、〝お嬢さん〟少尉らしからぬ選択である。のちの運命も知らず、こうした戦闘機搭乗員となったときの彼の喜びようは相当なものであった。これも飯田という青年の意外な素顔がのぞいて見えるエピソードである。同期生が語る。

「霞ヶ浦に入隊して最初の休暇明けに、飯田君と私の両人は岡山で落ちあって一緒に隊に帰ったのですが、そのとき飯田君は故郷の方の了解があっさり片付いたといって大変喜んでいました。そのとき非常に嬉しそうにしていたのを記憶しています。そこで、乾杯だ！　やろう、ということになり、食堂車に乗り込んで二人で食堂のビールを空にすることにし、ボーイに富士山が見えるまで飲ませろ、といって飲み出したのですが、列車が（途中の）大阪に入った頃にはもう食堂のビールがなくなってしまった」

霞ヶ浦航空隊を首席で卒業。「恩賜の銀時計」組となった。技倆抜群で、たとえば中支戦線での戦技訓練のさい、二期上の進藤三郎大尉と三六回の連続宙返りで対抗した、という逸話の持ち主である。

第十四航空隊、蒼龍乗り組み、筑波航空隊をへて昭和十五年九月、ふたたび漢口基地にあった第十二空分隊長として大陸の土を踏んだ。同月十三日、中国戦線に初登場した零式戦闘機は中国軍機全機撃墜の大戦果をあげた。

一ヵ月後、彼らに支那方面艦隊司令長官嶋田繁太郎大将から感状が授与された。

そのときのことである。部下の角田和男一空曹は、分隊長飯田房太が憂かぬ表情でいるのに気づいた。「何で皆と一緒に喜ばんのですか」と怪訝《けげん》な思いで訊くと、大尉は重い口を開いて言った。

「こんなことで、喜んでいたのでは困るのだ。空襲で勝負をつけることはできないのだぞ。戦闘機は制空権を握って、攻撃隊、艦隊の安全を確保するのが任務だ」

飯田大尉の考えはこうだ。——最後の勝利は陸軍の歩兵さんに直接足で踏んでもらわなければならない。砲兵も工兵も歩兵を前進させるための援護部隊にすぎない、その陸軍の歩兵が重慶、成都を占領する見込みがなくては困る。

「今、奥地攻撃で、飛行場に全弾命中などと言っているが、重慶に六〇キロ爆弾一発落とすには、爆弾の製造費、運搬費、飛行機の燃料、機体の消耗、搭乗員の給与、消耗等諸経費を計算すると約一千円かかる。相手は飛行場の爆弾の穴を埋めるのに苦力の労賃は五〇銭で済む。実に二千対一の消耗戦なのだ。

こんな戦争を続けていたら、日本は今に大変なことになる。歩兵が重慶、成都を占領できないなら、早く何とかしなければならない。こんな感状などで喜んでいられる状態ではないのだ」

日華事変がはじまってから戦線の膠着《こうちゃく》状態がつづき、泥沼状態が現下の情勢である。国民政府軍は日本軍の手のとどかない奥地重慶に首都を置き、徹底抗戦の構えでいる。果てしなき消耗戦で、多くの日本人が死んで行く。何とかしなければならない、という指揮官としての焦慮が思わず口をついて出たのであろう。

角田和男回想録はいう。「私の十一年余の海軍生活の中で、ただ一人だけ、この人ならいつどこで死んでも悔いはないとまで心服していた士官だった」

飯田大尉は、母一人子ひとり。周囲がどんなに結婚を勧めても頑として聞き入れなかった。あるいは、この日の運命を悟っていたのだろうか。

真珠湾攻撃について、飯田大尉はどう考えていたのか。それについては同期生の志賀淑雄回想がある。

「16年10月某日源田（実）参謀が飛来し、人払いした指揮所で赤城・加賀・蒼龍・飛龍の隊長、分隊長に対し、真珠湾攻撃計画を説明した。

終わりに『質問、意見はないか』と問われたのに対して、私がいろいろとこの計画に反論したら、『最初は片道攻撃の案であった。すでに確定である』と一喝された。私のほか、板谷（茂）・進藤（三郎）先輩の発言があったが、飯田は終始無言であった。源田参謀を送り終わって、飯田に『このような大事を今から話すとは、軽率と思わぬか。もし漏れたらどうなる。おれは自分が怖いよ』と話し掛けたが、これにも無言であった」

また、ニイハウ島での潜水艦による不時着機収容については、「机上の空論だよ」と一笑していたという。これは、その後の飛龍戦闘機の最期を思うと暗示的である。

その志賀大尉は赤城の後方、加賀の格納庫にあって、発艦準備に追われる整備員たちの作業を見守っていた。

蟻のように機体にむらがる整備員たちの作業服はいずれも油にまみれ、汗がしずくとなって額からしたたり落ちた。数日前、後任分隊長の二階堂易大尉がやってきて、

「どうも、このところ整備の連中はぜんぜん眠っていないようです。分隊士なんかは眼が真赤ですよ」

と心配そうに語っていたことばを思いだし、志賀大尉はなにか申し訳けない気持になった。

しかし、いずれにしても、これで何も思いのこすことはなかった。昨夜、彼は私物を整理し、真新しい下着と取りかえ、そしてこの朝の攻撃にのぞんだ。遺書は書かなかった。

けれども、指揮官のだれもがこうした平静に出撃前夜を迎えたわけではなかった。

最後尾にある第五航空戦隊の旗艦瑞鶴では、戦闘機隊先任分隊長佐藤正夫大尉が艦攻分隊長石見丈三大尉と小さなトラブルを起こした。士官室で車座となって飲んでいるうちに口論となり、カッとなった佐藤大尉が思わず飛びかかったものである。

原因はささいなことですぐ仲裁が入ったが、その意味からいえば、大事を前にして旗艦赤城の淵田美津雄中佐が搭乗員たちに禁酒を申しわたした判断は、正しかったといえるかもしれない。

「総隊長！」淵田が声のかかる方をみると、それは雷撃隊長の村田重治少佐だった。

「どうやら、攻撃は成功したらしいですな」と、少佐はいたずらっぽい眼指しで彼をみつめていった。「――ホノルルは眠っていますよ」

「どうしてそれがわかるんだ」

淵田はおうむ返しにたずねた。

「ハワイのラジオは」と村田少佐は手に持った箸を指揮棒のようにふりまわしながら答えた。「いまソフト・ミュージックをやっています。なにもかもうまくいってる証拠じゃないですか」

たしかに、すべてはうまくいっているように思われた。旗艦赤城の通信参謀小野寛治郎少佐がラジオに耳をあてていると、ホノルルの放送局ＫＧＢＭがいつもとおなじようにハワイの音楽を奏でていた。

そののどかな調べは、せまりくる危機の予兆を意味しているのではなく、むしろ平和な日曜日の夜明けの証《あか》しだった。真珠湾はまだ眠っているのだ。

十二月七日、午前五時（日本時間十二月八日午前〇時三〇分）、南雲忠一中将のひきいる第一航空艦隊の六隻の空母はハワイの真北、約四〇〇キロの地点に達していた（以下、時間はすべて現地時間に統一する。「日本時間」はハワイ時間に一日を加え、そこから四時間三〇分を減じたものである)。

第六警戒航行序列をとる機動部隊各艦は、吹きつける東風と闘いながら、真珠湾をめざして高速南下をつづけていた。記録によれば、風速一三メートル、雲量五ないし七、うねりは高く、母艦の動揺は最大一五度、平均一〇度におよんだ——とある。

見上げると、空に星はなかった。風が強く、暗い夜空に厚い雲が走っている。

第一次攻撃隊の発進まで、あとわずか一時間たらずであった。旗艦赤城から各艦にむかって発光信号が送られ、その点滅のあわただしさが事態の切迫をつげている。

もはや、引き返すことはできなかった。単冠湾を出撃していらい、南雲中将は不安と焦燥の日々を送ってきたが、ついに「日米交渉妥結、引き返せ」との暗号電報をうけとることはなかったのだ。

「おれは機動部隊をここまで無事につれてきた」前夜、南雲長官は源田参謀をつかまえていった。「航空参謀、——あとは君と飛行部隊の責任だぞ」

おそらく、それは南雲中将の指摘する通りであったろう。いまや作戦計画は、第一航空艦隊参謀たちの頭脳から操縦桿をにぎる搭乗員それぞれの手に移されたのである。そして、それが成功するか否かは、計画の巧緻さによるというより、むしろ彼らの勇気や決断にかかっているのである。南雲長官の表情にも、すでに不安の色はなかった。

第一航空艦隊司令部幕僚たちも、航海参謀雀部《ささべ》利三郎中佐のつたえるエピソードによって、極度の緊張からいくぶん解き放たれていた。

それは昨夜のことだったが、参謀たちが搭乗員待機室の一部をカーテンで仕切り、仮製ベッドをおいて仮眠しているところへ、下士官搭乗員がやってきた。カーテン越しに、そのパイロットが同僚と声高に話しあう声がきこえてきた。

「おれは、あしたきたないフンドシをして行くんだ」とその下士官がいった。「そうすりゃ、敵の弾丸がクサイといって逃げるだろう」

この冗談に、横になっていた参謀連も思わず吹きだし、つたえ聞いた司令部職員たちのあいだからどっと笑い声が起こった。「搭乗員がこんなに余裕綽々《しゃくしゃく》たる気持なら、あしたの攻撃は大丈夫だという確信がもてた」とは、雀部参謀の直話である。

だが、時が刻々と近づくにつれ、南雲司令部を憂慮させる事態がふたたび生じていた。風がその後もいっこうにおさまらず、最大一五度におよぶ母艦の動揺では、攻撃隊の発艦にきわめて危険をともなうことがわかっていたためである。

第八戦隊首席参謀藤田菊一中佐は、その日の日誌につぎのように記している。

「天気良好なれども積乱雲の去来慌《あわただ》しく此の海面としては風稍強く東北東十三・四米を示せり」

昨夜は、空に雲もなかった。夜空に星がまたたき、澄みきった冬空に月が冴えわたっていた。「──高速南下の艦隊は月光をあびて凄壮な姿である」

と、赤城飛行長増田正吾中佐の日記にみえている。

だが、夜明けが近づくにつれ、夜空を急速に密雲がおおって行く。海はまだ闇にぬり込まれて艦影はさだかではなかったが、高いうねりと白い波のあわだちが天候の急変をつげていた。

突然、旗艦赤城から、各艦あてにつぎのような発光信号が送られた。それはこう読めた。

「ラ……イ……ゲ……キ……タ……イ……ハ……ツ……シ……ン……ト……リ……ヤ……メ」

この決定は、すでに飛行甲板で発進準備をととのえていた一、二航戦の雷撃隊員たちを憤激させた。

「いまさら、何をいってるんだ」

各母艦では、魚雷の投下試験をおえた搭乗員たちが指揮官につめよっていった。「これぐらいの波で発艦できないなんて、いままでの訓練は何のためですか」

「おれもそう思う」蒼龍雷撃隊分隊長長井彊《すすむ》大尉が部下をなだめるようにしていった。「だが、ちょっと待て。これぐらいのうねりなら、おれも大丈夫だと思う」

蒼龍雷撃隊員森拾三二飛曹の手記には、このときの隊員たちの落胆した表情がつぶさに語られている。たしかに彼らは最後までトラブルに悩まされつづけた。低空雷撃をやっとマスターすると、こんどは浅沈度魚雷の改造が間に合わない。単冠湾でやっとそれが補充されると、最後には発艦中止だという。

だが、雷撃隊をのぞいた攻撃で果たして充分な効果が期待できるのであろうか？　アメリカ太平洋艦隊の戦艦群を攻撃するには、まずその厚い装甲を打ち破ることが第一なのである。しかし、彼らの代役を水平爆撃隊による八〇〇キロ徹甲弾だけでつとまるのかどうか？

けれども、まもなく搭乗員たちの愁眉をひらかせるような命令変更がつたえられた。旗艦赤城から、ふたたびつぎのような発光信号が送られてきた。

「全機発艦ニ注意ノ上定時出撃セヨ」

午前五時一〇分、搭乗員整列の号令が下った。淵田中佐は作戦室に顔を出し、南雲中将に「長官、それでは行って参ります」と声をかけた。「たのむ」と、南雲中将は腰を浮かしながら中佐の手を固く握りしめた。

搭乗員待機室では、艦長長谷川喜一大佐以下全員がすでに顔をそろえていた。入りきれない者は外の通路にあふれていた。

「所定命令にしたがって出発！」

長谷川艦長が声をはげまして言った。これだけだった。国運をかけた出撃訓示にしてはあまりにもあっけなさすぎたが、しかし、ほかに言うべきことがあるだろうか。

ほかの母艦でも同様だった。二航戦の空母蒼龍では、司令官山口多聞少将が、「全力をつくせ！」と小肥りの身体にはげしい闘志をみなぎらせて言った。

飛龍では、飛行長天谷孝久中佐が真珠湾における艦船の位置、攻撃目標、風向、風速、ハワイまでの往復の距離と母艦の位置について説明をおこなったあと、加来止男艦長が「これは日米戦争である。各員はその本分をつくせ」と、最後の激励のことばをあたえた。

出撃前には雑用も多くあった。身のまわりのこまごまとした携帯品、航空弁当、乾パン、非常食糧。そして不時着にそなえて、磁石、マッチ、地図、薬品などパイロットそれぞれが知恵をしぼった携行品も用意された。またあるものは、艦首に祀《まつ》られた神社に手をあわせ、攻撃の成功と無事生還を祈った。

そのあわただしさのなかで、淵田中佐は源田参謀と顔をあわせた。肩をたたく者がいるので中佐がふり返ると、源田参謀だった。

二人の同期生にもはや言葉はいらなかった。たがいにニヤッと笑い、淵田中佐は発着艦指揮所へ、源田参謀は作戦室へ急いだ。

しかしながら、パイロットのすべてがこうして気楽にふるまっていたわけではなかった。とくに実戦経験のない若い搭乗員たちは、この朝、すっかり落着きをなくしていた。

加賀戦闘機隊員阪東誠一飛は、

「アメリカはいままでの支那とは相手がちがう手ごわい敵だ、とさんざん頭にたたきこまれていましたから、〝よく眠っておけ〟と小隊長にいわれても、その夜は眼が冴えてなかなか寝つけなかった」

と、のちに語っている。

そしてさらに、出撃にあたって分隊長からうけた訓示の内容も、この十八歳の年若い搭乗員を動揺させるに充分だった。

「最後にひとことといっておく」前夜、加賀戦闘機隊分隊長二階堂易大尉がいつものようにきまじめな口調で部下にいった。「味方の位置は決して航空図に書くな。落下傘も外しておけ。――ただし、不時着予定地点だけは忘れるな。被弾してもここまでたどりつけば、味方潜水艦が助けにきてくれる」

不時着予定地点とは、ハワイ諸島最西部にあるニイハウ島のことである。ここにたどりつけば味方潜水艦が一隻救助に来てくれる。単冠湾出撃時の注意事項にも、

「不時着又ハ自爆ハ過早《かそう》ニ決意スベカラズ出来得ル限リ之ガ復旧並飛行継続最善ノ努力ヲナセ」

とあり、味方潜水艦は攻撃を受けないときは浮上し、潜航中でも潜望鏡は露呈しているので、予定配備地点で旋回していればこれを発見、救助してくれるというのである。

至れり尽せりの配備のようだが、ここに見逃しがたい報告がある。すなわち、

「ニイハウ島住民ハ全部日本人ナリ」

という誤情報である。

ニイハウ島は八丈島の二倍あまりの大きさだが、富豪ロビンソン一家の個人所有であり、住民二五〇人のすべてがハワイ原住民カナカ族である。個人の島という特殊事情のため、単冠湾でおこなった鈴木英少佐の敵情説明では正確を欠き、これが後に記す飛龍戦闘機隊の若き搭乗員西開地重徳一飛曹の思いがけない悲劇を生むのである。

さらに、注意事項には苛酷な一文をつづる。「救助セル見込ナキ時ハ潔《いさぎよ》ク自爆スベシ」

「落下傘を外しておけ」という命令は、天雷のようにこの年若い搭乗員の耳を打った。もうこれで生きて帰ることはできない、と阪東一飛は思った。そして、そう心に決めたあと、なぜか彼は妙に心細い気分になった。

——ついに命令が下った。

「総飛行機発動！」

発動機がうなり、プロペラの風を切る音がごうごうと耳を圧する。エンジンの試運転がおわり、整備灯がつきそろうと、発艦指揮官が青灯でくるりと大きな輪を描き、準備完了の合図を送った。

午前五時五〇分、ようやく東の空が白みはじめたころ、六隻の空母は艦首を左に折り、風上に立った。

第八戦隊の重巡利根、筑摩からは二機の水上偵察機がハワイ上空に放たれていた。筑摩の零式三座水偵機の機長、福岡政治飛曹長は轟音とともにカタパルトより射ち出され、ぐるりと艦を一回わりして未明の空を南をめざして飛んで行く。

運命の日、第一幕が切って落とされたのだ。

こうして六隻の空母から死の翼が飛び立とうとしているとき、南雲部隊が必死になって捜しもとめていた米空母エンタープライズはちょうどオアフ島の西、約二〇〇マイルの地点にあった。

この朝、予定では午前七時三〇分にウェーク島へのグラマン戦闘機輸送任務をおえ真珠湾に寄港するはずだったが、偶然にも荒天がこの空母を破滅から救うことになった。波が荒れ、ローリングがはげしいため護衛の駆逐艦に給油ができず、エンタープライズは予定時刻になってもまだハワイを遠く離れて航行中だったのである。

また、レキシントンを中心とする第十二機動部隊はミッドウェー島の南東約四二〇マイルの地点を遊弋中だった。いずれも、ワシントンからの戦争警告にしたがって、ウェーク島にある海軍基地補給のため、戦闘機輸送の任務についていたのだ。

そしてさらに、太平洋艦隊に所属するもう一隻の空母サラトガは、オーブレー・W・フィッチ少将の将旗をかかげて、はるか米西海岸サンディエゴ軍港に入港しようとしていた。

第八機動部隊旗艦エンタープライズの艦橋には、のちに〝猛牛《ブル》〟とうたわれたウイリアム・ハルゼー中将が腕を組み、あたりを睥睨《へいげい》するようにして立っていた。

一八八二年、ニュージャージー州生まれ、ことばは乱暴で、激情的な性格の持ち主として知られている。平時にはおよそ相手にされそうにない熱血漢だが、こののち米軍がガダルカナル戦線で守勢に立たされたとき、「もっとも〝攻撃的な《アグレッシブ》〟指揮官を」という要請に応じて起用され、彼はその期待にこたえた。――その〝猛牛《ブル》〟ハルゼーも、しかしこのとき、まだ行手に日本の機動部隊がせまりつつあることに気づいていない。

「食事をしてくるよ」

ハルゼーは当直士官に声をかけ、足ばやに艦橋から司令官室に下りて行った。

彼がひきいる第八機動部隊には、重巡三隻と駆逐艦九隻で編成の一個水雷戦隊が護衛の役割をつとめている。各艦それぞれは平時色から濃い青銅の戦時色にぬりかえられ、不要な可燃物はいっさい陸揚げするといった処置がとられている。その意味では、アメリカ太平洋艦隊は日本側のそれよりはるかに徹底した臨戦体制をととのえていたといえよう。

エンタープライズが真珠湾を出港したのは十一月二十七日だったが、そのとき、米太平洋艦隊司令長官キンメル大将は、「戦艦をつれて行くかね」と彼にたずねた。

二人はアナポリス兵学校の同期生で、一方は成績優秀で実直な出世型将官であるのにたいし、もう一方は〝猛牛《ブル》〟のニックネーム通り何事にも型破りな指揮官であった。

といって、ハルゼーが劣等生というわけではない。五隻の駆逐艦長をつとめ、海軍大学および陸軍大学の過程をおえ、空母サラトガが就役のさいには初代艦長に就任している。

「いや、足手まといになるだけだ」と、ハルゼーは気易い口調でいった。

戦艦を機動部隊に加えると、全体のスピードを三〇ノットから一七ノットにまで落とさなければならない。その鈍足は彼の性に合わなかった。

このときのエピソードである。長官室を出ようとしたとき、ハルゼーはいつも気がかりだったひとつの疑問を長官にただしてみた。

「もし、途中で日本の艦隊と出会ったら、どうすればいいんだ」

キンメル大将はこたえた。「常識でやれ！」

常識で、という提督のことばは、すなわち事態がもはや議論のときではなく、行動のときであることを示していた。

ハルゼーは、のちに自伝で「部下として受けた命令でいちばん素晴しいものだった」と語っている。彼は戦争警告を手にしたとき、この任務行動中に日本との戦争がはじまると予感しており、そのさい、一任務部隊の指揮官に戦争発起の自由裁量《フリーハンド》をあたえるというのがキンメルの指示だった。それは友への全幅の信頼をあらわしている。

「いいか。近づいてくるやつがいれば、まず攻撃しろ」

真珠湾を出港直後、ハルゼー中将は士官たちをあつめていった。「議論はあと回わしだ」

「しかし、提督！」作戦参謀ウイリアム・H・ブラッカー少佐がおどろいてたずねた。「それが戦争を意味する命令だとご承知なんですか」

ブラッカーは、ハルゼーの命令がきわめて破壊的なのが気がかりでならなかった。中将の指示はつぎのように危険に富んだものばかりだった。いわく、艦隊に近づく日本あるいは国籍不明の艦船、航空機を撃破せよ。二四時間の飛行哨戒の実施。そして、哨戒機は五〇〇ポンド爆弾を携行すべし。

少佐は食い下がっていった。「それでは、提督の個人的戦争になります」

「かまわん」ハルゼーは叱りつけるような大声で命令を下した。「責任はわたしがとる。とにかく攻撃しろ。議論はそれからのことだ」

空母加賀の飛行甲板では、志賀大尉が操縦桿をにぎりしめ、じりじりしながら発艦の合図を待っていた。

檣頭にかかげられた戦闘旗が風にはためき、波が舷側にたたきつけている。深い闇のなかに沈んでいた水平線はようやく明るみをおび、暗い海上にあわだつ白い波がしらがのぞまれた。

志賀大尉は飛行甲板にならべられた第一次攻撃隊制空隊の零戦九機のうち、その最先頭に位置している。六隻の空母に配備された零戦は全て二一型で、両翼につきでたエリコン二〇ミリ機銃は携行弾数それぞれ六〇発（実際には五五発）、機首に装備された七・七ミリ機銃二梃はそれぞれ一、二〇〇発である。

制空隊につづいて橋口喬少佐のひきいる水平爆撃隊一五機、北島一良大尉の指揮する雷撃隊一二機がならべられていた。

三六機の艦上機が発進準備をととのえると、さしもの加賀の広い飛行甲板も身動きのできないせまさとなった。先頭にいる志賀機から艦首まではわずか八〇メートルたらずで、その位置から艦橋はすぐ真横に見える。

彼は身をよじり、後につづく列機の搭乗員を一人ひとりたしかめた。

二番機の平石勲二飛曹は、広島県の出身である。貧しい農家の生まれで、幼いときに父親を亡くし、母親の手ひとつで育てられた。海軍では操縦練習生を志願し、戦闘機パイロットとして技倆優秀の折り紙をつけられた男である。

けれども、酒好きの暴れん坊という悪評がわざわいして、どこの隊でも持てあまし気味だった。それを志賀がもらいうけたのを恩に着て、いらい喧嘩をいっさいやめ、彼の行くところ影のようにつきそっている。そして、宴会で酒の強くない志賀が無理強いされているのをみると、いつのまにかそばにきて彼の代役をつとめるといった心の優しいところがあった。

この平石のために、志賀大尉はいちど軍規を破ったことがある。搭乗員ならだれしもやってみたいと思う郷土訪問飛行は、この時代、飛行軍規でかたく禁じられていた。あるときその平石が、故郷にのこされたたった一人の母親のために、「ぜひやらせてください」と頼みにきたことがある。

「よし、わかった」志賀は承諾し、すぐ小隊をひきいて広島の生家上空に飛んだ。

平石二飛曹の郷里にくると、そのまま志賀は二番機の位置に下がり、彼に小隊長の位置をゆずった。編隊宙返りなど曲技飛行をおえ基地にもどってきたとき、この年若い搭乗員は涙ぐんでいった。

「分隊長、――もう死んでも本望です」

三番機の佐野清之進二飛曹は、戦闘機乗りとは思えない、口数の少ないまじめな男だった。志賀は自分の小隊にいる二人の部下には、「とにかくおれについてこい」と命じてあった。

戦場でどんな事態が起こっても、緊密なチームワークさえ組んでいれば、いかようにもそれに対応できるからである。

第二小隊長坂井知行中尉は、白い歯ならびの印象的な、兵学校六十六期出身の若い分隊士である。成績はクラスヘッドで、操縦技術もたしかだった。「いずれ将来は〝山本五十六になる男〟だから」と、彼がふだんから大事に育てている若い指揮官である。

第三小隊長の山本旭一飛曹は、静岡県の出身。第二十四期操縦練習生を卒業し、きまじめな性格の持ち主として知られている。けれども一方で、またどこか瓢軽《ひょうきん》なところもあり、それがまた彼の愛されるところとなった。——その几帳面さが真珠湾上空の空中戦でとんでもない失策をしでかすことになるのだが、それについてはのちにふれる機会がある。

発進時刻がせまりつつあった。東の空が明るみをおびてくると、暗い波の上に機動部隊の全容が浮かび上がった。

六隻の空母はそれぞれ東に向首し、全速で風に立っていた。甲板にならべられた艦上機の青や赤の翼端灯が重なりあって映り、そこだけが夜明けの空に華やかな彩りをそえていた。志賀大尉はそれにには眼もくれなかった。彼は旗艦赤城の檣頭だけを見つめていた。

赤城の飛行甲板では、制空隊一番機にのりこんだ板谷少佐が、おなじようにいらだちながら、マストを見上げていた。たがいに、この歴史的な一瞬の一番乗りをねらっているのである。

「発艦準備完了しました」

　加賀艦橋では、佐多直大飛行長が岡田艦長に報告を終った。あとは旗艦の指示にしたがって、赤字に白丸の三角旗をマストにかかげ、それがすばやく下ろされると、発艦の合図となるのである。

　右前方に位置した赤城のマストにするすると三角旗が上がった。志賀大尉はスロットルを全開にし、力いっぱいブレーキをふんだ。

　信号旗がおりた。

「発艦始め！」

　間髪を容れず、（チョークを外せ）と彼は頭上に小さく交叉した手をひろげ、あわただしく合図を送った。チョークとは車輪止めを指す。エンジンがうなり、尾輪が浮き、機が水平になる。

　午前六時、発艦指揮官がくるりと青灯をまわすのをみて、彼は全力滑走に移った。

　機はうなりをあげて飛行甲板を突っ走って行く。整備兵や艦橋にいた首脳たちが振る手の動きも眼に入らなかった。飛行甲板を離れるとき、三三〇リッターの燃料を満載した増槽を抱いているため、機がすうっと下に沈んだ。

　志賀機が飛行甲板の下に隠れてしまったとき、艦上にいた整備員たちが息をのんだ。やがて海面すれすれに落ちた機がふたたび上昇しはじめると、歓呼の声はさらに大きくなった。

　だが、操縦席にいる志賀大尉は、いくぶんがっかりしていた。赤城の板谷少佐のほうが、やはり彼よりも数秒先に発艦していたからである。

蒼龍からは菅波政治大尉が、飛龍からは岡嶋清熊大尉が、瑞鶴からは佐藤正夫大尉が、翔鶴からは兼子正大尉がそれぞれ先頭を切って母艦を離れた。一機また一機、さかんな見送りをうけて第一次攻撃隊一八三機がつぎつぎと夜明けの空にむかって行く。

「艦橋でこれを見送る私は感慨無量、しばし血躍り肉ふるうのをどうすることも出来なかった」

と、第一航空艦隊の草鹿龍之介参謀長が書いている。

その感慨はだれしも同じだったかも知れない。赤城の機関長反保慶文中佐は、この一瞬を部下につたえようと許可をえて上甲板まで駆け上がってきていた。艦橋にいた増田飛行長がふとかたわらをみると、参謀のひとりがそっと眼がしらをぬぐっているのに気づいた。

熱気と昂奮が嵐のように艦をみたし、飛行甲板の両脇にいる砲員が後ハチ巻きに白い脚絆姿で、のびあがるようにして手を振っていた。

志賀大尉の零戦がゆるやかなカーブを描きながら、左に旋回して板谷少佐に合流しつつあるころ、水平爆撃隊の発艦がおこなわれた。

赤城の淵田中佐機が滑走をはじめたとき、歓呼の声は頂点に達した。偵察席から乗りだした中佐の飛行帽のうえには、白いハチ巻きがかたくむすばれてあった。それは赤城の乗員たちからの贈りもので、力強い文字で「必勝」と記されてあった。

八〇〇キロ徹甲弾を下げての発艦は至難のわざであった。飛行長増田中佐が、「動揺はひどいが大丈夫か」と思わず声をかけたのも、その不安からである。

「ローリング（横揺れ）よりピッチング（縦揺れ）がひどいですね。しかし、なあに大丈夫ですよ。ピッチングの周期を見はからって一機、一機チョークを外して出して下さい」

と簡単に言ったが、その同じ台詞を吐いた蒼龍の阿部平次郎大尉は、危うく海没する危機にさらされたのである。

発艦係は若手士官の役割だが、ピッチングのタイミングを外してしまったらしい。先頭の隊長機として離艦すると一気に下に沈み、海面五メートルにまで下がってしまった。山口司令官、柳本艦長が「帽振レ」で盛大に見送ってくれた艦橋が見えなくなり、飛行甲板も視界から消えた。ふり返ると、波を切る艦首と両舷の錨がやけに大きく見える。

操縦席の笠原治助飛曹長が必死になって操縦桿にしがみついている。（南無三！）と思わず口をついて出た。

「もし着水でもすれば、攻撃に参加できず、いままでの苦労も水の泡になり残念だとの思いが脳裡をかすめ、浮揚力のつくまで尻がむずがゆい思いをした」

とは、阿部大尉の実感であった。

五航戦の瑞鶴、翔鶴からは急降下爆撃隊、計五四機がつぎつぎと発艦をおえていた。

総指揮官は高橋赫一少佐である。頑健で闘志にあふれ、中国戦線での長い勤務をへて、いまや急降下爆撃隊の第一人者となっている。

高橋少佐の操縦する九九式艦上爆撃機一一型は、昭和十四年はじめて制式採用された愛知航空機の傑作機で、一、〇〇〇馬力の「金星」四四型エンジンを搭載。全金属製低翼単葉、最大速力三八九キロ、乗員二名、自転や尾部失速をふせぐために背ビレがつけられたが、この補強が九九艦爆にユニークな外見上の特徴をあたえている。

最後は雷撃隊の番だった。一、二航戦の四隻の空母から、八〇〇キロ航空魚雷を抱いた九七式三号艦上攻撃機が飛行甲板をぎりぎりに使って飛び立って行く。

九七艦攻は海軍のほこる新鋭艦上攻撃機である。空冷一四気筒、「栄」一発動機を搭載し、一、〇〇〇馬力、最高時速三七五キロの性能を有した。艦攻としてははじめての低翼単葉機で、米海軍のダグラスＴＢＤ『Devastator《デヴァステーター》』に比肩する優秀機だった。

ごうごうとひびくエンジンの音が、間断なく機動部隊上空を取りまいていた。一番機が離艦してからわずか一五分後に、全機が発進を完了した。これは第一航空艦隊の新記録であった、と戦史はつたえている。訓練時には少なくとも四〇分は必要としたのだ。

荒天の発艦にしては事故も少なかった。エンジン不調で加賀の水平爆撃隊の一機が発進をとりやめたのと、蒼龍を発艦した制空隊第三小隊長の零戦一機が操作をあやまって海中に転落したのをのぞいて、ほかに大したトラブルもなかった。

夜明けの空にゆるやかな弧をえがいて、一八三機の大集団がそれぞれ編隊を組んだ。

薄明かりのなかでは、総隊長機のオレンジ色の識別灯がひときわあざやかだった。尾翼は識別のために赤と黄橙で彩られてある。やがて、翼をふりながら先頭の淵田機をとりかこむようにして第一次攻撃隊全機はオアフ島をめざして機首を南にむけた。

　だが、感傷にふけっている時間の余裕はなかった。つづいて第二次攻撃隊の一六七機が飛行甲板に押しあげられてきた。――ふたたび、喧騒と昂奮が潮騒のように艦上をみたして行く。


　赤城艦橋にある南雲司令部はまだ警戒態勢をといたわけではなかった。機動部隊は針路を一八〇度とし、速力二〇節に復帰し、さらに南下をつづけた。

　各艦にたいして、あわただしく発光信号が送られる。

「敵空母二隻、甲巡一〇、所在不明　警戒ヲ厳ニセヨ」

　真珠湾を出港した二隻の空母――レキシントンとエンタープライズの行方がいっこうにつかめず、味方部隊がいつこの米機動部隊と遭遇するか知れなかったからである。

2　日本大使館の朝

　第一次攻撃隊がハワイをめざして母艦を離れたちょうど同じ時刻、ワシントンのマサチューセッツ街にある日本大使館の時計は午前一一時三〇分を指していた。

館内は混乱をきわめていた。この日朝、大使館にとどけられた日本政府の「ハル・ノート」にたいする覚書――全十四部のうちの最後の電文束に、つぎのように重大な指示が掲げられていることに気づいたからである。

「一二月七日　往電九〇七号
（大至急）
（対米『覚書』提示日時ノ指示）
往電第九〇一号ニ関シ
本件対米『覚書』貴地時刻七日午後一時ヲ期シ米側ニ（原注＝成ル可ク国務長官ニ）貴大使ヨリ直接手交アリタシ」

それは、この朝までにとどいた全文を、ワシントン時間十二月七日午、後、一、時、ま、で、に、ハル国務長官に手交せよ、という内容だった。

ワシントン時間、十二月七日午後一時とは、ハワイでは同日午前七時三〇分にあたる時刻である。第一次攻撃隊が真珠湾に殺到するわずか三〇分前で、それは、奇襲を成功させるために考えだされたぎりぎりの手交時刻であった。

第十三部までの暗号文は前日、電信課員の手によってすべて解読を完了している。残る第十四部は、タイプで清書するには二〇分もあれば済むという分量であったから、前夜までの解読文が清書されていれば、一二時三〇分にはハル長官に手交する準備がすべてととのっていたことになる。

しかしながら、奥村勝蔵首席書記官がタイプ清書をおえたのは午後一時五〇分、野村、来栖両大使が国務省に到着したのが二時五分。控室で待たされ実際にハル長官と面会したのが二時二〇分というから、手交予定時刻を一時間二〇分も遅れたことになる。このときには、すでにハワイでは真珠湾攻撃がはじまっていたのだ。

では、なぜこのような失態を演じてしまったのか。米国側はこれを無通告攻撃として、「卑怯な騙し討ち《トレチャラス・アタック》」と呼び、ルーズベルト大統領は議会演説で「汚辱の日《デイ・オブ・インファミー》」として、日本をはげしい口調で論難した。米国議会は一票の反対をのぞいて対日宣戦布告を決議し、対独戦をふくめた強固な挙国一致体制を造り上げた。

「リメンバー・パールハーバー」

の声がどれほど米国民を奮起させたかは、のちのジョージ・H・W・ブッシュ大統領が名門フィリップス・アカデミー校在学中にこの報を聞き、卒業を待ちかねたように参戦を決意した事実によってでも知られよう。

一九九四年（平成六年）十一月、外務省は対米開戦遅延問題をふくむ外交文書一六、八〇〇頁を公開した。東京・麻布台にある外交史料館での閲覧文書によれば、この問題についての結論の大要は以下の通り――。

「一、日米関係が一触即発の危機にあり、いつ武力衝突が起こるやも測りがたいという緊迫感は大使館員の間に存在していなかった。
二、国家非常時にさいして事務遂行上不行届き。
三、統括し清書の任にあたった首席書記官懈怠《けたい》の攻めは免れない」（傍点筆者）

「懈怠」とは、怠けるの意だが、さらに強い意味で使われる。それにしても、「緊迫感は存在していなかった」とは、どうしたことなのだろうか。

この文書が作成されたのは終戦直後の一九四六年で、外務省岡崎勝男総務局長の下、大野勝巳総務課長が在米日本大使館の奥村、結城司郎次一等書記官、堀内正名電信官ら七、八人の関係者から事情聴取したものだが、東京裁判をひかえ、真珠湾奇襲攻撃の正当性が審理される頃合であったから、内容は十全とは言い難い。

しかしながら、調査の結果、導き出された結論は野村、来栖両大使以下、大使館員たちに日米開戦にたいする緊迫感がなく（項目一）、事務的怠慢は書記官たちを統括する井口貞夫参事官の所為であり（同二）、さらに「懈怠」の責めは首席書記官奥村勝蔵が負うもの（同三）、としている。

ワシントンの日本大使館には、陸海軍から派遣された陸軍武官室と海軍武官室がある。もともとは館外のオールバン・タワーズというビルの四階を借りていたのを、情勢の緊迫化にともない、二ヵ月前、大使館内に移ってきたものである。

海軍武官としては横山一郎大佐、その補佐として実松譲中佐、寺井義守少佐がいた。他に下士官の書記三名が常勤している。

横山大佐は海軍大学校を卒業して米エール大学に学び、第二遣支艦隊参謀から在米大使館付武官となった。副官として米内海相に仕え、終戦時には海軍側首席随員としてマニラでの降伏調印式に臨んだ。海軍少将。

実松譲中佐も同じ米内海相下の副官を務め、軍令部出仕から米国駐在を命じられた。プリンストン大学に学び、海軍武官室入りは昭和十五年九月のことである。寺井少佐は日華事変参加の航空将校で、軍令部出仕から同年三月、一足早くワシントン入りをしている。

これら三人の武官は日米開戦後、バージニア州のホテルで半年間の抑留生活を送り、昭和十七年八月、日米交換船で帰国した。彼らはこの大戦を無事生き残り、戦後になって、それぞれ在米武官時代の回想録を記している。あまりに強烈な歴史体験のためであろうか。

彼らの回想録によって、十二月七日当日、ワシントン日本大使館の朝を再現してみよう。

海軍武官室は大使館事務所の二階にあり、中庭をへだててちょうど反対側に野村大使の寝室がある。寺井少佐の記述によると、その前夜、一人残って事務処理をつづけていた武官室に、野村大使がふらりと姿を現した。寝つかれないまま、廊下づたいに灯の点いた部屋をめざしてやってきたのだろう。

「寺井君、日本はどうしようとしているのかね」

いきなり、海軍の大先輩の質問である。寺井少佐は、率直に自分の考えていたことを大使につたえた。

「まさか、アメリカに戦争をしかけることはありますまい。日本の南部仏印進出から、万一、アメリカから戦端を開くようなことも考慮して、ここ数日来の動きをしているのではないでしょうか」

野村大使は黙ってこれを聞いていたが、何もいわずにそのまま部屋を出て行った。

このやりとりについて、寺井手記はこう悔悟《かいご》していう。——今から思えば、日本海軍の習性として開戦劈頭、日本側より攻撃を仕かける習性があることは戦史の明示するところであり、これに気づかなかったのはずいぶん迂闊《うかつ》であった。もとより真珠湾奇襲のごときは日本人はだれも信じなかったことで、われわれとて論外ではなかった、と。

歩いて五分ほどの武官事務所寝所にもどった少佐は、七日午前九時ごろ（正確には午前九時前との記憶がある）、大使館に出勤した。

正門は閉ざされ、館内に人気がない。門柱の呼び鈴脇にある電報受けには「緊急《アージエント》」の罫線入りの電報が突っ込んだままで、だれも取りに来る気配がない。門の中にもこぼれた電報の束があり、

「間違いなく『第十四部だ』と思ったので、いそいで塀を乗り越えて電報を拾い、大使館に

行き、当直を呼び出して、ただちに電報を処理するようにいって渡すと、当直の電信課員は迷惑そうな顔をして、『今からミサに行くところだ』といった。……どうも彼は処置することなく、ミサに行ったようだ」

実松譲中佐も相前後して、大使館に出勤して来た。同中佐の回想録によると、やはり同じ体験をしている。

「大使館事務所の入口には、朝早く配達された新聞が高々と積み上げられ、其の脇には数本の牛乳ビンまで置いてある。更にドアの郵便受けには、前日の退庁後に届けられたであろう電報のため、蓋が出来ないようになっているのには驚いた」

ただし、実松中佐の記述によると、この日は開戦の期日が切迫したため早出をしたのではなく、情報収集のため休日でも平常出勤し、新聞に一通り目を通し、処理すべきものは即日これを実施するためだった、と率直に当日の心境を吐露している。時刻は午前九時ごろとあるから、寺井少佐とほぼ同時刻だ。

中佐は新聞と牛乳ビンを運び入れ、電報は大使館と陸海軍武官室に仕分けした、とあり、寺井少佐の記述と合致しない。しかしながら、上官の横山一郎回想には、両補佐官から「今朝、大使館事務所玄関の郵便受けに電報が沢山つまっていて……だれも取り込まずにやりっ放しになっていた」との報告を受けたとあるから、電報取り込みの問題は別として、その時刻に大使館は〝もぬけの殻〟であった、といえる。――念を押して書くが、対米最後通牒を手渡さねばならぬ当日朝のことである。

実松中佐は、ふだんの大使館員の〝怠慢〟ぶりについて、こう告発する。

「大使館はマサチューセッツ・アヴェニューに面し通りから丸見えなので、右のような恰好は体裁のよいものではない。のみならず、国交緊迫し開戦を目前に控えており届けられた電報は其の都度処理すべき情勢だったので、大使館の威容を斉正にし当直員の勤務を厳正にするよう大使館側に苦言してきた。だが、一向に改善されなかった」

ついでにいえば、着任早々の野村大使を激怒させた一件がある。

須磨弥吉郎といえば、外務省情報部長からスペイン駐在の特命全権大使となり、独スパイでもあったアルカッサー・ベラスコを通じ、米国内にも諜報網をひろげた人物として知られている。

最大の功績は米軍のガダルカナル反攻を事前に予知し、警告を発した「東《とう》」情報の発信人であったことだ（注、大本営はこの情報を無視）。

その須磨公使から野村大使あての外交電報に、「先電で申し上げた通り……」との一文があり、不審に思った大使が調べさせると、解読されないまま放置されていた。寺井少佐によると、さすがに温厚な野村大使も全館員を集めて、

「国交緊急期のこのさい、館員はいっそう緊張して勤務にはげむように……」

と訓示したという。

さて、対米最後通牒ともいうべき第十四部は、つぎのように短いものである。

「惟《おも》フニ合衆国政府ノ意図ハ英帝国其ノ他ト苟合《こうごう》策動シテ東亜ニ於ケル帝国ノ新秩序建設ニ依ル平和確立ノ努力ヲ妨碍《ぼうがい》セントスルノミナラス日支両国ヲ相闘ハシメ以テ英米ノ利益ヲ擁護セントスルモノナルコトハ今次交渉ヲ通シ明瞭ト為リタル所ナリ。斯《か》クテ日米国交ヲ調整シ合衆国政府ト相携ヘテ太平洋ノ平和ヲ維持確立セントスル帝国政府ノ希望ハ遂ニ失ハレタリ。仍《よっ》テ帝国政府ハ茲《ここ》ニ合衆国政府ノ態度ニ鑑ミ今後交渉ヲ継続スルモ妥結ニ達スルヲ得スト認ムルノ外ナキ旨ヲ合衆国政府ニ通告スルヲ遺憾トスルモノナリ」

これを東京より発電したのは、外務省電信課長亀山一二である。

亀山は第十三部までを前日に打電し（九〇二号電）ワシントン時間六日土曜日午後一二時すぎには、日本大使館に配達されている。その中身は日米交渉のいきさつを延々とのべたもので、肝心の最後通牒ともいうべき案文は第十四部にある。

これは前十三部と同じように、国際電信会社ＲＣＡ、ＭＡＣＫＥＹ《マッケイ》両社から、確実を期して重複して打電され、発電は前日の午後五時三〇分（日本時間）、配達時刻はワシントン時間七日午前七時ごろと予定されていた。さらに、「午後一時までに手交すべし」との訓令（第九〇七号電）は、第十四部と同時刻に到達すべく手配された。

だが、配達された日本大使館には、前掲のように宿直者が一人残っているだけで——それも日曜朝のミサに出かけ――全員が留守にしている。午前七時に配達された（はずの）暗号電報の束はポストに突っ込まれたまま、時間だけが空しくすぎて行く……。

ワシントンの日本大使館では、日米開戦と同時に最後に残った一台の暗号機械を破壊し、公式文書のすべてを焼却したため、第十四部までの覚書（注、写しはかならず一部作成した）は存在しない。したがって、対米通告遅延問題は文書による検証は不可能で、館員たちの記憶に頼る他はない。

だが、奇妙なことに、肝心の野村大使の回想録にはそのいきさつについての記述がない。来栖大使のそれにも、つぎのような簡単な釈明があるのみである。――すなわち、朝から来訪した横山大佐から「多数の電信が大使館事務所に配達されてる様子だ」と聞いたので、井口参事官を電話口に呼び出すと、「すべて手配ずみ」との返事があった。

「この朝の大使館事務所及び電信室は、多数の電信が一時に殺到したために頗《すこぶ》る混雑を極めたようであった。即ち六日夜から七日朝にかけて、『覚書を電報したが長文であるから一部は翌日になるかも知れん、覚書も受取ったことは厳秘にせよ、覚書提出時期は追電する』という趣旨の第九〇一号電信、覚書全文の電信十四通、『覚書は七日午後一時成るべく国務長官に直接手交せよ』という要領の第九〇七号電信等が、殆《ほとん》ど一時に接到したのと、最後の覚書手交時間を指定した電信が七日の午前十時半頃になって初めて到達し、且つ覚書は機密保持上タイピストに叩かせてはならんという訓令があったので、七日の朝からタイプライターは専門でない上級書記官が、長文の覚書を自身でタイプし始めたのだが、何分にも興奮しているので、消したり直したりして中々進まない、結城書記官は殆ど居催促の形で側についていたという話であった」（傍点筆者）

奥村書記官も同趣旨の証言をしている。大使館には四人の一等書記官がおり、奥村は政務担当で、松平康東は法規、寺崎英成は情報担当、もう一人の結城司郎次は来栖大使が臨時に随員として本省から連れてきたもので、前アメリカ局第一課長。

したがって、日米交渉の当事者は奥村書記官となる。さらに不幸なことは、上級官僚《キャリヤー》で英文タイプを一応打てるのは大使館内で彼一人で、しかも指一本でポツリ、ポツリと打つ〝雨《あま》垂《だ》れ式〟の技倆であった。

当時、大使館事務所は一階にあり、電信課は正門より入って左手。書記官室はその奥で、大使公邸は中庭をへだてた敷地正面にある。

その前夜についての奥村証言――。

「電信課ニハ宿直制度ガアリ、電信課員ノ他ニ書記官、官補ヲモ加ヘ、交替制デ電信室ニ連ッタ部屋デ宿直スルコトニナッテ居タノデアル……其ノ夜電信課ニハ当直員ガ残留シテ居タコトハ勿論デアル」

そして、タイプを打ち出したのは「午前九時頃」――タイプ清書とは、暗号文を九七式欧文印字機にかけて解読し、手書きで英文に直したものを浄書することである。

「朝、私ハ朝食ノ後、ソレハ午前九時頃デアッタト思フガ、事務所ノ書記官室ニ行ッテ只一人『タイプライター』ニ向ッテ、前夜来到着シテ居タ対米回答文ノ電信ヲ『タイプ』シテ居タ。電信課員ノ手書キデハ読ミ難イシ又電信ニ多少ノ崩レモアッタノデ、一応『タイプ』シテ読ミ直シテ見ルコトニシタノデアル。

此ノ『タイプ』ガ大体出来上ッタ頃、ソレハ十一時過ト思フガ、電信課カラ一通ノ電信ヲ持ッテ来タガ、ソレハ対米回答文デ七日午後一時ニ提出スベシトノ訓令デアッタ。困ッタコトニハ前記別電ノ最後ノ一通ハマダ接到セズ、従テ回答文ハ出来テ居ナイ」

「此ノ間私ハ煙石《えんせき》（学・大使秘書）ト手分シテ、朝カラ『タイプ』シタ回答文ノ原稿ヲ大急ギデ清書ニカカッタ。私モ煙石モ『タイプ』ハ決シテ上手ナ方デハナイ。又日曜ノ朝ノコトトテ他ニ館員ハ居ナカッタシ、居タトシテモ『タイプ』ノ点デハ大シテ役ニ立タナカッタデアラウ。一方、私ハ電信課ニ対シ最後ノ一通ハマダカマダカト矢ノ様ナ催促ヲシタ」

奥村書記官は完全主義者という定評がある。この緊急時にも、見直しをして間違いを発見すれば破り捨て、最初から打ち直すといった面倒な作業をつづけていた。

正式な手交文書全十四部を打ち出したのは、本人も書く通り午前十一時ごろからである。

「訂正電報ノ中、一通ハヤヤ長イモノデ之ガ為『タイプ』デ清書シタ一頁ヲマタ全部打チ直サネバナラズ余計ニ手間取ッタノデアル。私ハ此ノ時程、イライラシタ気持デ時計ノ針ガ刻々ト刻マレテ行クノヲ感ジタコトハ無イ。野村大使カラハ、マダカマダカトノ催促ガ来ル。

モウ到底午後一時ニハ間ニ合ハナイコトガ明ニナッタ。
ヤット電信課員ガ最後ノ一通ヲ解読シテ駆ケ付ケテ来タ。……私ハ煙石ト手分ケシテヤット回答文ヲ打チ上ゲタ（原注＝ソレハ少ナカラズ『ミスタイプ』ガアッタガ、ソレヲ手書キデ訂正シタ。ソンナコトヲ構フ時間ハ無カッタノデアル）。野村、来栖両大使ハ先刻カラ官邸ノ玄関口デ足踏ミシ乍ラ待ッテ居ラレタガ、回答文ヲ手ニスルト直チニ自動車デ国務省ニ向ハレタ」

この二つの証言には、明らかに作為が見られる。来栖大使の「六日夜から七日朝にかけて」第九〇一号電信、覚書全文十四通、第九〇七号電信が「殆ど一時に殺到し」というのは明らかに事実と異なる。また、手交時刻指定の第九〇七号電信が「午前十時半頃になって初めて到着し」とあるのは、解読に当たる電信課員の作業の遅れを暗示している。この延長線上に、奥村証言がある。

電信課による解読作業の遅れを原因とする釈明は、戦後一貫して唱えられてきた。その嚆《こう》矢《し》は外相東郷茂徳である。東郷は戦犯訴追を受けて、巣鴨プリズンに収容され獄中死したが、自著『時代の一面』（昭和二十七年）でつぎのように課員の油断ぶりを指摘している。

「……在米大使館員が七日早暁に到着した電報を解読するのに幾分の怠慢があったことと、且前夜到着の分を直にタイプせざりし等浄書の手配りに過失があった」（傍点筆者）

これらの一連の動きに激怒したのが、首席電信官堀内正名である。堀内は開戦後、ポルトガルの首都リスボンの館員となり、これもニューヨーク総領事からポルトガル駐劄《ちゅうさつ》公使に転じた森島守人に、その真相究明を訴えた。

森島公使の回想によると二人が帰国したのは昭和二十一年三月。登庁してみると、対米最後通告遅延という外交最大の失態が何一つ原因の解明もされず、責任者の処罰もおこなわれていないという実情に愕然となった。

森島が当時の吉田茂外相にこの事実を訴え、その要請によって設置されたのが、岡崎勝男総務局長を中心とした前掲の調査委員会なのである。

委員会の調査にあたって、堀内電信官はつぎのように証言している。――当日朝九時半ごろ、宿直者より（注、ミサには行っていないのか？）電話連絡があり、至急電ありとのことで、他の電信官に呼集をかけた。午前十時ごろ、大使館に出頭したところ、至急電、普通電五、六通がとどいていた。

「午前十時頃ヨリ直ニ至急電ヨリ解読ニ着手セル処、先ヅ米局長ヨリノ挨拶次デ訂正電（原注＝二通位ト記憶ス）ガアリ、最後ノ至急電ハ、対米通告手交時間指示ノ訓令ニシテ本訓令解読終了ハ午前十一時頃ナリ。

次デ普通電解読ニ着手セルガ、之対米覚書第十四部目ニシテ、其ノ出来上リタルハ丁度正午頃ニシテ、電信課員一同間ニ合フベシト思ヒ喜色アリタリ」

これは、奥村証言と明らかに食い違っている。電信課では一二時にはすべて解読を完了しており、奥村書記官がいう「モウ到底午後一時ニハ間ニ合ハナイコトガ明ニナッタ。……ヤット電信課員ガ最後ノ一通ヲ解読シテ駆ケ付ケテ来タ」というのは、まるで順序は逆なのだ。

さらに、電信官吉田寿一の証言がある。これは一九九一年十二月に書かれたもので、「開戦当時の在米日本大使館電信官吉田寿一手記」とある。

その内容は、電信官による解読の遅延が「騙し討ち」の起因となったとする一連の批判に真っ向から反論するもので、全文一八頁におよぶ詳細な記録である。

それによると、当時ワシントンの大使館には堀内正名首席電信官以下、堀博、近藤賢一郎、梶原武、川端塚夫、吉田寿一ら六人の電信官がおり、川端はシカゴからの応援組であった。

問題の六日土曜日、午前中にいわゆる対米覚書の予告パイロット・メッセージ第九〇一号電がとどき、それには、

「右覚書ハ長文ナル関係モアリ全部接受セラルルハ明日トナルヤモ知レザルモ、刻下ノ情勢ハ極メテ機微ナルモノアルニ付、右御受領相成リタルコトハ差当リ厳秘ニ付セラルル様致サレ度シ

右覚書ヲ米側ニ提出スル時期ニ付テハ追テ別ニ電報スベキモ、右別電接到ノ上ハ訓令次第何時ニテモ米側ニ手交シ得ル様、文書ノ整理其他予メ万端ノ手配ヲ了シ置カレ度シ」

とあり、さらに第九〇四号には、

「申スマデモナキ事ナガラ本件覚書ヲ準備スルニ当リテハ『タイピスト』等ハ絶対ニ使用セ

ザルヨウ」

という注意書きがあった。

「今夜も徹夜だな」

と覚悟して、午後になって到着した第十三部までの暗号電報を残っていた一台の暗号機械、九七式欧文印字機にかけ、一人タイプを叩いて解読にかかった。これがその夜、二十六歳の若き電信官吉田寿一の主な役割であった。

吉田は大使館員のなかではもっとも若く、つい三週間前にポートランドの領事館からワシントンにやってきたばかりである。

暗号の解読作業とは、厄介なものであった。それも九七式欧文印字機の性能のせいである。外見は二つのタイプライターをならべたような形で、引き出しのような変更部が機械の心臓部となり、二六本の電線でソケットにつながれている。暗号文を平文化するには、電源を差し込み、四つの円盤をまわしてタイプする。すると、変更部のなかの複雑な機構が働いて、たちまち平文が出てくるようになっている(『暗号戦争』)。

「また、この機械というものがまことに原始的なものでした」と、吉田手記はのべている。

「回転盤があって、それが一字毎に回転して暗号文になる仕掛けで、それらの部分品の動きはまことに遅く、一寸タイプを速く打つとあちらこちらに電流の混乱が起こって、たちまち電文も混乱し、それらを元に戻すのにまた時間がかかるといった具合です。部分品もお粗末で、故障も稀ではなく、大いに改良の余地のあるしろものでした」

解訳した案文を一部写しを取り、本文は堀内首席電信官が野村大使、井口参事官、もしくは書記官室にとどけた。

ここから、問題の「開戦前夜、大使館員が同僚の送別会でドンチャン騒ぎをした」という俗説が生じる。これを具体的に記述したのは本省アメリカ局第一課長加瀬俊一で、その回想録によれば、送別会とはブラジル転勤の内命を受けていた寺崎英成書記官のことを指し、「前夜はその送別会で幹部館員がおそくまで痛飲したためであって、恐るべき怠慢である」と書く。「野村大使の館員統率についても問題があったようだ」とも――。

この点については、東郷外相の曾孫、東郷茂彦の調査がある。

東郷調査によると、きっかけは井口貞夫参事官が執務室へふらっと入って来て、

「君ら忙しそうだが、メシ食ったか」

と聞くので、「いやまだです」と答えると、「それでは一緒に食おうか」という誘いがあったのだという。

藤山猶一外交官補が電話をして予約をし、井口参事官、松平書記官ら六、七名が出席。奥村、結城両書記官は欠席している。電信課員も誘うが、「忙しくて、食う暇もないので、いつものようにサンドイッチでも取って済ませる」とのことだった。

場所は、ユニオン・ステーション近くの中華料理店「チャイニーズ・ランタン」であった。時刻は八時半。当の寺崎英成は一時間ほど遅れて出席し、この夜ルーズベルト大統領の天皇あて親電が出されたので野村、来栖両大使と対応を協議していたと説明した。

この送別会については、吉田電信官もその事実を認めている。出席者についての記憶は食い違うが、「どうせ何か食べて、徹夜するつもりだから出席した」ものだという。この時点では、翌日午後一時に覚書を手交し、一時三〇分にハワイ空襲があるのだとはまったく知らされていない――のだ。

酒好きなのは結城、寺崎両書記官で、ふだんはバドワイザーやパブストなどのアメリカン・ビールを飲むのを楽しみにしていたが、この夜は重苦しい雰囲気につつまれて、そんな気分になれなかったという。

吉田は寺崎の車に便乗して大使館にもどった。これが午後九時すぎのこと。残った暗号電報の解読にかかり、第十三部すべての作業が完了したのは翌午前三時であった。

奥村書記官は、「既ニ七日午前三時頃ニナッタノデ、電報課員ニ各自一旦自宅ニ引揚ゲテ翌朝ハ又早クカラ来ル様指示シ」、自分は大使館公邸にある部屋に引き揚げた。松平康東書記官と二人は、すでに館外の住宅を引き払い、公邸に移り住んでいたのである。

では七日朝、電信官たちの出勤状態はどうであったか。

堀内文書には「他ノ電信課員ニモ至急連絡ノ上午前十時頃登庁」とあるが、吉田電信官はそんな事実はない、という。前夜別れるさい、堀内自身から九時出勤を申し合わせていたのだから、当日は、いつものように川端塚夫電信書記生が迎えに来て、近藤賢一郎書記生とと

12月８日午前零時30分(日本時間)、南雲機動部隊から第一次攻撃隊183機が真珠湾をめざして飛び立った。写真は、第一次水平爆撃隊の九七式艦上攻撃機。腹下に対艦船攻撃用の800キロ徹甲弾を抱いている。これは戦艦長門の40センチ砲弾を改造したもので、アリゾナをはじめとして米戦艦撃沈に甚大な効果を発揮した

単冠湾に集結した南雲機動部隊。冬の凍てつくような北海の印象が鮮やかな一葉である。下写真二枚は同湾上での赤城艦橋で、右はハンモックで防護されたもの

旗艦赤城を発艦する九七艦攻。地点はラナイ島西端の零度230浬で、雲量5～7の薄暗さ

発艦準備のととのった空母加賀の飛行甲板を
前方の赤城より見る。ピッチングがはげしい

出撃直前の打ち合わせ。フォード島の戦
艦列を説明(上)。下は空母瑞鶴甲板の訓示

訓練時には約40分かかる発艦作業が15分で済んだ。「チョーク外せ」の息づまる緊張の瞬間

攻撃をおえた瑞鶴水平爆撃隊の九七艦攻。翼下に炎上する戦艦列とヒッカム基地が見える

旗艦赤城の村田少佐隊が雷撃した直後の光景。流れ出した重油で、海が黒く染まって行く

爆撃を受けた直後の戦艦アリゾナ。この後、大爆発を起こし〝キノコ状の雲〟を噴き上げた

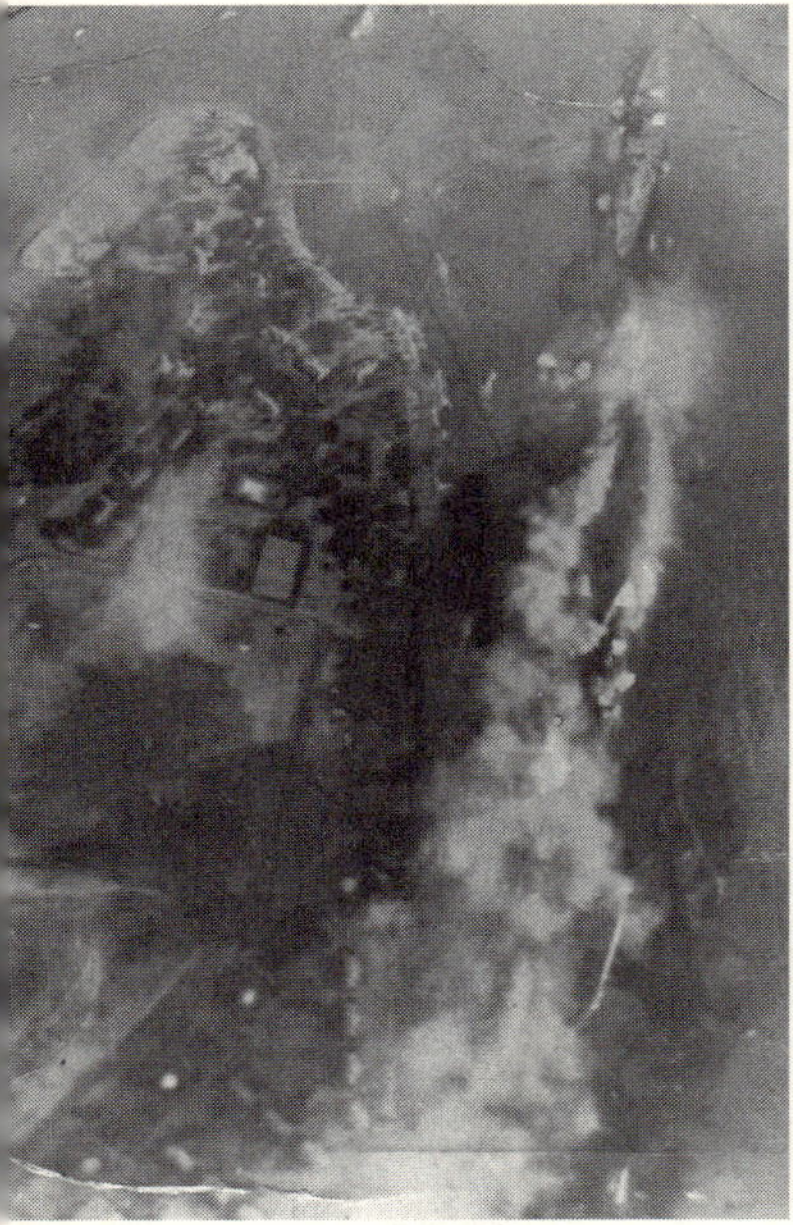

蒼龍阿部平次郎大尉が撮った米戦艦弾着写真

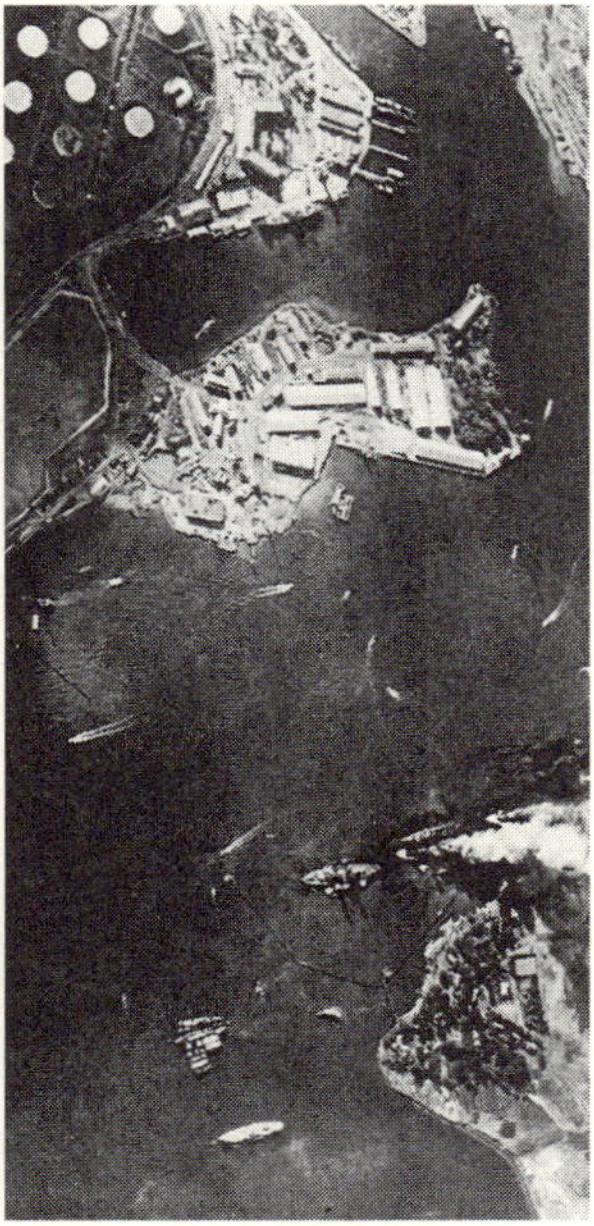

フォード島直上の俯瞰写真。下に戦艦列

撃墜された赤城戦闘機隊平野崟一飛曹の零式戦闘機。対空砲火で撃墜されたものだが、下写真の被弾機も西開地重徳のそれであったかも知れない

米軍基地に投弾後、避退にかかる九七艦攻

投弾後の九九式艦上爆撃機の珍らしい写真

引き揚げられた加賀雷撃隊鈴木三守大尉の九七艦攻。魚雷投下直前に対空砲火で機首を吹き飛ばされたとの目撃情報もあり、この26歳の青年大尉の死は傷ましい

250キロ爆弾は通常爆弾と陸用の二種あった

米駆逐艦モナハンに体当りされ、撃沈された岩佐大尉の特殊潜航艇。艇全体に苦闘の跡が

夫人梅乃(戦後写真)

原田義雄

西開地重徳一飛曹

飯田房太大尉

ニイハウ島に不時着した西開地機の零戦。島は日本人ばかりという言葉を信じて飛来した

山本五十六連合艦隊司令長官

淵田美津雄中佐

嶋崎重和少佐

機動部隊指揮官南雲忠一中将

野村吉三郎日本大使とコーデル・ハル米国務長官（右）

ノックス海軍長官

スチムソン陸軍長官

米太平洋艦隊司令長官キンメル大将

左よりルーズベルト大統領、米陸軍D・マッカーサー大将と米海軍E・J・キング提督

写真提供／牛島秀彦、田村俊夫、戸高一成、著者、米国立公文書館、雑誌「丸」編集部

もに九時一〇分すぎには大使館に到着していた。そして、「当直から電報を受け取ってすぐ仕事をはじめている」。

とすれば、郵便受けに突っ込まれていた電報の束はどう解釈すればいいのか。

これは「全く事実ではなく、単なる為にせんがためのデマ」と、吉田証言は言い切る。電信会社の配達にはかならず大使館専用の「チット・ブック」（注、書付け帳の意）があり、配達証明として、後に問題が生じたときの証拠資料となる。もし「チット・ブック」にサインできないのであれば、電信会社はいったん配達を止めて持ち帰り、あらためて後刻配達するはずだという。

だが、寺井、実松両武官の記述は一致しており、横山大佐もその報告を受けているのだから、その理由はともかくとして、郵便受けの一件はまず事実と見て間違いはない。いずれにしても、日曜日朝九時一〇分から九時半にかけて、電信官たちの作業ははじまっていたのだ。

つぎに、第十四部の規定が「最重要」でなく「普通」便で、そのために解読がおくれたとする説である。これは戦後の奥村談話で、「十四番目の電報は普通電報のつづりのなかにあった。それも一番下にな。誰だったかわからないが、ここにありましたと持ってきたんだ」という発言に基づいている。

現在、外務省に残されている原文には「最重要《ベリー・インポータント》」の指定があり、この内容について争う必要がない。

「もし奥村書記官がこんなことを言っているのが事実なら、この時点で気が狂っていたと言うほかはない」と、吉田手記は痛罵する。その論旨は明快である。

「第十四通は大使以下誰もが待っていたのであり、大使が通読したなら一時手交は分かっていたから直ぐに井口参事官あたりが直接奥村書記官に手渡した筈《はず》で普通電と一緒に放置して、それを誰かが見付けたなどと言うことは全くあり得ぬことである」

さらに、十一時すぎになって「最後ノ一通ハマダ接到セズ」「マダカマダカト矢ノ催促ヲシタ」について。

「本省来電は第十四通を含めて四、五通であった、……他の在外公館からいくら来電があっても又その中に大至急電があっても、我々が当然先に手を着けるべきは本省電であり、事実その通りにしたのであり、大至急の標示の有無はこの場に及んでは問題にはならなかったのである。本省電の中第十四通は一寸長いが、あとは短いものばかりで、解読しなくても第十四通はそれと言うことは明白であったこともある。短いものはこの通告文に関する技術的な指示であることも大体分かっていたから先ずそれから着手したのであり、一時手交の訓電はその中の最後になってしまったように記憶する。それは番号順に解読していったからである。

私はそれを誰かに渡し乍《なが》ら、一時と言っているぞと注意し、直ぐに第十四通を機械にかけ、本省電は全部解訳を終わったので、その儘《まま》これを電信用紙に移して、これが完了した時前面の壁にかかっていた時計を見たら十一時半であったのである」

「因《ちなみ》に当時は安月給で腕時計などは持っていなかった」と、末尾に皮肉っぽい一文がある。

第十四部は待っていた堀内電信官が鷲づかみにして駆け出し、野村大使にとどけた。

だが、この段階で奥村書記官は第十三部までの清書をおえていない。もし完成していれば、第十四部までの清書は少なくとも二〇分ですみ、国務省のハル長官との会見の午後一時には充分間に合ったのだ。

なぜ、前夜に奥村書記官は第十三部までのタイプ清書をおえていなかったのか。また堀内首席電信官は全員を帰宅させずに、当直者を残しておかなかったのか。もし残していれば、当日朝早い時間から解訳作業に取りかかれたはずなのだ。

この点については、吉田手記は奥村書記官に同情的である。

「これを電信課の怠慢と言えばそう言える訳であるが、電信課は前日おどかされて徹夜を覚悟したに拘らず、十三通迄は午前三時に済んだのであり、あとは只の一通だけで、全く山は見えたのであり、その上当日は日曜であるから一休みのつもりで帰宅したのであり、出勤も平日より遅らせて九時と申し合せた訳である。米国では日曜はやはり日曜であり、国務省も同じことであるから、よもやその日に手交などとは考えなかったからであり、又手交の時日は追って別電するとあったので、手交の時日は本省に於てもまだ決定していないと考え、それならそう直ぐのことではなかろうと考えた訳である」

そして、奥村書記官も同様に考え、手交時刻は翌月曜日ぐらいになるだろう。時間は充分ある、日曜一日かかってすればいい。そんな積りだったと思われる——と。

「手交の時刻は東京では既に決定していたのであり、それを知らせずに追って別電するなどと言ったり、十四通目をわざと切り離して、ぎりぎり迄抑えておこうとした、などの詭計《きけい》こそが本件を誤らせた根本原因なのである」

奥村書記官は土曜日の夜、どこにいたのか。本人も証言でそのことにふれず、周囲の記録もない。一説に、大使館から外出して「米国の友人とポーカーを楽しんでいた」とあるが、真偽のほどは不明である。


しかしながら、この官僚的怠慢によって日本は戦後七十年の長きにわたって卑劣な「騙し討ち」の国であり、道徳的劣位の民族として「リメンバー・パールハーバー」の汚名をあびてきた。たとえ、それがルーズベルト大統領の「陰謀」であり、国家戦略であったにせよ、この汚辱は永遠に晴らされることはない。

その責は、国家の代表としてワシントンに在った外交官たちが負うべきものである。直接的には、対米最後通告を遅延させた奥村勝蔵一等書記官であり、直接の上司で、事務主管者の井口貞夫参事官、さらには事態を迅速処理出来なかった野村吉三郎、来栖三郎両大使に重大な過失がある。

一九九五年（平成七年）十二月、外交文書公開の一年後にこれを告発する一文が公表された。当時、ワシントン日本大使館三等書記官であった八木正男著「対米通告遅延の真相」がそれである。

八木書記官は昭和十六年、外務省に入省して最初の勤務地として配置されたのがワシントン日本大使館であり、この初任地で運命の日を迎えることになった。戦後はインドネシア駐在大使。

手記公表のきっかけは、その時点で関係者であった書記官がすべて他界し、外交官として「やはりありのままを、残されたわたしが言わなければならないと思うに至った」ためである。ちなみに、外交官とは親任官（注、天皇が親書して任官した者）たる特命全権大使、参事官、各書記官、理事官、外交官補をいう。

八木手記は、まず当時の在ワシントン日本大使館には館員の活動を把握し、統制する指導者が欠けていた、とする。野村大使のように、外交の専門家でない者が大使になると、外務省員が強い指導性を発揮し、補佐していかなければならなかった（注、前掲実松譲手記には、野村大使が大使館員たちは「サッパリやって呉れぬ」と不平をこぼしていた、とある）。

次席の若杉要公使は「病床にふせっており、ほとんど出勤できず、帰国後まもなく死亡した」（昭和十八年十二月）。

井口貞夫参事官。「当時、省内では屈指の有能な外交官と言われ、個性も強かった三人を一等書記官に配置したにもかかわらず、彼らを使いこなして能率的に館務を遂行して行く」人物ではなかった。

たしかに、三人の書記官は個性的だった。吉田寿一手記にも、「奥村さんはまじめ一方の官僚」「松平さんは学者タイプ」「寺崎さんは西郷隆盛にも似た風貌で、目方も目玉も大きく、強い性格の人」とある。「ソリが合わぬということはあっても、確執というものではない」とも。

若杉公使や井口参事官らが、大使に代わってこれら書記官をたばねて行く立場にあったが、井口参事官はもっぱら独自の仕事をし、非常時には指揮系統がまったく働かなかった。

七日午前中の書記官室の状況である。——奥村書記官はポツリ、ポツリと雨垂れ式にタイプを叩いている。間違いを発見すれば破り捨て、最初から打ち直す。不体裁な文書にはできないと「官僚的固定観念」から、また面倒なやり直し作業をする。しかも、自分ひとりだけで——。

「(奥村書記官が) 十三通目までの清書が終わっていなかったなら、残ったものを手分けして清書すればよかったということだ。……たとえば、通告文の一通目と最後の十四通目のみを正式なタイプ文書にして、渡すという方法もあったはずだ。途中は、日米交渉の経緯を記しているにすぎず、相手も熟知していることであり、口頭での説明でもよかったのではないか」

問題は、当日一〇時半となり手交時刻が判明した上で大使館全員を非常呼集し、なぜ緊急事態に即応できなかったのかという一点にある。為すべきその役割は、井口参事官の責務ではないのか。

井口貞夫参事官の外務省入省は大正十一年、奥村書記官は同十五年。年次からいえば四年先輩である。どうして、その指示ができなかったのだろうか。――書記官室では、おどろくべき光景があった。

「実際は、（井口参事官は）奥村さんの後ろに立っておろおろしていただけだったという（原注＝実は、前の日に『いつでも手交できる状態にしておくように』という電信は受け取っている。奥村氏の清書が遅れ気味であれば、それを注意すべきは井口参事官の役目だろう。しかし井口氏が口うるさく注意、あるいは指示した形跡は一切ない）。

奥村さんに、

『自分の仕事です。すべて自分で（清書）します。お任せ下さい』

と言われたら、井口さんには返す言葉がなかった。もともと気の弱い性格で、逆に何事も自信家の奥村さんには言われっぱなしだった」

これが外務省改革として、今日にいたるまで糾弾されつづける「外務省がもともと持っている体質」であり、奥村、井口両官が引き起こした事態は「外務省の人間ならではの行為」といっていいほどなのである。すなわち、チームワークのできない、独善的な超エリート集団の体質ともいうべきものなのか。

外交交渉に当たると、相手国の要人と一人で会う場合が多い。交渉がまとまると、それでひとつ仕事をした気になり、旨くいくと自分の手柄と錯覚しやすい。交渉がまとまるのは相手国の事情や多数の配下の力によるものなのだが、それを自分の能力と勘違いしてしまう。

個々の仕事を任される特殊な立場であるため、昇進しても部下の動かし方がわからず、そ

よくひとりごとをいいながら館内を歩いていた。本来そういう人だった」

は、役職がどんなに高くなっても、部下ひとり動かせないことになってしまう。井口氏は、

「奥村氏のように我の強い人は、それが増長されるだけだし、井口氏のように気の小さい人

のまま地位だけが向上する。その結果は、

昭和二十一年、岡崎勝男委員会の結果について語らねばならない。調査の結果、寺崎太郎次官（注、寺崎英成の兄）は井口、奥村二人の責任追及を進言したが、吉田茂外相は参事官のみを主張したという。しかしながら、その処分もされなかった。

奇怪なことに、公職追放された井口参事官は吉田茂内閣時代に外務次官に昇進し（昭和二十六年一月）、奥村勝蔵も翌年十月、次官となった。吉田茂もふくめて、これもまた外務省特有の体質といえよう。

井口貞夫は明治三十二年、和歌山生まれ。和歌山中学を経て東京商科大学中退。高等試験外交科合格。外務省条約二課をふり出しに、英オックスフォード大卒、ニューヨーク、シカゴ在勤の後、ワシントン日本大使館。戦時中は花形の情報局第三部長。戦後は外務次官を経て、カナダ、中華民国特命全権大使。昭和五十五年没。

奥村勝蔵は明治三十六年、岡山生まれ。天王寺中学、三高を経て東京帝大法学部卒。英国、シドニー在勤の後、アジア局三課。東亜局二課長、ワシントン日本大使館。戦後は昭和天皇とマッカーサー会談の通訳として名を高めた。会談内容を洩らしたとして退官処分となった

が、外務次官として返り咲き、スイス特命全権大使。昭和五十年没。

ところで、米国への最後通告が攻撃のわずか三〇分前に設定されたいきさつについてふれておかねばならない。

このぎりぎりの手交時刻は、軍令部次長伊藤整一中将が十二月四日になって、突如として東郷外相に申し出たものである。

東郷茂徳はじめ外務省側は、ハル・ノート接到いらい、「このたびの開戦は日本の自衛戦争であるから、無通告で戦争を開始しても、国際法上何ら差支えない」という立場を一貫してとりつづけてきた。これは一九一二年（明治四十五年）一月、オランダのハーグで決定された宣戦布告に関する国際条約に基づいたもので、同条文には、

「締約国ハ理由ヲ付シタル開戦宣告ノ形式、又ハ条件付開戦宣言ヲ含ム最後通牒ノ形式ヲ有スル明瞭且事前ノ通告ナクシテ、其相互間ニ戦争ヲ開始スベカラザルコトヲ承認ス」

とあり、相手国が宣戦布告と知り得る通告をすればよいだけで、事前の時刻指定もない。極端な話でいえば一時間前でも、三〇分前でも国際法違反とはならないのである。

また、このハーグ会議のさい、ポーター米国代表は「この開戦通告の規程は、自衛戦争の場合は適用されない」ことを宣告し、各国代表もこれに異をとなえなかったところから暗黙

のルールとなっていた。

したがって、ハル・ノートを米国側の最後通牒と見なしていた東郷外相にとって、これは自衛戦争の立場以外の何物でもなかった。

ちなみに、日露戦争時には「最良と思惟《しい》する独立の行動を取ることの権利を保留する」「日本帝国政府は其外交関係を断つことに決定したり」との正式な最後通告を発している。

この東郷外相案にたいし、十二月一日、開戦前最後の御前会議となった折に、天皇から「最後通告手交前に攻撃開始が起こらぬよう気をつけよ」との注意があり、ここで改めて外相は最後通告を発出することにした。

こうして、通告の文案が作成された。東郷によれば――。

「米国に送る外交最後の文書として、米の態度、これに関する日本の態度、竝びに宣戦詔書の内容を敷衍して述べ、見切りをつけて外交を打切る趣旨を以てしたい……もう〔米に〕いうだけ、その後にいうだけの余裕はない、外交打切りとしてこの案文を練り、明五日午後発電、六日〔着〕とすれば手交するのはちょうどよい日と思う」

外交交渉の打ち切りが、即最後通告となるのである。これを知った海軍省側岡敬純軍務局長が、末尾に「帝国ハ必要ト認ムル行動ノ自由ヲ保留スル」と日米の開戦をさらに明確にする提案がなされたが、前掲の立場から外相はこれを受け入れなかった。

この連絡会議の席上、伊藤次長から「十二月七日午後一二時三〇分ワシントン手交」の申し出があり、東郷はいったん了承したが、さらに翌五日、伊藤から「午後一時にくり下げ」

との変更申し出があった。

これは、海軍省書記官であり、国際法の専門家であった榎本重治の回想によると、伊藤中将が自分の体験から大規模の部隊使用の場合、攻撃開始が約二〇分遅れる公算が大とすれば、約五〇分の余裕を見込んでも手交時刻は一時でも大丈夫との自分の判断を下したものであった、という（豊田隈雄『戦争裁判余録』所収）。

この三〇分のくり下げが何を意味するのか、東郷外相は何も知らされていない。さらにいえば、連絡会議でも統帥部から開戦日そのものを知らされていず、迫る東郷にやむを得ず永野総長が「十二月八日だよ」と小声でささやいたという。当時の外務大臣は、このていどの扱いだったのである。

「これで大丈夫なのですね」

東郷が通告三〇分の遅延を約束すると、伊藤次長は「大丈夫です」と大きくうなずいた。

ワシントンにある米海軍暗号解読班は、むしろ日本大使館よりも勤勉だった。

解読班長クレーマー少佐が海軍省ビル一六四九号室に姿を現したとき、日本側から打電してきた「紫暗号」第九〇二号電の最終部分——第十四部が机上に置かれてあった。それはハル・ノートにたいする日本側回答文の結語というべきものであった。

クレーマーは極東課長マッカラム中佐にこの内容を見せ、彼の意見をもとめた。二人は戦争を予期させる明白な証しとし、急いでスターク作戦部長のもとにとどけ、各基地に警戒を呼びかけるよう進言した。スタークの反応は意表をつくものであった。

「いや、新たに警報を発する必要はない」

午前一〇時、クレーマーが寝室にいた大統領にもとどけたが、ルーズベルトはさしておどろきの表情を見せなかった。

一〇時三〇分、日本側第十四部の解読文を配りおえてクレーマー少佐が通信保安課のデスクにもどってくると、さらにもう一通の解読文が机上にあった。これは東郷外相発の第九〇七号電で、「覚書手交時間ノ指定」とあり、「貴地時間七日午後一時を期し、米側に手交ありたし」とあった。

彼は「最重要《ベリー・インポータント》」の指定を眼にし、早鐘のように胸が高鳴るのをおぼえた。

ワシントン時間午後一時——の意味するものは、いったい何だろうか。日本側の覚書はあきらかに国交断絶を意味しており、しかも日曜日午後一時という手交時刻も尋常ではない。クレーマーは航法士用の時差表を持ちだし、大いそぎで太平洋各地の時刻を算出してみた。

マレー半島では十二月八日午前〇時三〇分。これは、すでに行動を起こしている日本の陸軍部隊にとっては、夜明けの数時間前にあたる。ハワイでは七日午前七時三〇分。二年間、真珠湾基地に勤務したことのある少佐は、それが日曜日の朝食時間に当たっていることに気づいた。それは「静かな、とても静かな時間だ」と、彼は思った。

クレーマー少佐が海軍省の長い廊下を駆けて行き、足音高く作戦部長室にはいって行くと、せき込んでいった。

「いますぐ、電話でキンメル長官を呼びだしてはいかがですか」

スタークは電話に手をのばしたが、途中でそれをやめた。のちに彼は、査問委員会でこのときの処置に関して問われたさい、すでに戦争警告は十一月二十七日付で太平洋艦隊あてに打電してあり、それで充分ではないかと考えたからである、と証言している。

「とにかく、大統領にだけは知らせておいたほうがいいだろう」

スターク提督はそういい、ホワイトハウスのダイヤルをまわしたが、大統領の専用回線は話し中だった。

一方、マーシャル参謀総長は奇妙な行動を取っていた。この日の超然とした彼の行動は、「ルーズベルトの陰謀」にからんで多くの疑念を生んでいる。

SIS極東課長ブラットン大佐がマーシャルの自宅に、第十三部までの覚書をとどけたのは前夜九時以前である。日曜日になって自宅に連絡すると、当直将校が出て「将軍は乗馬に出掛けて留守だ」といった。日曜日恒例のポトマック河畔への遊歩なのである。

参謀総長からブラットンに電話がかかってきたのは午前一〇時で、彼が陸軍省に姿を現したのは七五分後だった。わずか一〇分たらずの自宅との距離であったにもかかわらず……。

陸軍省の執務室で、マーシャルは第十四部までの日本側回答文をゆっくりと読んだ。ブラットンが午後一時手交の切羽つまった時刻をつげようとすると、邪魔するなと手で制した。

マーシャルは前夜、第十三部までの覚書を読んでいなかったのだろうか？　彼は、それからさらに三〇分もかけて第十四部までの回答文を読み、そのあとでブラットンから手交時刻を耳にすると、さすがに顔色を変えた。

マーシャルはさっそく太平洋地域に散在する陸軍部隊各司令官あてに指令を書いた。

「日本は東部標準時の本日午後一時、最後通告に相当する文書を提出する。また、彼らは暗号機械を直ちに破壊せよとの命令を出している。指定されたこの時刻の正確な意義は定かではないが、しかるべき警戒態勢をとられたし。海軍当局にも本電を伝達されたし。マーシャル」

ついで彼は、念のため海軍省のスターク作戦部長にもダイヤルを回わした。

「きみはどう思うかね。海軍もこの手交時刻についての情報を流したほうがいいんじゃないか」

「いや、われわれはすでに情報をたっぷり送っている。これ以上指令をだせば、かえって彼らを混乱させるだけのことだ」

マーシャルが受話器をおくと、すぐ折り返しスタークから電話がかかってきた。

「ジョージ」と、作戦部長が不安そうにいった。「いま、日本大使がハル長官あてに会見を申し込んだ。これには何か特別の意味がありそうだ。私もあなたにならって情報を送ることにする」

スタークは、さらに陸軍の指令も海軍の通信網を利用したらどうか、と申し出た。

「いいよ、ベティ。こちらでも速く送れると思うよ」

「それじゃ、ジョージ」とスタークはつづけた。「ついでにあなたの指示のなかに〝海軍の責任者にもつたえろ〟とつけ加えてもらえませんか」

マーシャルは承諾し、黄色い下書き用紙にそのむねを書き加えた。「――この通信を貴地の海軍当局にも伝達されたし」

この「最優先」と指定された暗号電報は、ただちにワシントンの陸軍省電信室から、フィリピン、ハワイ、サンフランシスコ、パナマ運河の各陸軍基地司令官あてに送信された。

ブラットン大佐は気が気ではなかった。マーシャルは、のちの証言で「機密保持のため緊急電話は使いたくなかった」とし、加えて陸軍通信センターを経由することも指示した、と弁明している。


この日、米側にとって不運なことに、ハワイでは午前一〇時半から陸軍の無線回線がはげしい電波障害を起こしていた。同センターの通信係士官エドワード・フレンチ大佐はブラットンに「到着時間は三〇分〜四〇分」と答えたが、この暗号電報の重要性を知らされなかった大佐は、独断でウェスタン・ユニオン社の商業電報で打つことにした。しかも優先順位をつけない普通便で――。

マーシャルの警告電報はウェスタン・ユニオン社の有線テレタイプで午後一二時一七分に

発信され、RCAサンフランシスコ事務所、同ホノルル事務所に送信された。着電は午後一時三分（ハワイ時間午前七時三三分）。淵田中佐の第一次攻撃隊はちょうどオアフ島三七浬までせまっているころである。

フレンチ大佐が思いついたのは、RCAホノルル事務所からフォートシャフターの陸軍司令部に敷設された新テレタイプ回線のことであった。だが、開設されたはずの回線は月曜日に最終テストが残されており、やむを得ずRCAはこれを頼信紙にタイプして人手で配達することにした。

マーシャルからの警報電は、結局、日系配達人フチカワ・タダオによって、ショート中将の陸軍司令部にとどけられた。その時刻は七日午前一一時四五分、日本軍の攻撃がはじまってから三時間五〇分後である。

レートン少佐の回想録は、マーシャル参謀総長もブラットン大佐も「日本側の第一撃はハワイだと考えていなかった」としている。マーシャルはこの警報をまず第一にマッカーサー、第二はパナマとし、通信センターで順番が問題になるようだったら、「フィリピンを第一にせよ」と改めて命じている。

ブラットンも「太平洋のどこかアメリカの軍事施設が目標」であり、ハワイでは夜明けから時間がたっており、グアムとフィリピンはまだ夜明け前でもっとも危険だ、と考えていた（前掲書）。

もし、ブラットン大佐がハワイでの電波障害を聞かされていたら、躊躇なくマーシャルは緊急電話か海軍の通信回線を使っていたにちがいない、とレートン少佐は指摘している。
南雲機動部隊は、またしても偶然に危機を脱したのである。

3　緑の島

淵田中佐は腕時計に眼をやった。母艦上空を離れてすでに一時間三〇分をすぎようとしていた。もうそろそろオアフ島上空に達する時刻である。

厚い雲が視界を閉ざしている。高度三、〇〇〇メートル、淵田中佐の指揮する水平爆撃隊四九機が白い雲海をすれすれに這うようにして編隊を組んで飛んでいる。陽は昇り、そのきらびやかな朝の光が眼に眩《まばゆ》い。

右翼後方五〇〇メートル上空には村田重治少佐のひきいる雷撃機四〇機が、左翼一、〇〇〇メートル後上方には第二集団の高橋赫一少佐隊五一機がそれぞれ密集隊形を組み、オアフ島上空をめざしている。

その雷爆連合の大編隊の直上には、三群に分かれた戦闘機隊が直衛の任務についていた。ともすればスピードが速すぎ、たちまち攻撃隊の前に飛び出してしまうので、制空隊はそれぞれ前後左右にスイープしながら歩調を合わせている。

（真珠湾《パール・ハーバー》か……）

松村平太大尉や岡嶋清熊大尉には、その地になつかしい思い出があった。昭和十一年、少尉候補生当時、練習航海の途中でホノルル市街に立ち寄ったことがある。

フラダンスとレイの歓迎をうけ、現地で在留邦人の心あたたまるもてなしを受け、家庭や農園にまで案内された。そして、この美しい緑の島の印象は、同期生たちの青春の良き思い出となった。それに火を付けるのが自分だと思うと、何かやるせない気持となった。

淵田中佐は、この雲の連なりをみて不安を感じはじめていた。ハワイ上空にもこれだけの雲海がつづいているのだろうか。とすれば、攻撃にどういう影響があるのだろうか。それにしても、と淵田中佐は思った。そろそろ偵察機からの報告がはいってきてもよさそうなものだが……。

重巡筑摩から放たれた零式水偵の機中で、福岡政治飛曹長は黙々と飛行をつづけていた。危険きわまりない偵察飛行であることは間違いない。もし米軍偵察機と洋上で遭遇すれば、味方艦隊の存在は白日のもとにさらされることになる。事実、この朝、オアフ島の四周には七機のPBY飛行艇がいつものように夜明けの哨戒飛行に飛び立っていたのである。

「笠森兵曹！」

福岡飛曹長が後部電信席に声をかけた。「いま一度、電信機を点検してくれ」

淵田総隊長や機動部隊の全ての耳が自分の第一電を待っている。高度は低く五〇〇メートル、白く波のくだける洋上を飛ぶ。気速一三〇節、風向は北東一五メートル。搭乗員は無言のまま南下をつづける。

福岡飛曹長の回想――。

「一年間ペアを組んで訓練を重ねて来た仲である。何も言わなくともその意志は十分通じ合っていた。とくにこの大作戦の先駆を命じられてからは、あらゆる不測事態の遭遇を想定して、打てば響くまでに入念にその対処法の申し合せを行い万全を期した。三名今はただ人事を尽した後の平静な面持である」

日出であった。左前方、輝くような太陽が水平線からのぞいて見える。

(日輪だ！)

彼は思わず声に出した。何という雄大な眺めだろう。

南進二時間、ついに目ざすオアフ島が見えた。大きく右に旋回しながら高度を上げ、三、〇〇〇メートル西上空から福岡機は侵入を開始した。

絶対に米側に察知されてはならない。偵察精度は低下するが、それはやむをえない。ホイラー飛行場に小型機が十数機点在しているのが見えた。真珠湾口に回わり込む。アメリカ戦艦特有の籠《かご》マストが林立している。

すぐさま、第一電が報じられた。

「敵艦隊ハ真珠湾ニ在リ　筑摩一番機」

つづいて、矢つぎばやに視認報告が打電される。

「敵艦隊上空、雲高一、七〇〇メートル、雲量七」

「風向八〇度、風速一四メートル」

淵田中佐は大集団の先頭に立って雲上飛行をつづけている。航法にしたがって目標をめざすだけだが、確実なのは、ホノルル放送にダイヤルを合わせ、その電波に乗せて飛んで行くことだ。

総指揮官機の九七艦攻には、一式空三号無線帰投装置がそなえつけられている。輸入先の米国メーカーの名をとって、俗に「クルシー式無線帰投装置」と呼ばれているものである。

淵田中佐は、その枠型空中線をぐるぐる回わしながらホノルル放送にダイヤルを合わせているると、いきなり朝の軽やかなジャズが高い感度で入ってきた。

「松崎大尉!」中佐はいそいで操縦席に声をかける。「ホノルル放送の電波をとらえた。いまから無線航法で行く」

「ハーイ」

松崎大尉のはずむ声がした。五度左に針路を修正する。この電波にのせて行けば、まちがいなくホノルル放送局の直上に出る。

第二の問題は、ハワイの天候であった。眼下に雲海がひろがり、海も山も目ざす方向のすべてが厚い雲におおわれている。この状況が真珠湾までつづけば、爆撃隊は照準ができない。雲をさけ低空に舞い下りれば、その分だけ被弾機が多くなるだろう。

奇妙な偶然が、総指揮官機の悩みを救った。何げなくダイヤルをいじりジャズ放送の感度を調整すると、その電波の奥に、もう一つの放送がかすかに重なって聞こえる。気象放送らしい小さな声がささやく。

（ホノルルの航空気象放送だ！）

全神経を集中して耳をすませる。放送はゆっくりと二度くり返す。淵田中佐はせわしなく鉛筆を走らせる。

「おおむね半晴、山には雲がかかり雲底三、五〇〇フィート（一、〇六七メートル）。視界良好。北の風一〇ノット」

おあつらえむきの気象通報である。偶然といえば偶然だが、そのタイミングといい内容といい、のどから手が出るほどの欲しい情報であった。

淵田中佐は攻撃隊の針路を西まわりに変えた。その理由とは、こうである。

ホノルルが半晴だとすれば、オアフ島は雲が切れていると考えてよい。しかし山に雲がかかっていて、雲底が約一、〇〇〇メートルだとすると、予定のように島の東側の山脈をこえて北東から接敵するのはあぶない。風向は北だというし、これはむしろ島の西側をまわって、南の方から北に向って入ってやろう。視界が良い、というのは何よりだ……。

こうして、第一次攻撃隊の一八三機の突入方向が決まった。カフク岬を大きく西方に回わり込み、バーバースポイント岬沖を左に切り込んで、真珠湾直上をめざすのである。

「筑摩機からの電報です！」

電信席の水木徳信一飛曹の声がはずんだ。

「戦艦一〇、甲巡一、乙巡一〇隻在泊中　〇三〇八」

さらに、利根機の成川飛曹長からの偵察報告もとどいている。

「敵艦隊はラハイナ泊地にあらず、〇三〇五」

ホノルル放送は、相変らず軽やかな音楽放送をつづけていた。また、単調な雲上飛行がはじまる。


ハルゼー中将の坐乗する旗艦エンタープライズは、真珠湾まであと八時間の距離に近づいている。

午前六時一五分、飛行甲板からいつものように哨戒機が飛び立った。第六偵察中隊の一三機、第六爆撃中隊の四機、そして偵察機が一機である。

機種はいずれもＳＢＤ二型および三型の『Dauntless《ドーントレス》』爆撃機で、艦の前方一八〇度の扇形海面を索敵のうえ、フォード島基地に着陸することになっていた。

一八機のドーントレス爆撃機は、それぞれ朝もやをついて指定された海面に飛び立っていった。

女房もちのパイロットたちは、戦争警告にもかかわらず口笛まじりでこのノンビリした任務をたのしんでいた。エンタープライズが入港するまで上陸はできないものの、それまでに家族を呼びよせておくことができるし、それに今日は安息日じゃないか――。

淵田中佐は、前方にのぞく雲の切れ間に眼をこらしていた。白い雲の連なりのなかに、そこだけが空洞のようにポッカリと穴が空いている。

青い海原がひろがっていた。その海上を眼で追っていくと、白い波にふちどられた海岸線がみえ、緑の島影が映った。

それは、朝の光のなかで息をのむような美しい眺めだった。

——オアフ島のカフク岬である。

第五章　真珠湾に殺到した男たち〈I〉

1　「全軍突撃せよ」

安息日《サバス》の真珠湾は、うららかな冬の陽光につつまれていた。おだやかな波が朝の太陽をにぶく照り返し、真東から吹きよせる風が重くたれ下がった艦尾の星条旗をかすかに揺すっていた。

いつもと変らない日曜日の朝だった。風速一四メートル、雲高一、七〇〇、雲量七――。オアフ島は雲におおわれていたが、真珠湾上空だけはまったくの上天気だった。

せまい湾内のいたるところにアメリカ太平洋艦隊が碇泊し、その中心にあるフォード島の南東には戦艦群が行儀よく二列にならんでいる。この、いわゆる戦艦横丁の先頭には戦艦カリフォルニアが、つづいてメリーランドとオクラホマ、テネシーとウェスト・バージニア、そしてアリゾナとネバダがそれぞれ肩を寄せあうようにして錨を下ろしている。

フォード島の西側は、ふだんは空母の錨地となっていたが、七日朝には全艦出動中のため、旧式戦艦ユタ、旧式巡洋艦デトロイト、軽巡ローリー、そして水上機母艦タンジールの四隻の姿しか見えなかった。南側の10―10ドックには巡洋艦ヘレナが入渠中であり、一号乾ドックには戦艦ペンシルバニアと二隻の駆逐艦の姿がのぞいている。さらに北と東の泊地には水雷戦隊の駆逐艦群が三々五々投描しており、そのすべてはまだ夜の眠りから覚めきっていないように思われた。

この日、真珠湾に在泊した艦船は総計九四隻にのぼったが、それぞれの艦では夜明けとともに、こうしてのどかな日曜日の朝の目覚めを迎えようとしている。

戦艦ネバダでは、一分隊の水兵たちが朝の礼拝のために艦尾の飾りつけをしていた。非番の水兵たちも朝食をすませると、上陸の支度に取りかかっていた。だれもがごく日常的な出来事に――たとえば、上陸の買物や家族のこと、仲間同士のいさかいや昇級のこと、近づいてくるクリスマスや休暇のことに――関心を持っていた。

そして、もうまもなく午前八時、いつものように朝の軍艦旗掲揚がはじまる時刻である。

この朝、湾内でいそがしく動き回わっているものといえば、哨戒中の駆逐艦ウォードだけだった。けれどもウォードの周辺では、夜明け前から奇妙な出来事が相ついでいた。

午前三時四二分、湾口外を掃海作業中の掃海艇コンドルから「小型潜水艦の潜望鏡を発見！」との通報を受けて二浬沖の目標地に急行したが、その後潜航に移ったのか、発見できていない。

約三時間後の午前六時三三分、上空哨戒中のPBY飛行艇がまたしても小型潜水艦を発見、発煙筒を投下した。今度は成功した。開いた防潜網を通って鉄製平底船を曳航する工作船アンタレスの後方に、妙に黒い物体がつづいているのが見えた。

「小さな司令塔のようです」

第一発見者の操舵手H・F・ギーリンが急いで報告した。

「エンジン全開！」

海図室のベッドで横になっていた艦長ウイリアム・W・アウターブリッジ大尉は、ただちに命令を下した。「――前進せよ」

その妙に黒い物体とは、だれの眼にも潜水艦の司令塔であることは明らかであった。だが、この時刻に味方潜水艦の通行する予定はなく、また通常の航路を大きくそれている……。

海はまだ暗かった。この日、ハワイの日の出時刻は六時二六分だったが、朝の陽光はタンタラス山とオリンパス山の頂きにさえぎられて真珠湾にとどかず、海上はまだ朝靄が立ち込めていた。

「砲撃開始！」

アウターブリッジ艦長はテキパキと命令を下した。

距離は約九〇メートル、白い波のざわめきのなかに黒い葉巻型の艦体がのぞいてみえる。速力九ないし一〇ノット、微速である。司令塔は海面よりも六〇センチほど突きでており、ウォードの接近に気づいた様子はなかった。

一番砲手は射程ゼロで第一撃を放った。弾はそれ、つづく第二弾が司令塔の海面すれすれの部分に命中した。それでも小型潜水艦は前進をやめない。

「爆雷投下！」

警報が四回鳴り、すぐさま四発の爆雷が投じられた。一つ、二つ、三つ……。爆発がつづけざまに起こり、立ちのぼる巨大な水柱のなかに潜水艦はのまれて見えなくなった。

「ワレ防衛水域ニ行動中ノ潜水艦ヲ発見　爆雷攻撃ヲ加エタリ」

六時五一分、アウターブリッジ艦長は第十四海軍区司令部に暗号電報を打った。さらに二分後、それでも不充分だと考え直した彼は、つぎのように報告を打ち直した。

「ワレ防衛水域ニ行動中ノ潜水艦ニ砲撃ヲ加エ　爆雷ヲ投下セリ」

この「砲撃ヲ加エ」という文句が彼の苦心したところだった。十二月五日に着任して、いきなり初弾を放った新艦長なのである。相手が味方艦ではなく、まして鯨や材木に爆雷を投下したのでないことは、現実にウォードが潜水艦を発見し、それに大砲を使ったことで司令部にわかってもらえるだろう。

だが、アウターブリッジ艦長の自信にくらべると、艦橋にいた新参者の砲術長Ｏ・ゲプナー中尉はおそろしい疑惑のとりこになっていた。もしかしたら、あれは新型の味方潜水艦ではなかったのか？　そうだとしたら、とり返しのつかないあやまちを犯したことになる。

米側資料によれば、この小型潜水艦は確実に撃沈されたとしている。ウォードの戦時日誌

――。

「〇七〇五　爆雷攻撃を（再び）開始した。

〇七〇六　本艦の後方三〇〇ヤード（二七四メートル）に、黒い油のあぶくを発見す。爆雷攻撃を中止した。

〇七三六　第十四海軍区司令官とホノルルの沿岸警備隊にたいし、つぎの電報を発信した。『われわれは（別の）小艇を発見し、これを捕獲した。われわれはホノルルにむけて小艇を護送中。小艇を受け取るよう沿岸警備艇に手配されたし』」

二度目の砲撃で船体と司令塔の継ぎ目の部分に砲弾が命中し、潜水艦は右舷に傾き、速度が落ち、水深一、二〇〇フィート（三六六メートル）の海底に沈んでいった、と戦時日誌は報じている。

このとき、釣合《ツリム》の調整をおえ、ふたたび微速で湾口をめざしていた酒巻艇をのぞいて、四隻の特殊潜航艇が真珠湾侵入の機会をうかがっていた。

防潜網は、夜間閉じられることになっているが、コンドルほか二隻の掃海艇入港のために午前四時五八分に開かれ、航空攻撃がおこなわれているあいだもそのままであった。閉塞されたのは午前八時四〇分である。

日本側攻撃計画では、真夜中に侵入して海底に沈座したまま航空攻撃の開始を待つとされていたが、それによると午前三時半前後に横山艇が防潜網をくぐっていなければならず、ついで三〇分間隔で広尾、酒巻、古野、しんがり役の岩佐艇の順序となる。夜間は防潜網が閉じられていたため、この計画が狂った。では、この艇はだれのものであったのか？

湾内に確実に侵入したのは岩佐艇で、もう一隻は横山艇とされている。

横山艇は母潜伊十六潜と無線がつながっており、同日午前に奇襲成功の「トラトラトラ」連送電を送信したあと、翌日「航行不能」の特定信号を発し、消息を絶った。酒巻艇は攻撃を断念して収容地点にむかい、広尾、古野二隻は湾外で撃沈されるか、自沈している。

一九六〇年（昭和三十五年）六月、真珠湾口から一・八キロ沖合で日本海軍の特殊潜航艇が沈没しているのが発見された。海中障害物除去作業中の出来事で、水深二三メートルの珊瑚礁にひっそりと眠っていたのである。その後、引き揚げられ日本に返還されて、いま江田島の教育参考館の庭に安置されているが、艇内に遺骨はなかった。

魚雷二本も装着されたままで、爆雷のためか電池室付近に破口があった。司令塔ハッチの止め金が内側から外され、搭乗員の痕跡をしめす資料や所持品の一切がない。その後、シドニー攻撃、ディエゴスワレス湾攻撃時に特潜艇員が艇を脱出後、白刃をもって陣地に斬り込んだという逸話があるところから見て、覚悟の上の脱出であったのだろう。

この艇が広尾彰少尉、片山義雄二曹のコンビによるものだと推定されている。もう一艇、古野繁実中尉、横山薫範一曹のものは一九九二年（平成四年）七月、湾口四〇〇メートルの沖合で発見されたが、艇の一部でしかなかった。

さらに、最近の各紙新聞記事（平成十四年九月一日付）で、真珠湾沖五、六キロの海底で特殊潜航艇一隻が発見されたと報じている。確認したのはハワイ大学海洋調査研究所で、搭乗員二名の遺体は艇内に残され、魚雷二本は装填《そうてん》されたままだという。

だが、その後の調査で遺骨は存在せず、破壊された艇のみが存在していることだけがわかった。この艇は捕獲後、米軍が投棄したものとわかった。


駆逐艦ウォードからの報告がキンメル長官のもとにとどいたのは、それから約五〇分もたってからだった。電報を中継した第十四海軍区司令部のブロック提督と参謀長ジョン・B・アール大佐とのあいだで、しばらく「保留」扱いにされたからである。

「これは、どういう意味かね」ウォードからの報告をみたブロック提督はアール大佐にたずねた。

「この種の誤認が多いのです」と、彼は答えた。「わずか数ヵ月たらずのあいだに十数回以上、これに似た事件が起こりました。もう少し、事態の成り行きを見守っていましょう」

後日の調査委員会で問題となったのは、アウターブリッジ艦長の判断であった。国籍不明の（おそらくは日本の）潜水艦を発見、撃沈しながら、なぜ、現場を離れ「小艇をホノルルまで護送」したのか。この報告が、アール大佐の判断を狂わせてしまったことは間違いない。

小艇とは、日系人が多く使うサンパン船（平底船）のことである。これらの頑丈な漁船は主にマグロ漁に出て行くのだが、当然のことながら近海漁業にも出漁していた。ダイヤモンドヘッドから三浬以内は、海軍の演習海域のため操業を禁止されている。それでも、彼らは〝平気で〟禁止海域に侵入してきた。

第十四海軍区司令官が極度に神経をとがらせたのは、これらサンパン船にまぎれこんで日本人スパイが侵入してくるのではないかという不安だった。あるいは破壊活動を企てるのではないか。この不安のために小舟艇は警戒され、ウォード艦長も通常任務に従ったのだ。

だが、報告の重要性に気づいた者もいた。太平洋艦隊の当直参謀ヴィンセント・マーフィー中佐である。彼は自分の手元にまわされてきた電報を見て、ただちに確認を急がせ、ついでキンメル大将の耳にも入れておこうと電話連絡をとった。

しかし、すべては遅すぎたのだ。この黒い潜水艦を攻撃の予兆と気づいたものはいず、アウターブリッジ艦長もまた、わざわざ第一報を煩雑な暗号文に変えた。第十四海軍区司令部はその解読に時間をとられ、そしてまた司令部首脳がその重要性に気づかなかったため、時のながれるままにまたもや貴重な時間をむだにしてしまったのだ。

マーフィー中佐の電話を受けたとき、マカラパにあるキンメル大将邸では、提督はまだ朝食前だった。受話器をとりあげたキンメルは反応を示した。

「よし、わかった。――すぐ行こう」

このとき、時計の針は午前七時四〇分をさしていた。

攻撃の予兆はまだあった。

午前六時四五分、オアフ島北端のカフク岬にあるオパナ陸軍レーダー監視所では、明らかに約五〇キロ北方から二機の飛行機が接近してくるのを認めた。

さらに、午前七時二分、スクリーンにいままで見たこともない「何か普通でない」大きな映像をとらえた監視員の第五一五航空通信隊ジョージ・E・エリオット一等兵は、昂奮して同僚にさけんだ。

「見てください！　飛行機の大編隊がやってきます！」

「本当かい」ジョセフ・L・ロッカード一等兵が首をかしげていった。「機械が故障してしまったのじゃないのか」

ロッカードの不審はむりもなかった。オパナ監視所のレーダーは設置されてからまだ二週間もたっていず、監視員はたった二人にすぎない。そして、この朝も先輩格のロッカードがエリオットに初歩的な機械操作を教えているさなかだった。

オパナ監視所はオアフ島周辺に設置された五つの移動基地のひとつで、これが正常に動いていれば、二四〇キロ以内の飛行機はすべて探知することができるはずだった。勤務時間は午前七時から午後四時までだったが、十一月二十七日のワシントンからの警戒命令いらい、時間帯は午前四時から午前七時までの三時間に改められた。

ショート中将が、この時間をもっとも危険だと判断したからである。

けれども、オッシロスコープに映し出された斑点は機械の故障でも何でもなく、飛行機の大編隊の接近を示している。エリオットはさっそく地図を取り出し、その位置をもとめた。

「北から東寄り三度……二二〇キロの距離」

「おれたちの仕事は七時で終ったんだぜ」ロッカードは気のない返事をした。

「しかし、異変は報告すべきじゃないですか」エリオットは昂奮していった。「それでは、――私がやります」

七時六分、彼はさっそくシャフター要塞にある陸軍情報センターに連絡した。

「大部隊の飛行機が北から侵入しつつあります。方位は東に三度」

この日の当直将校は、カーミッド・Ａ・タイラー中尉だった。奇妙な偶然だが、彼もそのときまだ情報部の仕事に慣れていなかった。任務についての講習も一回受けただけにすぎず、そしていまも、ただ訓練のためにこのシャフター要塞にいただけなのである。

「よし、わかった」中尉は考え込みながらいった。「だが、心配はいらんよ。それは味方機だ」

タイラー中尉は操縦将校出身で、この日、米本土からＢ17『空の要塞』が一二機空輸される予定になっていることを知っていた。ラジオは一晩中そのニュースをつたえていたし、もうそろそろ彼らが到着するころである。

こうして、アメリカは――少なくとも陸軍は、攻撃開始四五分前に――真珠湾を救う最後の機会を逃してしまったのだ。

ロッカードは首をすくめた。エリオットはがっかりしたが、職務に忠実だった彼は、レーダーの操作を練習したがっていた。

二人は、また大編隊の動きを追った。七時二五分、映像はさらに大きくなり、距離もぐんぐん近づいている。その位置も八四キロにせまった。七時三〇分、七六キロ……七時三九分、三七キロ……。

その瞬間、丘の背後に回わったとみえ、ブラウン管から映像が不意に消えた。二人はそこでスイッチを切り、迎えにきたトラックに飛び乗って、朝食のためにカワイオラにある陸軍兵舎にむかった。

日本軍のハワイ作戦は、こうしていくつかの危機にさらされながら、最後の一瞬まで秘密を保つことに成功した。攻撃計画の予期しえない大小さまざまなミスによっていくたびも破綻に瀕したが、相手側の形式主義、怠慢、誤断に助けられて、攻撃隊はいまオアフ島上空にたどりつくことができたのである。

時計は午前七時五五分を指していた。真珠湾内は静まり返っている。アメリカ太平洋艦隊将兵のそれぞれが持場につき、軍楽隊が甲板に整列し終った。あと五分で、軍艦旗掲揚の時刻である。

戦艦ネバダの後甲板では、二三人の軍楽隊と海兵隊の衛兵が立ちならび、アメリカ国歌を演奏しようとしていた。全員が合図の信号を待っているとき、そのうちの何人かがはるか南西の空に無数の黒点を見つけた。

主水道にいた駆逐艦ヘルムの操舵手Ｆ・ハンドラーは、一本の細長い紐のようになって飛行機群が侵入してくるのに気づいた。彼はそのうち一機が翼を振るのをみて、手をあげてそれにこたえた。だが、「どこか、見なれない飛行機だな」と、ハンドラーはつぶやいた。

空はおびただしい飛行機のむれでうずめつくされようとしていた。日本軍の攻撃隊が真珠湾に殺到しつつあるその瞬間においてさえも、米軍将兵たちは事態のもたらす意味をまだ正確につかんでいない。

戦艦ネバダの当直将校Ｊ・Ｋ・トーシッグ少尉は午前七時から配置についていた。甲板に出ると、休暇で自由行動がとれる水兵たちが整列していた。見上げると、一機のＴＢＤ『デヴァステーター』雷撃機（と彼には見えた）が戦艦列にむかってくるのが見えた。

彼は首を傾げながら、つぶやいた。

（なぜ、魚雷を積んでいるのだろう）

すべてが理想的に進行しつつあったときに、日本軍の攻撃計画は最後の瞬間になって手違いが生じた。

七時四〇分、総隊長淵田中佐は、各機にたいして展開の指示をおこなったが、あらかじめ決められてあった信号弾の扱いに混乱が生じたのである。

単冠湾での打ち合わせでは、奇襲成功の場合は信号拳銃を一発射つことになっていた。それによって村田少佐の雷撃隊が突入し、米軍が防御砲火を開くまえに戦場を離脱、つづいて水平爆撃隊、急降下爆撃隊が攻撃をかけることになっている。不成功の場合は二発——その指示によって、まず急降下爆撃隊がまっさきに飛行場に突っ込み、敵戦闘機および防御砲火を制圧し、そのあとで雷撃隊と水平爆撃隊が侵入する手はずになっていた。

カフク岬からハレイワ上空に回わり込んだとき、事態は明白だった。淵田中佐は信号拳銃をとりだし、黒煙信号を一発射った。

ただちに村田少佐の雷撃隊は海面すれすれに降下し、高橋赫一少佐の急降下爆撃隊は旋回しながら高度三、七〇〇メートルまで上昇、さらに水平爆撃隊は一、〇〇〇メートルに降下した。ここまでは、順調に進んだ。

だが、まっさきに飛び出して真珠湾上空を制圧するはずの板谷少佐の戦闘機隊がなかなか行動を起こさないのを見て、淵田中佐は制空隊が信号を見落としたにちがいないと考えた。そこで、一〇秒の間隔をおいて、あらためて信号拳銃でもう一発射った。

高橋赫一少佐はこれを見て、奇襲不成功ととっさに思い込んだ。単冠湾での意見具申通り、飛行場制圧が急務であった。彼は列機に指示し、ただちに急降下爆撃の態勢に入った。

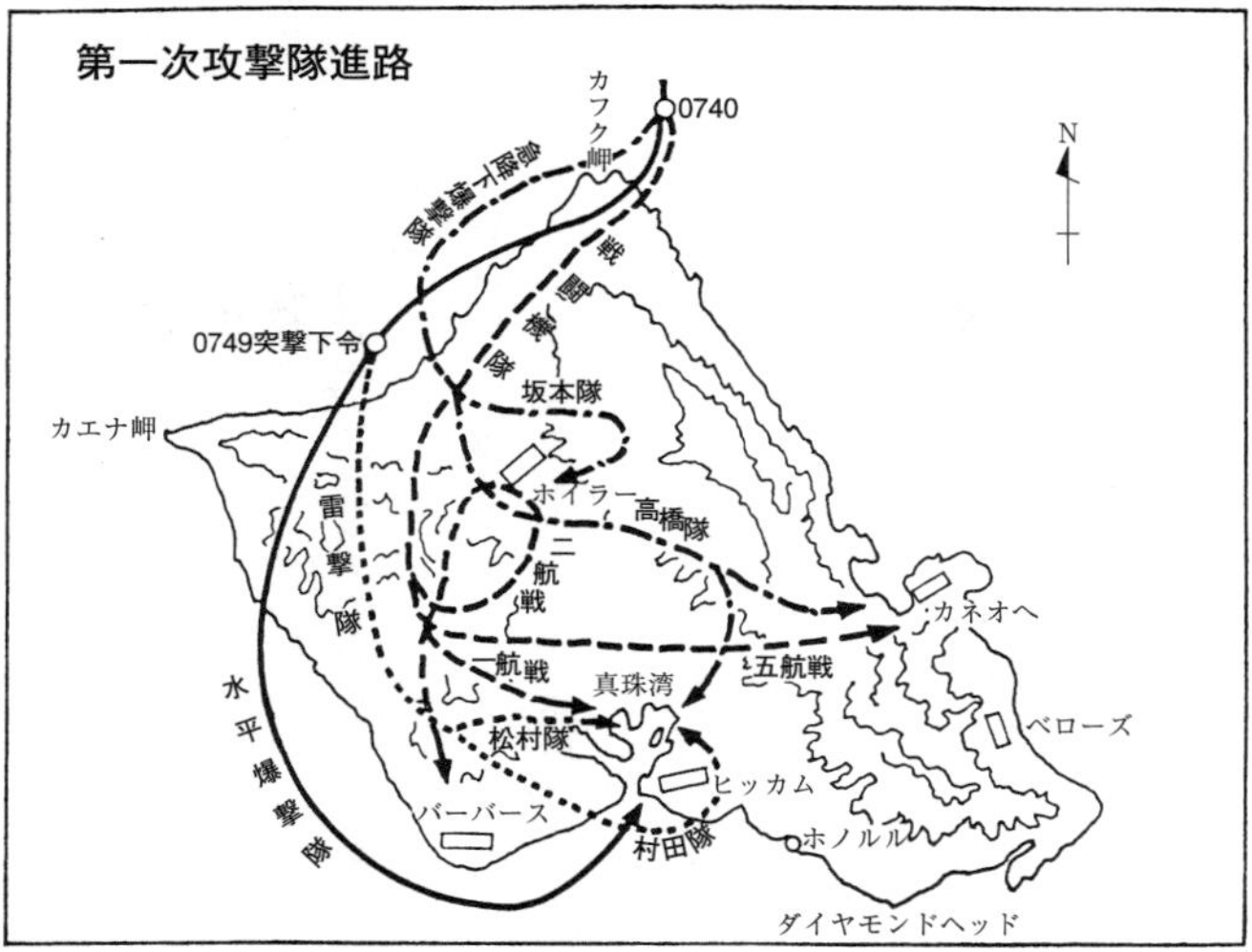

村田少佐はそれを見て、高橋少佐の誤断に気づいた。だが、もはや一刻の猶予もならないときであった。彼はぐんぐん高度を下げ、低空から急いで真珠湾に侵入しようと試みた。あとは、できるだけ早く目標に達することだ。

七時四九分、淵田中佐は電信員水木徳信一飛曹に命じてト連送を打電させた。

「トトト（全軍突撃せよ）……」

日本軍の第一次攻撃隊一八三機は、呪縛から解き放たれたように、全機がそれぞれの攻撃目標に殺到した。

指揮官機からト連送が打電されたとき、すでに高橋赫一少佐の指揮する九九艦爆隊二六機は、翼に朝日をきらめかせながら急降下の態勢に入っていた。

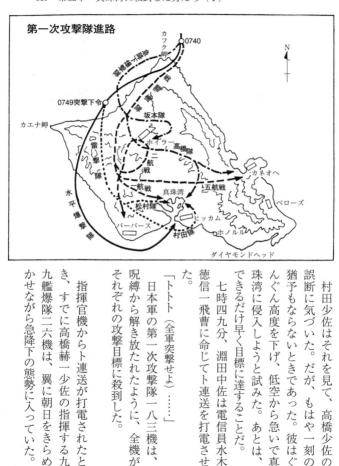

急降下爆撃隊の任務は、オアフ島における二大陸軍航空基地であるホイラー、ヒッカム両飛行場に先制攻撃をかけることにあった。

南雲部隊の敵信班は、ホイラー飛行場に「戦闘機二〇〇機」（実際にはP40型戦闘機一〇〇機、P36A型四四機をふくむ一八〇機）、ヒッカム飛行場には「陸軍爆撃機約一五〇機」（実際には、その日、米本土から飛来する予定のB17型一二機をふくむ六九機）が配備されていると判定している。

それら戦闘機群が反撃に飛び立てば、速度の遅い攻撃隊の艦爆や艦攻は手痛い被害をこうむるであろうし、重爆撃機群は南雲部隊が帰途につくさい反撃にむかってくることは明らかであった。それを、在地のまま完全に封殺することが至上命令だった。

高橋少佐は翔鶴隊二六機を指揮してフォード島およびヒッカム飛行場を、坂本明大尉は二五機をひきいてホイラー飛行場に突入を開始した。

村田重治少佐の直率する一、二航戦の九七艦攻四〇機は、全速で低空を突っ走っていた。

村田少佐指揮下の赤城隊一二機、北島一良大尉の加賀隊一二機、計二四機は、真珠湾を南に迂回してヒッカム飛行場上空で単縦陣となり、長井彊大尉の蒼龍隊八機、松村平太大尉の飛龍隊八機、計一六機は、そのまま西側から雷撃態勢に入っていた。

淵田中佐は、いまや高橋少佐の誤断が重要な意味をもたなくなっていることに気づいていた。攻撃順序が狂ったところで、奇襲は完全に成功したのである。上空に敵戦闘機の姿は見えず、対空砲火も沈黙したままである。

このとき、米側記録は、

「アメリカ太平洋艦隊九四隻の対空砲七八〇門のうち、兵員が配置されていたのはその四分の一。陸軍は全高射砲三一門のうち砲手がついていたのはわずか四門であった」

とつたえている。

全軍突撃を下令してより三分後、淵田中佐はふたたび水木一飛曹に発信を命じた。

「トラトラトラ……」

うなずいた水木一飛曹は旗艦赤城あて無電のキイをたたいた。「ワレ　奇襲ニ成功セリ」の略語電報である。

同じころ、ワシントンの日本大使館ではようやく第十四部の翻訳が終ったばかりだった。

奥村書記官がタイプにむかう傍らで、野村大使がじりじりしながらその作業の完成を待っていた。二つの訂正電報が舞い込んだため、さらに作業は遅れた。ひとつは一語だけの訂正、もうひとつは文章の送信もれを指摘するものだった。

野村大使は何度もドアをあけてのぞいたが、とうてい約束の午後一時には間に合いそうになかった。彼は時計を見た。もう午後〇時三〇分だった。

「しかたがない」大使は眉をくもらせながら、運命的な決定をした。「——会見を四五分くり下げてもらおう」

可能性を極限にまでおし進めることによって考えだされた最後通牒の手交時刻が、この最後の瞬間になって、大きな手違いを生じたのである。

当の交渉の相手、国務長官コーデル・ハルはこう書いている。

「日本政府が午後一時に私に会うように訓令したのは、真珠湾攻撃の数分前に通告を私に手渡すつもりだった。日本大使館は解読に手間どってまごまごしていた。だが、野村はこの指定の時刻の重要性を知っていたのだから、たとえ通告の最初の数行しか出来上がっていないにしても、あとは出来しだい持ってくるように大使館員にまかせて、正一時に私に会いにくるべきだった。

こういうわけで、日本が野村、来栖が私に通告を渡すより一時間以上も前に、無警告で真珠湾を攻撃した」

ハルは「無警告で」と書いているが、もし東郷外相が主張するように「自衛のための戦争」として、最後通告を出さなかったとしたら、彼はどう反応しただろうか。また、第十四部のみを手渡したとしても、彼の言うように宣戦布告と受け止めたであろうか。

日露戦争時には、ハーグ条約は存在していなかったが、当時の明治政府は外交交渉の打ち切り、宣戦布告の二段階にわけて告知している。

野村大使も、おそらく来栖大使も、この第十四部の結語を即宣戦布告と考えていなかったにちがいない。すなわち、「妥結ニ達スルヲ得ズ」とは日米交渉の打ち切りを宣言するものであって、宣戦布告を意味するものではない。このあいまいさは、奇襲攻撃をあくまでも秘匿したいという軍部の要請に副ったものなのだ。

外交交渉の打ち切り、国交断絶――といっても、これがそのまま戦争状態に入るものではない――そして宣戦布告、と段階を重ねるが、日本側があくまでもこれを宣戦布告と主張するにしても、ハルは果たして同意したか。

もし、ルーズベルト大統領がこれを宣戦布告と解したとしても、即座に戦争準備の命令を発しなかったということで、真珠湾の大災厄を防げなかった無策の責任を後に議会で追及されることは必至である。したがって、この日本側覚書については、あくまでもその作為を強調し、「無通告」で、「突然の騙し討ち」と主張したことに、疑いを挟《さしはさ》む余地はない。

一方の英国側にたいしては、マレー半島攻略にむかった第二十五軍がコタバル上陸を開始したのは一時間一五分前で、最後通牒も出さないままでいる。

第二十五軍の佗美支隊がコタバル泊地に侵入したのは七日午前九時三〇分（ワシントン時間）、上陸用舟艇発進は午前一一時三〇分、上陸成功が同日正午ということになる。つまり、英国側にたいしてははじめから奇襲攻略を目指したものであり、もともと交渉さえしていない。

――こうして悲劇の幕が切って落とされた。そして今、真珠湾上空に達した日本機搭乗員たちは、行手に待ち受ける自分の運命に何も気づいていない。

2　戦艦横丁

　高橋赫一少佐のひきいる急降下爆撃隊がフォード島にある米海軍水上機基地に投弾したのは、午前七時五五分である。

　第一弾は格納庫をそれ、島の南西端の水ぎわで土煙を上げたが、つづく篠原一男一飛曹、福原淳二飛曹二機の九九艦爆の二五〇キロ爆弾によって、哨戒機格納庫が木っ端みじんに吹き飛んだ。

「港内の全艦艇出撃せよ！」

　先頭の隊長機が翼をひるがえして左に大きく機首をかえしたとき、胴体にあざやかな真紅の日の丸を見つけて、老朽機雷敷設艦オグララのW・R・ファーロング少将が信号旗をかかげた。

　だが、その警告に反応を示したのはごくわずかだった。急降下爆撃機の投弾を見たものも少なく、突然立ちのぼった焔と煙によって、火災発生と錯覚したものが多かった。もっとも、フォード島基地にいた水兵のなかには、まだこれを実戦訓練と考えているものもいた。

　アメリカ側記録では、この投弾をのんびり見上げていた一水兵のことばをつたえている。彼はこれを陸軍の演習と錯覚し、感にたえぬようにいった。

「それにしても大した奴らじゃないか。本物の爆弾を落としやがる」

高度六、〇〇〇メートルにあって邀撃してくるはずの米戦闘機にそなえていた制空隊の位置からは、このすべての動きが手にとるようにのぞまれた。上空の米軍機を警戒しながら、志賀大尉はフォード島に立ちのぼる爆発と閃光に眼を転じた。

だが、それにしても雷撃隊の突入は遅すぎるようだった。まっ黒な煙がフォード島からもうもうと立ちこめ、風にあおられて海上に流れて行く。もしそれが南東の戦艦横丁をつつみこんでしまったら、雷撃隊は目標をつかむのに苦労しなければならない。

（赫《かく》サン、何もこんなときにあわてなくっても……）

志賀大尉は思わず怒りにかられた。そして彼はじりじりしながら、村田少佐の到着を待ちのぞんだ。

ヒッカム飛行場の直上から、雷撃機が一二機、低空をはうようにして突入してくるのが望見された。村田少佐の一航戦赤城隊である。ついで、加賀隊一二機がそのあとを追っている。

幸運にも爆煙は西に流れ、そのため目標の戦艦列は朝の陽光のなかでむきだしになったままである。

先頭の指揮官機から八〇〇キロ航空魚雷が投下された。はるか上空からながめると、それはトンボが卵を生みつけるさまにも似ていた。青い海面にかすかに白い飛沫が立ちのぼる。つづいてひとつ、またひとつ……。

志賀大尉のあせりとはかかわりなく、魚雷はいかにもノロノロと進んでいるように思われた。雷跡が白く海を走り、艦腹に吸いこまれる。やがて轟然たる爆発が起こり、巨大な水柱が空を走った。

「やった！」

彼は思わず口にだしてさけんだ。


この朝、真珠湾攻撃の立役者は雷撃隊だった。村田少佐がエンジンを全開してサウス・イースト湾から低空で侵入してきたとき、戦艦ネバダでは軍楽隊が「星条旗よ永遠なれ」を演奏しはじめたところだった。当直将校トーシッグ少尉は直立不動の姿勢を取りながら、TBD雷撃機（と見えた）がそのまま直進し、魚雷を戦艦列めがけて投下するのを見て仰天した。

村田機が戦艦列中央にいたウェスト・バージニアに魚雷を投下すると、二番機村上福治一飛がそれにつづいた。三番機香月定輔一飛がねらったのは、その左に碇泊している戦艦オクラホマだった。赤城の第二小隊長後藤仁一中尉が彼らと並行するようにして、突入態勢に入った。

ヒッカム飛行場上空で隊形をととのえ、スロットルを全開にすると、後藤中尉はマストの林立する戦艦群に機首をむけた。だが、態勢をととのえる時間の余裕はまったくなく、すぐに機は射点に飛び込んでしまった。すばやく、彼は計器を点検する。

「速力一六〇ノット……前後傾斜器の目盛りはゼロ……高度二〇メートル」

理想的な雷撃態勢に入っていた。これも過去半歳にわたる猛訓練のおかげかもしれない、と一瞬そんな思いが脳裡をかすめた。

「用意」

後藤中尉は伝声管にむかってさけんだ。

「撃《テ》ッ！」

九一式改二型八〇〇キロ航空魚雷が機腹から離れると、ぐんと身軽になったように思われた。三トンの機体から約一トンの魚雷が放たれるのである。特徴ある米戦艦の籠マストすれすれに機首を引き起こすと、彼は気がかりだったことをまっさきにたずねた。

「どうだ、走ってるか？」

「大丈夫です」偵察席にいた日華事変いらいのベテラン搭乗員宮島睦夫一飛曹が、おうむ返しにこたえた。「――走っていますよ」

操縦桿を引き、急上昇に移るとき、オクラホマの艦腹中央からもくもくと高い水柱のたちのぼるのが望見された。

第二中隊六機をひきいる根岸朝雄大尉は、すぐ後につづいていた。第二小隊長重永春喜飛曹長は、機が高度計のきかない海面すれすれの位置を飛んでいることに気づいた。高度五メートル。プロペラが波を切りそうだ。

（大丈夫！）

彼は自分に言い聞かせる。操縦は空母龍驤からの移動組鈴木重男一飛曹で、乙飛五期出身のベテラン先任下士官である。気心の知れたペアだ。

目標はぐんぐんせまりつつある。赤城隊が中央のウェスト・バージニアにむかっていたため、すぐ右の艦列にねらいをさだめた。だが、戦艦と見たのは誤ちで、どうやら給油艦らしい（注、工作艦ベスタル）。

大切な魚雷であった。はるばる内地から猛訓練をへて、この日のために運んできたのである。湾口から突入するさい、米駆逐艦がノンビリと哨戒作業についているのを発見したが、日本機と気づいたのか、不意に全速力で蛇行運動をはじめた。彼は思わず苦笑する。

（おまえのような小さな奴に、大切な魚雷を落としはせん。心配するな）

重永飛曹長は、冷静に伝声管にむかってつげる。

「目標、前方のウェスト・バージニア！」

水柱が二本、立ちのぼっている。先行した村田隊のものであろうか。魚雷投下索を引くと、機体はふわりと二メートル近く浮き上がる。雷跡が見えた。無事、浅海面での魚雷投下に成功したらしい。到達までは約二〇秒。全速で籠マストの林立を駆けぬける。

艦腹から流出した重油が青い海をゆっくりと黒く染めあげていた。真っ黒になった米戦艦の乗員たちが三〇名ほど、海に投げ出されて泳いでいる。

（すまんな！）

思わず心の中でつぶやく。彼らもおなじ海軍軍人なのだ。ウェスト・バージニア直上を通りぬけた瞬間、カン、カンと機銃弾が機体に炸裂した。風防が二ヵ所破れ、猛烈な勢いで油が計器板から噴き出している。油まみれの鈴木一飛曹がしっかりとした口調でいう。

「大丈夫です！」

戦艦列の外側に繋留されていたアリゾナ、オクラホマ、ウェスト・バージニアの艦腹からつぎつぎと水柱が立ちのぼり、轟然たる爆発音が相ついだ。オクラホマに五本、ウェスト・バージニアに六本、カリフォルニアに二本、ネバダに一本……。

戦艦横丁では大混乱がはじまっていた。ネバダで国歌を演奏していた指揮者オーデン・マクミランは、それでも最後までタクトを振りつづけた。そのあと、彼は乗組員たちとともに一目散に逃げ出した。

赤城隊による被害がもっとも甚大だったのは、当時、一番艦齢の若かった戦艦ウェスト・バージニアだった。

基準排水量三二、六〇〇トン、一九二三年（大正一二年）ニューポート・ニューズ造船所で完成。一六インチ連装砲四基を搭載し、その他五インチ副砲一四、短五インチ高角砲四、二一インチ魚雷発射管二門（水中）、馬力二八、九〇〇、速力二一節、乗員一、四〇七名。

艦齢一八年、乗組員から『ウィー・ヴィー』と愛称されていたウェスト・バージニアは、たちまち左舷に六本の魚雷を受けた。

最初の二本で艦は大破孔があき、海水がどっと流れ込んだ。そして、ゆっくり左舷にかたむきつつあるころに、さらに四本の魚雷が中央部に命中した。電源が切れ、あらゆる動力がとまった。

後藤中尉がねらった戦艦オクラホマでも、事態にそう変化はなかった。ウェスト・バージニアでは、つねづね応急処置を研究していたＣ・Ｖ・リケッツ大尉の手により浸水対策をほどこすことに成功したが、オクラホマにはその時間的余裕さえなかった。

最初の魚雷三本で、二七、五〇〇トンの巨体はたちまち左にかたむいた。オクラホマは赤城隊が突入したサウス・イースト入江から真正面にいたため、もっとも魚雷攻撃のしやすい位置なのだった。

左舷側に二五度ないし三五度かたむいたとき、さらに三本が命中した。艦内は水であふれ、電灯は消え、爆発が相ついだ。陸上にいた艦長Ｈ・Ｄ・ボード大佐に代わって、ジェス・Ｌ・ケンワージＪＲ《ジュニア》中佐はただちに、「総員退去！」を命じた。もはや、これ以上艦の傾斜をとめることはできず、事態は絶望的であった。

赤城の根岸朝雄隊三機のうち、根岸機と伊藤光義一飛曹機が攻撃にむかったＷ・Ｓ・パイ中将の旗艦カリフォルニアは、一本の魚雷を舷側装甲部に受け、さらにもう一本を三番砲塔の下部に受けた。

この艦ほど、ほかにくらべて応急処置に適切さを欠いていたものはなかったであろう。多くの士官たちが上陸していたせいもあったが、二重底に通じる防水扉は六つが開け放たれ、他の一二は蓋がゆるんだままとなっていた。

海水がカリフォルニアの艦内にあふれ、しかも前部に命中した魚雷は艦底の燃料タンクを破壊したため、息づまるようなガスが兵員たちを苦しめた。そして、さらに電灯と動力が使用不能となり、艦体はゆっくりと左舷にかたむきはじめる……。

いたるところに爆発が起こり、燃えあがる重油の焔が艦体をなめた。そして、この朝、おだやかな波と快い風のざわめきとで眼ざめた真珠湾は、村田少佐の雷撃隊が突入してわずか数分後に地獄と化した。

一航戦の攻撃に少し遅れるようにして、二航戦の長井彊大尉が直率する蒼龍雷撃隊八機は、フォード島の西側から突入を開始した。

長井大尉は第一中隊四機をひきい、フォード島をかすめて10―10ドックにむかった。目標は乾ドックにあった戦艦ペンシルバニアであったが、厚い防壁にはばまれて攻撃できず、やむなく左隣りにあった敷設艦オグララにむけて魚雷を放った。

投下された八〇〇キロ航空魚雷は、高い水柱を立てていったん海面に沈み、オグララの艦底をくぐりぬけて隣接する巡洋艦ヘレナに命中した。この魚雷の効果はすさまじいものだった。ヘレナの艦体は身震いするように揺らぎ、右舷から機械室と汽罐室に浸水がはじまった。

長井隊につづいて第二中隊四機を指揮する中島巽《たもつ》大尉は、ふだんは空母を繫留してある北西側に見えた一隻の戦艦に攻撃をかけた。二機はその艦尾へ、一機はその左隣りにいた巡洋艦デトロイトへ、のこる一機は軽巡ローリーに魚雷を投下した。

そのちょうど同じころ、二航戦の飛龍雷撃隊八機の先頭に立つ松村平太大尉はフォード島の南側を回わり込みつつあったが、中島隊の誤認攻撃をみて腹だたしげにさけんだ。

「馬鹿め！」と松村大尉はいった。「あいつらはいったいだれなんだ」

あれは建造後三〇年もたっている旧式戦艦ユタで、いまは標的として使われている老朽艦ではないか。あれほど、出撃前にくれぐれも注意されたはずなのに……。もったいないことをするやつらだ、と彼は舌打ちした。

長井大尉の二番機である森拾三二飛曹にとっても、戦艦列への攻撃目標を外した隊長機の行動は彼を失望させるに充分だった。分隊長は何をまちがえたのか、と彼は思った。目標は戦艦と空母以外に考えられないではないか。しかも、せっかくここまで重い魚雷を運んできたのに……。

「加藤兵曹、やり直しだ」

彼はふり返って偵察席の加藤豊則一飛曹に声をかけ、魚雷投下寸前にあやうく思いとどまり、またあらたな獲物をもとめて機首をめぐらせた。

雷撃行動を二度くり返すことは、すなわち死を意味していた。真珠湾攻撃を命じられたとき艦攻隊員たちが一様に喝采をさけんだのは、晴々しい戦艦雷撃の昂揚感と二十歳代の若者らしい国難に殉ずるという使命感であった。そのことについて、彼に偽れる気持はない。

赤城隊の後藤仁一中尉は「日米開戦の第一弾を自分が投下できるという素晴しい任務なら、

死んでも本望だと思った」と述懐している。村田小隊とほぼ同時に内側から回わり込んだため、戦艦雷撃の第一号は自分にまちがいないというのが、戦後の彼の誇りである。

松村平太大尉も、同じ覚悟でいた。（たった一本の魚雷だから）と、彼は必死の思いでいる。それには、苦い教訓があった。のち加賀に移った佐多直大中佐が飛龍で飛行長時代、松村大尉は同艦攻隊分隊長の内令を受けた（昭和十五年十一月）。翌年二月、爆撃嚮導機の操縦員であった彼は、同時に航空母艦雷撃の訓練をもくり返していた。その日は目標空母に回避されて、九機が二派に分れて挟撃するという工夫もままならず、一本の棒のようになって接近し、そのまま後落するという不様な失態を演じた。

飛龍の飛行科士官控室にもどると、佐多飛行長が激怒の表情をあらわにして怒鳴り込んできた。

「今日の襲撃運動は落第だ。いつ反対側にまわるかと思って見ていたら、最後まで相手母艦にふり回わされていたではないか」

相手は日華事変で勇猛果敢さを謳《うた》われた歴戦の元飛行隊長である。反論の余地はなかった。松村大尉が率直に自分の非をみとめると、佐多中佐の表情が一転してやわらいだ。

「ウン、志賀上飛曹の場合は」と、ベテラン搭乗員の名をあげて言葉をつづけた。「年の功だけあって、単機ではあるが反対側にまわって発射したのはさすがだ」

そして、常在戦場の心構えをこの新任の指揮官に説いて聞かせた。「みんな臨機応変の判断をし、たった一本の魚雷だから最良の状況で発射するよう心がけるように……」

そのしみじみした飛行長の諭《さと》しが、いま松村大尉の脳裡によみがえっている。

フォード島南東の戦艦列にたいする攻撃はさらにつづけられていた。北島一良大尉の加賀雷撃隊一二機が突入をはじめたのは、赤城隊の三分後、午前七時五八分である。

北島大尉以下三機がむかったのは戦艦ウェスト・バージニアであったが、第二小隊をひきいる福田稔大尉は戦艦オクラホマに鉾先をむけた。その直後を、第二中隊長鈴木三守大尉が追いかける。

だが、行手にはこの攻撃からまったくのぞかれた水雷戦隊群が待ちかまえていた。それらの対空砲火の集中によって、魚雷投下直前に加賀第二中隊の一機が火を噴き、つづいてまた一機が海面に突っ込んだ。ようやく最初の衝撃からさめて、さかんな反撃が加えられはじめたのである。

「日本側の最初の攻撃は奇襲としてやってきたが、米国艦隊の側における防衛行動も迅速であった」と、のちに米上下両院合同調査委員会が作成した『真珠湾攻撃記録』はのべている。

「全艦船はただちに総員配置について戦闘部署が完成した。戦艦は機銃を準備し、即座に発砲した。そして、推定五分以内に、現実に全部の戦艦および対空砲火は射撃中であった。巡洋艦群は平均時間約四分以内に全対空砲台が射撃を開始した。駆逐艦群はほとんど即座に機銃射撃をはじめたが、全対空砲火を発動させるには平均して七分を要した」

戦艦ネバダのトーシッグ少尉は、水兵長が肩をつかみ「フォード島が爆撃されています」とさけんだとき、とっさに相手機がどこの国籍か判断に迷った。だが、素早く非常サイレンを鳴らし、全員に「配置につけ！」を命じた。側にいた水兵長が声をからしてさけぶ。

「演習じゃないぞ！　国籍不明の敵機が爆撃をはじめたんだ！」

トーシッグ少尉は、当直将校の自分がいまや艦の全責任を負っていることに気づいた。攻撃にそなえて四門の対空砲を待機させ、雷撃機の一機がせまりつつあるのを発見すると、ただちに砲門を開かせた。米側記録によれば、

「また一機、戦艦ネバダにむかってきた。また艦首の機関銃が火を噴いた。敵機がぐらりと傾き、そのまま機首をあげることができなかった。敵機が艦尾の浚渫《しゅんせつ》管の横の海面に突っ込むと、水兵たちは大歓声をあげてよろこんだ。搭乗員は、はっきりみえるほど顔をあげて狂気のように艦から遠ざかろうともがいていた」

投下した魚雷はそのまま直進し、ネバダの左舷艦首に大破孔をあけたが、この生き残った搭乗員がだれであったか知ることはできない。

オクラホマにむかった鈴木三守大尉の最期は、福田隊の二番機吉野治男一飛曹の証言にある。

吉野一飛曹は大正九年、千葉県長生郡生まれ。昭和十三年、甲飛二期生となり、のち偵察練習生となった。このとき、二十一歳。

「雷撃態勢に入ったとき、意外に早い応戦にぶつかってしまった」

と、彼は回想している。すでに戦艦群からは赤城隊による水柱がつぎつぎと立ちのぼり、対空砲火も炸裂しはじめている。その火勢は一秒ごとに強まる気配だ。

三機小隊が一本の棒のようになって連なり、単縦陣の隊形となるため、彼も福田大尉に引きつづき、オクラホマに目標をさだめた。

「右旋回！」

魚雷投下後、とっさに操縦席の中川一二二飛曹に声をかけた。この判断が、吉野機を水雷戦隊群の対空砲火にさらさせることになった。駆逐艦母艦ドビン、駆逐艦デューウィ、ハル、マクドナウ、ウォーデン、フェルプス。それら一群を飛びこすと、さらに横一列の駆逐艦群六隻。射ち上げられる機銃弾で、目の前が真っ赤になった。

上下運動をくり返しながら弾幕をぬい、ようやく湾の北方に出ると、眼の下に赤や緑の屋根、朝の木立が見えた。被弾は合計八発。一弾は、操縦桿を引いたとき、座席の左から右へ貫通したもの。もしそのままの位置にいれば、中川二飛曹の右手首が吹き飛ばされていたにちがいない。

「三番機が自爆しました」

と、後部電信員の川崎光男一飛が報じていた。北原収三一飛が操縦する九七艦攻の三番機は、発射直前に被弾したらしく、左に弧を描いて重巡ニューオルリーンズ、サンフランシスコが繋留されている工廠付近に突入自爆した。

鈴木三守大尉機は投下直後に被弾、そのままフォード島に突入した、と当時は判断されたが、戦後の米側記録では、南東入江に海没したとしている。引き揚げられた公表写真を見ると、機首は吹き飛び、両主翼の補助翼が引き上げられたままの状態で海に沈んでいる。懸命になってオクラホマの直上から避退をはかっていたものと思われる。

鈴木大尉の故郷は、宮城県登米郡石森である。故郷に二十二歳の新妻房子がいた。昭和八年、宮城佐沼中学から兵学校に進み、練習艦磐手、軽巡神通乗り組みをへて、飛行学生となった。十六年五月、海軍大尉となり、周囲の勧めもあって、おなじ町の農家の次女と華燭の典をあげた。新婚生活はわずか数日にすぎない。享年二十六。

それと気づかず、鈴木大尉の二番機中村豊弘二飛曹は、このような悲劇とは無縁の存在でいた。本人の回想によれば、

「まるで無声映画《サイレント》を観ているような心境だった。黒煙が上がっても実感がわいてこないし、生死を気にかけるではなく、ただ夢のような出来事でした」

実戦経験のない二十代の若者にしてみれば、それも当然の反応かもしれない。しかし意気軒昂たる気分であったこの若い搭乗員も、たちまちにして死の恐怖に震えることになる。

松村大尉が乾ドック上空を一気に飛びこえ、左から戦艦列に回わり込もうとしたとき、これらの雷撃機が火を噴いて墜ちていくのが見えた。

「あっ、雷撃機が火を噴きながら突っ込みます」

「また一機、やられました！」

偵察席から城武夫一飛曹の絶望的なさけび声が聞こえる。一瞬、悲痛な思いが胸を走ったが、彼はかまわず一直線に炎上するウェスト・バージニアにむかって突入した。

赤城隊や加賀隊二四機が一本の帯のように連って突撃態勢に入っているために、途中から割り込むことができない。やむをえず右旋回してようやく射点に入ることができた。投下後、機をひねり、ふり返ると、艦腹から高々と水柱のあがっているのがみえた。

彼はとっさにそれを記念写真にとっておこうと考えた。もちろん、戦果確認という重要な意味もあった。

松村大尉は後部座席にむかって「写せ！」とさけんだ。電信員はそれを「撃て！」と聞きまちがえたらしい。いきなり機銃音がひびいたので彼はおどろいた。だが、すでに遅すぎたのだ。ながいあいだ夢にみていた米戦艦撃沈の写真をとるには、すでにタイミングを逸していたのである。彼はションボリした。

ふり返ると、後続機は一機もいなかった。目標を変更したとき二番機とはぐれ、二小隊も煙をくぐったときに分離したものらしい。

第一航空艦隊司令部の戦果判定では、二番機稲毛幸平一飛曹は同じウェスト・バージニアに、二小隊長角野博治大尉以下二機はオクラホマに、残る四機がオグララを選択したことになっている。また蒼龍では、雷撃隊八機のうち半数が老朽の標的艦ユタにむけ魚雷を投下した。

森拾三二飛曹がふたたび戦艦列の南端にあるカリフォルニアに目標をえらびなおしたとき、おびただしい機銃弾が彼の機体をつつんだ。一弾は偵察席のクッションを、もう一弾は電信席を貫通した。魚雷が命中し艦腹から盛り上がって行く水柱をたしかめ、高度一〇メートルで避退に移ろうとして、そのまま水雷戦隊群の直上に飛び込んでしまったのだ。

後藤中尉はオクラホマの雷撃を終了し、湾口地帯をすりぬけようとしたとき、右腕にするどい痛みをおぼえた。機体のまわりを無数の曳光弾が飛び交い、光の束となっておそいかかってくる。機銃弾にやられたらしい。右腕がしびれ、まるで言うことをきかなくなっていた。あわてて左手に操縦桿を持ちかえ、かろうじて機を水平に保った。

だが、果たしてこのまま飛びつづけて母艦に帰っても、左手だけで着艦できるのだろうか。そう考えて、まだ戦場経験の浅いこの若い中尉は不安になった。

けれども、奇妙なことに右腕には何の怪我もなかったのである。血が吹きだしているはずだと腕をさわってみたとき、はじめて彼はそれに気づいた。座席に手をぶつけたのをまちがえたものらしい。

「気持がはりつめていたのか、自分ではてっきりやられたと思って、ずいぶん長いあいだ左手で操縦していました」と、彼はのちに回想している。

「ずいぶん、うしろから撃たれたもんだな」

ようやく戦場を離脱した中尉は気をとりなおして偵察席に声をかけた。

「分隊士」とベテラン下士官の宮島一飛曹があっさりこたえた。「見えなかったのですか。

──前からも撃っていましたよ」

おれはまだ戦争になれていないな、と後藤中尉は思った。

加賀隊の中村豊弘二飛曹は、愉快な気分のまま避退飛行をつづけていた。電信席の井上安治二飛曹は操練では五期下の四十九期生。後輩への気安さも手伝って、低空での銃撃をさかんにあおった。疾駆中のジープが後席の七・七ミリ機銃で横転するのを見て喝采したりしていた。

そのときのことである。一弾が電信席の井上安治二飛曹の顔面をくだき、鼻が吹き飛ぶ重傷を負った。おびただしい血が流れ、機内にムッとする血臭が立ち込める。

「ああ、ああ！」

と悲鳴をあげる井上二飛曹に、あわてて三角巾をあてると、「息ができん！」と払いのけられた。加賀神社に供えた御神酒《おみき》があったので、消毒のために急いでふりかける。むせ返るような血と酒の匂い……。さきほどの有頂天さはどこへやら、中村二飛曹ははじめて震えるような恐怖を感じた。


マカラパの丘にあるキンメル大将邸からは、真珠湾上空を乱舞する日本機がよく見えた。低い家並みのはるかむこうに戦艦群のマストが重なりあって見え、その右手のフォード島から黒煙がもうもうと立ちのぼっていた。

高橋少佐の急降下爆撃隊が第一弾を投下したとき、キンメル提督は司令部のマーフィー中佐からの二度目の電話を受けている最中だった。

「提督！」突然、マーフィーの声が変った。「いま、信号塔から『日本軍、真珠湾攻撃中。演習にあらず』という報告があったそうです」

キンメル大将は急いで戸外に出た。信じられない光景が眼前にひろがっていた。——雷撃機がせまい水道を通って魚雷を投下し、爆撃機が翼をひるがえしてフォード島に急降下をくり返していた。空は爆煙で暗くなり、魚雷の爆発音が遠雷のように耳にこだました。

「司令部にすぐ行く」と、彼は答えた。それ以外に何も言うべきことはなかった。いまさら何がいえるというのか。

のちの議会証言で、キンメル大将は「私はおどろいた。私は攻撃されるとは考えなかった」と正直な感想をのべている。

「私は、攻撃はすなわち十一月二十七日以降におけるどんな攻撃も、極東にかぎられると予期していた。

私は当時の私の気持を思い出しうるかぎりでは、日本が合衆国を攻撃しようとしていたとは、それが起こったとき、私は全然信じられなかった。私が自分や私の同僚に示唆していた情報では、戦争はたぶん、すなわち、日本のつぎの動きはタイへの侵入であろうということであり、また、日本が合衆国を攻撃しようとしているとは考えもしなかったということだ。日本が合衆国を攻撃するはずはないと感じた一つの理由は、それが日本の国家的自殺行為になるからだということを、私は躊躇することなく言うことができる」

十一月二十七日とは、スターク作戦部長からの戦争警告である。十二月三日の暗号焼却もふくめて、すべての情報は日本がタイへ侵入するために取った予備手段であり、既述のように、これらは自分の優秀な部下たちの判断であると、彼は明言した。

その〝優秀な部下〟の一人、艦隊情報参謀レートン少佐にとっても、日本軍の攻撃は「生涯最大の驚愕、まさに青天の霹靂《へきれき》」だった。彼の住居は基地から東へ二キロ、ダイヤモンドヘッドの近くにあり、雷撃機や急降下爆撃機の爆音も、戦艦列の爆発音も何一つ聞こえなかったからだ。

「よし、すぐ行こう！」

レートン少佐は、連絡してきた当直将校にどなり返した。

マーフィー中佐はキンメル提督への通報をおえると、通信係士官にたいし、海軍作戦部長、アジア艦隊司令長官、出動中の太平洋艦隊のすべての部隊にあてて、

「真珠湾空襲《エアー・レイド・パールハーバー》さる。演習にあらず《ジス・イズ・ノー・ドリル》」

と無電で打つことを命じた。

だが、午前七時五八分に司令部のパトリック・N・L・ベリンジャー少将が湾内にある全艦艇に通報したため、これよりも二分前に、全世界がこの歴史的に有名となった電文を知ることになった。

「君のほうで何機が使用できるのか」マーフィー中佐は第二哨戒飛行隊に電話をかけ、せきこんでたずねた。

ラムゼー中佐が悲観的な見通しをのべた。

「一機もない。いま使えるものをかき集めてるところです」

陸軍のショート司令官も、シャフター基地に近い自宅から真珠湾に立ちのぼる黒煙を眺めていた。当初、彼はそれが何を意味するのかわからなかった。

同じ議会証言で、ショート中将もこうのべている。

「われわれはどんな形の攻撃に対しても対応できるように、ハワイではたいへん真剣に活動していたと考えている。しかし、ワシントンからわれわれのえた情報のすべては、ハワイへの攻撃ではなくて、フィリピンや南太平洋への攻撃であることを示唆していた。そして、ハワイにおける敵対行為はサボタージュ（破壊工作）や治安破壊というような性質のものだという見解を、ワシントンが明確にわれわれに与えていた。そして、この二つのことを、当時われわれは直接警戒し、また直接予期していた」

同司令官の陳述の概要は、ワシントンからの戦争警告が「フィリピンかグアムへの攻撃をふくめて、どのような方面でもありうる」し、ハワイをはっきりと名差していないこと。それは海軍省がハワイへの攻撃を確信していなかったことを意味する。

「どのような方面でも」といえば、ハワイをもふくむという意味になるが、陸軍省も同時に、自分にたいして全面的な警戒をもとめる直接的な情報を提供することさえしなかった、と彼は言う。

ショート中将は、さらに抗議の陳述をつづける。――一、陸軍省がいわゆる「風暗号」を受け取っていたことは知っていたが、私はその通告を受けなかった。二、私は日本が最後通牒と考えた一〇項目の提案（ハル・ノート）のことは、何も通知を受けなかった。三、米国との関係の断絶を通告するきわどい情報が内容となっている日本側の覚書第十三部までと、さらに残る第十四部が陸軍省にとどいた。これは十二月七日午前八時三〇分から九時にかけてのことである。

「この訓電は午後一時に対米関係が明確に決裂することを示しており、それとともに、未明にハワイを攻撃することを直接示していた。このきわめて重大な情報ができるかぎり早い連絡方法を使ってハワイへ伝達されていたならば、迎撃準備に四時間以上も余裕があり、これだけの時間をかけると、陸軍の準備の完了は十分であった。海軍も湾内から全艦艇を出港させるのに十分な時間をもつことができたであろう」

キンメル提督も、ハル・ノートの全文、もとより概要すら知らされなかったことに憤懣《ふんまん》をのべている。「この通告は爾後《じご》の日米交渉の可能性に事実上、終止符を打つものであり、したがって太平洋戦争をもはや不可避なものにしてしまった」

また一つ、戦前に知らされなかったルーズベルトとチャーチルとの密約があった。これを知っていれば、日本の戦争決意に対応する何らかの措置が取れたのではないか、という悔いである。

キンメル大将の回顧文。

「ハワイの両司令官は、もし日本軍が英国を攻撃した場合には、米国は英国にたいして軍事的援助をあたえるという確約をしたことすらも、何ら知らされなかった。このような確約があった事実は一九四六年（昭和二十一年）に米国議会の上下両院合同調査委員会で、はじめて暴露されたものである」

ワシントンへの憤懣は、これだけにとどまらない。その中心は、情報参謀レートン少佐である。

まず太平洋艦隊司令部にたいして、もっとも重要な情報——日本が真珠湾を五つの水域にわけ、艦船の錨地に関して微細な通報をもとめている事実を、ワシントンがいっさいつたえていないことはなぜか。一九四一年九月二十四日付の在泊艦船の種類報告、九月二十九日付のさらに詳細な修理ドックをふくむ区域わけ、十一月十五日、十八日、二十九日付のホノルル総領事あてのさらなる行動調査要求も、海軍情報部では解読、翻訳されたものの、ハワイには通知されていない。

ホノルルの日本総領事が「真珠湾の内外に艦船の動きが全然ないときでさえ、報告するように」と受けていた指令は、真珠湾にいる艦船への攻撃を示唆しており、このような苦心によって得られた情報は軍事的に見てきわめて高い価値を持ち、まさしく港内の艦船への攻撃を計画し実行するのに役立つ情報である。

実際のところ、日本側の「紫暗号《パープル・コード》」解読機がハワイに配備されていれば、野村、来栖大使への訓令、第十四部までの回答文解読によって戦争警告以上に緊張感が高まっていたにちがいない。

当時、「紫暗号」解読機は四台あり、ワシントンの陸海軍情報部に一台ずつ、フィリピン（第十六海軍区）に一台、英国情報部に一台引き渡されていた。これは、もともと真珠湾に配備されるはずであったものを、ドイツの暗号解読用のキーおよび機械と引き換えに、ロンドンに送られたのである。

しかしながら、ワシントンからの情報不足、情報独占にたいして情状酌量の余地が大であるにしても、日本との戦争が逼迫しているという重大事態であることはまぎれもなかった。ノックス長官、スターク作戦部長も最前線拠点にある米太平洋艦隊が対日戦争の抑止力となるべく強大な戦力を有し、それを保持するために、厳重な警戒態勢を施いていると信じていたとしても不思議はない。

後に合衆国艦隊司令長官となったアーネスト・J・キング大将は、「なぜ日本軍の奇襲を防止できなかったか」について、つぎのような評価を下している。

「根本的な災厄は、日本軍がいったい何をなし得るか。また、何をなそうとしているかについて、わが海軍は正しく評価することに失敗したことであった」

すなわち、キング大将は政治的な意味ではなく軍事的な意味で、キンメル提督を指弾したのである。つまり、議会証言での彼の結論はこうだった。

——海軍は真珠湾事件にたいする責任の分担を逃れることはできない。その大惨事は、不可抗力ではなかった。キンメル大将（およびショート中将）は平常の訓練予定計画および安息日の休養を中断することを好まなかったこと、また彼は日本軍があらゆる使用しうる海軍兵力を南方に移動しつつあったと確信し、さらに十一月二十七日付の戦争警告に接したときも、日本軍の航空攻撃にたいする警戒を厳にする必要があったにもかかわらず、それをなおざりにしている。

キング大将が指弾するように、戦争警告を発せられてからは、平常の週末休暇および将兵の上陸は実施されるべきではなかった。もし遠距離索敵が全周は不可能としても北方にも範囲を広げられていたら、もし陸海軍航空基地が警戒態勢にあり、多数の哨戒飛行が実施されていたら、そして両将官があれほどまでに休暇、上陸に熱心でなかったなら……。

さらにキング大将は、スターク作戦部長が日本の最後通告の第十四部を受け取りながら、それをハワイに敏速に通報しなかったことも非難した。

そして彼は、結論としてつぎのような行政処分を勧告している。

「スタークおよびキンメル両海軍大将の側の職務怠慢はその作為の失敗というよりは、むしろ不作為の失策であった。問題の事件において、両人は無能を咎《とが》むべきよりも、むしろその地位を当然の職責にふさわしい指揮権を行使するに必要な卓越した判断力に欠けていたことを示している。

……しかるべき行政処分は、これら士官の二人を卓越した判断力に欠けていても将来の過誤を惹起させないような地位に左遷することのように思われる」

この結論は苛酷にすぎる、といえるかも知れない。たしかにキンメル提督およびショート中将の怠慢は責められるべきだとしても、ワシントンのルーズベルト大統領以下米政府首脳をふくめて、日本軍の実力を正当に評価していた軍政指導者は一人もいない。

米戦史家サミュエル・E・モリソンは『太平洋戦争アメリカ海軍作戦史』のなかで、こう評している。

「すなわち、日本軍が同時に一つ以上の大海軍作戦もしくは水陸両用作戦を敢行することができると信じたアメリカ海軍士官はほとんどいなかった。また四月の米、英、蘭三ヵ国軍事会議で、ウイリアム・R・パーネル海軍大佐とともにその公算を検討した英国ならびにオランダの海軍士官たちも同様に、これを信じたものはいなかった」

キンメル提督自身がそうであった。議会証言での同大将証言によれば——。

「私はあのような渡洋遠征には困難があることを知っていた。私は日本の航空母艦の航続距離の限界を知っていた。私は日本の攻撃計画とその遂行能力に非常に多くの疑問をもっていた。われわれは日本の航空隊についていろいろの報告を受けていた。私のみならず、海軍省のすべてのものは、日本の航空隊のあげた戦果とその攻撃の仕方にすっかりおどろいたと思う」

米国人は一般に日本人を「ジャップ」との蔑称で呼んだが、「大日本」をもじって「ニップ」とも呼び捨てた。

「その『ジャップ』は、史上最も見くびられた陸上部隊であったかもしれない」と、米人ジャーナリストのウイリアム・マンチェスターが書いている。彼は一九四二年に従軍し、沖縄戦で重傷を負った経験の持ち主である。

彼と戦った日本兵の印象とはこうだった。——分列行進する彼らは、茶色の包装紙でだらしなく梱包された小包のようだった。汚れ、しわくちゃになり、いまにもばらばらになりそうに見えたのである。その脚絆はずり落ちそうで、服はだぶつき、ズボンは袋のようにふくらみ、ガニ股の脚はやけに短かった。そのイメージは人目を欺くものだったが、幻想はなかなか消えなかった。

真珠湾に斧がふりおろされたあとでも、国中のジュークボックスはこんな文句をがなりたてた。「汚いチビのジャップをやっつけるんだ」バーの常連は口ぐちに言った。アメリカは一七七五年以来戦争に勝ちつづけている。一度も負けたことがないのだ……。

「だが、日本人は、一五九八年以来（文禄・慶長の役後）戦争に負けたことがなかった。粗末な茶色の軍服をまとった男たちは、無能な戦闘員どころではなかった。狙撃手として、彼らは一、〇〇〇ヤードの距離から正確な射撃を行った。兵士ひとりひとりが四〇〇発の弾薬（アメリカの歩兵の二倍）と、魚と米からなる五日分の糧食を携帯していた。彼らはまったく恐れを知らなかった。幼時から、天皇のために死ぬことにまさる栄光はないと教えられてきたのである」

「彼らを支える兵器類は恐るべきものだった。真珠湾で彼らはアメリカの戦艦を沈めたが、そのあとでワシントンは日本軍の艦船の速度が早く、搭載砲はより大きく、魚雷は優秀で、空軍力はその数と性能においてずばぬけていることを知らされた。ハワイ上空に彼らは三種類の軍用機、すなわち三菱の零戦、中島の九七式艦上攻撃機、三菱の一式陸上攻撃機（注、九九式艦上爆撃機の誤り）を飛ばしたが、そのいずれも合衆国が当時空に送りだせたどの機種にもまさっていたのである」

同書には、開戦後四週間たった後のスチムソン陸軍長官の演説が紹介されている。すなわち、われわれは最後には日本を打ち負かすだろうが、彼らを相手とする戦争をバラ色の眼鏡を通して見てはならない。日本軍は……訓練がゆきとどかず、装備も貧しいという報道がなされている。だが、冷厳な事実は、日本軍が百戦錬磨であり、装備も優秀だということである。日本の兵士は背が低くて、痩せぎすだが、たくましくて、ねばり強い。充分に訓練されているのだ、と。

日本軍は、南方作戦と同時に〝もう一つの作戦〟真珠湾攻撃をおこなえる能力を持っているのか。その回答が、――いま出されているのだ。

だれもが眼前にひろがる光景に茫然となっていた。フォード島からは天に冲するかと思われるほどの黒煙が立ちのぼり、海は流れだす重油で黒く染まった。さらにそれに火がつき、艦から逃げだした水兵たちの皮膚を焼いた。

とくに戦艦列の外側にいた艦は、ほとんどが壊滅状態となっていた。

オクラホマは、最初の雷撃からわずか八分後に〝巨大な鯨が死んで横たわっているように〟マストと艦橋を泥のなかにうずめ、戦艦ウェスト・バージニアはさらに手ひどい攻撃を受けていた。ハーパー少佐の応急処置によってかろうじて転覆はまぬがれたが、真珠湾の泥のなかに水平に沈んで行った。戦艦列の南端にいたカリフォルニアも同様だった。反対舷注水によって傾斜はとまったが、徐々に泥のなかに三二、六〇〇トンの巨体を沈めて行く。

村田少佐の雷撃隊が戦艦列に殺到してから五分後に、志賀淑雄大尉はようやく制空隊に攻撃順序がまわってきたのを知った。

午前八時、板谷隊の零戦九機につづいて、彼も列機にバンクで合図を送った。

「攻撃セヨ」

だが、彼は赤城隊に一瞬遅れをとった。雷撃隊の攻撃に気をとられているあいだに、板谷少佐のほうがさきに行動を起こしたのだ。

三小隊二番機谷口正夫二飛曹がヒッカム飛行場に銃撃に入ったのは、隊長機から数えて八番目であった。高度一、五〇〇メートルから左旋回し、一本の棒のようになって在地の小型戦闘機の群れに銃弾をあびせる。

「単縦陣となって、地上スレスレまで降りました。完全な不意討ちだった。増槽を落とさず、一航過、二航過したところで、湾内から爆煙が立ちのぼるのが見えた」

谷口二飛曹は大正八年、福岡県八幡生まれ。男四人、女二人の六人兄妹で、三男坊。遠賀農学校から佐世保海兵団に入り、第五十期操縦練習生となった。海軍入りは長兄が機関兵であったためでもあるが、この時代の農家の三男坊では将来への展望はかぎられている。

谷口二飛曹はこの大戦中、戦闘機パイロットとして生きぬき、総撃墜機数一四機という海軍のエースとなった。比島戦では神風特別攻撃隊の敷島隊長関行男大尉以下の直掩をつとめている。マニラ湾上空の戦闘で重傷を負い、再起不能のまま敗戦をむかえた。終戦時少尉。

「他に後指をさされるような行為をしたのではなく、当時の国の方針にしたがって自分に課せられた任務を、全身全霊を打ち込んでやったのだから、自分から誇張して話そうとは思わない。聞かれれば真実のことを話す」というのが、戦後の述懐である。

空には一機の米軍機も見当たらなかった。視界にあるのは味方機ばかりだった。攻撃は完全に成功したのである。志賀大尉はそれをたしかめると、赤城隊に引きつづき、一気にヒッカム飛行場に急降下して行った。

零戦にはきびしい速度制限がつけられているため、六、〇〇〇メートルの高度から降下して行くのはなかなか容易ではなかった。軽いいらだちにとらわれながら、志賀大尉は、そのとき奇襲とはいやなものだという考えをまだ捨てきれないでいた。

真珠湾に達したとき、オアフ島上空をのどかに一機の練習機が飛んでいるのを目撃している。アメリカ人らしく、機体ははでに黄一色で塗装され、胴体横にはフライング・スクールの名がしるされてあった。

　それは、いかにも日曜日の朝にふさわしい光景だった。上になり、下になり、あるいは雲をぬうようにして練習機はハワイの空を楽しんでいるように見えた。それを眺めながら、彼はこの平和な島にいきなり火をつけることに反発さえ感じていた。

「まさか、あの練習機までは」と彼はつぶやいた。「――だれも手をつけないだろうな」

　これはのちの話だが、志賀大尉が母艦にもどって部下搭乗員から戦果報告をもとめたさい、そのまさかが起こっていたのである。

　第三小隊長山本旭一飛曹の報告のなかに「一機撃墜」とあるのに気づいた大尉は、眼を上げて部下にたずねた。

「きさま、空戦をやったのか」

「はい」

　きまじめな山本一飛曹の表情がくずれ、彼はテレくさそうにつけ加えた。「練習機です」

「練習機って、おまえ！」志賀は絶句した。「あの、攻撃開始前にみた黄色い飛行機のことか！」

「はあ」

「ばかもの！」

志賀はまっ赤になってどなりつけた。「あんな遊覧飛行機に二〇ミリを射ち込んでどうするんだ。おまえ、国際法違反だぞ」

彼は部下の軽率をたしなめ、無抵抗の民間機に機銃弾を射ち込んだ話に後味のわるさを感じていたが、しかし、山本一飛曹の悄然とした表情をみていると、あまり怒りきれない気持になっていた。

「山本旭という男は、邪気のない、誠実な人柄で知られていた。だれがみたって練習機だとわかるのに、それをまじめに墜す、そんな男だった」

と、のちに彼は評している。

その練習機はフイ・レレ飛行クラブのジム・ダンカンによって操縦されていた。彼は民間の建設業者で、この日、教官のT・トマーリンから飛行機操縦のレッスンを受けていたのだった。

しかし、結果的には、機体は被弾したが、海岸線に急降下でのがれたため、撃墜されることはなかった。オアフ島上空では、もう一機、ロイ・ヴィトセック弁護士によって操縦される練習機が飛んでいた。これも零戦に追われたが、彼はエンジンを全開にして海岸線にのがれた。——赤城の板谷隊二番機平野一飛曹、三番機岩間一飛曹の「戦果」のなかにも「練習機一機撃墜」とあるから、これを指しているのであろう。

眼下にヒッカム飛行場がせまりつつあった。高橋隊の急降下爆撃により滑走路はもうもうたる黒煙におおわれていたが、そのなかからおびただしい閃光が見えた。基地の対空砲火である。

「日曜日にしてはずいぶん素早い反撃だな」と志賀大尉は思った。そしてそう考えると、いくぶんなぐさめられるような気持にもなっていた。「――やっぱり、あいつらも準備していたんだ」


この朝、ヒッカム飛行場はとくに静かだった。お隣りの海軍は空母のすべてを出動させており、フォード島の水上基地からは模疑演習のいつもの小うるさいエンジンのひびきすら聞こえてこない。

飛行場には、旧式のB18型爆撃機三二機、A20A一三機をふくむ五七機が格納庫の内外に集められ、ショート中将の命令にしたがって警備の兵隊がのんびりと朝のパトロールをつづけていた（注、以下の数字は、前掲の『真珠湾攻撃記録』による）。

このとき、基地の関心はもっぱら米本土から空輸されてくる新型爆撃機にあった。B17型D爆撃機――長大な航続力と攻撃力をほこる『空の要塞』――それが、一度に一二機もハワイにやってくるのだ。

「まだこないかね」司令官のウイリアム・ファーシンク大佐まで待ちかねたように、管制塔に姿を見せてたずねた。

「もう、――そろそろ到着してもいいころだが」

不意に、空気を切り裂くような高い金属音が聞こえた。それから、一瞬の間をおいて腹にこたえるような爆発が起こった。つづいて、一発、さらにもう一発……。

「いったい、何事がおこったんだ！」

ファーシンク大佐がどなった。

「わかりません。見てきましょう」といって出て行った管制塔員が血相をかえて駆けもどってきた。「しまった！　ジャップだ」

あたりはすでに火の海だった。高橋赫一少佐の指揮小隊、比良国清大尉の第一中隊九機はフォード島にむかったが、のこる翔鶴急降下爆撃隊一七機はヒッカム飛行場に殺到していた。第二中隊長山口正夫大尉は二五〇キロ爆弾を投下し、修理用格納庫に命中爆破させた。対艦船用の通常爆弾でなく陸用爆弾を使用しているため、地上での破壊力が大なのである。

第二小隊長の三福岩吉中尉は大正七年、高知県生まれ。土佐中学から兵学校六十六期に進み、飛行学生として九九艦爆の操縦員となる。翔鶴では第二次水平爆撃隊の岩村勝夫、矢野矩穂、上空直衛の山本重久中尉と同期生で、士官次室《ガン・ルーム》ではもっとも若いパイロットであった。

〝土佐っぽ〟らしく、日露戦争の広瀬中佐にあこがれて海軍入りした彼は、真珠湾攻撃を命じられたときとっさに、

「もう少し遊んでおけばよかったな」

と二十三歳の若者らしい感懐をいだいた、と語っている。実際、ハワイをめざしての飛行中も、編隊を眺めながら、（この内の半分は帰ってこれないな）と悲痛な思いでいた。

のちに問題となった高橋赫一少佐の〝信号弾見逃し〟事件について、彼もおなじように、「山口大尉と編隊を組むのに夢中で、視認していない」と証言している。

ヒッカム飛行場への突入高度は六五〇メートル。滑走路にそって北西側に格納庫がならんでおり、陸軍爆撃機一五〇機（うち四発四〇機）と推定されていた。ハワイ陸上航空兵力五〇〇機のうち、約三分の一という大勢力である。

格納庫に投弾したとき、三福中尉は勢いあまって着弾をオーバーさせてしまった。「面目ない」と、偵察席の野辺武夫一飛曹に若い中尉は素直にあやまった。「せっかくここまで持ってきて……」

藤田久良大尉を指揮官とする第二中隊九機も、つぎつぎと突入を開始した。補給厰、中央兵舎、基地警備所までが爆破の対象となった。

ありとあらゆる建物に爆弾が投下され、そのあとで彼らはさらに両翼の七・七ミリ機銃を使って、たんねんに掃射を加えはじめた。

志賀大尉が三、〇〇〇メートルまで降下して行ったとき、海側から一機の大型機がヒッカム飛行場に進入しようとしているのに気づいた。

それは、彼もはじめて眼にするＢ17『空の要塞』だった。さらにそのあとを眼で追うと、三機の九九艦爆が右になり左になりさかんに銃撃しているのがみえる。だが、命中弾がないのか、B17はまるで蚊でもたかっているようにゆうゆうと飛びつづけている。彼はあせりも手つだって、舌打ちしたい気持になっていた。——下手な奴らだ。

このとき、日本機の攻撃を受けていたのは、第三十八、第八十八両偵察中隊一二機をひきいて米本土からやってきたトルーマン・ランドン少佐だった。陸軍情報センターのタイラー中尉がレーダーに映る機影を見まちがえた、その当のB17隊の第一陣六機がちょうど午前八時すぎにオアフ島上空に達したのである。

カリフォルニアのハミルトン飛行場から、二、三九二マイル、連続一四時間におよぶ飛行で彼らはすっかりくたびれはてていた。無着陸でこの距離を飛ぶには機関銃も弾薬も取りのぞき、燃料を節約しなければならない。そして、さらに不幸なことには、肝心の機銃は濃い油でサビどめまでされていたのだ。

「おい、みろよ」操縦桿をにぎっていたランドン少佐が部下に言った。「どうやら、連中はわれわれを歓迎しにきたらしいよ」

真珠湾上空に南から回わり込もうとしたとき、九機編隊が近づいてくるのに彼は気づいた。長旅の疲れも忘れて機内によびかけたその瞬間、編隊がくずれ、四方八方から機銃弾が射ち込まれた。その翼には、見なれない丸い緋色のマークがみえる。

「ちくしょう!——日本機だ」

ほかの五機も同様だった。米本土から編隊を組まずバラバラに飛来してきたため、彼らにも事態がすぐにはのみ込めなかった。オアフ島の黒煙をみて何かの祭りだろうと思ったり、また「どえらい量の砂糖キビを燃やしている」と感心したものもいたし、模疑演習だと軽く考えるものもいた。

彼らはいたるところで攻撃をうけ、一機はベローズ基地に、二機はハレイワ飛行場にそれぞれ逃げ込んだ。

ランドン少佐機がいったん雲のなかに隠れ、さらにヒッカム飛行場に接近しはじめたとき、管制塔がふたたび彼に注意をうながした。

「西から東にむかって着陸せよ。後方に日本機が三機いるぞ」

だが、それにはかまわず、ランドン少佐は着陸を強行した。機はバウンドしながら滑走路の端にとまり、彼は操縦席から飛びだすと、いっさんに兵舎まで駆け込んで行った。

これらの攻撃によって米本土から空輸されたB17爆撃機六機は完全に破壊されたが、のこり六機は大した被害もなく、攻撃終了後も、まだ偵察任務に出ることが可能な状態であった。『空の要塞』はその名のしめすように地上にあってもなかなか燃えず、しかも零戦の二〇ミリ機銃の破壊力をもってしても有効打とはならなかった。まして九九艦爆三機の七・七ミリでは、志賀大尉のいらだちにもかかわらず、とうてい撃墜はのぞめなかったのである。

板谷隊につづいて志賀大尉のひきいる加賀隊九機が地上銃撃に移ったとき、ヒッカム基地では恐ろしい混乱がはじまっていた。

地上にある物すべてが燃え出し、熱風がさらに火勢を強めた。飛行場を地獄の焔から救いだすのに必要な水道本管に二五〇キロ爆弾が命中し、消火栓が使えなくなったのも、悲劇をさらに大きくした一因だった。

一航戦の零戦隊が入り乱れて銃撃をつづけている最中のことだった。

谷口正夫二飛曹が三航過目にヒッカム飛行場を低空で通りぬけ、機を格納庫すれすれに引き起こしたとき、背後ですさまじい爆発音を聞いた。思わず彼がふり返ってみると、フォード島南東の戦艦列から、巨大なキノコ雲が高々と噴き上げているのが眺められた。

「その煙のすさまじさに息をのんだ。一瞬、火薬庫が爆発したのではないかと思ったが、それは何か恐れを感じさせるような光景だった」

と、このとき二十二歳だった若い搭乗員は率直な感想をのべている。

黒煙は、戦艦列の内側にいたアリゾナの中央部付近から噴き上がっていた。投下された八〇〇キロ徹甲弾が装甲をつらぬき、艦底の火薬庫を誘爆させたため、爆発音は真珠湾を揺さぶるようにして起こった。同時に、艦の破壊は徹底をきわめた。

この戦艦アリゾナの大爆発は、橋口喬少佐のひきいる加賀水平爆撃隊第二中隊、楠美正少佐の飛龍第一中隊によるものであった。

淵田美津雄中佐を総指揮官とする九七艦攻四九機が攻撃を開始したのは、制空隊が地上銃撃に入ってから五分後、午前八時五分のことである。彼らは中隊ごとの一〇集団に分かれ、それぞれの高度をとってフォード島上空に侵入した。

総指揮官機の位置からは、真珠湾の全容がのぞまれた。完全に奇襲は成功した。ただ一つの後悔は、予定時刻午前三時三〇分（日本時間）より五分早く、急降下爆撃隊が突入してしまったことだった。これが果たして対米最後通告とどう関わってくるのか。

「水木兵曹、水平爆撃隊へ、ツ連送」

電信席の水木徳信一飛曹に声をかけた。〈ツツツ……〉ツ連送とは、水平爆撃隊突撃セヨ——の略符である。ついで、指揮官機は大きくバンクを振った。

「隊長、嚮導機を前に出します」

操縦席の松崎三男大尉が声をかけた。松崎大尉は信州上田中学出身、淵田中佐より一三期も若い兵学校六十五期生である。

渡辺晃一飛曹の二番機がするすると一番機の位置に出た。偵察席にいる爆撃手の阿曽弥之助一飛曹が〝ダルマさんのような顔〟で、淵田中佐に笑いかけた。そして、阿曽兵曹が敬礼し、偵察席にかがみ込む。爆撃照準に入ったのだ。

高度三、〇〇〇メートル。果然、対空砲火が閃きはじめた。淵田中佐はそのときの戦慄を戦後手記に率直につづっている。それによれば——。

コースの前方には弾幕が作られてゆく。だんだん修正が利いて、編隊の前後左右に集つて来た。爆煙が鼠色のちぎれ雲のように流れ去る。あまりいい気持のものでない。見ないように首をすくめていると、至近弾の炸裂する響が伝わつて来て、尻がこそばゆい。もう弾痕は空一杯に広がる。

私はどこから射ち出しているのかと見下した。主に真珠湾の在泊艦船からであるが、あちらこちらの陸上にもピカッピカッと発砲の閃光が眼を射る。私はさすがだと思つた。攻撃開始からものの三分と立たないうちに、早くも応戦して来たのである。彼も亦、厳重な警戒態勢にあつたに違いない。

突然ピシッと太い棒でなぐられた感じがして、飛行機はグラリと大きく揺れた。胴体の左側に弾片が飛び込んで、大穴をあけた。操縦索の一本が三分の二ほど切れている。

やがてまたダダッと大ゆれにゆれる。余程の至近弾らしい。だがもう目標は近い。いま照準をつけているのは一番北にいる戦艦ネバダであつた。もう暫くの我慢であるが、敵の対空砲火がみんなまずこの先頭中隊に集中してくる。高度はたつた三、〇〇〇米である。こいつはやられるわいと思つた。水平爆撃は眼かくしされた馬車馬みたいである。わき目もふらずまつすぐに目標上空への一本道をゆく。敵のたまなどをよけていたら、こちらの爆弾も当たらない。

ダーンと来た。またかと思つた。私の横にいる三番機が被弾したと見えて、ガソリンを噴いている。爆弾の吊索がちぎれてダラリと下り、風にあふられてバタバタやつている。肝心の爆弾がない。落ちてしまつたのだ。

三番機の操縦員は、甲飛二期出身の竹村章二飛曹である。「いそいで単独帰投せよ」との命令を受け、小さくバンクをふって機首をひるがえして行く。さぞかし無念であったにちがいない、と思われた。

断雲が眼下に流れてきた。ちょうど目標直上であった。渡辺一飛曹が左右に小さくバンクして、右側に大きく回わり込んだ。爆撃照準のミスであった。

（やり直しか）

淵田中佐は思わず苦笑した。この苦手の弾幕をもういっぺんくぐらねばならぬのか……。

対空砲火は、つづく第二中隊の岩崎五郎大尉以下五機に集中してきた。嚮導機、徳留明一飛曹の回想によれば、爆弾照準は一回でピタリと決まったそうである。

甲飛一期出身。日華事変ですでに九七艦攻での重慶攻撃を経験していた彼は、初弾の緊張感はない。むしろ、「こんな美しい島に火をつけていいのか」という心の痛みだけがあった。

投弾終了。八〇〇キロ徹甲弾が水柱やパッ、パッと白く光る炸裂光で逆三角形の弾着をしめす。電信席にいた松田憲雄一飛の回想では、フォード島陸地に一発、テネシー型と島の間に二発、テネシー型の艦首と艦尾にそれぞれ一発、戦艦ウエスト・バージニア型に一発――とあるが、爆撃手でもある徳留一飛曹は、戦艦テネシーに確実に二弾が命中した、と証言している。

水平爆撃は逆三角形五コの爆撃のどれかが命中すればよいとの発想でおこなわれた戦法であったから、徳留隊の成果は十分満足できるものであったといえよう。

つづいて布留川泉大尉の五機、加賀第一中隊の橋口喬少佐の五機が戦艦列内側の無傷の艦にむかう。北よりの戦艦ネバダ、アリゾナ、テネシー、メリーランド、カリフォルニア……。両隊はテネシーとウェスト・バージニア二艦に挟叉《きょうさ》命中させた、と前出「戦果判定」に見える。ついで、加賀第二中隊の番となった。

指揮官は牧秀雄大尉。二番機田中庄吉一飛曹、爆撃手菊地藤三一飛曹の甲飛一期生コンビが照準に入る。電信員の沖中明二飛曹は、彼らの二期後輩である。

電信席から見上げると、どこにも米軍機の姿は見えなかった。とすれば機銃手ではなく、写真機で戦果判定の確認をしなければならない。

伝声管から菊地一飛曹の「撃《テ》ッ！」とさけぶ声がした。機体がふわりと浮き上がり、五発の爆弾が〝手をつないだように揃って〟落ちて行く。しかしいま、編隊を解くことはできない。おなじ姿勢のまま、弾着写真を撮るまで水平飛行をつづけねばならない。この写真により命中弾、偏弾を判定するのだ。

「わずか二〇秒前後の短さだが、奇襲でなく強襲でこんな隊形のままでいたら、被害はもっと大きかったでしょう」と、沖中二飛曹は回想している。

八〇〇キロ徹甲弾には〇・一秒の遅動がかけてあり、まず艦の防御鋼板をつらぬいて中心部で爆発が起きるようになっている。そのうちの一弾が、戦艦アリゾナの最後尾四番砲塔の右舷側に命中し、二層下の甲板で爆発を起こした。

だが、この投弾は艦尾部分を破壊したが、それほどの致命傷とはなっていない。さらに今度は飛龍隊の到着を待たねばならない。


いよいよ蒼龍隊二集団の攻撃順序がめぐってきた。やはり彼らも、第一回の照準を失敗する。高度三、二〇〇メートル。前中隊の爆煙と気流が乱れて、適正な照準がえられなかったのである。

二度目の水平爆撃行は、金井昇一飛曹の日記を引用しよう。原文は端正な文字と正確な記述で、蒼龍の柳本柳作艦長がのちに彼の死を悼んで、艦内新聞に「蒼龍精神の権化」と五回にわたって追悼文を書いた人柄で知られている。

この一文は、彼の死から二週間前に帰投後、艦内で書かれたものだ。現代文で引用する。

高角砲は次第に高度をあげ、味方機付近で集中して炸裂するようになってきた。午前八時二二分、彼らは高度を三、五〇〇メートルに上げ、ふたたび照準に入る。

「針路に入るに先立ち再び極力精神の落着きに努め冷静沈着な気分になり必中を神に祈る。高度を変更したので、爆撃諸元に誤りなきや再検討し照準器を出す、照準器を通して見ると目標は依然として、爆煙につつまれて居るため見え工合は宜しくない、仕方がないので付近の目標を捉えて、全精魂を打込んで偏流検知に死力を尽す中に漸く目標が明瞭になってきた。

全精神を目標に集中して居るので、付近で炸裂する高角砲の音も耳に入らず、目標以外の何物も目に入らず無念無想ただ狙って居る、目標のみ目と心に映ず、此の時既に命中の自信を得たり。

今度は絶対大丈夫と前席に伝え、確信と余裕を以て更に懸命の保針を『頼みます』、心で伝う、以心伝心二人の心は一つになって居るからすぐ通ずる。

気流は余り良くない、息を殺しての照準と操縦とが暫く続く、『時計発動』いよいよ投下迄幾らの時間もない。更に更に全神全霊を打込んで死物狂いの照準を続け、最後に一・五度右修正をして投下梃を力一杯引く、巨弾が落ちた「ショック」を感ず。

急いで下方視界窓を開けて見ると、黒い塊が真直ぐに落下して行く、投下の真際には大丈夫だと云う自信があったが、落下して行く状況を見て絶対命中の自信を更に深めた。

写真機を取出し弾着前の目標の状況を撮る、弾は次第に小さくなって行くと見るや、戦艦に吸込まれる如く見えた瞬間真赤な炎がパッと出た、命中だ命中だ万歳万歳。二隻並んでいる戦艦の両方に命中。

『二隻に直撃っ』

と大声で伝えると、佐藤分隊士の

『二隻かようし』

と感極まった声が反射的に聞えて来る。

大急ぎで命中した時の写真を又一枚写す。

弾着迄約二十七秒、正に〇四五二。

爆撃が終ったので『バンク』により一番機と交代、左旋回して避退を始めたとき、佐藤分隊士が、一番機の阿部（平次郎）分隊長から何か信号しているらしいと云うので、一番機を見ると阿部分隊長と電信員の小町（齢）兵曹が躍り上らんばかりに喜んで、『二隻に命中』したとの信号だ。

噫々此の命中せるときの悦び、あの感激、感極って嬉し涙が出た」

阿部中隊五機は、布留川隊とおなじ目標の二戦艦に命中した。攻撃前の演習では一キロ、四キロといった軽い弾丸を使用しているため、投下後の機体の揺れが微妙に弾着に影響をあたえるのではないか、と案じていたが、五弾とも見事な整形を保って落下して行った。

八〇〇キロ徹甲弾の命中は二発。戦艦テネシーにつづいて一弾が戦艦ウェスト・バージニアに吸い込まれると、身震いとともにあらゆる孔から焔を噴出し、ゆっくりと傾斜して行くのが認められた——その瞬間を、阿部大尉はしっかりと弾着写真に記録した。

ドイツでは、艦船などの小目標にたいしての水平爆撃は断念したとの情報が入っていたために、金井昇一飛曹の得意や思うべし、といったところであったろう。

後日談になるが、それよりわずか一四日後の十二月二十二日、帰途ウェーク島攻撃を命じられた金井昇機は、ふたたび嚮導機として参加する。同島が間近にせまり、阿部大尉に代わって指揮官機の位置についた瞬間、雲間から米グラマン戦闘機が急降下してきた。先頭の阿部大尉をねらってきたにちがいがない。そのままグラマン戦闘機は一二・七ミリの機銃をあびせかける。

金井機の風防が真っ赤に血で染まった。阿部大尉は呆然としている。爆撃針路に入っているために、もはや為すすべもない。同隊三番機の小松崎照夫一飛の回想記によっても、「体にも被弾したのか、前に倒れるのを目撃した。機は瞬時にして火炎、火達磨になり洋上に墜ちて行った」

とある。阿部大尉の回想によれば、金井昇一飛曹は隊長の姿を見て、ニコッと笑った。血に染まった風防の中から手を振ると、グラマンの攻撃でさらに火を噴いた三番機、栗田照秋一飛とともにウェーク島海面に墜落して行った。

蒼龍隊についで、楠美正少佐の飛龍第一中隊が爆撃針路に入った。加賀隊の一弾が命中してから約一分後のことである。

第一中隊五機のうち二機が、戦艦アリゾナと工作艦ベスタルにそれぞれ命中弾をあびせかけた。前部二番砲塔に命中した八〇〇キロ徹甲弾はアリゾナの四層もの甲板をつきぬけ、右舷弾薬庫で爆発した。これが、アリゾナの致命傷となった。

火薬庫の爆発は巨大なガスとなって残る二つの爆薬庫を包み込み、前部の上下を吹き飛ばし、膨張するガスは巨大な噴煙となって煙突から吹き上げた。

避退に移りつつあった橋口少佐は、その大爆発を目撃している。

「……（攻撃を終え）ヒッカム飛行場上空にさしかかった時、戦艦の一隻から数百米の爆煙が上がっているのを見た。その有様は、空中に巨大な丸い爆煙が上がり、これと艦との間は褐色の煙でつながっている。ちょうどその後の原爆の状況を思わせる様なもので、その時にはほかにも相当の命中弾の爆煙も上がっていたが、これらとは全くちがっていたので、その瞬間、爆弾の火薬庫命中による爆発と確信した」

米軍側の記録によれば、アリゾナの誘爆は午前八時一五分前後だったらしい。この火薬庫引火によって真珠湾の悲劇は、さらに大きくなった。

艦橋にいたアイザック・C・キッド少将とフランクリン・V・バルケンバーグ艦長が即死し、千人以上の将兵の命を奪った。またその爆風により、隣りにいた工作艦ベスタルの将兵一〇〇人が海面にたたきつけられた。第二甲板にいた軍楽隊員たちもあとかたもなく消えうせ、対空指揮所にいた照準手は空中に吹っ飛んだ。

熱風と焔が甲板を焼き、流れ出した重油が海を黒く染めた。ベスタルの艦上にはアリゾナの鉄と血と、そして肉片がふりそそいだ。

飛龍隊に引きつづき、二度目の赤城隊が攻撃に入った。淵田中佐は右に大きく回わり、ダイヤモンドヘッド上空から爆撃コースに入ろうとした。そのとき、彼もまたアリゾナの大爆発を視認している。

それは恐るべき光景であった。火柱は天に冲し、一、〇〇〇メートルにも達するかに思われた。どす黒い真っ赤な火薬特有の〝あのいやなめらめらとする火焔〟が噴き上げる。しばらくして、はるか上空の編隊に響きがつたわって、ドドンと揺れた――。

淵田中佐は、思わず前席に声をかけた。

「松崎大尉、右を見ろ、大爆発だ」

それを眺めていた松崎大尉は、淵田中佐にも思いがけない罵声をあびせかけた。

「馬鹿野郎！　ざまァ見ろ！」

練達果敢な男と、つねに評価してきた兵学校出の海軍大尉である。このはげしい憎悪の感情が何から起こってきたのか、淵田中佐には、心に澱《おり》となって残る一言となった。

これには後日談がある。敗戦後、マニラのマッカーサー司令部から降伏指示文書受取りのため使節をよこせ、との命令で淵田大佐（当時）が比島入りした。

その折、沿道に鈴なりとなったマニラ市民から使節団にあびせられた言葉は「バカヤロー、ザマミロー」であった。

だれが、こんな言葉を彼らに教えたのか。憎悪は人類相克の悲劇を生む。真珠湾上空での松崎大尉の憎しみを想起して、このとき淵田大佐は胸うずく思いをした。

戦艦列のなかで、もっとも無傷なのは北から四番目、戦艦メリーランドであった。少なくとも、見た眼には健在そうにみえる。

このメリーランドとも、淵田中佐は因縁がある。二十二歳の少尉候補生時代（大正十三年）、練習艦隊としてサンフランシスコ入りした彼は、在留邦人から熱烈な歓迎を受けた。

その折、持ち出された話題は既述の排日移民法で、在留邦人とのやりとりのあと若き二十二歳の青年士官は心に誓う。

翌日、戦艦メリーランドに招かれ、その舷門を辞するとき、彼はこう語りかける。

「メリーランドよ。本日のご好意は有難う。だが、いずれの日にかもう一度、戦場で相見えるであろう」（『真珠湾上からの十一年』）

その戦艦メリーランドが、いま眼下にある。

淵田中佐隊はメリーランドに二弾命中させたが、後続中隊は爆煙にはばまれて、蒼龍第二中隊は「不明命中弾なし」、飛龍第二中隊も「煙のため弾着不明」（「戦果判定」による）としている。

日本側が第一撃を放った午前七時五五分から水平爆撃をおえた八時二五分までの三〇分のあいだに、アメリカ太平洋艦隊の戦艦二隻が撃沈され（アリゾナ、オクラホマ）、戦艦三隻が沈座もしくは大破した（カリフォルニア、ウェスト・バージニア、ネバダ）。日本側攻撃隊の被害は雷撃機五機で、いずれも加賀隊であった。

旗艦赤城の艦橋では、無線封止をといた各機からつぎつぎと成果が報告されてきた。まっさきに飛び込んできたのは雷撃隊の村田少佐からだった。

「ワレ主力ヲ雷撃ス　効果甚大　〇三三五」

事態はもはや明らかだった。草鹿参謀長が南雲長官のもとに歩みよると、思わずその手を握りしめた。

「……不覚にも、涙が双頬に流れるのを留めることができなかった」

と、草鹿少将はのちに回想している。

人事を尽して天命を俟《ま》つの心境でいた源田参謀は、ようやく長い年月にわたる苦しい鍛練が報われたのを知った。後は帰投してくる攻撃隊を無事収容するのが第一の任務だ。

機動部隊は第二次攻撃隊を発進直後、一路南下をつづけている。ハワイの真北一九〇浬まで近接し、飛行機隊の収容に当たる。

米軍機の反撃にそなえ、上空直衛機を四周に配し、艦隊は緊縮隊形をとっている。その警戒を見透したように、淵田中佐からの飛電があった。

「追躡《ついしょう》敵飛行艇一機撃墜」

「飛行艇後方ニ追躡ノ疑アリ」

柱島泊地にある連合艦隊旗艦長門では、山本長官が時どき半眼を閉じるほか、身じろぎもしないでいる。恐ろしいほどの緊張感が幕僚たちにみなぎっていた。

作戦室の中央に大机があり、四周の壁には太平洋全域をしめす海図や東南アジア各域の大図が飾られている。側の小机には作戦命令綴や電報類がきちんと整理されて置かれてある。奥の方、大机を前にした山本長官は黒い軍服姿、その右側にロイド眼鏡をかけた参謀長宇垣纏少将がいて、机上の作戦図にじっと眼を凝らしている。先任参謀黒島亀人大佐ほか四、五名の主要幕僚は大机に沿って、腰かけた姿勢のままじっと眼をつぶっている者、電報綴を読んでいる者、ゆるやかに鉛筆を動かしている者、それぞれ無言であったと、政務参謀藤井茂少佐の回想メモにある。

垂れ幕で仕切られている隣りの幕僚室には、若手参謀たちがいて机にむかっているが、無人のような静けさであった。

山本長官の背後にある黒い海軍用の丸い掛け時計を見上げながら、黒島先任参謀が緊張をほぐすかのように口火を切った。

「もうそろそろ、はじまるころだが……」

緊張を解かれたように幕僚たちからざわめきが起こった直後、司令部付通信士の若い中尉が声音高く作戦室に駆け込んできた。

「当直参謀！　ト連送です。飛行機隊の突撃下令です！」

若い中尉は長官の姿に気づいて急いで敬礼し、手にした受信紙を当直参謀佐々木彰中佐に渡した。

佐々木中佐は航空作戦の主務参謀である。彼はふりむき、「長官、お聞きの通りです。発信時刻は午前三時一九分です」と報じた。

山本長官は口を真一文字に結んだまま、眼を開き、当直参謀にむかって大きくうなずいた。

「それは飛行機からの電報を直接受信したのか」宇垣纒参謀長がたずねた。

司令部付の若い通信士が緊張してこたえた。

「――その通りであります」

「よし」宇垣少将が破顔一笑していった。「直接受信したとは、みごとだぞ」

堰を切ったように攻撃隊からの電報がつぎつぎと飛び込んできた。

「われ主力を雷撃す、効果甚大〇三三五」

「われフォード島ヒッカムを爆撃す〇三四〇」

「われ敵主力を爆撃す、地点真珠湾〇三四〇」

「われ敵重巡を雷撃す、効果甚大〇三三五」

一方、混乱するハワイ各基地からも平文でこんな電報も飛び込んできた。

「SOS、……日本機による急降下爆撃を受けた。六機……またやられた」

「SOS、オアフ島空襲中……これはホンモノだ」

幕僚たちから笑い声が起こり、それにつられて長官もニヤリとした。思い通りの奇襲作戦が成功した余裕の表情であった。

――だが、幕僚たちが戦果に酔いしれるなか、山本長官は藤井参謀が意外に思う問いかけをした。対米最後通告問題である。

「君はこのあいだまで中央にいたのだから、よくわかっていると思うが……」

藤井政務参謀の前任は海軍省軍務局第二課、政策担当である。彼はアメリカ駐在の経験もあり、そのために新任ポスト「政務参謀」として司令部に招かれたのだ。

「最後通告を米国側に手渡す時機は、攻撃実施時刻の三〇分前に切りつめたということだ。外務省の方への手はずは大丈夫だろうな」

藤井参謀が意外に思ったのは、作戦実施を主務とする連合艦隊司令長官が戦果に浮かれることなく、国際法上の政務案件にまで配慮する幅広い見識のことだった。

「今朝からも電報で、こちらの方は、時間を正しく守ったことがわかったので、私の指揮下の攻撃部隊には手落ちはないと思う。しかし外交上の通告時刻との差が、きわどいので、万一にも、わが攻撃が、不意打ちをしたとあっては、日本海軍の名誉に関する大問題だよ。陛下に対しても申し訳けが立たない。国民に対しても相すまんことだ。

法にかない筋さえ通っておれば、それは立派な奇襲である。国交緊張時、四周の情勢を明察せず、油断をしているのは、その者の落度であろう。急ぐことはないが、心にとめてあらかじめ調査しておいてくれ給え」

静かな話しぶりであった、と藤井参謀は述懐している。彼はまだ〝思いもおよばぬ事だった〟だけに、不審の気持が去らないまま答えた。

「承知いたしました。調査してみます」

3　乱舞する日本機

オアフ島は混乱の渦のなかにあった。五分以内のすばやいアメリカ側の反撃は水平爆撃隊指揮官橋口少佐をおどろかせたが、しかし攻防の主導権はまだ日本側にあった。

雷撃隊や水平爆撃隊が攻撃をおえて集合地点にむかうころ、各基地は制空隊の零戦によって徹底的な機銃掃射を受けていた。一航戦の戦闘機隊によってヒッカム飛行場の在地機は三四機が破壊され、三八機がかろうじて被害をまぬがれた。わずかにのこった爆撃機によって後に南雲部隊捜索がおこなわれたが、アメリカ陸軍がほこった第一線基地は、こうしてまったく廃墟となっていた。


オアフ島中央にある米軍戦闘機隊基地ホイラー飛行場にむかったのは、二航戦の制空隊一四機である。

蒼龍、飛龍の各戦闘機隊は、淵田中佐の展開下令より七分後にホイラー基地上空に達したが、坂本明大尉のひきいる急降下爆撃隊二五機の到着を待って、そのあいだ上空哨戒に当たっていた。

ヒッカム飛行場が爆撃と銃撃で地獄の焔につつまれているとき、ここではまだだれも日本機の侵入に気づいていなかった。

中央兵舎の三階では、F・クロッセン曹長が外出のために服を着替えている最中だった。彼は一群の編隊が西に飛んで行くのに気づいたが、それらはすぐワイアナエ山脈に消えてしまったので、そのまま気にもとめずにいた。

のどかな日曜日の朝だった。飛行場のエプロンにはおびただしい戦闘機群が将棋の駒のようにきれいにならべられ、冬のやわらかい日差しが真新しいジュラルミンに照り返した。警備の兵隊たちも、どこかものうげにみえる。

たしかに、それは退屈な任務だった。ここには戦闘機をまもるために一二〇の掩体壕がつくられてあったが、ショート中将の命令にしたがってそのすべてが滑走路に引き出されてあった。——だが、何も起こらなかった。だれもがうんざりしていた。少なくとも、この朝までは。

ホイラー飛行場は、オアフ島のなかでは最大の戦闘機隊基地だった。総計一五八機——うちP40型戦闘機一〇〇、P36A型戦闘機四四機。そのなかには、陸軍の第一線機といわれたP40型D戦闘機が八七機ふくまれており、ハワイ防衛のためにその攻撃力をもっとも期待されていた。

陸軍航空隊のパイロットたちは、ここでも朝食の締切り時間七時四五分をまもっていない。

食事当番が待ちぼうけをくわされているにもかまわず、多くの士官たちが寝床のなかでぐずぐずしていた。兵舎の一角では、五人の陸軍航空隊員が充血した目をしばたたかせながら、徹夜のポーカーをつづけていた。

そのなかで、オアフ島西岸のハレイワ飛行場に勤務していたジョージ・S・ウェルチ中尉、ケン・A・テイラー中尉は、P40型戦闘機を操縦する若い搭乗員で、彼らはそろそろ徹夜のポーカーにも飽きはじめていた。

「もう一眠りしようか」テイラー中尉が、あくびを噛み殺しながらいった。

「いや、基地へ帰ろうよ」ウェルチがこたえた。「いい気候だ。少し泳いでみようじゃないか」

「そうだな」と、テイラーは窓の外に眼をやった。「せっかくの日曜日だから、そうしようか」

上空から見下ろしたホイラー飛行場は、この日もおだやかな冬の朝をむかえているようだった。

基地を取り囲むようにしていくつかの兵舎が馬蹄形にならべられ、滑走路と平行するように民家の群れがつづいている。その住宅地帯をはずれると、もうそこは田園地帯であった。

緑の木立と飛行場を取りまくようにして蛇行する川のあいだに、赤や青の屋根が見え隠れしている。白壁と黒い瓦をみなれていた当時の日本人の眼から見ると、色とりどりのペンキの色はいかにも明るく華やいだ印象をあたえた。

菅波政治大尉のひきいる蒼龍戦闘機隊第二小隊長田中平飛曹長は、思わず「きれいだな」と嘆声をあげた。

エンジンは快調なひびきを立てていた。この年の九月、霞ヶ浦教官から空母龍驤乗り組みを命じられ、さらに一ヵ月たたないうちに蒼龍の先任搭乗員となった。めまぐるしい人事異動で不審に思っていたが、いまから考えるとそれも納得がいく。

だからといって、血気にはやっていたわけではなかった。蒼龍隊の最年長パイロットである彼は、搭乗員たちが縁起をかつぐことにもさして抵抗感はなかった。そして彼も腹に千人針をまき、ありとあらゆるお守り札を飛行服にしまっていた。いわく、氏神様の、岩国神社の、そして成田山新勝寺までも……。

ホイラー飛行場にたいする攻撃がはじまったのは、午前八時二分からだった。

まず、坂本明大尉の指揮する瑞鶴急降下爆撃隊二五機が北方から侵入し、一五分間にわたって、二五〇キロ爆弾の雨を降らせた。坂本隊の攻撃につづいて、菅波隊八機の零戦もまた飛行場に殺到した。

瑞鶴隊の攻撃が成果をおさめたのは、在地機にたいする機銃掃射が風下から順々におこなわれたためである。さらに、爆撃からのがれた無傷の機体は零戦の恰好の目標となった。一機に火がつくと、それがつぎつぎと延焼し、無傷の機体を焔がなめて行く……。

飛び起きた基地の米兵たちが、あわてて炎上機から最新鋭のP40型戦闘機を安全地帯に分離しようとしたが、その途中で零戦の銃撃をあび、機はまた火を発した。

基地は大恐慌だった。飛行場をとりまく兵舎では朝食につく兵隊たちの列が見られたが、日本機はそのなかにも機銃弾を射ち込んだ。

しかし、彼らは応戦しようにも銃はなかった。そしてたとえば、いそいで機関銃を取りに行った第二十七歩兵中隊の兵隊たちは、最後まで武器を手にすることができなかった。

「副官の命令はでたのか!」兵器係の軍曹がどなった。

「まだだ」と答えると、彼はあっさりいった。「それじゃ、武器は渡せん。——規則だからな」

格納庫に一弾が命中し、火がどっと噴きだした。悲劇の輪はさらにひろがった。サボタージュにそなえ、夜間は戦闘機の弾薬を装填せず格納庫に貯蔵してあったため、その真中に二五〇キロ爆弾が命中したのだ。

兵舎の一角でポーカーをつづけていた徹夜の五人組は、そのすさまじい爆発音でカードを投げだした。

ウェルチ中尉にとっては、もはやテイラーをさそって泳ぎに行くどころの騒ぎではなかった。彼らは電話に飛びつき、ただちに自分たちのハレイワ飛行場にダイヤルを回わした。

「いいか」と、ウェルチは言った。「どんな戦闘機でもいいから、飛べるように準備しろ。すぐ帰るからな」

ハレイワ基地は、オアフ島の北側にある小さな訓練飛行場だった。ここだけは領事館にいた吉川少尉の情報から洩れており、この日、オアフ島で最後まで日本機の攻撃を受けなかった唯一の無傷な飛行場となった。

五人の陸軍パイロットたちはただちに兵舎から飛び出し、ホイラーから八マイル離れた訓練飛行場にむけて自動車を駆った。菅波隊の零戦一機がこれをみて掃射を加えたが、一撃だけであっさりあきらめた。銃撃を加えた搭乗員はまさかこの車のなかに、第二次攻撃隊最大の敵となる二人のパイロットが乗っているなどとは夢にも思わなかったのだろう。

菅波隊が地上銃撃に移って数分後、早くも一部の対空砲火が火を噴きはじめた。兵舎の屋上に機関銃が一梃、裏庭のポーチに三梃、そして格納庫の前に一梃……。

この機関銃によって菅波大尉の二番機三田巌一飛曹の零戦が被害をうけ、編隊を離れた。田中飛曹長がのぞき込むと、風防をあけた三田一飛曹の顔が苦しそうにゆがんでいる。どこか負傷したらしい。

「カエレ、カエレ」

菅波大尉の指先信号をみて、彼は右手をあげ、了解の合図をした。そして、小きざみにバンクを振ると、単機で帰途についた。

このとき、またひとつ悲劇の挿話が生まれた。——蒼龍戦闘機隊が地上銃撃に移った午前八時すぎ、ハルゼー中将の指揮する空母エンタープライズから飛び立った哨戒機ＳＢＤドーントレス一八機が、ちょうどオアフ島上空にさしかかったのである。

彼らは前方一八〇度の扇形地帯を、それぞれの分担におうじてのんびりと哨戒飛行をつづけていたが、まずはじめにマニュエル・ゴンザレス少尉のさけび声が各機のレシーバーにはいった。

「射つな。おれは友軍機だ！」

だが、無線連絡はすぐ途絶えた。ついで、ジョン・ヴォート、ウォルター・ウィルス、クラレンス・ディッキンソン各少尉が消息を絶った。また別の一機がアメリカの対空砲火によって撃墜され、さらにもう一機がカウアイ島に不時着した。

『真珠湾攻撃記録』によると、「敵味方の攻撃を受け、五機が帰還せず、一三機がフォード基地に着陸した」としている。これらエンタープライズの哨戒機を撃墜したのは蒼龍隊によるものと思われる。南雲部隊の各飛行機隊戦闘行動調書によれば、他に該当機がみあたらないためである。

『蒼龍飛行機隊戦闘行動調書』では、鈴木新一三飛曹を撃墜二、土井川勲一飛を撃墜三機としている。――詳細は、その後二人が戦死したため、わかっていない。

ホイラー飛行場はこれらの攻撃によりP40、P36型戦闘機をふくむ八八機が破壊または炎上し、七〇機がかろうじて、無事に残された。しかし、使用可能機はいずれも旧式のP36A型戦闘機であったため、のちにおこなわれた零戦との空中戦で、米軍パイロットたちは非常な苦汁をなめることになる。

基地上空がもうもうたる黒煙でつつまれているころ、菅波大尉は列機に集合を命じた。集まったのは五機だけだった。三田、鈴木、土井川の三機が見えなくなっていた。

菅波大尉は風防を上げ、南東の方向を指さした。集合地点であるカエナ岬沖には行かずに、さらにバーバースポイント基地を攻撃しようというのである。

（菅波さんらしいな）

風防から武骨な分隊長の顔がのぞいていた。菅波大尉は福島県生まれ、兵学校では志賀大尉の一期上、このとき二十八歳である。田中飛曹長はその表情を見やり、いかにもこの人らしい行動だと思った。

「了解」

彼は隊長機にむかって左手をあげ、それに応えた。

アメリカ陸軍航空隊の二大基地がほぼ壊滅状態にあったころ、真珠湾の西、バーバースポイントにあるエワ海軍基地は、岡嶋清熊大尉のひきいる飛龍戦闘機隊六機の丹念な機銃掃射をうけ、ほとんど使用不能となっていた。

真珠湾の西側には、主として小型機三二機（雑用機）が配置されたバーバースポイントと、海兵隊の基地であるエワ両飛行場があった。日本側情報は、最後までこの両者の区別を察知していず、攻撃は主としてエワ基地に集中された。

岡嶋大尉がワイアナエ山脈をこえて同基地に侵入したとき、当直士官レナード・アッシェル大尉がそれに気づいた。彼は警報を鳴らそうと走りだしたが、それより早く足もとを機銃弾が跳びはねた。

エワ飛行場には海兵隊第二十一航空隊に所属する海軍の新鋭戦闘機グラマンＦ４Ｆ―『Wildcat《ワイルドキャット》』一一、偵察爆撃機三二、雑用機六機が、これも滑走路に翼を重ねあわせるようにして並べられてあった。

「はじめホイラー飛行場攻撃にむかったが、あまり味方機が多すぎるのですぐ反転し、次の目標であるバーバースポイントにむかった」と、岡嶋大尉は回想している。

彼は列機をひきいて一本の棒のようになり、超低空で飛行場に殺到した。二〇ミリ機銃と七・七ミリ機銃の全砲門をひらき、丹念に海軍機を掃射した。二〇ミリ機銃の携帯弾数は片銃五五発である。破壊力はあるが、あっというまに弾数がつきてしまい、彼は舌打ちしたいような気持になっていた。

だが、この海兵隊飛行場の被害もほかの基地と大差はなかった。『真珠湾攻撃記録』によれば、

「その攻撃は一八機ないし二四機の単座戦闘機の二個中隊によって機銃掃射戦法を使っておこなわれたが、攻撃隊は約三三〇メートルの高度で北西方からやってきたものであった。

これらの敵機群は地上六メートルから八メートルまでよりもっと低い高度で突っ込み、短

時間の掃射で一機ずつ地上機を血祭りにあげた。あまりの超低空で立ち木の頂上にふれんばかりになると、たくみに針路を反転し、こんどは反対側から攻撃を加えるという放れ業をやってのけた。一五分もたたないうちに、海兵隊機は一機も残らずつづけさまに引導を渡されるか、炎上してしまった。それから敵戦闘機の銃口は海軍の実用機にむけられ、修理のため分解中の飛行機にむけられ、はては海兵隊員自身にむけられた。

第一波の攻撃が収まるまでは、有効な防衛手段をとることはとてもできない相談であった。空中の敵機と渡りあおうとむずむずしていたパイロットたちは、数分まえまでは海兵隊の強力な戦闘機隊であり、爆撃隊であったものが、今や見る影もない残骸と化したのをながめて茫然とした。エワにあった四九機のうち三三機というものは白煙につつまれてやられてしまった。残った一六機もとても飛べないほど大破していたので、どうにも手の施しようがなく、わずかに数名の海兵隊員がピストルでもって敵の戦闘機に立ちむかおうとしたような始末であった」

記録では、二個中隊となっているが、これは飛龍隊につづいて志賀大尉が、またホイラー飛行場から反転してきた坂本隊、菅波隊、さらにヒッカム攻撃をおえた板谷隊が相前後するようにエワ基地にむかってきたことを一括してのべているのであろう。

この海兵隊基地ほど、何度も反覆攻撃をうけたものはめずらしい。

八時五分ないし一〇分ごろには、岡嶋隊につづいて志賀淑雄大尉のひきいる加賀制空隊三機が、そしてほとんど同時に、高橋赫一少佐の指揮する翔鶴急降下爆撃隊残存中隊があらたな獲物をもとめてエワ基地に殺到してきた。

志賀隊がバーバースポイントにむかったのは、ひょっとしたらここで初物《おはつ》がいただけるのではないかと思ったからである。

「ヒッカム飛行場を離れたのは、そこは板谷さんにまかせておけば充分と考えたからだ」と、志賀大尉はのちに語っている。しかし、エワ基地が近づくにつれ、彼はがっかりしていた。すでに上空には零戦が乱舞し、滑走路からも数条の黒煙が立ちのぼっていたからである。

彼は滑走路を直角に横切るようにして地上銃撃に入った。後続機は、このとき二番機の平石二飛曹、三番機の佐野二飛曹機だけだった。のこる列機はヒッカム上空でいつか離ればなれになってしまっていた。

さきの米軍記録にみえる「海兵隊員がピストルで立ちむかった」とあるのは、このときのことである。零戦が急降下して突っ込んで行っても、その男は身じろぎもせず45口径ピストルで応射した。志賀大尉自身は滑走路わきの米海軍機を狙ったつもりでそれと気づかなかったが、帰艦後、列機に海兵隊員のことを教えられ、「勇敢なアメリカ人もいるものだな」とはじめて感じ入ったという。

制空隊の銃撃とともにエワ飛行場をさらに叩きのめしたのは、坂本隊による急降下爆撃だった。飛行場にならべられた米海軍機は、これでほとんど大破あるいは炎上してしまった。これら九九艦爆による二五〇キロ爆弾は、ありとあらゆる建物にむかって投入され、被害を増大させた。格納庫、兵舎、病舎……。

そして、岡嶋大尉が攻撃をかけてから約二〇分後に、エワ基地もまた、その所属する海軍機のすべてが使用不能となった。


もうひとつの海軍水上機基地カネオへは、五航戦の戦闘機隊の攻撃によりさらに徹底的な破壊を受けた。同基地に所属していたPBY『Catalina《カタリナ》』飛行艇三六機が、哨戒中の三機をのぞいて全機が炎上してしまったのである。

この日、オアフ島の東側は厚い雲におおわれ、ほとんど陽が差さなかった。ときおり雲間から冬日がのぞき、そのわずかな瞬間だけ、青い海原がかがやくように陽に映えた。カネオへ基地はまだ新しくできたばかりで、格納庫も完成しておらず、この日も人影は見えない。兵員は一五〇名。兵舎では食事当番兵が士官室のだれもが起きてこないのに不平を鳴らし、また搭乗員たちは日曜日の外出と、そしてほかのだれもがそうであったようにクリスマスの休暇に心を奪われていた。

波だつ湾内にはPBY飛行艇四機が錨泊し、二五機が格納庫付近に分散され、のこる四機が庫内にあった。その一部は、この日未明に出動中のPBYから「国籍不明の潜水艦発見」の報告を受け、次直として待機中だったが、米軍パイロットたちもその報せがあってもべつに緊張しているわけではなかった。

七時五〇分、淵田中佐からのト連送を知るや、兼子正大尉のひきいる翔鶴戦闘機隊六機と佐藤正夫大尉の指揮する瑞鶴隊六機が、この群青の海面に突入した。

兼子大尉の二番機である安部安次郎飛曹長だけは、単機で上空にとどまった。乙一期出身のベテラン・パイロットである彼には功をあせる気持がなく、むしろ古参搭乗員として、分隊長や部下をまもる責任があった。

まっさきに飛び出したのは、やはり兼子大尉だった。明治四十五年、東京生まれ。府立一中をへて兵学校入りをした。赤城の進藤三郎大尉と飛行学生の同期生である。

昭和十二年八月二十二日の空戦で中国軍機一八機とわたりあい、味方三機でカーチスホーク六機を撃墜するという戦果をあげている。その旺盛な闘志は当時の新聞でさかんに喧伝されたものだが、この日も、彼はいっこうに地上攻撃に臆していないようだった。

指揮官には二つのタイプがある。部下とはいっさい交流しない独立独歩型と、だれでもわけへだてなく交わる分隊長である。前者が兼子正で、後者は後任分隊長帆足《ほあし》工大尉であった。

東北人の安部飛曹長にとっては、洒脱な都会っ子の分隊長よりも、帆足大尉のおっとりした磊落《らいらく》さのほうが好ましく思われた。小人数でつねに生死をともにするだけに、飛行機隊の人間関係の難しさといえようか。

その帆足機の両翼からも、さかんに機銃が火を吐いている。帆足大尉は二十七歳。福岡県に生まれ、兵学校では兼子大尉の三期下。操縦技術のほうはのちに海軍航空技術廠飛行実験部員にえらばれるほどの優れたものだったが、性格は陽気で、めったに部下を殴ったりすることはなかった。

「帆足大尉は、われわれの兄貴分みたいな分隊長でした」

と、安部飛曹長は評している。

隊員たちが酒をのんで暴れ、副長から罰直を食ったことがあった。さっそく、帆足大尉のもとに駆けつけると、「しかたのない奴だな」と苦笑しながら、それでも気軽に立ち上がり、貰い下げに行ってくれた。同大尉は昭和十八年六月十六日、空技廠飛行実験部員として、局地戦闘機雷電の試験飛行中に事故死している。

だが、いまはそんな感慨にふけっているときではなかった。機首を返し安部飛曹長が、カネオへ飛行場に急降下して行ったとき、風防越しにハワイの青い海原が眼に映った。美しい眺めだった。オアフ島の東側、ヌアヌ・パリの断崖から見下ろした東部海岸地帯はハワイ王カメハメハ一世のころから名高い景観の地である。その昔、王が敵軍を一気に蹴落としたとつたえられる断崖は世界一と折り紙をつけられている。しかし、その眺望を楽しむ余裕はない。

安部機が上空から急降下して行ったとき、エプロンではつぎつぎと燃え上がるPBY飛行艇のガソリンで火の海となっていた。彼は機首を転じ、入江にむかった。発着場付近には、四機の飛行艇がおだやかな波に身をまかせるように繋留されていた。

安部飛曹長は、四発のエンジンのその中心にむかって全砲門をひらいた。二機が火を吐き、二機が大破した。彼はこの二機を炎上させようとくり返し二〇ミリ機銃弾を射ち込んだが、いたずらに機体に吸い込まれて行くだけで最後まで燃えなかった。やはり、携帯弾数が少なすぎるのだ。

彼は獲物をそのまま置きざりにして、機首を上げた。瑞鶴の佐藤隊が反転して帰途につき、彼もまた集合地点にむかおうと上空で指示を待っていたとき、指揮官機の風防が開いた。

「先ニ帰レ」

兼子大尉はさかんに手で北の方向をしめしている。

「どうしましたか」と帆足大尉が耳に手を当てて、たずねるふりをした。それにはかまわず、兼子機は単機で編隊を離れた。江戸っ子らしく、部下を指揮することが面倒になったようだ。

やむなく帆足大尉はのこる四機をひきい、集合予定地点であるオアフ島の西端カエナ岬沖にむかった。これはのちにわかったことだが、兼子大尉はさらに攻撃目標をもとめてカネオへ基地の南寄りにあるベローズ陸軍飛行場にむかったのである。

「八時三〇分、一機が降下してきて、五〇発銃撃して行った」と米軍記録はつたえているが、兼子機はすでに機銃弾をほぼ射ちつくしていたのだろう、ベローズ基地に被害はなかった。

兼子大尉の零戦が立ち去ったあとも、ベローズ飛行場ではこの不意の機銃掃射の意味がわからなかった。彼らが本格的な真珠湾奇襲の意味を知るまでには、さらに第二次攻撃隊の到着を待たねばならなかったのである。

米第八機動部隊旗艦エンタープライズでは、ハルゼー中将が怒り狂っていた。

　午前八時一二分、彼は副官のモールトン大尉と司令官室で朝食を摂っていた。ちょうど二杯目のコーヒーに口をつけたとき、電話のベルが鳴った。

「司令官！」と、受話器をとりあげたモールトンが昂奮していった。「当直参謀が真珠湾空襲中との電報を受け取ったそうです」

「なんだと！」とハルゼーはいった。「また〝味方射ち〟をやりやがったな。キンメルにそういえ」

　ハルゼー中将は、とっさに哨戒飛行をあらかじめ基地にとどけておかなかったため、対空陣地が敵機とまちがえたのだと考えたのだ。そして怒りを押さえかねるように拳で机をたたき、思わず椅子から立ち上がった。

　しかし、その怒りは永くはつづかなかった。通信参謀ドウ少佐が部屋に入ってきて、一通の電報をわたした。

「真珠湾空襲中、演習にあらず」

　これで事態は明白となった。彼はただちに拡声器で艦内に知らせ、総員を戦闘配置につけた。ハルゼーはいらだたしげに腕時計に目を走らせた。――あと真珠湾まで何時間かかるのか。

ようやく第一次攻撃隊の帰投する時刻がせまりつつあった。真珠湾上空に殺到した一八三機のうち、まず村田少佐のひきいる雷撃隊が、つづいて高橋少佐の指揮する急降下爆撃隊、そして水平爆撃隊が三々五々帰途についた。

信じられないような勝利であった。蒼龍水平爆撃隊の阿部平次郎大尉は、この半年の猛訓練が成果を見たことに涙ぐんでいた。彼は誇らしげに、指定された丙種電波で母艦に戦果報告をする。

「ワレ真珠湾ヲ攻撃ス　効果甚大」

必死の雷撃行から生還した赤城の後藤仁一中尉は、なんだか身体まで軽くなったように感じ、蒼龍の森拾三二飛曹は口笛でも吹きたいような気分になっていた。

加賀雷撃隊の吉野治男一飛曹は、火だるまとなって海面に激突した列機の断末魔の姿が眼前から去らないでいた。自身の生還を喜ぶ気持よりも、もはや二度と帰投が叶わない彼らの運命に胸がつぶれる思いがした。

戦艦アリゾナへの投弾に成功した加賀第二中隊沖中明二飛曹は、緑あざやかなオアフ島に開戦第一撃を加えたことを晴れがましく感じると同時に、将来への漠とした不安を隠しきれないでいた。これから、日本はどうなって行くのか?

飛龍雷撃隊の笠島敏夫二飛曹は、突入前、バーバース岬の公園で見た散歩する老夫婦のことが忘れられなかった。米軍機と見まちがえたのか、二人は快活に手を振っていた。——彼らは何も知らなかったのだ！

フォード島格納庫に投弾した翔鶴急降下爆撃隊の鈴木敏夫二飛曹は、米水雷戦隊群の上空を飛び越した瞬間、翼端に三発の機銃弾をあびた。もしそれが胴体中央であったなら……。帰投途中で被弾に気づき、ぞっとする思いでいた。

もう一つ、気がかりなことがあった。高橋赫一少佐の指揮小隊、比良国清大尉の中隊計九機で、彼らは真珠湾より帰途についたが、ふと気がつくと、他中隊の艦爆一機が鈴木小隊四番機の位置についている。

（あ、迷ったな）

古参パイロットの鈴木二飛曹はとっさに思った。翔鶴第二中隊長藤田久良大尉の三小隊三番機、岩槻国夫一飛と熊倉哲三郎一飛の最年少コンビであった。

おそらくは急降下後か、地上銃撃のさいに隊長機を見失ったのであろう。初陣にはよくあることだ。気が短くてすぐ部下を殴る、という滋賀出身の藤田久良大尉のいかめしい表情がふと脳裡に浮かんだ。

（まあいいさ、後でビンタを食らっても無事に帰ればいいさ）

鈴木二飛曹がそう思った瞬間、岩槻機は思いがけない行動に出た。不意に翼をひるがえし、機首をふたたび真珠湾にむけた。隊長機を捜しに行くつもりなのか。

（あ、いかん！）

ベテラン小隊長にとって、それはいかにも危険な行動であった。偵察者が同乗しているといっても、航法図板は出撃前の約束で白紙のままである。帰途の方位、位置、時間は予告されていたが、この混戦で若輩に充分な航法作図ができるものなのか。離れて行く岩槻機を遠く見送りながら、鈴木二飛曹は不安に駆られた。

制空隊の零戦もそれぞれ帰途についた。出発前の打ち合わせで母艦にたいする無線輻射は要求しないことになっているので、航法士のいない戦闘機隊は困難が予想された。けれども、帆足大尉のひきいる翔鶴隊が帰投するさいには洋上のいたるところに味方機がみられ、飛び石づたいにそれをたどり、帰途についた。

——だが、雷撃隊と同様に、戦闘機隊のなかからもすでに幾人かの犠牲者も生まれていた。赤城隊につづいて加賀の志賀淑雄大尉が帰投を決意したとき、後続の列機は見当たらなくなっていた。エワ飛行場での銃撃をおえ、しばらく上空で旋回をつづけていたが、だれもやってこなかった。やがて彼は合流をあきらめ、そのまま集合地点にむかった。

「平石なら大丈夫だろう」と、彼は暴れん坊の二番機を思いだしてつぶやいた。「——しかし、佐野はどうしたのか」

志賀は気づかなかったが、三番機佐野清之進二飛曹はエワ基地での銃撃のさい、海兵隊員たちが偵察機から降ろし臨時につくった機銃座の反撃により火を噴き、そのまま自爆していた。

第一次攻撃隊の被害は多くなかったが、加賀隊の羽田透二飛曹はカフク岬の地上砲火で、また赤城隊板谷少佐の二番機平野崟《たけし》一飛曹はカメハメハ要塞の対空砲火で、それぞれ撃墜された。

とくに平野機の最後は痛ましい。米軍記録はそののち収容された同機の「AI—154」の残骸をつたえているが、その写真を見ると、胴体に対空砲火が命中し、機体が二つに割れたことがわかる。

平野一飛曹は甲飛一期出身。東京・渋谷区代々木生まれの都会っ子で、府立九中（現・北園高校）出身。父は機関大佐で、兄弟から四人の軍人が出た。生めよ増やせよの時代で、平野家は兄弟姉妹一三人。当時の新聞記事によると、「子宝《こだから》部隊として渋谷区で表彰された」とある。崟はその六男坊であった。

彼は、板谷少佐につづいて南側から低空でヒッカム飛行場に回わり込もうとしたとき、第五十五沿岸砲兵隊による対空砲火の犠牲となった。

米側記録は、平野一飛曹の最後をつぎのようにつたえている。

「その日本機は木にぶつかり、はねかえって壁にぶつかった。パイロットは木に打ちつけられて死んだ。エンジンは兵器工場まで飛んだ。機体が木にあたってはねかえったとき、道路にいた数人にあたり、そのうち一人は完全に首をはねられ、他の一人は明らかにプロペラにはねられてその手足と首が草の上に飛んだ」（『トラトラトラ』）

被害はまだつづいた。岡嶋大尉が飛龍隊をひきいて集合地点にむかおうとしたとき、彼の二番機に異常が起こったのに気づいた。

「どうしたんだ」彼は風防をあけ、手真似でたずねた。

「対空砲火にやられたようです」村中一夫一飛曹がこれも手真似でこたえた。「とても苦しい」

村中機の操縦席のすぐ前からはおびただしいガソリンが洩れていた。胴体タンクに被弾したため、白い蒸気となって長く尾を曳き、その一部が座席にも流れ込んで顔に吹きつけているようである。

「もうだめです」白いマフラーを下げ、顔をのぞかせた村中一飛曹が首をふった。「――自爆します」

「馬鹿を言っちゃいかん」

岡嶋大尉は思わずさけんだ。いいか、だまっておれのいう通りにするんだ。まず燃料コックを切り替えて、洩れているタンクから先に使ってしまうんだ。それからあとは、できるだけ飛びつづけることだ。

弱々しげにうなずく部下の表情が見えた。彼は一安心し、いったんナナクウリの海上を迂回し、それから機首を返しカエナ岬にむかった。

村中機から吹きだすガソリンの白い帯はいっこうに消えそうになかった。機の姿勢は安定せず、よろめくような足どりで北の集合地点にむかっている。だが、いつ燃料がつきてしまうかわからない。

もし不時着すれば、という恐ろしい予感が彼の脳裡にひらめいた。最後の一撃を欲張ったばかりに部下に被弾させた。捕虜にだけはさせたくない、と彼は思った。あとは、ただ零戦の誇る長大な航続力に希望を託すのみである。

岡嶋大尉は不安を押し殺すように、きびしい表情を二番機に見せていった。

「がんばれ！　あとしばらくの辛抱だ」

制空隊のうち、最後まで戦場にとどまっていたのはベローズ飛行場にむかった兼子大尉と菅波政治大尉のひきいる蒼龍隊だった。

エワ基地の銃撃をおわって菅波大尉が指先を北の集合地点にむけたとき、第二小隊長田中飛曹長ははげしいのどの乾きを覚えた。緊張から解き放たれると、疲労がどっと全身に押しよせてきた。

よく無事だったな、という感慨が最初に彼をおそった。炎上する格納庫や破壊された飛行機や、そして地獄の焰につつまれたホイラー飛行場の印象が脳裡をかすめた。そして彼は、いま自分が生きていることの実感をかみしめた。

すぐ前方に九九艦爆が一機、母艦をめざして飛んでいた。菅波大尉はそれと行をともにするつもりらしい。艦爆に専門の航法士が乗り組んでいるため、そのあとにしたがって行くのがいちばん安全な方法であった。

（あと一時間たらずだな）

田中飛曹長は腕時計を見てつぶやいた。あとわずかの飛行で、母艦蒼龍にたどりつくことができるのだ。しばらくの辛抱だ、と彼は思った。

田中飛曹長の記録によれば、機体番号から見て五航戦翔鶴、瑞鶴いずれかの艦爆隊三小隊三番機だったという。これが隊長機をもとめて海上をさすらう岩槻国雄機であった。

制空隊が合流してきたため、偵察席の熊倉一飛は彼らを誘導し、母艦上空までたどりつかねばならない。おそらくは必死で航法図板に位置を記入し、航法計算に余念がなかったのであろう。

だが——一時間後、彼らが母艦の推定位置にたどりついたとき、そこに機動部隊は見当たらなかったのである。

真珠湾では、このときまだ小さな戦闘がいくつかおこなわれていた。空からの攻撃が一段落すると同時に、特殊潜航艇による海中からの攻撃がはじまっていたのである。

第一次攻撃隊の全機がオアフ島上空を立ち去ってから一〇分後の午前八時三五分、機雷敷設駆逐艦プリーズはフォード島西側水道に浮かぶ黒い司令塔を発見した。

「右舷に潜水艦発見！」

おなじ信号旗が工作艦メデュサと水上機母艦カーチスからも上がった。このとき、北側泊地にいた駆逐艦モナハンは、湾外に出ようとしてちょうどパール市《シテイ》とフォード島のあいだを走り抜けようとしていた。

「艦長！」信号兵がウイリアム・P・バーフォード中佐にむかっていった。「カーチスが潜水艦発見の信号旗を上げています」

指さす方向を眼で追うと、数百メートルの距離から葉巻型の小型潜水艦が近づいてくるのが見えた。もはや、猶予はならなかった。何者であるかはわからないが、とにかく味方でないことはたしかだ。バーフォード艦長はただちに命令を下した。

「砲撃開始！」

いずれの艦からも砲撃が加えられた。カーチスの一弾は司令塔に命中した。モナハンはフルスピードで潜水艦にせまったが、砲弾は一発も当たらなかった。

岩佐直治大尉は、ようやくそのときが来たことを知った。伊二十二潜を離れて七時間二二分、たくみに防潜網をくぐりぬけ、中入江を左手に見てフォード島西側の水道に入りこんだ。どの場所で沈座して航空機の第一撃を待っていたのかはわからない。

出撃前、特潜の昼間攻撃では米艦の反撃で生還の見込みはない。日没を待って攻撃に転じ、夜間脱出、夜間収容という作戦が採られたが、大尉自身がそれに強く異をとなえた。先遣艦隊の清水光美中将に、直接「日没までの長い時間をとうてい待つことはできない。せめて第一撃後、攻撃に転ずることを許可してもらいたい」と、意見具申している。

清水長官がこれを裁可したのは、岩佐大尉の気迫に押し切られたからである。水深一二〜

三メートル。特潜艇の高さは三・四メートルで、潜望鏡を上げると五・六メートルにもなる。相手を視認するために潜望鏡を使うと、艇は二〜三メートルの海面下で航走しなければならない。松尾敬宇中尉の偵察報告では「海水の透明度は内南洋ていど」とあったから、司令塔の存在は誰の眼にも明らかであった。

岩佐大尉の念頭には当初から生還、収容の気持がなかったのであろう。海底に沈座し待機しているあいだ、酒巻少尉がしたように艇付佐々木直吉一曹とともに、ぶどう酒を飲み交し、握り飯を頬ばっていたのであろうか。

いま岩佐大尉は仁王立ちになって、両手に潜望鏡を握りしめている。せまい艇内で前方に腰かけ、必死に操舵している佐々木一曹にむかって声を張り上げた。

「撃《テ》ィ！」

九七式四五センチ魚雷が水上機母艦カーチスにむけて発射された。魚雷は外れ、直進してそのまま陸岸で爆発した。

カーチスの五インチ砲と一二・七ミリ対空機銃が、岩佐艇に集中した。司令塔に一弾が直撃した、と米側記録にある。岩佐大尉は残る魚雷を突進してくる駆逐艦モナハンに放った。正面正対しての発射であった。混戦のなか魚雷はこれも外れて、モナハンの右舷側に流れて行った。

これが岩佐艇の最期となった。

むこう意気の強いバーフォード艦長は逸《はや》りたっていた。モナハンはそのまま突進をつづけ、他の艦はそれぞれ砲撃を手控えた。彼は真一文字に突き進んだ。モナハンは潜航艇に激突し、そのうえを乗り切った。艦尾に横倒しとなった艇が浮かび上がると、副水雷長G・S・ハードンは深度九メートルに調節した爆雷を投下した。

岩佐艇は強烈な爆風とともに前部を破壊され、大量の海水が侵入して海底に沈んだ。勢い余ったモナハンはそのまま全速で突っ走り、ベッコニング岬に乗り上げた。

湾内に侵入できないでいる酒巻和男少尉の特殊潜航艇も、苦しい闘いをつづけていた。艇は電池から発散する悪ガスと漏気が充満し、呼吸が困難となっていた。

太陽はすでに東の空にかがやき、波はいくぶん高かったが、攻撃には上々の日和だった。湾口付近から港内に突入を試みたが、そのとき突然、駆逐艦による爆雷攻撃を受けた。

酒巻少尉の身体は宙に浮き、隔壁にたたきつけられた。けれども、彼はひるまなかった。潜望鏡を上げてのぞいてみると、湾内はるかにおびただしい黒煙が立ちのぼっているのが見えた。

「やったな！」と、彼はさけんだ。「おい、空爆は大成功だ。どうだ、あの煙は」

「見えますよ」と艇付の稲垣清二曹は歓喜の表情をあらわしていった。「われわれも負けずにやりましょう！」

真珠湾上空にある日本機は、第一次攻撃隊淵田美津雄中佐機だけとなった。のちにアメリカ側が「小休止」とよんでいる時間である。これは散発的な攻撃をのぞいて午前八時二五分から四〇分までつづいた。

オアフ島上空に静寂がよみがえっている。日本機は姿を消し、たえず鳴りひびいていた爆弾や機銃の音が不意にやんだ。

いたるところに爆煙が立ちのぼっていた。空は夕暮れのように色褪せ、戦艦列からはときどき遠雷のようなひびきがつたわってきた。まだ、どこかの艦が爆発をつづけているのであろうか。

淵田中佐の位置からはむろん見えるはずもなかったが、各基地では最初のショックからさめて急速な回復にむかって大わらわだった。

まだ無事だった戦艦メリーランドと巡洋艦ヘレナには二七・五ミリ口径の機関砲が積み込まれ、各艦の一二・五センチ砲とともに対空砲火の威力を増した。フォード島では水兵たちが〝まるで野菜でも売るみたいに〟七・七ミリ口径と一二・七ミリ口径の機銃弾をくばって歩き、各飛行場では被害をまぬがれた機体を安全な場所に移そうとし、またあるものは破壊された機体から機銃を取り外して武器にかえた。

もちろん、すべてに銃は行きわたっていなかったが、手に入るあらゆる武器を手に――たとえば、給油艦ラマポの艦橋にいたダンカン・カリー中佐は45口径ピストルで――日本機を射ちまくった。

ハレイワ飛行場にむかっていた米陸軍パイロットのウェルチ、テイラー両中尉はようやく待たせてあったP40型戦闘機に飛び乗り、日本機迎撃にむかった。

だが、P40二機が上空に達したとき、すでに第一次攻撃隊は引き返したあとだった。彼らの離陸が遅れたのは、飛行機を分散させて隠そうという基地員とのあいだで口論の時間を過さなければならなかったためである。

けれども、この遅れは二人にとっても幸運だった。カーチスホークP40型B『Tomahawk《トマホーク》』は一二・七ミリ機銃四梃を備えていたが、あまりに急ぎすぎたため弾薬を補給する時間がなかったのである。そのため、彼らはいったんホイラー飛行場に着陸し、燃料、弾薬を積み込み、ふたたび日本機迎撃にむかった。

オアフ島が混乱から立ち直ろうとしているとき、米太平洋艦隊司令部にいたキンメル提督は彼の眼前に突きつけられた光景をだまってみつめていた。

彼の麾下にある八隻の戦艦群のほとんどはいずれも沈没するか、行動不能となっていた。頼みとする空母も外洋からもどっていず、手足をもがれたも同然だった。彼のなすべきことは多くあったが、素手で何が戦えるというのか。

そのとき、奇妙な偶然だったが、日本機の放った一発の機銃弾が司令部の窓を突き破り、勢いを失ってキンメル大将の胸に当たった。その弾丸は彼の純白の軍服に黒い染みをのこし、乾いた音をたてて床にころがった。

キンメル提督は身をかがめてそれを手にとり、副官のカーツ中佐に振りむきもせずに、後に有名となった悲劇的な言葉を吐いた。

「いっそこれが、私を殺してくれたら良かったのに」


第二次攻撃隊をひきいる嶋崎重和中佐は、瑞鶴水平爆撃隊九機ずつの三個中隊、合計二七機の三角形の先頭に立つ。その後に市原辰雄大尉二七機の翔鶴隊がつづいている。高度三、〇〇〇メートル。

その右翼側を進藤三郎大尉の赤城零戦九機、二階堂易大尉の加賀零戦九機。左翼側を飯田房太大尉の蒼龍零戦九機、能野澄夫大尉の飛龍零戦八機が五〇〇メートルの高度差をつけて直衛している。

第二集団、江草隆繁少佐ひきいる艦上爆撃機隊七八機は蒼龍、飛龍、加賀、赤城の順に嶋崎隊のやや右後方に、プロペラの渦流をさけるために各隊ごとに高度差をつけて追随している。千早猛彦大尉の赤城隊第二中隊第二小隊三番機の飯塚徳次三飛曹は、自分の機がこの大集団の最後尾に位置していることをまざまざと思い知らされることになった。

(階段教室のいちばん後方のデスクに座っているみたいだ)

それが実感である。第一、第二集団、合計一六七機がパノラマ状態となって前方眼下にひろがっている。それは、壮観という以外に言葉に表すことはできなかった。

夜はすっかり明け放たれていた。空気は澄み、飯塚三飛曹は無心の境地で操縦桿をにぎりしめていた。

淵田中佐は単機でオアフ島上空を飛びつづけていた。冬の日差しは厚い雲と爆煙に閉ざされて真珠湾にとどかず、空はますますその灰色を深めている。

まだ、彼にはなすべきことが多くあった。第一に各飛行基地を回わり、写真をとり、この日の戦果を確認しなければならない。そして重要なことは、戦場に取りのこされた味方機を母艦まで誘導してやらなければならないのだ。

淵田中佐は断雲をぬってフォード島上空を見下ろす位置を飛んでいた。「……真珠湾も、各飛行場も、はげしい銃爆撃にさらされて阿修羅の姿であった。そこでは一時間前の威容はすでに失われていた」

戦艦四隻撃沈、三隻大破——おそらく、その戦果はまちがいないであろう。攻撃は大成功だ、と彼は思った。そして、思わず満足の微笑をもらした。

真珠湾口の防潜網が閉じられたのは、この頃のことである。相つぐ小型潜水艦の発見報告でようやく事態の深刻さが認識されたのである。淵田中佐の眼下で、駆逐艦らしい一隻が湾口の水道から湾内に入る個所であわただしい動きを見せている。

「あいつは航門船だ！」

と、淵田中佐は思わず口に出した。真珠湾口には航門網が張ってあり、ワイヤーを張れば網が展張され、これを緩めれば海底に沈み艦船が通過できる仕組みになっている。その防潜網が張り出されるのを見下ろしながら、特殊潜航艇のことが突然脳裡によみがえった。

特殊潜航艇について、飛行総隊長はあまり多くのことを聞かされていない。岩佐大尉以下五人の後輩艇長に会う機会もなかった。しかしながら、一航艦の水雷参謀渋谷中佐から、特潜艇による攻撃の計画があり、彼らはどんなに機会に恵まれても航空攻撃が終るまでは先んじて攻撃はしない、との約束があることを聞かされている。いま眼下に横たわる狭い小さな池のような海底のどこかに、彼らは潜んでいる。辛抱強くも航空部隊の攻撃成功を念じながら、その先陣をゆずっている……。

淵田中佐は、目頭が熱くにじむのをおぼえた。

そのとき、レシーバーを通して第二次攻撃隊指揮官嶋崎重和少佐の発信した突撃下令がつたえられた。

「トトトト（全軍突撃せよ）……」

時刻は午前八時五五分、第一次攻撃隊が突入してからちょうど六六分後である。

やがて、雲をぬうようにしてまっさきに飛びだしてきた赤城の進藤三郎大尉のひきいる制空隊零戦九機がみとめられた。つづいて、蒼龍の江草隆繁少佐のひきいる急降下爆撃隊が四、〇〇〇メートルの高度を取り、東海岸からクウラウ山岳地帯をこえて突入してくるのが目に入った。

江草少佐の機体は、指揮官機標識として尾部を赤と黄橙色の斜線で塗り上げられてあった。

それは、遠目でもいかにも逸りたっているような印象をあたえた。

淵田中佐は嬉しくなって膝をたたいた。「あの、――真っ赤なじゃじゃ馬め！」

4　ホワイトハウスの謎

ワシントンで最初にハワイからの緊急電報を手にしたのは海軍作戦部長スターク大将だった。彼はいそいでノックス長官のもとに駆けつけた。

「真珠湾空襲さる、演習にあらず」

時間は、ちょうどワシントン時間の十二月七日午後一時四七分（ハワイ時間同日午後八時一七分）を指していた。

ハワイのベリンジャー少将の打電したこの第一報は、サンフランシスコのメア・アイランド海軍工廠でキャッチされ、いま海軍情報部に転電されてきたのだった。

「まさか！」

ノックス長官は衝撃を受けて言った。「そんな馬鹿なことはない。フィリピンの間違いではないのか」

「いいえ、長官」スターク作戦部長は沈んだ声で答えた。「攻撃されたのは真珠湾です」

ノックスは、直ちに大統領への直通電話を取った。

ホワイトハウスでは、ルーズベルトがハリー・ホプキンスと昼食の最中だった。二人は〝戦争とはまるで関係のない話〟をしていた。最初、二人はその電文の意味に戸惑っている様子だった。

「これは、何かの間違いでしょう」と、ホプキンスが言った。「日本はきっとホノルルを攻撃したりはしないでしょう」

ルーズベルトは、米国を参戦させないためにどれほど自分が努力してきたか、また戦争なしで在任期間を全うしたかったかについて、側近に〝やや詳しく〟語った。

「もし、日本の行動が本当だとすると、問題を完全に自分の手から取り去ってしまうことになるだろう。なぜなら、日本が自分の代わりに決定をしてくれたのだから」

そして、こうつづけた。

「この報告は、たぶん本当だと思う。また、これこそ日本がやりそうな、思いもよらぬことだと思う。彼らは、太平洋上の平和について論じているまさにそのときに、平和を打ち倒す謀略を練っていたわけだ」

二時五分、大統領はハル国務長官に電話をかけ、「日本が真珠湾を攻撃したという報告が来たよ」とつたえた。――『ハル回想録』によると、その声は「乱れていなかったが、早口だった」と記している。

「その報告は確認ずみですか」国務長官がたずねた。

「いや、まだだ」とルーズベルトが答え、そして、こうつけ加えて言った。「しかし、おそらく事実だと思うよ」

「私もそう思います」ハルも相槌をうった。

そして、彼が野村大使の訪問をつげると、大統領は「真珠湾攻撃について何ひとつ知っていないふりをするように」と注意をあたえ、「彼らの返答を形式的かつ冷淡に受け取って帰すように」と言い、電話を切った。

日本軍による真珠湾攻撃を耳にした米政府首脳の最初の反応は、こうしたものだった。同日夜、ハリー・ホプキンスはこれらの経過を克明にメモした。

二時二八分、スターク大将から電話があり、「真珠湾は苛烈な攻撃を受け、人命の損失も若干ある」とつたえてきた。——この段階で、ルーズベルトは真珠湾がどのような被害を蒙ったのか、具体的に何も知らされていない。

ルーズベルト大統領に、とっさに頭に閃《ひらめ》いたのは対議会工作であったと思われる。「日本が自分の代わりに決定をしてくれた」という表現は、米国の参戦に恰好の口実をあたえてくれたという彼なりの率直な反応であろう。

他方、用意周到なルーズベルトは日本の天皇への親電のあと、二重三重の手を打とうとしていた。前日午後、ワシントン駐在オーストラリア公使は、本国政府につぎのような報告書を送っている。

「一、もし、月曜日夜までに天皇から返電がない場合――

a　火曜日の午後、または晩に警告を発する

b　英国または他の諸国による警告またはその相当物は、水曜日午前まで、すなわち大統領自身の警告が東京およびワシントンにおいてくり返して手交されるまでは出されないこと」

この事実は、少なくともルーズベルトが三日間は何も起こらないと考えていた一つの証左といえる。

ルーズベルトが深刻なジレンマに陥っていた、と先に書いた。前掲書の著者ロバート・シャーウッドはこう論述している。

「日本軍がクラ地峡に上陸したときは、介入の機会はどんなものだろうか。その場合には、大統領は国会にむかってなんと言わねばならないのだろうか。それは、たった一月まえに、アメリカ商船に武装許可を与えることにほとんど同意しなかった、あの国会なのだが。その国会は、そのまえの国会がグワム島の要塞化に対して十分な資金を充当することを拒絶した原因になった、例のあの近視眼に罹っていたのだが。

それでは、アメリカ人はなぜタイ国のために、または、シンガポールや香港のような英国帝国主義の前哨地点のために、または、東インドにあるオランダ帝国主義の前哨地点のため

に、あるいはまた、ウラジオストックにある共産主義のために、死ななくてはいけないのだろうか」

米国の孤立主義者、すなわち議会は「英国、またはロシアや中国に道具（武器）をあたえて、彼らに仕事を仕上げさせてやることだけだ」と考えて、あまりにも安心しきっていた。そういう彼らが、日本のコタバル上陸を知って、どれだけの戦意が刺激されるのだろうか。

「これは戦争を意味する」

とルーズベルトが言った「楕円の間」での出来事で、ポプキンスとどのような会話がかわされたのか。シャーウッドの推理はこうである。——シュルツ中佐が部屋を去ったあと、会話はあらゆる不測の事態の方へと転じたかも知れない。しかし、英国およびオランダにたいする重要攻撃をはじめる前に、日本がまず米国を無理やり参戦させるという予防手段を講じるだろうなどという、およそ思いもつかない可能性などは、二人とも考えに入れたはずがない、と。

真珠湾攻撃は、こうしたルーズベルト大統領の危機を救った。その一撃はじつに挑発的、侮辱的、かつ憤激を誘う仕方でなされたので、分裂し、混乱していたアメリカ国民は直ちに一致団結して、確固たる国民となったのだ……。

陸軍長官スチムソンはもっと率直である。彼は日記にこう書きつけた。

「私の最初の感じは、無決定状態が終ったというほっとしたものであり、また、わが米国民を一致結束させるような方法で危機がやってきたというものであった。……こうなれば、もう国民を団結させる上に心配すべきものはないと考える」（傍点筆者）

彼も、真珠湾の被害を知らされていなかった。

「……私が落着きを取りもどしたとき、大勝利の自信ある希望にみたされた。それというのも、ハワイにある警報を受けた部隊が、日本の攻撃部隊にきわめて大きな損害をあたえうるだろう、と考えたからである。

日本が戦略的には馬鹿げた行為であったが、戦術的には大成功をおさめたことを私が知ったのは、その日の夕方になってからだった」

では、「ルーズベルトの陰謀」は果たして存在したのであろうか。いよいよこの大命題に回答を出すときがきた。

以上の経過に見る通り、ルーズベルト大統領は——少なくとも可能性の一つとして——真珠湾攻撃を知っていたことは間違いない、と言えるだろう。だがしかし、これを現実のものと考えるのは、また別の問題となる。

日本は、キンメル提督の議会証言にもあるように「アメリカに飛びかかるような狂犬的態度」で「常識に欠けた行為をする」とは、「考えられもしなかったし、理解もできなかった」——のだ。

ホプキンスの遺稿にあるように、ルーズベルトと二人の関心はもっぱらインドシナであり、真珠湾ではない。日本の真珠湾攻撃の成功は、奇蹟的な偶然によって支えられた。特殊潜航艇の発見、陸軍レーダーによる捕捉、ハルゼー提督にたいする攻撃命令――どれ一つをとっても、戦争の引き金となりえた。

上下両院の調査会は、民主党主導のきわめて政治臭の濃いものであった（民主党六名、共和党四名）。この段階ではルーズベルト大統領は死亡しており、ノックス海軍長官、ハリー・ホプキンスも亡く、スチムソン陸軍長官は健康を害し、証言台に立つことはなかった。ハル国務長官は長文の声明を出し、証言台にも立ったが、少数派議員（共和党）の詰問に答えることは免責された。

議会は民主党の意向に添う形で進行された。それは日本軍の真珠湾攻撃を成功させた外交的油断、政治的怠慢、軍事的失敗、その他あらゆる失態を糊塗するために作用した。ルーズベルト大統領は無謬でなければならなかったために、資料の隠蔽、紛失、非公開などの政治的工作が企てられた。

真珠湾攻撃の秘密を保持するために、民主党多数派がとった明白な三つの工作とはつぎのようなものである。

一、多数派委員は十二月四日、五日、六日の三日間にわたるスチムソン陸軍長官の「日記」の一部分を証拠書類として、審問に提出させるため必要な法律手続をとるように、少数派委員から要請されたがこれを拒否した。
二、日本軍の真珠湾攻撃直前の期間中の、海軍省のいわゆる「ホワイトハウス記録綴込み」中にある一切の事柄を国民に知らせぬように差止めた。
三、陸海軍査問会議の議事録を機密扱いとして一切公表しなかった。

スチムソン陸軍長官の「日記」はのちに全文が公開されることになったが、これらの諸工作が今にいたるも「真珠湾の謎」として尾を曳いている。

だが今、われわれが学べきことは、敵国について――日本側もふくめて――の恐るべき無知である。

一九四二年二月、真珠湾攻撃より二ヵ月後にルーズベルト大統領に招かれた作家エドガー・スノーの文章がある。

エドガー・スノーは『中国の赤い星』の著者として知られ、「サタディ・イブニング・ポスト」誌戦時特派員として、十二年ぶりに中国からワシントンにもどってきたところだった。

ルーズベルトは、極東のことについて知りたがっていた。

「ぼくの祖父デラノは」と、ルーズベルトはハル長官たちを辟易《へきえき》させた話題を真っ先に持ち出した。

「数年間、香港に輸出商社を持っていた。祖父は中国人のことをとても良く知っていて、彼らが好きになってきたのだ。ところが、祖父は日本人にはいつもはげしい嫌悪を抱いていた。

話に聞くと、中国人はわれわれが好きだそうだ。そうなのかね？」

そうだ、と答えると、「それは素敵だ。中国人は、英国人とよりも、われわれとの方がうまくやっていけるのかね」

エドガー・スノーは、そんな単純な事ではないと思ったようだ。彼は言う。中国人は英国人にたいするほど、米国人に不信の念を抱いていない。われわれは彼らに戦争をしかけたり、領土を取ったり、真っ先に日本と宥和したりしなかったからだ。われわれは日本を満州から閉め出そうとしたことさえある。

「だが、中国における治外法権をわれわれは決して放棄しなかった。だから、国民党の宣伝でも共産党の宣伝でも、米国は帝国主義国の一つなのです」

ルーズベルトは話をさえぎって、ハル長官とのこれまでの意見の相違を口にした。ハルは治外法権の撤廃には賛成だが、「省内の自分の顧問たちの頭を変えることはできない」と言ったといい、冷笑した。

「もちろんぼくは、ハルと国務省全体に対抗できるほどにはその問題は知らなかったよ！」

つまりは、極東問題についての関心が薄かったと告白しているのである。それから、ルーズベルトは、スノーをおどろかせるような「奇妙な質問」をした。たとえば、こんな具合だ。

「中国人は日本民族をついには『吸収する』と思うか」

「彼ら（中国人）は無造作に国際結婚するか」

「中国人が日本人と結婚したとき、子供は中国人的か、それとも日本人的か」

さらに、ルーズベルトはハワイで進行中の人種混合（注、国際結婚の意）のことを長々と話した。彼の観察したところでは、

「中国人がいちばん顔つきの良いユーラシア人を造り出す」

「朝鮮人こそ、中国人が日本人と結婚した場合に得られる答えに近いものに違いない」

さらに朝鮮問題にふれ、日本の戦後処理にもふれた。

「日本はその植民地を放棄せねばならないだろう。控え目に言っても、日本はそれだけは予期しなければならないね。彼らは自国の人口過剰をなんとかするために、何か他の方法を見つけねばならないだろう。一割の人口過剰が日本を戦争に駆り立てる手助けをしたんだが、たぶん戦後もやっぱりそいつは居残るだろう。そしたら、われわれこそそれに直面せねばならないだろうが――あの過剰をどうするかね」

話題はインドに移り、植民地アジアの戦後独立問題におよんだ。スノーは意見をもとめられて、こういった。

「日本は少なくともアジア人のためのアジアを約束しているし、それに、白人からの自由を語っている。もし連合国に、日本に踏みにじられた全植民地にたいして、戦後の所定の時期に独立させることを誓約すれば、われわれはアジアからいくぶんでも実質的な助力を得られるでしょう」

オランダやイギリス、フランスの旧宗主国が戦後に植民地開放を実現させるかは疑問だと、大統領は言い、「ジャップ」は、と日本を口にした。

「スノー、あの古い植民地体制を打倒し、なさるべき改革を強制するためには、ジャップはほとんど必要な災難だったように思えるね」

ルーズベルトはシガレット・ホールダーを〝斜にかまえて、にやっと〟笑った。

「もちろん、それがジャップでなくてはならなかったのは恥辱だよ。――もしかすると、ぼくは彼らにたいして少し偏見を持っているかも知れないがね」（傍点筆者）

少し偏見を持っている――というルーズベルト大統領の発言にたいして、エドガー・スノーは「汚辱の日《デイ・オブ・インファミー》」と呼んだあの日からまだ日の浅いのに「少し」とは、とあれほど刺激的表現を使った大統領演説にくらべて、相変らず極東への関心の薄いルーズベルトを意外に感じている。

野村大使は自著『米国に使して』のなかで、ルーズベルト大統領の政治的手腕を高く評価しているが、逆に彼に代表される米側の敵国日本への政治的関心は極めて低かったのだ。

野村大使は胸の動機を押さえるのに苦労していた。大いそぎで大使館を飛び出したものの、約束の時刻よりも一時間あまり遅れている。

奥村書記官のタイプは午後一時五〇分になってようやく完成した。彼は通告文に数多くの誤字と汚れがめだつため、外交文書にふさわしくないと思い、若い煙石学に手伝わせて第十三部までの全文を打ち直したのである。ついでに彼は、第十四部にいくつかのミスタイプがあるためこれを打ち直したいと主張したが、野村大使がむりやりそれを取り上げて駆けつけたのだ。

国務省にはあまり人影がなかった。日曜日であったのと、急に会談が決まったので新聞記者も気づかなかったのだ。

二人はしばらく待たされた後、午後二時二〇分になってやっとハル長官の部屋に通された。国務長官は冷やかに応待し、椅子に坐れともいわなかった。

野村大使はこのときの印象をつぎのように簡単に記している。


「余より『午後一時此の回答を貴長官に手交すべく訓令を受けた』と申したところ、国務長官は『何故一時か』と訊ねたるも『何故なるを知らず』と答へた。我方の回答を一読したる上、非常に激怒したる面持ちにて『自分は過去九箇月常に信実《(ママ)》を語つて居つた。斯の如く偽りと歪曲に満ちた文書を見たことがない』と述べた。

余は長官の手を握つて別れを告げた」


そのとき、ハルがいったことばの正確な内容は、ハル回顧録によればつぎの通りである。

「はっきり申し上げるが、私は過去九ヵ月間のあなたとの交渉中ひとことも嘘を言わなかった。それは記録を見ればよくわかることだ。私は五十年の公職生活を通じて、これほど虚偽と歪曲にみちた恥知らずの文書はかつてみたことがない。私は、今日まで地上のいかなる政府であろうとも、これほど途方もない虚偽と歪曲をなしうるとは想像もしなかった」

陪席していた来栖大使が見ていると、読みはじめたハル長官の手が昂奮のためにしだいにふるえてきた。彼はこの段階ですでに内容を知り、真珠湾攻撃の通報も受けていたのである。一方の野村大使は、表情は平静であったが大きな激情に襲われていると、ハルの眼に映じた。ハルは、物言いたげな大使に手を振って制止し、あごでドアの方を指した。両大使は何も言わずに頭を垂れたまま、部屋を出た。「手を握って別れた」のではない。

野村大使には、ハル長官の憤りがわからなかった。彼はこのとき、真珠湾攻撃を知らなかった。第十四部の最後の文章は日米交渉の打ち切りを宣言しているだけで、外交の断絶を意味しているわけでもなく、ましてや宣戦布告の文でもない。

ハルは「日本はこのような予備行為なしに攻撃してきた」と非難しながらも、このときの両大使が真珠湾攻撃について何も知らなかったことに、「せめてもの慰めを感じている」と書いている。

彼は、自分がテネシーなまりの田舎言葉で相手をののしったわけではない証拠に、対日交渉の補佐役ジョセフ・バランタインに言葉を記録させ、のちこれを新聞に発表した。

二人が帰ったあと、ルーズベルトに電話で報告した。大統領は、「強い言葉をのべたのは結構だった」といい、電話を切った。

野村大使は車でマサチューセッツ街にある日本大使館にもどった。玄関に入ると、奥村書記官が待ちかまえていて、「わが軍の飛行機が真珠湾を攻撃しました」と報告した。

二人はすべてを了解した。

——戦後、両大使ともこの日米開戦時の心境について何も書き残していない。ただ、「俯仰《ふぎょう》天地に愧《は》ぢざる態度で交渉に当たってきた」という野村大将としては「騙し討ち《トレチャラス・アタック》」の大統領教書の表現に我慢がならなかったようだ。

ルーズベルト大統領が亡くなり、戦争が終ってのち、彼は健在であったルーズベルト未亡人に言葉の真意について説明をもとめている。それにたいする未亡人の返事は、以下の通り。

「自分は夫から、あなたの誠実を疑う話を聞いたことがない」

第六章　真珠湾に殺到した男たち〈Ⅱ〉

1　紅蓮《ぐれん》の焔

同じころ、オアフ島上空はふたたび日本機でおおわれていた。

爆弾の破裂するすさまじいひびきと飛び交う機銃弾、そして風を切る翼とエンジンの軋《きし》りが静かな朝の空気を引き裂いた。見渡すかぎり日本機ばかりだった。第二次攻撃隊の総機数は一六七機である。

進藤三郎大尉のひきいる赤城戦闘機隊九機は午前八時五五分、ハワイ上空に達した。侵入高度は六、五〇〇メートルだったが、対空砲火がはげしかったため高度を八、〇〇〇メートルに高め、制空隊はゆるやかな輪を描くようにして旋回をつづけていた。

二階堂易大尉の指揮下にある加賀隊零戦九機も、おなじように迎撃してくるはずの米軍戦闘機にそなえて上空警戒に当たっていた。このとき、すでにホイラー飛行場からウェルチ、テイラー両中尉の操縦するP40型戦闘機が飛び上がっていたが、いずれの制空隊にも気づいていない。
一、二航戦の戦闘機隊の任務はつぎの通りだった。「機密機動部隊命令第三号――ハワイ作戦空襲計画」によれば、攻撃実施要領は以下のようなものである。

「第二次攻撃隊
全軍ほぼ同時に敵上空に殺到し攻撃を開始す
制空隊の行動要領は第一次攻撃に準ずるも、空中に敵機なき場合の銃撃区分は左による
第一（赤城）、第二（加賀）制空隊　フォード、ヒッカム、バーバースポイント
第三（蒼龍）、第四（飛龍）制空隊　ホイラー、カネオへ、ベローズ」

第二次攻撃隊の立役者は、江草隆繁少佐の指揮する急降下爆撃隊七八機だった。嶋崎少佐の突撃下令後、水平爆撃隊より一足はやく彼らはカネオへ基地上空を直進し、フォード島に達した。

攻撃開始は午前九時二分である。淵田中佐が思わず笑みをもらしたように、真っ赤に彩った機体をかたむけるようにして、彼は急降下に入った。

江草少佐が突入をはじめたとき、高度は五、〇〇〇メートルだった。機腹から投下される二五〇キロ爆弾は、陸用ではなく通常爆弾である。第二次攻撃は強襲となり、対空砲火がは

第二次攻撃隊進入路

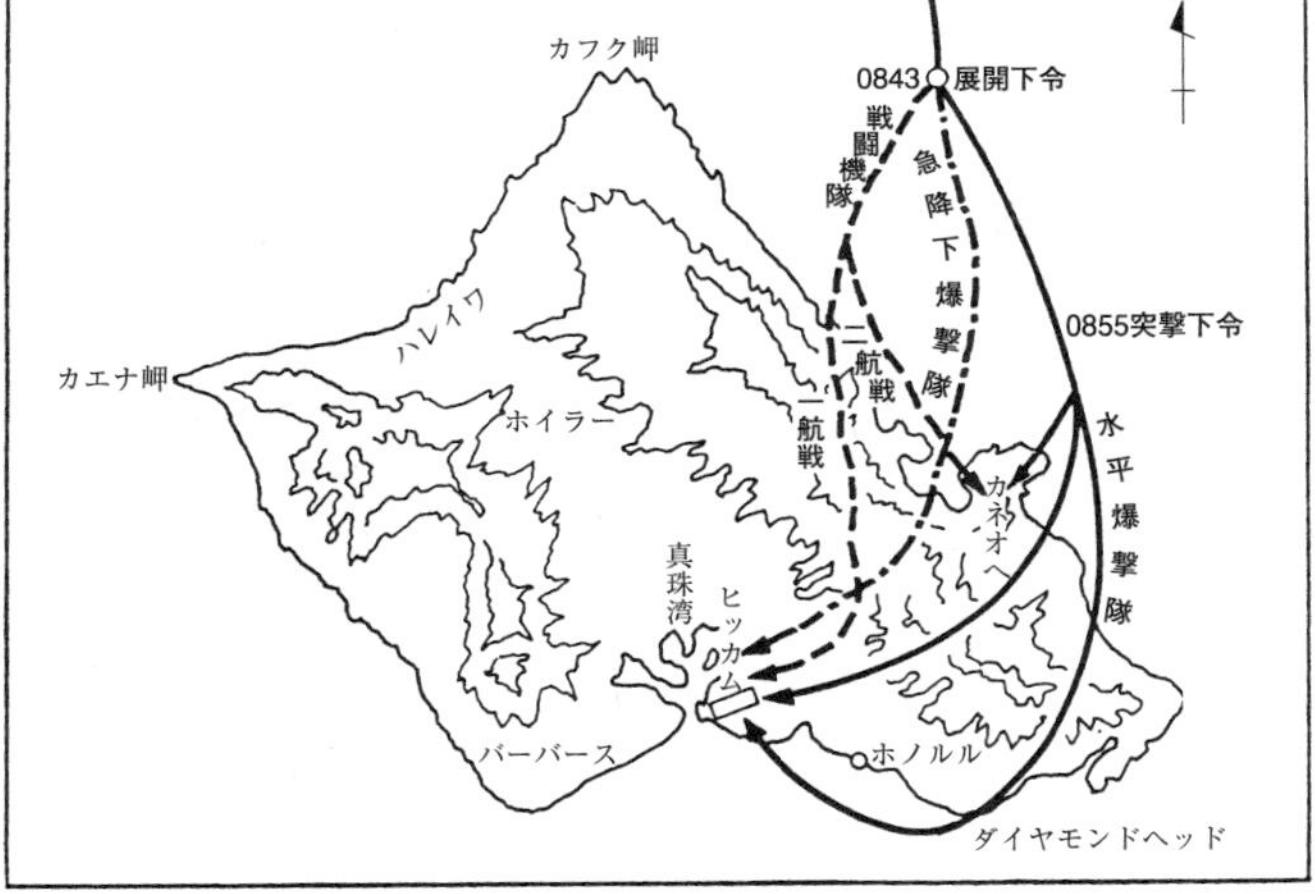

げしくなることが予想されたため、編制のなかに雷撃隊は入っていず、残存の戦艦および大型艦にたいして彼らの攻撃による徹底的なダメ押しを期待されたのだ。

蒼龍隊一七機が急降下を開始した。つづいて小林道雄大尉の飛龍隊一七機、千早猛彦大尉の赤城隊一八機がそれにつづいた。しんがりは牧野三郎大尉の加賀隊二六機である。のこった機はそれぞれ上空を旋回しながら、順番を待ちのぞんでいた。

江草少佐がねらったのはフォード島の対岸、海軍工廠桟橋に繋留されていた巡洋艦ニューオルリーンズだった。二五〇キロ爆弾はわずかにそれ至近距離で爆発したが、動力線を切断し装甲板を破壊したため、同艦は出撃不能と

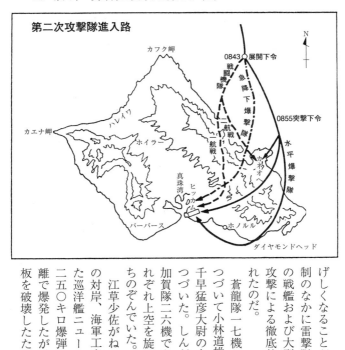

なってしまった。

その南側、一号乾ドックの奥にむかったのは、江草隊の二番機山崎武男二飛曹機と三番機川崎悟三飛曹機だった。目標は戦艦ペンシルバニアであったが、途中横風のため風下側に流され、二列にならぶ駆逐艦に照準をさだめた。一弾は駆逐艦カッシンに、もう一弾はダウンズに命中し、いずれもたちまち火の海となった。

午前九時三七分、搭載中の魚雷頭部が大爆発を起こし、艦底枕木を吹き飛ばされたカッシンがゆっくり横転し、ダウンズに倒れかかった。これで、両艦はまったく使いものにならなくなってしまった。


ここで、早くも被害が出た。三番機は投下直後、燃料タンクと川崎三飛曹自身に同時に命中したのか、瞬時に火だるまとなり、そのまま地上に激突炎上した。

「……駆逐艦二隻を照準。四、〇〇〇米から四五〇米迄降下して爆弾投下後引き上げる。見事爆弾は二隻の駆逐艦中央に命中。真黒き煤煙を上げて炎上するを確認す。避退方向を湾口に取り、盲滅法な地上砲火、艦艇からの砲撃も物ともせず、悠々、地上軍事施設、駆逐艦に対して機上銃撃」

と、山崎武男二飛曹の回想は誇らしげである。だが、同手記はもう一機の自爆機をあげている。

第二小隊長山下途二大尉は戦艦オクラホマの南にある大型艦（注、給油艦ネオショー）を目標にえらんだが、命中せず、のこる二機が対岸の機雷敷設艦オグララに変更して二弾とも命中させた。その三番機、丸山賢治三飛曹は急降下中、高角砲弾の直撃を受け、機体が四散する悲壮な最期をとげた。

それにひるむことなく、もう一隊の第二中隊長小井手護之大尉以下六機は、戦艦列最南端のカリフォルニアに殺到する。

小井手隊最後尾の位置にいた小瀬本国雄一飛は二十歳。昭和十二年、呉海兵団をふり出しに操縦練習生五十三期となり、江草隊では最若年の操縦員である。

真珠湾上空進入直前、彼は早くも初陣者らしい失敗を犯している。

「前方は黒い雲でいっぱいです」

後部の先任高野義雄二飛曹に気象状況を報告すると、「あれは弾幕だ！」と意外な答えが返ってきた。

「あれは雲ではないぞ。敵サンの高角砲の炸裂する弾幕だ」

目をこらすと、ひっそりと静まり返っていたはずの真珠湾に明らかな異変が起こっていた。雷撃機、水平爆撃機の群れがいたるところに乱舞し、戦艦列からは黒い重油が流れ出し、ある艦はかたむき、ある艦は猛烈な爆煙を噴き上げている。その全容を眼にする心の余裕がいま、やっとできたようだった。

「無傷の戦艦を攻撃します！」

小瀬本一飛は後席に声をかけた。フォード島の北側、戦艦列の内側にいる大型艦を選び出し、急降下爆撃の態勢に入った。

奇妙なことに、これが大爆発を起こし、傾斜沈没したはずの戦艦アリゾナであった。同様の錯誤は、赤城隊第二中隊長の阿部善次大尉にもある。阿部大尉の戦後回想に、「煙も火焔も出していない。そのでかい奴に爆弾を落とした」ら、それが戦艦アリゾナであったという。

その理由として、上空から見下ろすと水深一二メートルの海底に、甲板は一メートルぐらいしか沈んでいないから、浮いているように見えたんだ――と、阿部大尉は結論づけている。

予期せぬことは戦争につきものだとはその述懐だが、小瀬本一飛も同じように誤断をしてしまったらしい。彼らの投弾はむだとなったが、その前を行く二番機加藤求一飛が軽巡セントルイスに至近弾を投下して出撃不能にさせ、またパール市沖の水上機母艦カーチスには一機が体当りをし、もう一弾が命中。同艦格納庫を小破させた。これがどの機によるものか、前掲の「戦果判定」によっても特定することはできない。

乾ドックにあったペンシルバニアにむかったのは江草少佐より兵学校三期下の、池田正偉大尉であった。東京出身。部下思いで、「艦爆隊のトラブルがあると、すぐ駆けつけて守ってくれた分隊長」とは、戦後の小瀬本評である。無類の酒好きで、いつも搭乗員服にポケット・ウイスキーを入れ、チビチビ飲《や》っていたという豪の者である。

上背のある池田大尉が一気に操縦桿を前に倒し、ペンシルバニアに突入する。

午前九時六分、一発の直撃弾が右舷短艇甲板に命中した。爆弾は五インチ砲郭内で破裂し、砲塔を吹き飛ばした。さらに、九時一五分に、もう一発が爆発した。だが、ここでも機敏な処置がとられ、艦を危機から救うことができた。チャールズ・クック艦長が乾ドックに海水を注入し、前方の味方駆逐艦に突っ込む危険を取りのぞいたのである。

戦艦群がほぼ壊滅状態だと判明すると、のこった急降下爆撃機はありとあらゆる艦艇を目標にした。碇泊しているもの、出動中のもの、大型艦、小型艦、そして無傷のものであれば、あらゆるものが二五〇キロ爆弾の洗礼を受けねばならなかった。

赤城隊第一中隊長千早猛彦大尉の操縦席にいた古田清人一飛曹は、戦艦列の南側、まだ無傷の大型艦に照準をさだめた。高度四、〇〇〇メートル、接敵に入る。ついで三、〇〇〇メートル……一、五〇〇……一、〇〇〇……。

「ようい」

千早大尉が伝声管から切迫した声でつたえた。訓練では投下高度を六五〇ないし七五〇メートルと設定しているが、実戦では四五〇メートルぎりぎりまで降下し、命中精度を高める。

「撃《テ》ィ！」

とさけぶ声を背後に、古田一飛曹は投下索を引く。ついで力いっぱい操縦桿を引き、避退に移る。機を追うようにしてアイスキャンデーのような弾幕が前後方にはげしく囲み込む。

大型戦艦と見たのは、七、二五六トンの給油艦ネオショーであった。一弾命中、ついで山本義一一飛曹の二番機がこれにむかう。高度四、〇〇〇メートルもの上空で、正確に艦型を識別するのは容易なことではないのである。

第二小隊長山田昌平大尉は列機とともに、乾ドックにいた戦艦めがけて急降下した。対空砲火の集束弾のもっとも大きいものの下が〝一番大きな獲物〟と考えたためである。

だが、雲を突っ切ってみると、目標は陸上砲台だった。ふたたび目標をえらび直して降下したが、それは彼が錯覚したような戦艦ではなく、浮き乾ドックにいた駆逐艦ショーだった。けれども、直撃弾は艦首を火の海にし、九時三〇分、さらに嘘のような大爆発がおこり、ショーは〝独立記念日みたいに〟火の玉を空に噴き上げた。

ショーはこの攻撃で艦首部を吹き飛ばされ、大破した。

フォード島の反対側にいた巡洋艦ローリーはもっとみじめな被害をうけた。九時一〇分すぎ、第二中隊の後藤元二飛曹、飯田好弘二飛曹の二機が降ってきて、一弾は舷側をはずれたが、二弾目は後甲板に命中した。

どういうはずみだったかはわからない。爆弾は重油タンクを通りぬけると、艦底を破り、海底で破裂した。そのため、ローリーは魚雷命中による大破孔と機関室浸水で、大きく左にかたむいてしまった。

「ちくしょう！」とローリーの水兵がいった。「日本機《ジャップ》め、すこしもへらないじゃないか」

一つの決断が生死をわけることがある。それはこの日、多くの機中で起こった出来事の一つにちがいなかったが、その判断が運命の明暗を分けた。のちの真珠湾の北西、ニイハウ島で起こった悲劇的な事件を思うと、その感が深い。

大淵珪三中尉の三番機、飯塚徳次三飛曹の場合がそうだった。大淵隊は戦艦メリーランドを目標にえらんだが、「戦果判定」では、「爆煙のため不明なるも五弾命中と認む」とある。その帰途の出来事である。

飯塚手記によれば、弾着を確認するために機首をひるがえしてみると、メリーランドの籠マストがフワリと舞い上がるように傾いて行くのが見えた。その瞬間、「痛ッ、て、て……」と後部座席の川井裕二飛曹の悲鳴が聞こえた。

何事かとふり返ると、合計三発の機銃弾が機に命中し、一弾が七・七ミリ旋回機銃の予備弾倉の止め金に当たった。その弾倉が外れて、川井二飛曹の腰を強打したのだ。

「てっきり腰に弾が命中したものと思ったよ」と帰艦後、テレ笑いをしながらいった。「天皇陛下万歳！　とさけんだつもりだったが、あとがつづかなかった……」

もう一弾は、右翼タンクに命中し、ガソリンが長く尾を曳いている。そのことに気づかず、バーバースポイントに引き返し、飛行場銃撃に時間を費やした。合流地点で、大淵中尉から「タンクから燃料が吹き出している。単機で、早く母艦に帰れ」と注意され、はじめて事の重大さに気づいた。

相当のガソリン噴出量だったにちがいない。早く気づいていれば、右翼タンクに切りかえ燃料を使い切った上で、残量に頼って帰投すればよい。その計算ができていない。では、果たしてこのまま無事に母艦までたどりつけるのか。

機体は、三発の銃弾をあびている。その瞬間、心に浮かんだのは出撃前の説明で、ニイハウ島に不時着すれば味方潜水艦が待機、救出に当たってくれるという情報だった。

(指定地に不時着しようか)

飯塚三飛曹の脳裡によぎったのは、このニイハウ島のことであった。このまま海上を飛びつづけて一時間半……。残量ガソリンで赤城にたどりつけるだろうか。(ええい、ままよ)と、彼は搭乗員らしいあっさりとした決断を下した。

(帰れるところまで帰ろう。あとは何とかなるさ)

この判断が、二人の搭乗員の命を救った。もし出撃前の説明通り、潜水艦を頼りに北西へ針路をむけていたら、「ニイハウ島事件」はさらに複雑な展開を見せていたにちがいない。


飛龍隊一七機は、内側の戦艦メリーランド、カリフォルニア攻撃にむかった。一機、また一機、雲間をつきぬけるようにして、目標に二五〇キロ徹甲弾を投下する。

戦艦カリフォルニアに至近弾四、命中弾一。これは中川俊大尉の第二小隊、近藤澄夫一飛によるものであった。米側記録によれば、

「この爆弾は中甲板を貫通して爆発した。この爆発のため、機関室にいたる装甲昇降口がひどくへし曲って閉めることができなくなり、致命的な火災の延焼を生ずることになった」

と、つたえている。

戦艦カリフォルニアは、すでに左舷に魚雷を二本（赤城隊）、さらに蒼龍隊の放った魚雷が命中しており、傾斜がひどくなった。そののち、水上機母艦スワンが救援にかけつけたがおよばず、海底に沈座してしまった。

戦艦列の外側にいたオクラホマ、ウェスト・バージニアはもはや艦の形状をなしていなかった。オクラホマはすっかり横転して艦底がのぞくだけとなり、波が、油で汚れた艦腹を洗っていた。戦艦ウェスト・バージニアも左舷艦首が水中に没した。そのため、のこる各隊の目標は米巡洋艦や他の駆逐艦群にむけられた。

南側岸壁に単艦で係留されていた機雷敷設艦オグララほど、雷爆撃のくり返し攻撃を受けた艦はめずらしい。上空から見て、「甲巡オーガスタ又はポートランド」あるいは「乙巡ブルックリン又はアトランタ」と誤認されたためらしい。

飛龍隊の第三小隊長吉川啓次郎飛曹長の場合がそうだった。吉川飛曹長は、ハワイの日本領事館で諜報活動をおこなっていた吉川猛夫少尉の従弟《いとこ》にあたる。

単冠湾から真珠湾にむかって南下中のころ、ハワイ軍港の情報や気象がつぎつぎと報告されはじめた。それを耳にして彼は、

（もしかしてその発信者は、私のいとこではあるまいか）

とかすかに感じていた。

予想通り、真珠湾上空は激しい弾幕で〝オワンをふせたような雲〟がおおっていた。それを見た操縦席の山口喜七郎一飛曹が、

「分隊士、きれいな雲が浮いております」

と、のんきなことをいった。初陣の甲飛一期生は、高角砲の弾幕とは気づいていないのだ。だが、老練の飛曹長は相づちを打つ。

「そうじゃ、きれいだなァ……」

いずれわかることである。それも、すぐさまの出来事だった。急降下をはじめた瞬間、外山維良二飛曹の三番機が直撃弾をあび、機体が火だるまとなった。目の前で九九艦爆が火を噴き、偵察員村尾一一飛と二人が、座席から手を振って墜ちて行く。

外山維良二飛曹は福岡県小倉市出身で、甲飛四期生。村尾一飛は高松市の生まれで、偵察練習生五十三期。いずれも二十歳の若さである。

戦死後、外山二飛曹の遺品のなかから遺書とおぼしき走り書きが見つかった。

「もしも私の死後この手帖を手にされる事がありましたら、その時は初陣に臨むに当つてこんな気持を持つてゐたと御想像下さい。

昭和十六年十一月十八日午後二時内地を後にして愈々《いよいよ》壮途に上るに当つて艦長は細い所に亘つて激励され注意された。この時の訓示程私の胸にしみたものはなかつた。飛龍に来て最初に艦長に接した時よりこの人の下ならば死んでもかまはないと思つた。つまり俗に云ふ一目見て艦長にほれたのです。それで艦長より訓示がある時は一生懸命で聞いたものです。

しかし今日の訓示ほど私の身内をひきしまらせたものはありませんでした。今日の話を聞いてゐる中に愈々自分は死地に向ふのだと思ひました。

　そう思ふと過去のことがあれやこれやと次から次に浮び上つては消え消えては浮び上つて来ました。中でも何度も〳〵浮び上つて来るのはやはり故郷のことでした。

　今頃、父様、母様はどうして居られるだらうか。父様の足は大分よくなつた、とは云つて居られたが、母様の口の神経痛はどうだらうなど、又智子姉さんは私がこんな商売をしてゐる為に父様と母様の側を離れきらないのではあるまひか、さうして婚期を遅らしてしまつては済まない様な気がして早くお嫁に行つて呉れゝばよいがとも思ひました。

　さうして子供の時よく登つたハゼの老木、池、カラスの巣をとつたりした裏の森なども浮んで来ました」


　この文章には日付がないが、もう一つは十二月六日付、出撃二日前のものである。

「今日ハ山下一整（注、一等整備兵の意）、鎌田一整ガ分隊ノ甲板デ征途ヲ祝ッテ呉レタ、嬉シカッタ
　二三三号整備員トシテ吾々ノ武運長久ヲ飛龍神社ニ祈ッテ呉レタ。御神酒ヲ頂イタ、コウマデ吾々ヲ思ッテヰテ呉レルカト思フト涙ノ出ル程嬉シイ
　モシ生キテ還レタラ出来得ル限リノ御礼ヲシヤウ、モシ生還出来ナカッタラ私ノ所有金ノ内拾円デ彼等ノ無限ノ厚意ニ報イテ下サイ。

モウ攻撃ノ日モ明後日ニ迫ッタ母国ヲ出テ早一月今世紀ノ光栄ヲ荷負ハントス男子ノ本懐何モノカ之ニ過グル、小生ノ満足之ニ過グルモノナシ
呉ニ帰ッタ時ノ事モ考ヘテ見タ家ニ宛テヽ百円ノ送金ヲスル、年末ノ近付イタ時、収入ノ途ノトダエタ家デハ両親ガドンナニ喜ブダラウ
涙ヲ流シテ勿体ナガル様ガ目ニ見エル気ガシタ」

吉川飛曹長は、一瞬の部下の爆死に動転していた。命中を確認し避退に移ってから、飛曹長は突然、恐怖のどん底に叩き落とされた。それは何とも不思議な空白の感情であった。眼前の光景は、おそらく自分が最後に撮った写真の通りだったろうが、意識の底には何もない。高度は五〇メートルないし七〇メートル。機銃弾の発射音がガンガンと耳を聾《ろう》するばかりだが、恐怖のために何も聞こえず、炸裂光ばかりが眼前にある。やっと戦場を離脱し、集合点にむかおうとしたとき、不意に妙に落ち着いている自分に気づいた。

あれは、一瞬の惑乱であったにちがいない。

カフク岬沖、海岸の別荘地上空に出た。見下ろすと、何とものどかな光景がひろがっていた。日曜日の朝、華やかな恰好のアメリカ夫人が二、三人、庭に出て体操を楽しんでいる。

吉川飛曹長は七・七ミリ旋回銃の銃把に指をかけている。引金を引けば確実に命中する距離だ。恐怖から逃れられた腹いせに、彼女たちを傷つけてやろうか。いや、そんな小さな復讐をとげて、何の意味があるのか。

彼は、一目散に集合地点にむかった。

一方、真珠湾の在泊艦艇は必死になって港外に脱出しようとしていた。錨地に碇泊したまま、いたずらに日本機の攻撃を受けるよりも、とにかく艦を外洋に出すことだ。

北側の泊地にいたミロ・F・ドレーメル少将麾下の駆逐艦部隊はただちに行動を起こした。多くの艦では、艦長や副長は外出したままだったが、彼らの帰艦を待っている余裕はない。まず駆逐艦ブルーが東側水道に脱出した。つづいてエイルウィン、デール、フェルプス……。

ブルーを指揮していたのはネイサン・アッシャー少尉であり、エイルウィンを操艦して出港したのは二十六歳のスタンレー・キャプラン少尉である。

「とにかく、急ぐんだ！」

ブルーの艦橋で、アッシャー少尉はさけんだ。機関が充分に動きだすまで待っていられない。タービンが回転しはじめると同時に、彼は錨を揚げさせるよう命じた。

「前進全速！　港外に脱出せよ」

だが、それよりもなお早く、戦艦列の一番北側にいたネバダが行動を起こした。信じられないことだ、と戦艦アリゾナの乗組員グレン・レーンがつぶやいた。ふだんなら戦艦が出動するためには、ボイラーに蒸気をみたすまでに二時間半、艦の方向転換に四隻の曳船が必要とされる。そしてもちろん、艦長や副長、航海長も在艦していなければならない。

ネバダには、そのいずれの条件もそろっていないはずだった。どうして、それが可能だったのか?

グレン水兵にとって、それは夢ではなかった。火薬庫爆発のショックで海に放り出され、そのまま泳ぎつづけていた彼にとって、眼前に左舷艦首に大破孔をもうけたネバダが通りすぎ、さらに艦上から彼を救うためにロープが投げられるのを見たとき、奇蹟は現実のものとなった。

操艦にあたったのはフランシス・トーマス少佐だった。彼は中年の予備士官で、スキャンランド艦長が外出からもどる機会がなくなったことに気づくと、すぐ司令塔にのぼり全体の指揮をとった。

幸運なことに、ネバダの二つのボイラーはあるていどの蒸気が保たれていた。それは、ひとつは碇泊中の動力を供給するために火力が絶えなかったのと、当直士官J・K・トーシッグ少尉がボイラーにトラブルが発生したため、もう一つのボイラーにも火を入れておいたのだった。彼の機転が、艦を救ったのである。

トーシッグ少尉は、ようやく国籍不明機が日本機であることを知って、愕然となった。ネバダの指揮室では、「敵の急降下爆撃機は独軍機ストゥーカに似ているから、独軍が日本に貸与したものに違いない」という声が聞かれた。

彼の回想録には、こんな表現が見られる。

「彼ら(日本人)は味方ではなかったのか? とにかくわれわれは仲良くしてきたし、屑鉄を大量に送ってやっていた。委任統治の島々は侵さなかった。すると、馬鹿をみたのは、相手を信じ込んでいたわれわれではないのか？

私は心のなかでつぶやいた。——いずれにしても、彼らの飛行機は旧式で役に立たないのだし、海軍力もわれわれを相手にするには弱体すぎる。いったい何でこんな真似をはじめたんだ、黄色人種のちいさい兄弟よ！」

戦艦ネバダが行動を起こしたのは、八時四〇分だった。艦が出動するまでに四五分しかかからず、四隻の曳船の代わりは、名操舵手といわれたロバート・セドベリーがつとめた。基準排水量二九、〇〇〇トンの巨体を揺るがすようにして、ネバダは東側水道にむかった。艦は、重油の流れだす海上をゆるゆると進み、燃え上がる戦艦アリゾナの側を通りぬけた。

片脚を破片でえぐられたトーシッグ少尉は、指揮官室で身を横たえていた。アリゾナが近づいてくると、医務班のカーチスが水に浸した一つかみの綿を手渡した。すぐに、その理由がわかった。物凄い熱風が吹きつけ、右舷の鋼鉄ドアを閉めなければ、焼き焦がされるところだったのである。

「アリゾナは紅蓮の焔を上げて燃えていた。立ちのぼる火煙のなかで木っ端のように破片が舞いあがっているのを目撃した私のおどろきは名状しようがなかった。同艦には大勢の僚友がいることだし、その生命のほどが気づかわれた。私は吹きつける火勢に喉のなかまで焼けつくようになったので、周章《あわ》てて濡れ綿で鼻を蔽ったが、アリゾナ号の火はわが艦にも移って甲板が燃えはじめ、そのうえ左舷へと傾きはじめた」

ネバダは赤い艦腹をさらしている戦艦オクラホマを通り越した。それは感動的な光景に見えた。戦艦列で壊滅したはずのネバダは白煙と蒸気を吹き上げながらも不死鳥のようによみがえり、しかも行動を起こそうとしている。艦上には一二・七センチ高角砲にしがみつくようにして空をにらむ水兵たちの姿が見え、しかも艦尾には星条旗がひるがえっている。

その効果はきわめて大きかった。ネバダは、それを眺めていた太平洋艦隊の将兵たちに自信をとりもどさせ、彼らに勇気をあたえた。フォード島の海岸にいた写真家J・W・バートンは胸が高鳴るのをおぼえ、この歴史的な瞬間を記念するため、急いでシャッターを切った。

ネバダがゆるゆると10―10ドック前をすぎ、一号乾ドックに近づいたときのことである。突然、見張りの水兵がさけんだ。

「日本機、急降下してきます！」

操艦に気をとられていたトーマス少佐が空を見上げた。巡洋艦ヘレナにむかう急降下爆撃機の一群が方向をかえ、ネバダの直上にせまってくるのが見えた。


江草隆繁少佐が第一弾を投下してから、それほど時間がたっていなかった。各隊は避退をおえると、各飛行基地の銃撃に転じ、上空には加賀隊二六機がのこっているのみだった。

牧野三郎大尉の指揮する加賀第一中隊八機は目標を10―10ドックにむけたが、途中で微速航行中のネバダを発見し、それに目標を変更した。二五〇キロ爆弾が機腹から離れると、まるで「フットボールみたいに落下してきた」と、ネバダの乗組員が語っている。牧野機が直上から降ってきて、籠マストすれすれに引き起こしたとき、すでに後続の二番機、田中武夫二飛曹も急降下に入っていた。

巨大な水柱が立ちのぼり、火焔がマストより高く吹き上げた。艦は轟音とともに身ぶるいし、鉄の破片と舞い上がる爆煙のなかで、一瞬ネバダが消えうせた。

——同隊『戦闘行動調書』によれば、

「爆撃ハ爆煙ノタメ弾着看測極メテ困難ナリシモ、不確実ノ半数ハ命中シタルモノト推定ス」

とあり、命中確実八、不確実一三、不明二弾としている。

この記録は正確なものであろう。アメリカ側資料でも、「急降下爆撃機の爆弾六発以上命中」としている。命中弾が多すぎたため、六発までは数えられたがそれ以上は数えきれなかった、という意味である。

一弾は、ネバダの艦中央に命中して上部構造を破壊し、他の一弾は、右舷の砲員を吹き飛ばした。また別の一弾は、艦首で爆発し、高角砲員を海中に叩き込んだ。これら五発の命中弾で艦上はみるも無残なこわれかたをした。

太平洋艦隊司令部では、この光景がおそろしく危険なものに映った。ネバダあて、緊急指令が発せられた。

「港外に出るな。主水道から離れよ」

日本機の狙いは明らかだった。ネバダを主水道に沈めてしまえば、真珠湾を封鎖し、これを数ヵ月にわたって使用不能にすることができる。しかも、すべての艦がこの水道を航行することができなければ、太平洋艦隊全艦船の補給、修理さえ不可能となってしまうのである。

海軍給水塔に上がった信号旗を見て、トーマス少佐はエンジンを切り、フォード島南岸のホスピタル岬に艦首をむけた。ネバダが潮流にのって回頭しはじめたとき、伊吹正一大尉のひきいる第三中隊九機が艦首に三発の命中弾をあたえた。

だが、これでネバダにたいする執拗な日本機の攻撃は終了した。艦にふたたび静寂がよみがえったとき、ネバダはまだ自力航行が可能だった。そして、タグボートの助けを借り、フォード島南西端北側に乗り上げた。これで、アメリカ軍はやっと一つの窮地を脱したのだ。江草隆繁少佐が、ハワイにむかう途中、空母不在と聞いて落胆したように、やはり急降下爆撃隊の二五〇キロ爆弾では戦艦の厚い装甲に歯がたたなかったのである。——ネバダの死者、士官三、下士官四七。負傷したもの士官五、下士官一〇四人。

ヒッカム飛行場上空を旋回しながら、木村惟雄一飛曹は軽いいらだちをおぼえていた。彼は時計を見た。真珠湾上空に達してから一五分近くたっている。

雲はしだいに多くなり、視界はますます悪い。風は東から吹き、噴き上がる火焔は黒い幕のようにパール市街をおおっていた。

「もう、上空警戒はじゅうぶんじゃないか」血気にはやっていた彼は、じりじりしながら隊長機を見てつぶやいた。「せっかく、ハワイまでやってきたというのに……」

二階堂大尉の加賀戦闘機隊は、すでに全機フォード島の銃撃に移っていた。彼らが攻撃に入ったのは、九時五分である。二階堂機につづいて第二小隊長五島一平飛曹長がフォード島に突入したとき、目標は正確につかめなかった。わずかに機影が見えたように思ったが、それも煙にさえぎられてはっきりしなかった。とにかく、手当たりしだい機銃を射ちまくればよかった。

同隊『戦闘行動調書』によると、帰艦後の報告で、二階堂大尉はつぎのようにのべている。

「制空隊ノ銃撃ハ煙霧ト地上砲火ニ妨ゲラレ、其ノ成果ヲ確認スルヲ得ズ」

五島飛曹長につづいて小隊三番機の阪東誠一飛がフォード島の機銃掃射をおえ、機首を引き上げると、すでに小隊長機の姿を見失っていた。彼は心細くなって、二番機の石川一飛曹をふり返ってみた。

石川友年一飛曹は甲飛一期生出身である。風防越しにのぞいた彼の表情もこわばっていたが、しかしたったひとり帰途につくよりも、列機がいれば心強い。そう考えると、彼は心が静まるように思え、新たな目標にむかった。そしてそれが、彼らにとって五島飛曹長との別れとなった。

単冠湾で同期生に「俺はハワイ攻撃から帰ってくるつもりはない」と語ったように、五島飛曹長は未帰還となった。友に誓った言葉に殉じたのである。

五島機が機首の七・七ミリ機銃二梃、両翼二〇ミリ機銃全砲門をひらいてフォード島に突入したのを、阪東一飛が目撃している。彼が引きつづき一航過で上昇に移ったとき、すでに五島機の姿は見えなかった。ふたたび単独で他基地をめざしたのか、対空砲火で被弾したのか、当時の列機にもその目撃談はない。

昭和三十一年に書かれた元海軍報道部長松島慶三大佐の「還らざる最後の一機」とは、五島飛曹長の半生を描いたものだが、その記述によれば、決死の動機とも推察される一つの事故が取り上げられている。

昭和十六年九月、ハワイ作戦をひかえた加賀の戦闘機隊が、桜島上空で猛烈な戦闘訓練をつづけていたときのことだ。台風が近く、天候は曇。急降下、反転、と列機と巴戦をくりひろげているさなか、石田兵曹の零戦と接触、両機は空中分解した。落下傘でのがれた五島飛曹長が病床で石田機の行方をたずねると、海軍病院では、

「石田兵曹機は墜落、殉職されました」

との答えであった。

「食事のとき、睡眠のとき、覚めても夢みても、石田兵曹の俤《おもかげ》が、眼前にちらつき、ありし日の姿が彼の胸をしめつけた。

『ああ、このつぐないの日は』

彼は、夜ごと、石田兵曹の霊にわびた」

と、前掲書に書かれている。松島元大佐は郷里の先輩で、その影響を受けて海軍入りをした、という関係だから、生前にしばしば交友があり、贖罪《しょくざい》の気持をつたえていたのだろう。

「五島飛曹長は剣道の錬士五段。立派な武人でした。なぜ最初から死ぬつもりだったのか、疑問に苦しむ」

と隊長志賀淑雄大尉が回想するように、その未帰還の動機は今もって謎めいている。


赤城の木村一飛曹は指揮官機のバンクを見て、ようやく勇気づいた。闘志にかられていた彼は、この攻撃で死んでも本望だと思い込んでいた。

操縦桿を倒し、急降下しながら彼はつぶやいた。

「ようし、――あいつらに思いしらせてやるぞ」

進藤大尉が低空よりヒッカム飛行場に突入するのを見て彼もスロットルを開き、全速でそのあとを追った。


赤城戦闘機隊の銃撃がはじまったころ、嶋崎重和少佐が直率する瑞鶴水平爆撃隊二七機は、淵田中佐の案じた通り、爆撃目標をつかむのに苦しんでいた。

はげしい対空砲火だった。高度二、八〇〇メートル、速力一五二ノット。ヒッカム飛行場上空に達すると、爆風で機はぐらぐらゆれた。嶋崎隊第三中隊の嚮導《きょうどう》機であった新野多喜男飛曹長は、攻撃の模様をその日記につぎのように誌している。

「……真珠湾は密雲のため視認不良、ただ高角砲のみが網のごとく猛烈に射ち上げられ、飛行機の前後左右を取りまく。爆撃操作を続けながら直進す。目ざす目標、断雲のため発見でき得ず。高角砲の網を突破し、ホノルル上空より南海岸に抜け、バーバースポイント方向より、真珠湾口ヒッカム飛行場に突入す。高角砲、機銃盛んに火を吐く。

第一次攻撃隊の攻撃により、フォード島付近にある戦艦×2火災沈没、戦艦×4大破、巡洋艦×4大破、その他一面火の海と化したり。

高角砲ますますうなりを生じ、実に物すごき状況なり」

新野機のやや左後方にある第二小隊長佐藤善一中尉は、この日、搭載限度以上の爆弾をかかえていた。ふつう九七艦攻は、装備基準で八〇〇キロ爆弾なら一発、二五〇キロなら二発、六〇キロなら六発ときめられていたが、彼は司令部に許可なく、二五〇キロ陸用爆弾一、六〇キロ爆弾六発を積み込んでいたのだ。

「航海中は悪天候に悩まされ、発艦時には強風にあおられてまた苦労した。しかし、搭乗員は神助を信じ、かならずこの攻撃は成功すると確信していた。装備基準以上つみこんだのは、多分〝せっかくだから〟ということで、自分以外にも多くいたと思う」

と、佐藤中尉は語っている。

嶋崎少佐のひきいる第一中隊九機の右翼に、第三中隊が位置していた。目標上空に近づくと、嚮導機の新野飛曹長機がするすると前方に進みでた。

「針路に入る！」

それを見て、佐藤中尉がどなった。

「はい！　針路にはいる。よーそろー」

偵察席の多田粲一飛曹が復唱した。だが、すぐ多田一飛曹のさけぶ声がきこえた。

「分隊士、目標が爆煙で見えません！」

新野機を注視していた佐藤中尉は、嚮導機が機首をかえすのをみて操縦桿を倒し、大きく機体をひねった。

「ようし、やり直す」

二航過目、全弾を投下すると、機体がぐんと軽くなった。単発七弾が格納庫に吸いこまれて行く。パッ、パッ、パッ、と弾着が確認され、つづいて列機の命中弾が、もうもうたる黒煙を噴き上げさせた。

いかにも、あっけないものだった。雷撃隊のように目標物にたいする手応えがなく、ただ見えるのは弾着の閃光のみである。そして、攻撃が終ってみると、たいした戦果は挙げていないようだった。

「よし、——帰投しよう」

彼は、なにか気落ちしたような思いにとらわれながら、翼をひるがえし、集合地点にむかった。

瑞鶴隊の戦果として、当時、

「『ヒッカム』飛行場を攻撃し炎上せしめたもの
　確実　　三八機
　不確実　一四機
　庫内推定　九〇機
　　但し、炎上確実三八機中二五機は艦戦隊、艦爆隊との協同戦果なり
　格納庫炎上
　確実　　七棟
　不確実　一棟」

と報告されている。けれども、実際に効果をあげたのは第十三、第十五格納庫に直撃弾が命中したことだけで、大した戦果ではなかった。

アメリカ側は、どうして日本機が格納庫ばかりを狙うのかふしぎに思っていた。そして、はては教会や病院、または瑞鶴隊の一部が、野球場にまで投弾しているのを見てとまどっていた。多くの軍事施設や司令部、そしておびただしい燃料タンクが残されているというのに——。事実は単純だった。日本領事館の吉川猛夫少尉が送った情報は古いハワイの地図にもとづいていて、それが多くの誤断を生んだからである。

市原辰雄大尉の翔鶴水平爆撃隊第一、第二中隊一八機は、カネオへ飛行場攻撃にむかった

が、フォード島攻撃にのこされた入来院良秋大尉の指揮する第三中隊九機は、もっと落胆せざるをえなかった。

彼は母艦あてに、つぎのように報告した。

「ワレ敵フォード島ヲ爆撃ス　効果小　〇四四六」

攻撃をおえた木村一飛曹はすっかり気落ちしていた。地上銃撃のさい左翼に被弾し、はげしい勢いで燃料タンクからガソリンが吹きだしているからだった。

一航過、二航過、ほぼ格納庫すれすれに降下し、エプロンにならべられた爆撃機に両翼の二〇ミリ機銃を射ち込んだ。銃弾が炸裂し、白いジュラルミンの破片が飛び散るのを確認して、彼は思わず「やった！」とさけんだ。

だが、その喜びは長くつづかなかった。機体は突然はげしい衝撃を受け、震動でかたくにぎりしめた操縦桿が左右に揺れた。あわてて機体を点検すると、左翼の燃料タンクからガソリンが霧状になって噴き出していた。

彼はぞっとした。被弾したのは徹甲弾だったからよかったものの、焼夷弾ならひとたまりもなかったであろう。

機銃弾にはふつう徹甲弾、焼夷弾、曳光弾の三種類が交互にならべられ、それぞれが対象を破壊し、火をつけ、弾道を知らせるといった役割をもっていた。どの弾丸が命中するかはまったくの偶然だった。

とっさに燃料コックを切りかえ、機内を見回わした。機体に破損はなく、計器も正常だった。気持が落ち着いてみると、怒りがこみあげてきた。

けれども、このとき意外なことが起こった。上空で進藤大尉が集合の合図を送っている。編隊をまとめ、もう帰投するつもりらしい。

木村一飛曹はがっかりしていた。復讐心にもえていた彼は、指揮官機が新たな目標にむかうものとばかり思い込んでいたのだ。

だが、進藤大尉の手にはめられた鹿皮の白い手袋は――これは彼のご自慢のものだったが――北の方向を指していた。集合地点カエナ岬の方向である。

「なんや、うちの分隊長は」木村一飛曹は、思わず関西弁でぐちをこぼした。

「白手袋が泣くやないか」

2　戦闘機隊長の死

日本機にも被害が出はじめた。白煙を噴き出し、翼から火焔を曳き、あるいは火だるまとなってパイナップル畑に激突する機のいくつかが目撃された。

赤城の急降下爆撃隊指揮官千早猛彦大尉は、旗艦あてつぎの緊急信を発した。

「防御砲火熾烈　〇五〇〇」

被害はとくに九九艦爆に多かった。第二次攻撃隊の未帰還は総計二〇機だが、そのうち艦爆隊の被害は一四機にのぼる。

原因の第一は、米軍基地のすさまじい対空砲火だった。これは日本側の想像を絶するもので、蒼龍の阿部平次郎大尉がそのおどろきをつたえている。

「今日は日曜日であるはずだがと、信じられない思いをした。もし立場を逆にした場合、果たして我々は彼らと同様の処置ができたかどうか。肌寒い思いとともに、今までの相手だった中国とは大いに異なり、誠に容易ならざる敵だとの感を深くした」

脅威は対空砲火群であった。第二次攻撃隊は強襲となり、しかも急降下爆撃の場合、機が降下しているあいだは加速度がつき被弾率も高くはなかったが、投弾をおえて避退に移るさい、加速がつきすぎて操縦も思うようにできなくなる。その不安定な状態を狙い射ちにされて、ほとんどの機が被弾した。

なかでも、もっとも効果をあげたのは、戦艦メリーランドと巡洋艦ヘレナにつみこまれた五インチ連装高角砲だった。この武器が登場すると、フォード島に一機、ネバダの近くに一機、そしてパール市沖に一機と、たちまちのうちに急降下爆撃機三機が撃墜された。

W・カリグ、W・ケリー共著の『バトル・レポート〈真珠湾から珊瑚海まで〉』は、日本機搭乗員の死に関してつぎのような事実をつたえている。

「敷設駆逐艦モンゴメリーは、パール市ドック付近に不時着した日本機一機を調査するためボートを派遣した。操縦員だけが泳いでいたので救助しようとしたが、その日本兵は拳銃を取りだし敵対行動を取ったので、やむをえずこれを射殺した」

さらに被害を増大させたのは、ホイラー飛行場で徹夜ポーカーをつづけていた二人の陸軍パイロットの操縦するP40型戦闘機だった。

この米軍戦闘機を最初に目撃したのは、翔鶴水平爆撃隊にいた大久保忠平一飛曹だった。彼は第二次攻撃隊の最後のグループにいたが、投弾をおえ、集合地点のカエナ岬沖にむかおうと機首をめぐらせたとき、後部電信席のさけび声を聞いた。

「戦闘機二機、上がりました！」

つづいて、児玉清七二飛曹が七・七ミリ旋回銃を射ち出す音が聞こえた。いそいで彼が曳光弾の方角をふり返ると、P40型戦闘機が二機、高度二、〇〇〇メートル付近を急上昇してくるのが望見された。

「おい、機首を西にむけろ！」大久保一飛曹は操縦席にむかってどなった。「高度を下げて、しばらく偽装路をとるんだ」

「はい！」

操縦席から大谷信治一飛のこわばった声がかえってきた。

機は高度三、〇〇〇メートルから一気に五〇〇メートルまで下がった。断雲を利用して海側にむかってジグザグ飛行をつづけているうちに、やがて敵の機影もはるかな雲間に溶けてしまった。

大久保一飛曹は軽い不安をおぼえながら、米軍機の消えた南西の方角を見やってつぶやいた。ほかの連中も、うまく逃げてくれればいいが……。

ホイラー飛行場で給油と弾薬を補給したジョージ・S・ウェルチ中尉とケン・A・テイラー中尉は、愛機P40を駆ってぐんぐん急上昇をつづけていた。

とにかく、高度をとることだった。いかなるばあいでも、高度の優位さえ保っていれば、戦闘は有利に展開する。彼らはスロットルを全開にし、夢中で上昇をつづけた。この二人の若い中尉は逸りたっていたため、おそらくこのとき、大久保機に気づかなかったのかもしれない。

彼らの操縦するP40型B『トマホーク』戦闘機は、アメリカ陸軍航空隊の第一線機だった。一、〇九〇馬力、最大速力三一〇節（五七二キロ／時）、航続力八六〇浬。両翼に一二・七ミリ機銃四梃をそなえ、四五キロ爆弾二個搭載可能という性能をほこっていた。

二人が最初にむかったのは、バーバースポイントにある海兵隊の基地、エワ飛行場である。ここでも、上空は日本機ばかりだった。エワ基地は第一次攻撃隊によって三二機が破壊され、のこる一一機もほとんど使用不能の状態だった。攻撃をうけてもこれを迎撃する戦闘機は一機もなく、海軍ご自慢のF４F『ワイルドキャット』戦闘機も〝手足をもがれた鵞鳥のように〟他愛なくエプロンに横腹をさらすのみだった。

格納庫から噴きだす焔は、ようやくおとろえを見せはじめていた。だが、くすぶりつづける重油はますます煙の量を増やし、その暗い沈んだ色は消火に当たる兵士たちの気持を重くさせた。

日本機の攻撃はまるで演習を愉しんでいるようだった。一機また一機、黒煙のなかに突っ込むと、正確な射撃を加えて、ふたたび姿を現してくる。数えてみると、複座の急降下爆撃機が一二機だった。戦闘機の直衛はついていない。

「あれを攻撃する」ウェルチは指で前方をしめした。

「ＯＫ」

テイラーが手をあげてこたえた。

日本機はまだ彼らに気づいていないようだった。ウェルチとテイラーは全速で後上方からせまって行き、一二・七ミリ機銃の一連射をあびせた。

最初の一撃で、二機が火を噴いた。もう一機、バーバース岬から南方海上を逃げて行くのを、テイラーが見つけた。彼は追いすがって行き、燃料タンクに機銃弾を射ち込んだ。日本機はたちまち火だるまとなり、波打ちぎわに激突した。突然、背後で起こった閃光に気づいてふり返ると、ウェルチがねらった日本機がもう一機、また大爆発を起こしたところだった。あっけない勝利だった。「――まるでピクニックみたいだった」と、のちに彼らは語っている。

わずか数分たたないうちに、日本機が四機撃墜された。九九艦爆には防弾設備がいっさいほどこされていないため、燃料タンクに一発でも命中すると、たちまち全機火だるまとなってしまうのである。

これらはバーバースポイント基地銃撃にむかった千早隊、牧野隊の九九艦爆であった。蒼龍、飛龍の二航戦二隊はヒッカム、カネオヘ、ベローズ銃撃にむかったため、彼らと交戦する機会がなかった。

赤城の千早隊の第三小隊長大山利雄飛曹長以下三機は、同隊『戦闘行動調書』によると、「バーバース飛行場ヲ銃撃ス、第三小隊連絡ヲ失シ行方不明トナル」とある。彼らの戦闘状況を目撃した者はだれもいない、という意味である。

これが、テイラー、ウェルチ両中尉の第一撃を受けた日本機かも知れない。彼らは米軍戦闘機の出現を確認していなかったため、三機とも不意をつかれたのだろう。

つづく阿部善次大尉の二番機後藤元二飛曹の最期には、目撃談がある。同隊の飯塚徳次三飛曹の回想によるものである。

その記録では、バーバースポイントから西に戦場を離脱し、海上に出たときに後藤機を急追するP40型戦闘機が見えた。P40から射線が送られ、宇津木道司二飛曹がさかんに応戦する。そして、二機とも海上に堕ちて行った（注、P40の被害はない）。

九九艦爆の未帰還機、六機を出した加賀隊でも、やはり目撃談がない。第三中隊長の伊吹正一大尉の回想では、後部座席の内川祐輔一飛曹が「敵戦闘機左後下方！」とさけび、ただちに旋回銃射撃をはじめたとあるが、交戦までにいたっていない。

伊吹大尉の三番機山川新作一飛によれば、バーバースポイント銃撃では味方機が一機チラリと見えただけで、米戦闘機とも出会っていない。ようやくのことで母艦にたどりつくと、伊吹分隊長が駆けよってきて「友軍機は見なかったか」と訊いた。

山川一飛がそのむね答えると、「そうか、まだ帰らない飛行機が一五機だ」と隊長の声は沈痛だった。

加賀隊の指揮官機、牧野三郎大尉は未帰還となった。同『行動調書』には、銃撃後「各隊分離シテ母艦帰着」とあり、牧野大尉以下についても「行方不明」と一行の記述があるのみである。

おそらく彼もまた、米軍の若き中尉たちの攻撃にさらされたのであろう。

牧野大尉は明治四十四年、名古屋市に生まれた。名古屋中学から兵学校六十期生となり、赤城の進藤三郎、翔鶴の兼子正両大尉とは同期生にあたる。故郷に妻節子がいて、この二十七歳の若妻との間に、子供はいない。兄は陸軍大尉で、日華事変で戦死した。「長兄の未亡人と二人で武勲を偲びあった」と当時の新聞記事にあるが（「朝日新聞」昭和十七年七月八日付）、この頃おなじような遺族家庭が巷《ちまた》に増えていたにちがいない。

だが、ウェルチの操縦するP40Bも、また無事ではなかった。日本機の後方射手の射ち出す七・七ミリ機銃をあびて、機体はガタガタと震動した。一弾は機銃一門を破壊し、もう一弾は操縦席を貫通した。

彼が被弾をたしかめるために戦場を離脱し、さらに機を上昇させたとき、下方でテイラーがまた日本機を大破させ、さらにもう一機に白煙を噴き出させているのが見えた。これで、スコアは六機となった。二人は燃料および弾薬の補給のため、いったんホイラー基地にもどり、ふたたび日本機迎撃のために飛び上がった。

離陸はおそろしく危険なものに思われた。空は日本機におおわれ、しかも目前には低空から侵入してくる急降下爆撃機一五機の銃口が待っている。出撃はあきらめろ、という基地の将校たちの忠告をふりきって、両中尉はふたたび基地を離れた。

真珠湾の勝利は、日本側の完璧な戦略的奇襲の成功とアメリカ側の信じられないほどの怠慢さによってもたらされたものといえるが、二人の行為はその敗北の汚名を救った。

アメリカの航空史家マーチン・ケーディンは、この二人のその後の戦闘をつぎのように紹介している。

「ウェルチは自分の戦闘機に機関銃を備え、爆音高く滑走路を走り、降下してくる敵編隊にむかってまっすぐに突進していった。

日本軍の飛行機三機が、彼を特別の目標に設定し、彼のトマホーク機周辺に曳光弾をあびせかけた。ウェルチは操縦桿と方向舵をはげしく操作し、やっと敵のはげしい集中射撃から逃れ出し、敵機のいない上空に抜けさった。彼は機体を急激に方向転換させると、テイラーが死にもの狂いになって高度を上げようとしているのを見つけた。

彼のトマホーク機はまだ低空におり速力が遅く、離陸のこの段階では、敵の攻撃にたいして非常に弱かった。日本軍の飛行機一機がテイラーの戦闘機にくっついて離れず、たえまなく銃弾をあびせかけていた。ウェルチは急に悲鳴をあげながら降下し、この日本の飛行機にせまった。それはパッと炎をだしたかとおもうと、ただちに地上に墜落、爆破した」

テイラー中尉はこの戦闘で右腕を負傷し、もはや戦場にもどることはできなかったが、ウェルチ中尉はさらにあらたな目標をもとめてエワ飛行場にむかった。ここでも、彼は九九艦爆一機を撃墜し、これで二人のあげた戦果は八機となった。

両中尉の報告は過大ではなかった。はじめ、ウェルチは撃墜四、テイラーは撃墜二、未確認二機と発表されたが、のちの調査でこの二機も確認された。

二人はその後、殊勲十字章をさずけられ、その功績を全軍にたたえられたが、いってみれば、日本軍は〝徹夜ポーカーに明け暮れていた〟米陸軍のわずか二人のパイロットによって八機もの被害を出したことになる。

もし何らかの形で日本機の攻撃が事前に察知され、オアフ島上空で米陸海軍の戦闘機群が待ちうけていたとしたら、日本機の被害はさらに甚大なものになっていたにちがいない。

二航戦の零式戦闘機一七機は、このP40二機の出現にまったく気づいていなかった。

彼らは、このときオアフ島の南東上空にあり、さだめられた任務によって、飯田房太大尉のひきいる蒼龍隊九機の零戦はカネオへ飛行場を、能野澄夫大尉の指揮する飛龍隊八機はベローズ基地を、それぞれ攻撃することになっていた。

飯田隊がオアフ島上空に達したのは午前九時ちょうどだった。約一五分間の制空任務をおえ、九時一五分にはカネオへにある海兵隊基地の銃撃に入っていた。そして、その直後、彼らはホイラー飛行場を飛び立った別の陸軍戦闘機隊と空戦をまじえることになった。

これは、零戦が太平洋戦争ではじめて対戦した米軍戦闘機であった。この戦闘で、日本機は相手のP36型戦闘機を一機撃墜し、同時にまた零戦が一機撃墜された。そののち、いくたびとなく銃火をまじえることになった制空権をめぐる日米両軍の、そして一、三五〇日にわたる長い血みどろな抗争の、これが序曲となったのである。

蒼龍隊がカネオへ飛行場に侵入をはじめたとき、おびただしい対空砲火が彼らをつつんだ。高度六、〇〇〇メートルから降下をはじめ、飯田大尉を先頭に列機八機が単縦陣となって南西の方向から基地に突入を開始した。

第二小隊長の藤田怡与蔵《いよぞう》中尉は中国山東省生まれ。飯田隊長の四歳下で二十四歳、兵学校六十六期出身。第三小隊長の小田喜一一飛曹は新潟県生まれ、操縦練習生十八期出身で、二十八歳という顔ぶれであった。

小田一飛曹は、下士官のなかで最古参のパイロットであった。昭和十二年九月十九日の第一次南京攻撃に参加したという経歴を誇り、このとき撃墜二、不確実一機という戦果をあげている。

この三人の小隊長のなかでは、藤田中尉だけがまだ空戦の経験がなかった。

「漢口作戦では、ついに敵機と遭遇しなかった。そして、こんどは強敵アメリカと一戦をまじえるのだと思うと、身の引き締まるのをおぼえた」

と、中尉はのちに語っている。

突然、基地からもうもうたる爆煙が立ちのぼった。市原辰雄大尉のひきいる翔鶴水平爆撃隊一八機が投弾を終了したのである。格納庫が宙にぐらりと浮き上がり、巨象が倒れるようにゆっくりと横倒しになった。つづいて、すさまじい黒煙が空に噴き上げた。鉄片と千切れた機体の破片が、滑走路の白いコンクリートのうえに飛び散り、そしてそれが一段落すると、つぎは制空隊の番だった。

飯田大尉がまっさきに銃撃に入った。高度一〇〇メートル、格納庫の内外にならべられたPBY=カタリナ飛行艇二五機は、第一次攻撃隊の銃爆撃によりほとんどが大破し、あるいは白煙を噴きだしていた。飯田機が二〇ミリ機銃の砲門を開くのをみて、列機がすぐそのあとを追った。二番機厚見峻一飛曹、三番機石井三郎二飛曹につづいて、藤田中尉が突入した。

PBY飛行艇は、全長一九・五メートルで、翼端から翼端まで三一・七メートル。自重九、四九〇キロ、乗員七ないし九名、哨戒兼爆撃機として使用され、七・七ミリ機銃四梃のほか、爆弾二トンあるいは翼下に魚雷二本を携行する。安定した性能と長大な航続距離を高く評価され、太平洋戦争終結時まで使用された。

一撃、二撃――。やはり、あがっていたのか、射程距離が長すぎたようだ。機銃弾が吸い込まれるようにも見えたが、それが命中したのかどうかわからなかった。三撃目、右翼にガン！　という衝撃を感じ、ふり返ると、翼の中央に小さな破孔があいているのに、中尉は気づいた。

藤田中尉の三番機岡元高志二飛曹は、洋上に錨泊している四機のカタリナをねらった。ちょうど、第一次攻撃隊翔鶴の安部安次郎飛曹長が、大破炎上させた飛行艇群である。

岡元二飛曹は霞ヶ浦航空隊での普通科整備教程中に宗教に関心を持ち、休暇のさいには古都鎌倉の寺をたずねて道を訊くという、求道の生活をつづけていた。暇をみつけては坐禅を組み、その場所としてとくに蒼龍の柳本柳作大佐から艦長室の寝台を使うことを許されていた。

彼が六、〇〇〇メートルの高度からオアフ島に侵入したとき、飛行服のあいだから手をそろそろと伸ばした。それは出撃前夜、艦長に別れを告げたとき、こう諭されていたためである。

「ハワイ上空に達したとき、ズボンの下に手を入れてみろ。おまえの息子がだらりと下がっていれば、落ち着いている証拠だ。小さくちぢんでおれば、――あがっているんだ」

左手の感触は、はなはだ頼りないものだった。手ごたえがないのである。のちに帰艦したとき、彼は柳本大佐にこう不平をこぼしていった。

「考えてみますと、高度六、〇〇〇メートルでは零下一〇度はあるはずです。とても寒くて、

なずいたという。

柳本大佐は、〝入れ歯をカタカタいわせて〟笑いながら、「それも、そうだな」と大いにうなずいたという。

機銃弾がPBYの主翼に炸裂するのが見えた。外れた七・七ミリ弾が海面をミシン針のように縫って行く。岡元二飛曹はそのまま機首を飛行場にむけ、列機につづいてエプロンにならべられた飛行艇の銃撃に加わった。

ガン、ガン、機体にはげしい衝撃を感じた。座席内に白煙がたちこめ、計器が見えなくなってしまった。つぎは発火、と覚悟をきめたが、機首をあげて行くうちに煙がしだいにうすらぎ、やがて消えた。

エンジンは快調だった。だが、両翼からガソリンが吹きだしていた。自爆と生還の岐路はごく一瞬のうちにきまってしまうものである。そしてそれは、わずか数センチの差で——胴体タンクをわずかに外れたというだけで——あるいは、ちょっとした偶然で生死がわかれる。

おれはまだ生きている、と彼は思った。そして、快調なエンジンの響きを聞くと、ふたたび全身に力がみなぎってくるのを感じた。

被弾する機がつづいた。カネオへ上空に蒼龍隊が集合したとき、岡元二飛曹は飯田大尉の両翼から白い帯状のものが吹きだしているのに気づいた。翼内の主燃料タンクに被弾したらしく、片翼一九〇リッターのガソリンがそれぞれ空に長く尾を曳いていた。

のこるは往路に使った三三〇リッター入り増槽の残留分と、胴体内タンクの一四五リッターのみである。これで、はたして帰途は大丈夫なのだろうか？

ベローズ基地でも事態に変わりはなかった。兼子正大尉が第一撃を加えたとき、彼らはまだ何も知らなかったが、能野澄夫大尉のひきいる飛龍隊零戦八機が上空に姿をあらわすと、基地の兵隊たちは迅速に対応した。

ここは陸軍の小さな戦闘機基地だった。この日、飛行場には、O47型B偵察機一〇機とO49型偵察機が三機、そして射撃演習のためホイラー基地から派遣されてきたP40型戦闘機一二機が出ているのみだった。

能野隊が突入すると同時に、基地では対空砲火の門を開き、また列線にならべられたO47に乗り込み、操縦席から機関銃を射ち出した。地上整備員はP40に燃料を補給し、さらに弾薬を積み込んだ。しかし、それは手間のかかる仕事だった。

「はやくしろ！」第十四追撃部隊のハンス・C・クリスチャン大尉はいらだってさけんだ。

「ほら、日本機《ジャップ》がそこまできているぞ」

銃弾が彼の機をとりまいた。能野大尉の小隊につづいて重松康弘大尉の第二小隊が、低空から突入をはじめたところだった。エンジンのうなりが静寂を破り、機銃弾はこの日曜日を地獄に変えようとしている。

まっさきに飛び上がったのは、ジョージ・A・ホイットマン中尉だった。つづいて、サミエル・W・ビショップ中尉のP40があとを追った。彼らが機を充分な姿勢にたもつことができないうちに、むらがりよる零戦の銃口のまえで血の生贄《いけにえ》となった。ホイットマン中尉機はたちまち撃墜され、ビショップ中尉機は大破された。彼は必死になってそのまま南東の海岸地帯に逃れ、やっとのことで海上に機を不時着させた。

クリスチャン大尉のP40が、ようやく滑走路をすべり出そうとしたとき、彼の機は零戦の攻撃にさらされ、空中で爆発した。

飛龍隊の攻撃は一五分で終了した。能野大尉が列機を集めると、三機の姿が見えなかった。銃撃の途中、第三小隊長松山次男一飛曹機が燃料タンクに被弾し、二番機牧野田俊夫一飛曹がこれを掩護して反転している。残る一機、西開地重徳一飛曹はどうしたのか?

飛龍艦長加来止男大佐が作戦後、未帰還搭乗員の死を悼んで作らせた『飛龍盡忠録《じんちゆうろく》』なる小冊子がある。飛行科出身の艦長だけに、彼らを惜しむ気持が人一倍強かったのだろう。出身地、家族構成、戦闘の状況が事こまかく記されている。

それによると、西開地《にしかいち》重徳は大正九年生まれ。愛媛県越智郡波止浜《はしはま》町（現・今治市）出身である。両親と男四人、女一人の七人家族で、次男坊。今治中学卒業後、甲飛二期生となり、戦艦伊勢実習をへて、霞ヶ浦航空隊入りをした。飛龍乗り組みは昭和十五年十月のことである。

西開地一飛曹の「戦斗ノ状況」とは――。

「按《あん》ズルニ本戦斗中低空敵地上射撃最モ猛烈ニシテ参加戦斗機全機ニ亙リテ被弾アリ混戦中本人最後ノ詳細ヲ確認シ得ザリシモ諸般ノ状況ニ照シ西開地機ハ〇五二〇『カネオヘ』飛行場銃撃中不幸飛行機又ハ身体ノ致命部ニ敵弾ヲ受ケ敵地上ニ豫《まえもつ》テ覚悟ノ壮烈自爆セルニ相違ナク本人ハ同時刻名誉ノ戦死ヲ遂ゲタルモノト認ム」

だが、西開地一飛曹は「名誉ノ戦死」をとげていたのではなかった。彼は被弾後、さだめられた指示を忠実にまもり、ハワイ諸島の西端、ニイハウ島の不時着予定地点にむかっていたのである。

ニイハウ島は、総面積七二平方マイル、住民二五〇人。ハワイ諸島のなかではもっとも孤立した場所であり、交通といえば週に一度、三二キロ離れたカウアイ島から必需品をのせたボートがくるだけといった辺鄙な島であった。その意味では、この島付近の洋上を潜水艦による救出予定地点にえらんだ理由は適切であったといえよう。

西開地一飛曹は燃料タンクに被弾し、ガソリンの尾を長く曳きながら「約束の地」――ニイハウ島をめざして機首をむけたのである。

彼らと入れかわるようにして、飯田大尉の蒼龍隊がベローズ基地上空に達した。けれども、たいした銃撃の効果はなかった。それぞれの機は燃料をすべて抜かれてあったため、機銃弾が吸い込まれて行くのが見えるのみで、発火はしなかった。

　岡元二飛曹は、単機でカネオへ付近のドライブ道路を北上する自動車群を追撃、大型車四台が転覆するのをたしかめて機首をもどした。彼は高度三、〇〇〇メートル付近に小隊長の藤田中尉がいるのに気づいて編隊を組み直し、近くにいた飯田小隊と合流した。

　ベローズ基地の北方上空からは、はるかにダイヤモンドヘッドの切りたった断崖が見下ろせた。波の白いあわだちと青い海を区切る汀《みぎわ》を眼の端でとらえ、彼は思わずそれをのぞきこもうとして、後方をふり返った。

　だが、それとみたのはごく一瞬のことだった。雲の切れ目で視界がすぐ閉ざされ、あとはまた果てしなくつづく白い雲海である。

　岡元二飛曹がふと視線を転じたとき、高度二、〇〇〇メートル付近に一機の米軍戦闘機を見つけた。

（あ、敵だ！）

　と、彼はさけんだ。

　岡元二飛曹が発見したのは、この日、午前八時五〇分にホイラー飛行場を飛びたったアメリカ陸軍航空隊第十五追撃中隊のＰ36Ａ『Mohawk《モホーク》』戦闘機五機のうちの一機だった。

　彼らは日本軍の第一次攻撃が終了すると、ただちに迎撃の準備をすませ、第二次攻撃隊の到着する寸前に飛び上がっていたのである。指揮官といえば、マルコム・Ａ・ムアー少佐の名をあげることができるかもしれない。大あわての離陸なので、指揮系統もはっきりしていなかった。のこる四機はルイス・M・サンダース、フィリップ・M・ラスムセン、ゴードン・H・スターリング、ジョン・M・サッカーの四人の若い中尉の手によって操縦されていた。五機のP36型戦闘機は、対空砲火の厚い弾幕をぬうようにして高度三、〇〇〇メートルに達した。そして、彼らは前方に日本軍戦闘機九機を発見した。

「攻撃せよ」

先頭にいたムアー少佐が左手をあげ列機に指示した。五機は編隊をくずし、横隊となって日本機に殺到した。米軍パイロットたちは、これがそののち連合軍を恐怖におとしいれることになった《ZERO-FIGHTER《ゼロ・ファイター》》であることに、まだ気づいていない。

藤田中尉は機銃音に気づいて身をよじった。ずんぐりとした胴まわりと、車輪カバーが突きだした特徴ある機体。

――P36だ。

彼は翼を振り、米軍機の火箭をさけるためフットバーを強く踏み、操縦桿を倒した。列機も増槽を落とし、ただちに左右に散った。

藤田中尉はいそいで増槽を落とそうとしたが、長い航海で潮風にさびついたのか容易にははなれようとしない。舌打ちしながらレバーを放し、そのまま戦闘に入ることに決めた。

最初に攻撃をかけたのはサンダース中尉とラスムセン中尉だった。米側記録は「彼らはそれぞれ零戦一機を炎上させた」とあるが、その事実はない。零戦九機は散開し、P36五機もそれぞれ空戦にはいった。

P36型A＝モホーク戦闘機は一九三八年（昭和十三年）陸軍に引き渡され、最大速力五〇四キロ／時（高度三、〇五〇メートル）、武装は七・七、一二・七ミリ機銃各一梃。貧弱な武装といい、上昇力、旋回性能、その他ありとあらゆる点で零戦の性能にかなわなかった。

ゴードン・H・スターリング中尉はこの旧式機を操縦しながら一機の零戦を攻撃にむかった。彼が機銃弾をあびせると零戦は急旋回し、たちまちP36の背後に回わった。その行動は、彼らの想像を絶したおどろくべき身の軽さだった。

藤田中尉の回想によれば、

「訓練のときのように切り返し、後上方攻撃、七・七ミリをあびせたところ見事に命中、あっけなく火を噴いて墜ちた」

とある。おそらく、これがスターリング中尉の操縦するP36であったのだろう。

岡元二飛曹が発見したのは、このうちの一機だった。彼が発見するのと同時に、飯田小隊三機もそれに気づき、攻撃にむかった。

高度差は一、〇〇〇メートルあった。六機の零戦がこれに殺到し、後上方から反復攻撃を加えた。だが、高度差があるため攻撃角度が深くなり、なかなか命中弾がなかった。二撃目、飯田大尉の二番機厚見峻一飛曹の番となった。

彼は急角度で降下し、逃れ行くP36を追った。すぐあとにつづく岡元機からは、眼下にぐんぐん速度をあげて接敵する厚見機がみえた。（いけない、角度が深すぎる！）と彼は思った。

どうやら過速に陥ってしまったらしい。厚見峻一飛曹はそれと気づき、早目にエンジンをしぼり、追尾に入ろうとした。

だが、一度勢いのついた零戦はなかなか減速することはできなかった。厚見機はのめりだし、勢いあまってそのままP36の前に飛び出した。モホーク戦闘機の両翼から火箭が走る。曳光弾が空を切り、白いジュラルミンの胴体をくだくのがみえ、ついで零戦が火を噴きだした。

それは、あっというまもない出来事だった。座席から噴き出した焔がたちまち機をつつみ、そのまま白煙を長く尾を曳きずるように直進すると、厚見機はやがて火だるまとなって、まっさかさまに墜落していった。カイルア村近くの海面であった。

岡元二飛曹はすぐP36の攻撃に移った。真っ赤になって墜ちて行く厚見一飛曹の最後を見とどける時間の余裕はない。彼はエンジンをしぼり、追尾の位置に入った。絶好の射点だった。七・七ミリ機銃の発射把柄をにぎりしめ、九八式射爆照準器のねらいをさだめた。

つぎの瞬間、モホークは零戦の接近に気づき、背面急降下で雲のなかに逃げ込もうとした。彼も必死で、そのあとを追う。

上空にいた藤田中尉はすでに戦闘をおえていた。スターリング中尉機を撃墜したあと、前方を横切る一機をねらい、さらにP36と正面から射ち合ったが、いずれも有効弾とはならなかった。

P36型戦闘機が視界から消え緊張がとけると、彼はほっと気持がゆるむのをおぼえた。

「——無我夢中だった。初陣のせいもあったが、前のほうにばかり気をとられて母艦に帰りつくまで自分の列機の無事をたしかめる心の余裕さえなかった」と、藤田中尉は述懐している。

『大東亜戦争戦訓第一編〔ハワイ海戦の部〕』にはつぎの記述がみえる。

「地上銃撃ヲ開始スルニ当リテハ仮令《たとえ》上空ニ敵機アラザル場合ト雖モ一部兵力ヲ上空警戒隊トシテ残シ置クコト肝要ナリ。

『ベローズ』飛行場ニテ銃撃ヲ実施セル戦闘機隊ガ目標ヲ『カネオヘ』飛行場ニ変更シ銃撃ニ入ル前高度二、〇〇〇米ニテ旋回中上方ヨリ敵戦闘機九機ノ奇襲ヲ受ケタルコトアリ　之全ク上空警戒ヲ疎ニセル結果ト認メラルルヲ以テ如何ナル場合ト雖モ上空ニ対スル警戒ヲ厳ニスルヲ要ス」

また、藤田中尉の記憶と岡元二飛曹のそれとはいくつかの食い違いがある。中尉は「敵機九機」としているが、米軍記録は五機としている。岡元二飛曹が視認したのはそのうちの一機であろう。

空戦をおえ、上空で飯田大尉と合流しようと藤田中尉が機首をかえしたとき、はるか翼下をP36を追って零戦一機が急降下して行くのに気づいた。両翼から白いガソリンを吹きだし、必死になってモホークを追う姿は凄惨な印象をあたえた。

それが岡元機であった。けれども、だれもが、もはや何の手助けもできなかった。援護するには距離が遠すぎ、そしてモホークは雲間にのがれた。すでに戦闘は終焉《しゅうえん》を迎えていたのである。

結論からいえば、この対戦で米陸軍戦闘機隊は一機を失い、さらにまた、サッカー中尉のＰ36は機首から尾部にいたるまで七・七ミリ機銃弾をあび、もはや機体は使いものにならなくなっていた。

Ｐ36型戦闘機は、旧式で性能もはるかに零戦に劣っていた。しかし、高度の優位と旺盛な闘志とで、彼らはその日本機との最初の戦闘を互角に戦ったといえる。

厚見峻一飛曹の死は、隊長機飯田房太大尉にとって格別の感慨があったにちがいない。

厚見峻は埼玉県の貧しい農家の生まれである。父が事業に失敗し、一家総出で早朝から野良仕事に出た。中学卒業後、甲飛二期生となり、戦闘機専修に進んだ。人懐っこく、快活な練習生であったようである。

蒼龍に乗り組み、戦闘機の下士官戦技で優勝したことがある。わずか一年たらずであったが、飯田隊長の列機となり、彼を実の兄のように慕った。

あるとき、彼が思いつめて「隊長、僕を転勤させないで下さい」と直訴したことがある。隊の編成替えが噂になっていたころの話だ。

「隊長、私はどこまでもついて行きます」

厚見一飛曹が訴えると、飯田大尉はしばらく沈黙していたが、「そうか」と一言いって、こうつづけた。

「厚見、今晩俺に抱かれて寝ろ」

このときのやりとりを、厚見一飛曹は母親に克明に語っている。そのときの隊長の顔は忘れられない、といい、自分の気持を率直に受け入れてくれたことを嬉しく思うと告げた。長身の飯田大尉の丹前の裾が長くて困った、とも母に語っている。

飯田大尉は、徳山中学時代に父を亡くしていた。十七歳で、祖母と母一人子ひとりとなった。母ステの思い出話に、父の死を看取ったあと亡骸をよそに、しばらく廊下に出てじっと星空をながめていたという。そしてしばらくたったある晩、「お母さん、淋しいのう」と一度だけ洩らしたことがあった。

厚見峻も戸籍上は九男となっているが、母しんは後添えで、実質的にはおなじ母一人子ひとりである。彼もまた予科練時代に父を亡くした。孤独な、相寄る魂であったのだろう。伝記の著者は「早く父と別れた点については境遇相通ずるものがあった」と記している。

蒼龍隊は編隊を組んだ。いつものように小隊三機ずつの緊密な隊形ならともかく、それぞれ間隔をひらき戦闘警戒隊形をとっているため、第一小隊二番機の空白はとくにめだち、彼らを、どこか心にすきま風が吹きこむようなさびしい思いにさせた。

飯田大尉にならって、全機が訣別のバンクを振った。厚見一飛曹の消えた雲間を見やりながら、八機の零戦は左右に翼を振り、ふたたび機首を北東にむけた。

基地を離れると、あとは緑の大地だった。木々の生い茂る山岳地帯をぬけ、オロマナ山からヌアヌ・パリの断崖を越え、東部海岸地帯をはるか右に見下ろしながら、編隊は飛びつづける。

第一次攻撃隊にくらべると、各機の被害は増大していた。飯田大尉の両翼からは相変らずガソリンが白い帯状になって吹きだし、藤田中尉も正反航で射ちあったさいエンジンに被弾し、発動機の調子がおかしくなっている。岡元二飛曹も両主タンクの漏洩がとまらず、いつガソリンがなくなるかと不安に駆られながら、飛行をつづけていた。

そのときのことだった。飯田大尉は左右に大きくバンクを振り、そのまま左下方に急降下して行った。ほんの数秒間の出来事であった。後続の藤田中尉、小田一飛曹は何も気づかないでいる。

おそらくは、第二小隊長の位置にいた藤田中尉は自機の被弾に心を奪われ、第三小隊長の小田一飛曹は米軍機との交戦で二番機田中二郎二飛曹が被弾し、尾部からチロチロと火が燃えている状態（と岡本二飛曹は帰艦後に聞いた）であったから、彼らは小隊三機の連繋をたもつのに気が気でなかったのだろうと思われる。

それは、ほんの数秒間の出来事であった。

最後尾にいる岡元二飛曹には、その飯田大尉の表情がよく見分けられなかった。隊長機のバンクに気づき、敵機発見の合図だと錯覚した彼は、いそいで左下方に急降下して行く隊長機のあとを追った。

そのとき、地上では、真一文字に突っ込んでくる日本機をみて、ヒューバート・リーズ少尉が、「あいつめ、気が狂ったのか」とさけんでいた。

リーズ少尉は基地将校で、同僚と二人で草むらに立ち、小銃で応戦しているところだった。たちまち、兵員集会所や水道管や、兵舎や滑走路のありとあらゆるところにすえつけられた機関銃が、降下してくる日本機に集中しはじめた。

米側記録は、このとき飯田大尉と真正面で射ちあった兵器員サンズの名前をあげている。彼は七・七ミリブローニング自動小銃を小脇にかかえ、兵器庫の外に飛びだすと、何の遮蔽物もない道ばたで射ち出した。

「銃弾が彼のまわり一面に飛び散った」

と目撃者ガイ・C・エバリーは、のちにこの二人の対決について証言している。飯田大尉の零戦は、こうしてサンズの自動小銃によって撃墜されたと米国側は記録しているが、これは事実ではない。

飯田大尉は攻撃にむかったのではなく、はじめから死を選択していたのである。しかし、彼らが誤解したのもむりはないかも知れない。全砲門をひらき兵器庫に自裁を試みた日本機の行動は、おそらく当時のアメリカ人にはまだ理解しがたかったのであろう。

列機が一緒に追いかけてこないのを、不審に思いながら急降下していた岡元二飛曹は、やっと隊長機の異常に気づいた。彼は戦後の回想でつぎのように飯田大尉の最後を語っている。

「私は飯田機を追って行ったが、他の味方機が行動を起こさないのをみて不安になった。高度八〇〇メートルまで降下したとき、隊長機はそのまま噴煙たちのぼる飛行艇格納庫に突っ込んで行く。不審に思いながらついて行った私は、その刹那、カネオへ突入時のガソリン漏洩がふと脳裡をかすめた。

つぎの瞬間、黒煙を突っ切った飯田大尉機は陸上飛行場の舗装道路に激突、爆発を起こした。そして、火だるまとなって滑走路を走り、ようやく停止すると、機体からどっと火が噴きだした。私は言葉にだせない悲壮感をおぼえ、機首を上げて編隊にもどった」

飯田大尉は目標として兵器庫をえらんだのだが、機勢を立て直すことができなかったようだ。戦闘機は急降下爆撃機とちがって抵抗板がなく、過速に陥りやすい。舵が利かなくなったのか、機体は士官宿舎の近くの道路に突入し、こなごなに砕けた。エンジンは宙をはね、彼の身体は機体とともに道路上に激突した。

「私たちが注視していると、飯田大尉機は単機で編隊をはなれ、スロットルを全開してPBY機の銃座にいて応戦している私と兄をめがけて一直線に突っ込んできた。飯田機が全砲門を開き、そして駐機場《ランプ》のいたるところから反撃を受けた。誰が彼を射ち墜としたのかはわからない。それほど、飯田機は集中砲火をあびていた。

零戦は低空で、火を発した。丘上の基地地面に激突するまでエンジンを全開し、銃弾を射ちつづけた。苦痛を感じるいとまもない即死であったろう。多分、時刻は午前九時三〇分ごろだった」

基地員コンラッド・R・フリーズの目撃談である。奇しくも彼は、その後PBY飛行艇員として日本艦隊警戒任務につき、ミッドウェー海戦では海上漂流中の空母飛龍機関科員を救助するという奇蹟的な役割を演じている。

余談にわたるが、日本軍の攻撃が終了したのち、海兵隊大尉R・S・D・ロックウッドは操縦士の着衣から飯田大尉の名を知り、遺体を拾い集めて、他の十九人の米死亡兵士とともに海を見下ろす高台の基地に埋葬した。

——その情景をつたえる記録写真がいまものこされている。この一枚の写真は、大戦初期には、まだ国際法や慣習が、あるいは戦争が単なる破壊や殺戮ではなく一定のルールにしたがっておこなわれ、そしてまた、いくらかは人間的な儀式や作法というものが入りこむ余地があったことを示している。

飯田大尉の自爆は、出撃前隊員たちを集めて訓示した覚悟を実行したものであった。「もし燃料タンクを射たれ、帰途のガソリンがなくなったら、適当な目標をえらんで自爆せよ」——。

最愛の部下厚見一飛曹を喪い、二番機石井三郎機も行方不明となる。「隊長として寂しい気持だったのでしょう」というのが、岡元二飛曹の戦後の感慨である。

帰途、編隊はバラバラになっていた。岡元二飛曹が合流すると、飯田大尉の三番機石井三郎二飛曹、小田小隊三機の姿が見えなくなっていた。彼はエンジン不調の藤田中尉とともに、機首をカエナ岬にむけた。

蒼龍戦闘機隊にとって真珠湾攻撃は奇襲でも何でもなかった。はげしい対空砲火と米軍戦闘機の迎撃で、彼らは疲れ切っていた。そして、さらに気分を沈みがちにさせたのは二人の搭乗員の死である。

三機はカエナ岬沖の集合予定地点にむかった。突撃下令後四五分後の約束だったので、飛龍艦爆隊が旋回して合流を待ち構えていた。これで母艦への帰投は安全となったが、無事な三人にとっては心重い旅となった。

ヌアヌ通りの日本総領事館の二階にある自室で、吉川猛夫少尉は真珠湾から遠雷のようにとどろく爆発音を聞きながら、長かった任務が終了したのを知った。

すべて、事態は明白であった。この年の三月二十七日、新田丸に乗せられスパイとしてハワイに送りこまれた彼は、これでもう日本総領事館一等外務書記生、森村正としての役割をおえたのだ。

この日の朝、彼はハムエッグとトーストのおそまきながらの朝食を摂ろうとしていた。突然、窓ガラスが震え、壁にかけた額が外れて床に落ちた。湾口からのすさまじいばかりの衝撃音であった。

スリッパのまま、中庭の芝生の上に飛び出して見ると、対空砲火が射ち出され、青空にいくつもの黒煙が流れている。模擬演習弾なら空に咲く花は黄色だが、目前にひろがるのは黒――実弾だ。

「やったぞ！」

吉川少尉は思わずさけび声をあげた。事態は明白だった。彼の八ヵ月におよぶ苦労が実をむすび、真珠湾攻撃が成功し、米海軍はいま打つ手もなく日本空母部隊に蹂躙《じゅうりん》されているのだ。

彼は中庭を突っ切り、総領事の官舎に駆け込んだ。

「喜多さん、やりましたよ！」

ガウン姿のまま表に出てきた喜多長雄総領事を見つけると、思わず両手を握りしめた。が、言葉が出てこない。（とうとうやりましたね）という思いだけが胸にあふれた。

空にはいくつかの日本機が急降下をくり返しており、その両翼の鮮やかな日の丸を見上げながら、二人は胸の高鳴りを押さえきれなかった。

「いったい何が起こったんです？」

喜多総領事を見て、領事館員たちが集まってきた。彼らは事態に何も気づいていなかったのだ。

外務書記生油下恭之助の長女和子は、いつものように近くの本願寺の日曜学校に出かけていた。地軸を揺るがすような響きがズシン、ズシンとつたわってき、空に黒煙がもくもくと上がっている。

家から迎えがきて、領事館にいそいでもどった。そのときの印象――。

「庭にでると、耳をつんざくような高射砲弾の音がする。思わず仰ぎみた青い空に、ただ一機、飛行機が浮かんでいるのを眼にしました。

孤影とでもいうのでしょうか。その一機をおし包むようにして高射砲弾が炸裂するのです。いまの私の記憶では、シーンとして音がいっさい消えていた、と思えるのですが。まるで空白となった大気の中で、綿あめのようにふくれ上がった灰白色の弾痕が小さな飛行機の周りをびっしり囲んでいる。それがひどく悲しく、胸が痛くなったことを、私は不思議に憶えているのです」

吉川少尉はすぐ館内にとって返し、一人の事務員とともに電信室で暗号書を焼きはじめた。けれども、その作業はなかなかはかどらなかった。焼却にかかってから数分もたたないうちに、総領事館を看視していた警官たちが押し入ってきた。彼らは、窓から吹き出す煙をみて火事だと錯覚したのである。

電信室のドアを蹴破ってはいってきた警官たちは、引き裂かれた電報束と書類のはいった麻袋を押収し、のちにその重要性に気づいて、ハワイの通信諜報班ジョゼフ・J・ロシュフォート海軍少佐のもとにとどけた。

けれども、もはやすべては手遅れだった。彼らは十二月九日になって一通の暗号電文を破ることに成功したが、それは外務省から喜多総領事あて在泊艦船の情報をもとめる六日発の訓令だった。ワシントンの海軍情報部でも、クレーマー少佐は同様の解読作業に成功したが、すでに攻撃は終了してしまったあとであった。

喜多総領事、森村書記生、油下恭之助たちは総領事館の一室に軟禁された。

夫から取り残されて、館員の家族たちはＦＢＩの監視下におかれた。外は車や警察の出入りがあわただしい。母きよと和子、妹絢子、〝お手伝いの貞ちゃん〟四人が自宅に閉じ込められたまま、夜が来た。その夜、毛布をかぶって母と二人で短波放送に耳をすませると、

「本八日未明、帝国陸海軍は……」の声が流れてきた。

「忘れられない放送、それはなぜかとても感動的に響きました」

夫の生死不明で、母きよは死の覚悟をした。いざとなれば娘たち二人を殺して死ぬ、そう覚悟をさだめていちばん長い木綿針をベルトに縫い込んでいた。そして〝貞ちゃん〟にもこう言い聞かせた。

「もしものときには、これでね。こんな目に遭わせてすまないけれど……」

針を渡すと、彼女はこっくりとうなずいて言った。

「覚悟はできています」

吉川少尉たち総領事館の一行はハワイから米本土に送られ、アリゾナ州の収容所に入れられた。翌年六月、ニューヨークから戦時交換船に乗り、日本に帰国したのは昭和十七年八月二十日のことである。

午前九時四五分、第二次攻撃隊は、来たときと同じように〝謎めいた早さで〟その姿を真珠湾上空から消した。

最後までとどまっていたのは、戦果確認の特別任務をおびていた千早猛彦大尉と淵田美津雄中佐の二機だけとなった。

彼らはまだ爆煙のくすぶりつづける湾内を飛び、日本軍があたえた被害を正確につかもうと試みていた。その報告は、さらに機動部隊が攻撃をつづけるかどうかの判断の基礎となるものだった。

淵田中佐は真珠湾を見下ろした。外側の戦艦列はほぼ壊滅状態となっている。内側にいるテネシー、カリフォルニア、アリゾナも大損害をあたえた。彼はたかぶってくる気持を押さえながら、冷静に判断を下した。——撃沈、戦艦四隻、撃破、戦艦四隻。

いずれにしても、予想外の戦果だ。

淵田中佐機の滞空時間はすでに三時間を超えていた。誘導機を待つ戦闘機をもとめて集合予定地点にむかうと、一機の戦闘機がバンクをしながら近づいて来て、後尾についた。

「どこのだい」

淵田中佐が訊ねると、水木兵曹がおどろいたようにいった。「瑞鶴のです！」

「それじゃ、第一波の分だな。ねばったもんだな。まだ残っているのがおりゃせんか」

帰投集合地点をもう一まわりすると、さらにもう一機の戦闘機がやって来た。二機はこうして命拾いをしたのである。

二機は、第一次攻撃隊の牧野正敏大尉と列機の清末銀治一飛曹であった。彼らは他機より一時間近くも上空にとどまり、帰投予定時間より遅れて赤城に着艦した。その間、横川市平艦長は飛行甲板に降りて牧野機を待ちつづけているという、大いなる心配をかけるのである。

淵田機が真珠湾上空を離れて旗艦赤城に反転しつつあるころ、最後の小規模な戦闘が湾内でおこなわれていた。

海軍工廠の小桟橋につながれていたホノルルに隣接する巡洋艦セントルイスは、日本機の攻撃をのがれ、たいした損害も受けていなかった。

午前九時三一分、ジョージ・A・ルード艦長は後進一杯を命じ、港外に脱出しようと試みた。

同艦が湾口水道入口に達したのは、それから約三〇分たってのちである。いささか時間を喰いはしたが、それでもセントルイスは、この日、湾内でまっさきに行動を起こした巡洋艦なのだった。

セントルイスは全速で水道を突っ走っていた。いずれにしてもまず港外に逃れることだった。

午前一〇時すぎ、湾口沖四〇〇メートルの地点で、突然見張員がさけんだ。

「艦長、右舷に雷跡！」

ルード艦長がふりむくと、一条の気泡が右舷艦首にせまりつつあった。つづいて、さらにもう一本……。逡巡している時間の余裕はなかった。そのとき、セントルイスにとって幸運だったことは、同艦が湾内の制限速力一五ノットをはるかにオーバーし、三四ノットの最高速で走行していたことであった。

「前進全速、急げ！」

ルード艦長が命じた。タービンはうなりをあげ、油に汚れた海が白く泡立った。魚雷は艦首から艦腹を過ぎ、さらに艦尾へ——そして後落し、目標を失うとそのまま直進し、水道入口のサンゴ礁に当たって大爆発を起こした。つづいて、もう一発。

攻撃は不成功に終った。駆逐艦モナハンのとった処置と同じように、ルード艦長は右舷後方に浮かび上がった特殊潜航艇の黒い司令塔を発見し、すぐさまこれに砲撃を加えた。弾着をしめす太い水柱が立ちのぼり、波が静まると、すでにその姿はなかった。

セントルイスから第十四海軍区司令部あてつぎの報告が送られた。

「ワレ敵潜水艦ヲ発見　之ヲ撃沈ス」

これら特殊潜航艇について、米側の評価はきわめて低いものである。

『米上下院合同調査委員会報告』には、つぎのような淡々とした記述があるのみである。

「これらの潜水艦は、港内の米国艦隊に対し攻撃を実施し、かつ計画された空襲中に港口から太平洋艦隊の脱出を阻止するための特別攻撃隊であった。利用できる資料によれば、五隻の特殊潜航艇のうちの一隻だけが港内に侵入し魚雷を発射したが戦果はなかったことを示している。五隻のうち一隻もふたたびその母艦潜水艦には帰投しなかった」

情報不完全な段階の評価とはいえ、内容に誤認があり、また特潜艇五隻の成果についての関心も薄かったことが指摘できる。

だが、酒巻艇の不運をのぞいて、四隻の特殊潜航艇の艇員たちは困難のなかで一隻が湾内侵入に成功し、二隻が果敢に米艦と戦闘を交えた。彼らはあたえられた任務に見事に殉じたのである。

——こんな逸話がある。翌年五月三十一日夜、シドニー港の艦船攻撃に加わった三隻の特殊潜航艇の搭乗員にたいし、オーストラリア海軍は引き揚げた四人の遺体を海軍葬にし、十月に交換船で日本に送り返す、という措置を取った。戦時中のことで、この処置に非難の声が渦巻いたが、指揮をとったムアヘッド・グールド提督は国営放送を通じて国民にこう呼びかけたという。

「勇気は一国のみのものではない」

酒巻和男少尉の乗り組む特殊潜航艇は、このときまだ湾口を突破できないでいた。

監視艇の哨戒線をくぐりぬけ、ジャイロ・コンパス故障のまま露頂航走をつづけていた少尉にとって、もはや生死は問題ではなかった。ただ、一路湾内に突入するのみだった。

彼は狂気のように深度計と舵面を見つめていた。──そのときだった。不意に、ずしんというはげしい衝撃音とともに、艇はストップした。

「しまった！」

不運がふたたびおとずれた。艇は湾口の珊瑚礁に乗りあげてしまったのである。必死になって全速後進をかけ、やっと離礁に成功した彼は、さっそく被害個所を調べてみた。圧搾空気やバッテリーのガスがもれ、気圧は一、五〇〇から二、〇〇〇ミリに上昇している。そしてさらに少尉をおどろかせたのは、艦首の発射装置がこわされ、魚雷を一本しか使えなくなったことだった。

それからのことを、酒巻少尉はつぎのように記録している。

「……私は、やがて三度目の強行突破を試みた。しかし、案の定、湾口直前で爆雷にみまわれた。それでもなお突っこみ、湾内へ近づいていった。私は一瞬、こんどこそは成功したと思った。しかし、私たちの努力にもかかわらず、運命はふたたび私たちに不利であった。最後の盲目航走のとき、ふたたび大きな衝撃とともに湾口のリーフ線に座礁してしまったのである。

しかも、こんどは後進をかけても、艇は微動だにしなかった。私も艇付も、もうこれが最後であるかもしれないと覚悟した。二人はいそいで前方のバラストを後方へ移動しはじめ、湿気をおびたバッテリーの電気に感電しては、身をちぢめながら、せまい艇内で必死の離礁作業をつづけた。この作業がどれほどつづいたか、まったく見当がつかないが、それはおそろしく長い時間であったように私は記憶している」

酒巻艇を発見し砲撃したのは、駆逐艦ヘルムであった。ヘルムは湾内から外洋にぬけ出ようとして湾口を脱出した瞬間、潜望鏡を出し遮二無二突入をはかろうとする小型潜水艦と遭遇した。とっさにヘルムは五インチ砲の砲撃を開始したが、第一弾は外れ、第二弾も右舷はるかに着弾した。目標が小さすぎたのだ。

座礁した酒巻艇にも命中せず、そのうちに艇は海中に逃れ、ヘルムは目標を見失ってしまった。

酒巻少尉は危うく虎口を脱したが、座礁の結果、おどろくべき事態に気がついた。艇の各装置は壊れてしまい、残る貴重な魚雷一本も発射不能となっていたのだ。全身から力がぬけ、肌寒い無念さがひややかに彼の胸を襲った。

酒巻少尉は艇内にうずくまり、頭を垂れ、涙を流した。情ない人間だ、と彼は自分を呪った。

最初の意気込みとは異なり、もはやいまではなにごとも彼の意のままにならなかった。

少尉は現にいま、彼とおなじように苦しい闘いをつづけているはずの四人の艇長たちを思い、恥ずかしさで胸がいっぱいになった。

彼は肩をふるわせ、子供のように泣きじゃくった。その艇長の動揺を不安げに見まもりながら、艇付の稲垣兵曹も、青ざめた表情でひっそりとうずくまったままでいた。

3 落陽

酒巻少尉が真珠湾の海底で悲惨な戦いをつづけているころ、機動部隊の六隻の空母は帰投してきた攻撃隊を収容するために、艦首をふたたび風上に立てていた。

第一次攻撃隊の一番機が母艦上空に姿を現したのは午前九時一五分である。強風はまだ収まっていず、海上を白い波が走っている。母艦の動揺は少し衰えていたが、それでもまだ最大一一度におよんだ。

雲量七〜八、風向東、風速一三〜一八、うねりの方向北西。第一航空艦隊の大石保首席参謀の日誌には、「収容諸作業困難を極む」という文字がみえる。

一機、また一機、はるか南の空に機影が浮かんでいた。単機で帰投してくるものもあり、群れをなしてもどってくるものもある。搭乗員が元気な顔を見せるたび、飛行甲板は歓呼の声にみちた。

旗艦赤城の艦橋では、南雲長官と草鹿参謀長がやっと愁眉をひらいたところだった。

「よかったですな」草鹿少将が白い歯をみせていった。「被弾機は少ないようです」

「淵田君はどうした」

「まだでしょう」彼は南雲長官をかえりみて、ことばをついだ。「おそらく、——戦果確認に手まどっているのでしょうな」

板谷少佐の制空隊が着艦し、村田少佐の雷撃隊も全機無事だった。水平爆撃隊ももどってき、第一次攻撃隊で赤城の未帰還機は平野崟一飛曹の零戦一機だけとなった。

大石参謀は誇らしげに日誌にこう書いている。

「……僅《わずか》に一時間半にて米戦闘部隊並に布哇《ハワイ》空軍を事実上殲滅せり　武人の本懐之に過ぎず」


加賀水平爆撃隊の三上良孝大尉のひきいる四機は、一団となって帰途についていた。三番機の森永隆義飛曹長は、往路にくらべて帰り道へのあまりの機速の遅さにいらだっていた。早く母艦にもどりたい。気は焦っても歩みはのろく、エンジンを精一杯噴かせても一向に前に進まないような気がしていた。

飛龍雷撃隊の笠島敏夫二飛は、魚雷投下後に背後からプロペラを射ち抜かれたらしい。不気味な震動音が絶えず耳を打った。無事に母艦にたどりつけるのか。生への執着が急にこみあげてき、不安のあまり身体が金しばりにあった。

(これではいかん。かならず母艦へ帰るんだ)

必死の思いで気を取り直し、操縦桿を固く握りしめた。不安をふり払うように、伝声管を外し、偵察員鳥羽重信一飛曹たちに聞こえぬようにありとあらゆる神仏の名を口にした。

伊勢大神宮、郷里の八幡大菩薩、近所のお稲荷様から馬頭観音、そして父や母、兄弟、姉妹の名をくり返し、くり返し……。

中村豊弘二飛曹は無事母艦にたどりついた。顔面負傷の井上安治二飛曹は着艦するや、気丈に甲板に降り立ったが、さすがに出血多量で目がくらんだものか、その場にうずくまってしまった。

「担架を呼んでくれ！」

それと気づいた整備員が大声で医務科の兵を呼集する。あわただしく担架に乗せ、ぐったりとした井上二飛曹が病室に運ばれて行く。

心痛む別離もあった。先着した赤城制空隊の木村惟雄一飛曹は、カエナ岬沖に出てまもなくエンジンから黒煙を吹き出し、どんどん降下して行く九九艦爆を視認している。出力も低下し、もはや回復不可能のようであった。

操縦席の風防をあけ、偵察員と二人で手をふって別れをつげている。制空隊の各機もバンクをふって訣別のあいさつをする。それは、ごく一瞬のことだったが、九九艦爆は力尽きたように海上に下って行く……。

加賀の志賀淑雄大尉は帰投の報告をすませると、すぐ搭乗員待機室にむかった。第三小隊長山本旭一飛曹のヒゲ面の顔をみつけだすと、彼は勢い込んでたずねた。

「山本、みな無事に帰っているだろうな」

「申しわけありません」彼はまぶしそうに眼を細め、頭をかいていった。「じつは、わからんのです。私も一人でもどってきたものですから」

志賀大尉は、ふと軽い不安を覚えた。編隊がバラバラに崩れたのだとすれば、若い搭乗員たちの帰りの航法は大丈夫なのだろうか。戦闘機が単機で洋上をもどるには、母艦の位置をさぐりあてるための大変な苦労をしなければならない。まして、無線封止が厳重に守られているのだとすれば、たとえ無線帰投装置を搭載していたとしてもまったく役に立たないのだ。

こみあげてくる不安をおさえるようにして、彼はつづけていった。「はやくメシを食え。また飛ばなきゃならんからな」

志賀大尉の関心は、すぐつぎの攻撃に移った。彼はハワイへの第二撃が当然おこなわれるものと信じ込んでおり、被弾機の修理、燃料、弾薬の搭載、パイロットの人選に頭を悩ましていたのである。

飛龍では、松村平太大尉と相前後するようにして岡嶋清熊大尉が母艦上空に達した。カエナ岬沖の集合点で誘導してくれるはずの艦攻、艦爆が見当たらないため、彼が列機をひきいて帰途についたのである。

航法には自信があったが、たどりついてみると、やはり母艦の位置は予想よりはるか北にずれていた。陸地とちがい母艦は刻々と移動をしつづけるため、どうしても推定位置に誤差が生じるのである。そしてまた飛行機自身、風向や風速によって影響を受ける。

飛龍の、細長い特徴のある飛行甲板を眼にしたとき、彼は深い感動におそわれた。

「先ニ着艦セヨ」

二番機村中一夫一飛曹の零戦からは、もはやガソリンが洩れなくなっていた。彼の疲れ切った表情をみて、大尉は風防をあけ、合図を送った。村中一飛曹は了解し、さきに編隊を離れた。

これで一安心だ、と大尉は思った。三時間半にもおよぶ飛行だったが疲労は感じていなかった。昂奮はさめ切っていず、猛りたつような闘志がまだどこか身体にのこされているようだった。

五航戦の瑞鶴、翔鶴では、第一次攻撃隊のほとんど全機が帰投してきた。まだ帰ってこないのは、翔鶴の九九艦爆一機のみであった。

「奇襲は成功するとは思わず、よくて相討ちだと覚悟していた。生きて帰ってくるとは考えもしなかっただけに、母艦がみえたときのよろこびは大きかった」

と、瑞鶴急降下爆撃隊の江間保大尉はのちに語っている。

被弾機も少なくなかった。戦艦大破の戦果をいち早く母艦に知らせたいと蒼龍上空にもどってきた森拾三二飛曹は、艦尾から回わり込もうとしたとき、機の右脚の具合が良くないのに気づいた。標示灯の「赤」が一向に「青」とならないのである。

「おい加藤兵曹。右脚が出ていない。照準口からのぞいて見てくれ」

「出てませんよ。脚装置がやられたんでしょうな」

弱ったな、と森二飛曹は飛行甲板を見下ろしながら思った。機銃弾の跡が両翼にも胴体にもあり、脚装置に被弾していても不思議はない。

「脚故障」と手旗信号を送ると、指揮所からすぐさま発光信号の返事があった。

「着水セヨ」

電信席の早川潤一二飛曹が手早く暗号書類を赤いゴム袋に入れ、後方の〝トンボ釣り〟駆逐艦に不時着水の合図を送る。

出ている左脚を収め、森二飛曹は速度を落とし、するすると海上を這うように着水態勢に入った。ガクン、ガクンと衝撃を受け、加藤豊則一飛曹が額を切り血をにじませていたが、十二月の生ぬるい海水に無事着水した。

機はすぐに沈みはじめた。森二飛曹の回想――。

「操縦席まで沈んできた。もうこの愛機ともお別れだ。内地の訓練時代から今日まで、苦楽をともにしたこの飛行機と、こんな状態で別れなければならぬとは痛恨のかぎりである。操縦桿を左右に動かして最後の訣別を告げ、わたしは涙をのんで機から脱出し、海の中へ飛び込んだ」

駆逐艦に収容され、士官浴室に案内されて塩水を洗い流す。借りた作業衣に着がえたころ、上空に第二次攻撃隊が帰投してくるのが見えた。

（うらやましいな）

蒼龍につぎつぎと着艦をはじめる機影を眺めながら、手柄話に沸く艦内の様子を想像して、彼は恨めしげに遠くの母艦の姿を見やった。

だが、その蒼龍の艦橋では、柳本柳作艦長が気づかわしげに南の空を見上げていた。第一次攻撃隊のうち阿部平次郎大尉の水平爆撃隊、長井彊大尉の雷撃隊は帰投してきたが、まだ菅波大尉のひきいる戦闘機隊は姿を見せていないのである。

「おそいな」柳本大佐がつぶやくように飛行長にいった。

「無事でいてくれればよいが」

菅波大尉のひきいる制空隊の零戦五機は——このとき、母艦をもとめて洋上をさまよいつづけていた。

彼らがハワイ上空を去ったのは、第二次攻撃隊の到着する前の午前八時三〇分だった。カエナ岬から進路を北にとり、蒼龍の推定位置に達したとき、付近の海上には機動部隊の姿が見えなかったのである。

彼らの第一の失敗は、洋上で合流した翔鶴隊岩槻国夫一飛の九九艦爆と行をともにしたことにある。艦上爆撃機には専門の航法士が搭乗しているため、戦闘機はそのあとについてさえいればよかったのだ。けれども、その偵察員はまだ充分な訓練をうけていない、経験の浅い搭乗員だったのであろう。あるいはまた、はじめての戦場でわれを忘れたものか。いずれにせよ、蒼龍隊五機は母艦の位置を失い、広大な太平洋上に放り出されたのである。

菅波大尉はぐるぐると海上を旋回しながら、必死になって艦影をもとめていた。

波は高く、その白いざわめきは厚い雲の連なりとははるか遠くで溶けあっていた。太い線を引いたような水平線のどこにも、母艦は見当たらない。

燃料計の目盛りは、しだいにへって行くガソリンの量を告げている。このまま、燃料の尽きるまでさがしつづけるか、あるいは……。

そのとき、隊長機の風防が開き、菅波大尉のこわばった顔がのぞいた。顔はいくぶん青ざめていたが、まだ冷静さを失っていないようだった。

「反転セヨ」

大尉は第二小隊長の田中平飛曹長を見つめながら、指先で南の方角をしめした。その意味はあきらかだった。ふたたび真珠湾に舞いもどり、ガソリンがつきるまで攻撃をつづけ、そのあと全機自爆しようというのだった。

電流のように、悲痛な思いが全身を走った。腹心の部下だった田中には、菅波大尉の行動がよく理解できた。いたずらに洋上で死を待つより、少しでも任務を果たし、いさぎよく死をえらぶ。それが、われわれにのこされた最後の道ではないのか。大尉の眼はそう語りかけているようだった。

田中飛曹長は、このときはじめて痛切に死ぬのが惜しいと思った。「任務をおえたあとだけに、なおさらむだに命を捨てるのが残念だった」と、のちに彼は語っている。

短い三十年の生涯だった。彼は国にのこしてきた妻と二年前に生まれたばかりの一人娘を想い、胸を痛めた。自分が戦死したあと、二人はいったいどうして生きて行くのだろうか。

陽は高く、雲間をぬうようにして海上に冬の日差しがこぼれている。雲量七、視界二〇キロ。針路を一七五度にとれば、そのままオアフ島上空である。

　零戦に積み込んだ燃料総量は合計八五五リッターである。それをすべて費消してしまえば、自動的に死がおとずれるのである。あと二時間か、あるいはまた三時間なのか、いずれにしても大した差はないのだ。

　五機の零戦は艦爆と別れ、ふたたび南下をはじめた。この朝、はじめて母艦を飛び立ったときのあの気持の昂りは消え、重苦しい沈黙だけがあたりを支配しているようだった。

　こうして、五人の搭乗員たちは彼らの意志とはかかわりなく、死への旅をいそいだ。


　そのころハワイでは、あらたに予想される日本軍の第二撃と上陸作戦にそなえて、急速な回復作業が進められていた。

　太平洋艦隊の戦艦群はほぼ壊滅したが、まだ無傷の艦艇も多くあり、つぎの攻撃でさらに基地は損害を受け、無傷でのこされたタンク地帯も、爆撃の洗礼をあびるはずであった。

　キンメル提督の回想——。

「……日本はわれわれの艦船を沈めなくても、基地を麻痺させ、露天にさらされていた艦隊の燃料補給タンクのすべてを破壊することができたはずである。それによって受けるわれわれの損害は、実際に受けた被害よりもはるかに大きかったかも知れないであろう」

　そして、それを防ぐ第一の方法は、日本の空母部隊を見つけだし、ただちに反撃にむかうことだった。彼は、まず第二次攻撃隊の空襲下にあった午前九時二一分、出動中の全艦艇にたいして緊急指令を発した。

「第八機動部隊司令官の指示にもとづき行動せよ」

ハルゼー中将は、これでハワイの全海上部隊を指揮することになった。彼は、この指令をうけた直後、真珠湾の西一五〇マイル沖に達し、じりじりしながら集合してくるはずの太平洋艦隊の残存艦艇群を待った。

そのときのことである。四本の煙突をそなえた旧式駆逐艦が水平線に姿を現し、フルスピードでエンタープライズの舷側を横切っていく。

「貴艦は、いずこにむかいつつあるや」

「知らず。ただ西方に全速力でむかうよう命を受けたり」

「合同せよ」

こんなやりとりがエンタープライズと旧式駆逐艦のあいだで交された。その駆逐艦長はすっかり気が動転してしまっていたのかも知れない。この狼狽ぶりを皮肉って、のちにハルゼーは「放っておいたら、燃料のつづくかぎり走り、中国の海岸にぶつかったことだろう」と語っている。

最初、キンメル長官はじめ司令部では、日本の空母部隊は北方洋上にあると判断していた。それは、この年の夏、ハワイでの陸海軍共同研究の席上で指摘されていたことであり、じっさい南よりも北方航路をとるほうが彼らにとっては安全なのだ。

けれども、午前九時五〇分、司令部では全部隊にあて、「敵空母二隻、バーバース岬沖南西四八キロ洋上にあり」と発表してしまった。おそらくこれは、カネオへ飛行場で撃墜された日本機の航空図がわざわざ南北を逆にして記入されてあったため、それを入手した司令部が誤断してしまったせいなのであろう。

付近の海上にいた重巡ミネアポリスは、この指示が完全に誤りであることを知った。さっそく、訂正報告が打電された。「――われ、空母の影を認めず」

ところが、この電報が司令部のもとにとどけられたとき、奇妙なことに内容はつぎのように変化していた。「われ、敵空母二を認む」

陸軍司令官ショート中将は、オアフ島の沿岸防備に大わらわだった。第二十八歩兵部隊はワイキキに、第九十八砲兵部隊はホイラーに、第二十七部隊は南海岸一帯に、他部隊はそれぞれ北海岸の各地にふりむけられた。

ショート中将自身は、シャフター要塞の西四・八キロにあるアリアマヌ・クレーター内にこもっていた。

ここは弾薬貯蔵用の深いトンネルがあり、戦闘指揮所としては理想的な位置にある。基地設営には参謀長モリソン大佐が当たった。わずかな時間で通信施設を完備し、さらに多くの司令部職員の収容できる建物を急造しなければならない。それは、いかにも骨の折れる仕事だった。だが、彼は不平をいう暇もなかった。日本軍はすぐ間近にせまりつつあるのだ。

ヒッカム飛行場との連絡配線に当たっていたサミエル・ブラドリン中尉は、ショート中将はじめ多くの高官たちが戦闘指揮所の机をかこみ、額をよせてひそひそと語りあっているのを聞いていた。

その内容は、この若い中尉を落胆させるのに充分だった。将官の多くはすっかり落着きを失っており、いま何をなすべきか、何が必要なのかについて正確な判断さえ下せないでいた。そして、そのとき彼は、たとえ将官といえども一皮むけば、時には自分たちとまったく変りないものであることを知ったのだった。

陸上基地では、兵隊たちが横穴壕を掘り、土嚢をつみ、機関銃をすえつけた。カネオヘ基地では、食事当番のウォルター・シモンズが銃を片手にがんばっていた。「ようし、見つけしだい奴らを射ちおとしてやるぞ」とシモンズは張り切っていた。彼の手にしていた銃というのは、第一次大戦当時の、古いスプリングフィールド銃だった。

ホノルルでは、市民たちがもはや戦争がはじまったことを疑ってはいなかった。六六人の民間人が爆死した。日本機の攻撃は軍事施設に限定されていたが、一発が市内に落下したのである。そして、異常な昂奮から、彼らのあいだで在住の日本人にたいするおそろしい不信と疑惑が芽ばえはじめていた。

日本人が水道に毒をいれた……市内でサボタージュがはじまった……敵落下傘部隊はナナクウリ海岸に降下している……北方に四〇隻の輸送船団が接近中……一一三キロ洋上に日本軍艦八隻……。

事実、この日、一日の漁をおえた四人の在留邦人をのせた小舟がバーバース岬にさしかかったとき、彼らは沿岸哨戒機の銃撃をうけ、全員が即死した。おそらくこの四人は、いったい何のために機銃掃射を受けて射殺されたのか、理解できないまま死んだのであろう。

――もう午前一〇時だった。

機雷敷設艦オグララは、ついに力つきたように左舷から腹をみせ、転覆してしまった。甲板上を走っていたファーロング少将は、そのまま海に放り出された。

そしてまた、ひっくり返った戦艦オクラホマの後方にあるウェスト・バージニアは、手のつけられないほどに燃え上がっていた。火の手のない部分といえば、わずかに艦首ぐらいだった。横づけになった雑役船ＹＧ17号の消火ホースも効果なく、もはや艦は見捨てられるときがきたのである。

総員退去が命じられてから、艦橋にのこっていたリケッツ大尉以下の水兵が艦を離れた。重油の燃えつづけている海のなかに飛び込むのは勇気のいることだった。彼らは火傷を警戒しながら甲板を走り、まだ青い海ののぞく安全な海面をさがしもとめた。

一〇時三分、戦艦カリフォルニアのＪ・Ｗ・バンクリイ大佐も、「総員退去せよ」と拡声器で命令を発した。燃えさかる重油が艦尾に流れてきたため、多くの乗組員が煙にまかれ、さらに死傷者を増大させるのを恐れたためである。全員が陸上に移ったのち、風向きが変った。

「さあ、艦にもどろうじゃないか」

陸上では士官のひとりが艦長の命をうけて、防火作業に当たる人数を集めようとしていた。「カリフォルニアはすばらしい艦だ」と、彼ははげますようにいった。「いまもどれば、――われわれはあの艦を沈めずにすむんだ」

だれもが、あまり乗り気ではないようだった。命令は出されたが、もう一度艦にもどり、焔につつまれた艦上で働かされるのは真っ平だという気持がある。燃え上がる湾内を放心したように眺めながら、彼らはなかなか腰をあげようとはしなかった。

そのときだった。カリフォルニアの舷側を走って行く二人の水兵の姿がみえた。二人はやがて艦尾にたどりつくと、儀式の途中で放りだされたままになっている旗竿にとりつき、さっさと軍艦旗を掲げた。これは倉庫係兵曹ダレル・コナーの機転だった。陸上にいた乗員たちのあいだから拍手が起こり、どっと歓声が沸いた。意気消沈していた彼らは勇気を取りもどし、またぞろぞろと艦の配置にもどりはじめた。

転覆した戦艦オクラホマの医務室には、三〇人ばかりの水兵が閉じ込められたままだった。整備長ジョン・A・オースチンは懐中電灯であたりを照らしてみたが、いったい自分たちがどういう状態におかれているのかはっきりつかめていなかった。海水は胸の下までせまっており、天井のタイルまでわずか一メートルあまりの空間しかのこされていない。

一時間以上ものあいだ、三〇人の水兵たちはじっと救いの手を待っていた。陸上基地は近いのだし、だれかがきて、すぐ扉を破ってくれるだろう。

二時間たった。しかし、状態は変らなかった。彼らは「天井のタイル」がじつは甲板であり、艦は転覆して自分たちが海中に閉じ込められているのを知ったのは、さらに時間がたってからである。

――そして、実際に全員の救助が完了したのは翌日の午後になってからだった。

菅波大尉は黙々と飛びつづけていた。風防を通してやわらかい冬の日差しがふりそそぎ、照準器に反射して鈍い光を放っている。

エンジンは軽やかなひびきを立て、そのたえまない息づかいがまた隊員たちをやり切れなくさせていた。燃料計のゲージは残量一〇〇リッターに近づいたことをしめしている。あとわずか一時間あまりで、この快調なひびきも途絶えてしまうのだ。

突然、このとき隊長機の行動に異変が起こった。菅波大尉は小きざみにバンクしながら、左手でさかんに前方を指さしている。その行手をたどって行くと、――敵機だった。

白い雲の連なりのなかに、無数の黒点が浮かんでいた。眼をこらしてみなければすぐにはとらえることができなかったが、数えてみると三〇……四〇……いや、もっと多数であろう。おそらく、日本軍の追撃にむかう米軍機の大編隊にちがいなかった。

「攻撃セヨ」

菅波大尉は全速で接近を試み、つづく四機がそれをまもるような形で間隔をひらき、戦闘隊形をとった。

いい死場所ができたものだと、田中飛曹長は考えていた。これでもう心残りはなかった。戦闘機搭乗員を志願しこうして戦場に出てきた以上は、いつかは空で自分の命を捨てることになるのである。まして、その相手が米戦闘機パイロットとあれば、もはや思いのこすことはなかった。

彼はすばやく機銃弾を点検してみた。二〇ミリは使い果たし、のこる機首の七・七ミリも残量はごくわずかだった。これを有効に使わなければならない。

菅波大尉は編隊を右に大きく迂回させ、気づかれないように風下から慎重に接近をはかった。高度差を充分にとり、斜め後上方の位置から、五機の零戦は全速で米軍機の大編隊に突っ込んでいった。

田中飛曹長は七・七ミリ機銃の発射把柄をにぎりしめた。ぐんぐんと距離は近づいて行く。一、〇〇〇メートル……九〇〇……八〇〇……六〇〇……ついに絶好の射点にはいった。攻撃に移ろうとし、敵機の両翼に眼を転じたとき、彼はあざやかな日の丸をみつけて息をのんだ。——味方機だ。

その大編隊とは、母艦に帰る途中の第二次攻撃隊であった。彼らと合流するように機首をかえしながら、田中飛曹長はうずくような胸のときめきを感じていた。これでまた、ふたたび生きて帰ることができるのだ！

第二次攻撃隊が帰途についたとき、被弾機が続出したため、その飛行は難渋をきわめていた。

それだけに、母艦にたどりついたときの彼らの喜びも大きかったのであろう。瑞鶴水平爆撃隊新野多喜男飛曹長はこの日、最後の一頁となるはずであった日記の余白に、「再び還らざるつもりにて身の回りの整頓、その他一切を整理し出発したるも、生還せし自分は再び筆をとり記するものなり」

と書き、さらにこうつづけた。「——思えば、ただ天佑神助あるのみなり。ああ、われは今生きているなり。不思議なり」

菅波隊の五機が蒼龍の上空に達したとき、ほとんどの機がわずか二、三リッターの燃料しかのこしていなかった。

艦上では、戦闘機の整備の分隊士加藤少尉（としか田中飛曹長はおぼえていない）が、狂気のように手を振っていた。彼は、自分の手がけた制空隊員たちが〝全員戦死〟したものと、すっかりあきらめていたところだったのだ。

「緊急着艦をさせましょう」と、加藤少尉は勢い込んでいった。「もう、燃料はぎりぎりのところです」

「戦闘機はあとまわしだ」着艦指揮官がそれをさえぎる。

「まず艦爆隊がさきだ」

「しかし、もう六時間以上も飛びつづけているのですよ」

「いや、いかん！」

血相をかえた加藤少尉とのあいだで何度も押し問答がかわされた。結局、加藤少尉が反論を封じた。

着艦したのち田中飛曹長はその話をつたえ聞き、規則ずくめの指揮官のやりかたに憤りを感じるとともに、その整備一分隊士の温情に胸を打たれた。

蒼龍隊が母艦に帰投したのは午後一時のことである。発艦いらい、彼らは六時間四五分を飛びつづけたのだ。

藤田怡与蔵中尉の小隊三機がもどってきたのは、それからさらに時間がたっての後だった。誘導コースから着艦の姿勢に入り、飛行甲板に降り立ったとき、エンジンのシリンダーがひとつ、ポトリと落ちた。「栄」発動機一八気筒のうち一気筒がストップしたまま飛びつづけていたわけである。さらに三番機岡元高志二飛曹が蒼龍に着艦したとき、両翼タンクの被弾で燃料計の目盛りはゼロをさしていた。いずれも、危ういところだった。

正常な着艦などのぞむべくもなかった。燃料がつきてそのまま不時着水するものもあり、母艦にたどりつくと同時にとんぼ返りして機体を大破させたものもいた。若い搭乗員の多くは極度の緊張と昂奮の連続で神経をすりへらし、ぐったりしていた。なにしろ、彼らにとって戦場ははじめての経験なのだ。

けれども、まだ帰ってこない機もあった。

午前一一時二五分、瑞鶴水平爆撃隊の佐藤中尉が母艦にもどり、無線室に駆け下りて行くと、機位を失った二機から通信がさかんに打電されてきていた。

一機は蒼龍戦闘機隊の石井三郎機であった。帰艦したばかりの岡元高志二飛曹も、飯田大尉につづく三番機の最後を耳にしている。

零式戦闘機が搭載している航空通信兵器は、三式空一号無線電話機と一式空三号無線帰投方位測定機の二種である。前者は岡嶋清熊大尉によると「雑音が多くて、大戦中まったく役に立たなかった」ものであり、後者は前掲のように、俗に「クルシー式無線帰投装置」と呼ばれるものである。

母艦を飛び立った戦闘機が唯一頼りとなるのは、この無線帰投方位測定機であった。昭和十二年、日華事変が勃発したさい、急いで装備された米国クルシー社製のものだが、大陸航空作戦で機上から電波を出すと攻撃機の位置が即座に相手側に察知されるため、逆に基地側（あるいは艦船）から電波を出し、これを逆に機上から方位測定して針路をさだめ、その方向にそって帰りつくのに便利な兵器であった。

だが、もし艦船側が電波を出さなければ、帰途に迷った戦闘機は母艦にたどりつくことができないのである。

石井三郎二飛曹は二十二歳。千葉県の貧しい農家に生まれ、八人兄妹の二男。昭和十一年に横須賀海兵団に入り、操縦練習生四十一期生となった。中国戦線から仏印進駐をへて、空母蒼龍に転じた。

派手なところのない、寡黙な人柄であったようである。戦地の状況についても何一つ語ることなく、支那方面艦隊司令長官嶋田繁太郎大将から個人感状を受けたことも、戦死後遺品のトランクを空けて両親がその事実をはじめて知る、といった按配であった。

——燃料が無くなったのか、長符が打たれてきた。無電のキイを押しつづけながら、最後の一瞬まで飛びつづけるという黙示であった。その距離は北上中の部隊から北東方五〇浬。やがて、長符が途切れた。ただ一機、絶望的な飛行をつづけた石井三郎の最期であった。蒼龍の電信員たちも一方的に打たれてくる電波を傍受しながら、肩を震わせて泣いていた。

「自己符号、周波数から考えて石井機に間違いなかった」

と、岡元二飛曹が証言している。

さらに、電波輻射をもとめてきた一機があった。洋上をさすらっていた翔鶴艦爆隊の岩槻国夫一飛機である。彼らは発艦して七時間、まだ母艦にたどりつけないでいる。

「飯田大尉の行方を知っている者は、艦橋へ来れ」

切迫した声がスピーカーから流れている。搭乗員待機室にいた岡元二飛曹は、思いがけない招集に不審な気持でいた。飯田大尉の自爆のことはだれも知らなかったのか？　彼は急いで艦橋に駆け込んだ。

柳本艦長の前に、藤田中尉と小田一飛曹がとまどったような表情で立っていた。艦長の矢つぎ早やの質問に、答えに窮している様子だった。

「おお、君か！」

柳本大佐の表情に笑みが浮かんだ。出撃前の妙な励ましを思い出したのか、「よく無事に帰ってきた」とねぎらいの言葉をかけたあと、「二人とも飯田大尉の行方は知らないと言うんだ。君は何か知っているか」

当時、戦闘の報告は小隊長に、小隊長は中隊長に、そしてこれを飛行隊長が取りまとめて一人で飛行長に報じることになっていた。のちに柳本艦長は搭乗員から直接報告を受けることに改めたが、このときは飯田大尉が未帰還のため、初陣の藤田中尉が老練の小田一飛曹の同行をもとめたのであろう。

岡元二飛曹は、飯田大尉の最期を看取ったのは自分一人だったのかと痛切に思った。カネオへ基地の地面に激突し、火だるまで転がったあと停止炎上した隊長機の有様が脳裡に蘇り、胸せまる思いになった。

柳本艦長はその報告を聞くと、やはり同じく目頭をうるませ、

「そうか」

と一言、いった。

午後〇時三〇分、南雲長官はとりあえず戦闘概報を連合艦隊旗艦長門あて打電した。

「敵主力艦二隻轟沈　四隻大破　巡洋艦四隻大破　以上確実　飛行機多数爆破　我損害軽微」

こうして熱気と昂奮の時期がすぎると、旗艦赤城では、再攻撃か否かが論議されることになった。

淵田中佐が赤城に着艦すると、南雲中将が笑顔で彼を迎えてその労をねぎらったあと、さっそくこうたずねた。

「戦果はどうかね」

「戦艦四隻の撃沈は確実です。そのうちの一隻は轟爆《ごうばく》しました。他の一隻は転覆すること確実です。残り二隻は転覆しないまでも、着底することは確かです」

そして彼は、攻撃はまだ徹底的ではなく、無傷の巡洋艦群があり、基地航空隊の飛行機群はほぼ壊滅状態にあるとし、さらにつづけた。

「再攻撃の要はあると思います」


——ハワイ作戦の第二撃問題では、戦後もさまざまな論議がくり返されている。米戦史家も多くを論じ、日本側でもこの山本長官の異端の戦略について甲論乙駁《おつばく》がある。

その一つの回答が、淵田中佐自身が昭和二十四年、大和タイムス社の求めに応じて書いた

『真珠湾の真相』にある。これは著者が歴史的文献として書き残したもので、本来は「私」とすべき表現を「淵田中佐」と第三人称に変え、客観性を持たせて事実経過を、正確にたどったものである。

その記述にしたがえば、攻撃直後、南雲長官とのやりとりは以下の通りである。

長谷川艦長は直接長官に報告するよう、眼顔で合図した。淵田中佐は司令部職員の集まっている右舷へむきなおって、ぐるりと眺めた。そして瞬間に、つぎの反覆攻撃についてすでに議論がたたかわされていた雰囲気を見てとった。源田参謀の顔にはありありと不満の模様があらわれていた。うむ、そうかと淵田中佐は心にうなずいた。そして答えた。

「戦艦四隻の撃沈は確実です。そのうちの一隻は轟爆しました。他の一隻は転覆すること確実です。のこり二隻は転覆しないまでも着底はすると思います」

長官は眼をキラリと輝かせ、まず満足というふうに、

「うむ、四隻は確実か。して他の四隻は？」

淵田中佐はつづけた。

「時間の経過が少ないので、的確に判定することは困難ですが、三隻は相当の被害と思います。大破というところです。残り一隻は無傷ではありませんが、徹底的でもありません」

「すると、まず所期の戦果はあがったとみられるね」

淵田中佐はここだと思った。そして言った。

「戦艦に関するかぎり、当分は動けない損害を与えたと思われます。しかしまだ徹底的では

ありません。それに港内にはまだ多くの巡洋艦以下の艦艇がおります。多少の損害は蒙っているもようですが、第二次攻撃の要があると思います」

このとき草鹿参謀長が口を入れた。

「航空基地の方はどんなかね」

「航空基地の戦果は的確に判定できません。見ただけでは潰滅的のように映りますが、なにしろものすごい火災で、黒煙が漲《みなぎ》ってはっきりしません。行動中、敵の在空機は一機も認めません。またヒッカム、フォード、ホイラーの三基地では、地上に動くのも認めませんでした。概括してだいたいはやったと思いますが、まだ残っているのも相当あると思うのが安全だと思います」

「すると、こちらの母艦へまだ反撃して来るね」

「重爆の反撃はあると思えます」

源田参謀が口をはさんだ。

「重爆の反撃ぐらい、こちらの上空直衛戦闘機でたたき落とします。心配はありません」

南雲長官は源田参謀をみて言った。

「相当数の直衛戦闘機を控置せねばならんが、すると攻撃隊援護につけてやれる制空戦闘隊がたりなくなりはせんか」

源田参謀は昂然《こうぜん》と答えた。

「だいたい、いままでの模様からみて真珠湾の制空権は獲得したと認めます。制空隊としてはあまりたくさんいらないと思いますが、一番よいのは、（再攻撃の）第二次攻撃隊を出したら、爾後《じご》艦隊は全速力でオアフ島の五〇浬付近まで近よって、艦隊上空と真珠湾上空との両方をカバーできるようにすることです。そうすると、戦闘機の運用は楽です」

このとき大石先任参謀が淵田中佐にたずねた。

「敵の対空砲火はどうでした？」

「敵対空砲火の発砲はあんがい早かったです。五分とは出ていません。雷撃隊でも後尾の方はもうはげしく射たれて、相当やられたように認めました。第二波のやって来たころは、ずいぶんと猛烈でした」

草鹿参謀長はもう一度口を入れて、淵田中佐の所見をただした。

「第二次攻撃をやるとして、攻撃目標はなにを選ぶかね」

淵田中佐は答えた。

「矢張り、もう一度戦艦をたたいて戦果を徹底させることと、さらに爾余の艦艇も攻撃して殲滅的打撃を与えるのがよいと思います。これは第三波の攻撃でやり、第四波の攻撃は海軍工廠の修理施設をぶちこわすことです。ともかく目標にはことかきません」

そこで草鹿参謀長は、淵田中佐の労をねぎらって、

「攻撃を反覆するかどうか、あとは司令部で決定します。ごくろうさまでした」

淵田中佐の報告を耳にして、草鹿参謀長は真珠湾の米兵力はほぼ壊滅状態と判断した。この作戦は、当初から第一撃で充分と考えていた彼は、作戦目的があくまでも南方作戦の腹背擁護とするならば、部隊がいたずらにながく戦場に踏みとどまって功をあせるべきではないと考えた。

草鹿参謀長の回想録には随所に、禅と剣の用語がみえる。出撃にさいして彼は、ハワイ作戦で機動部隊がどこまでねばるかについて、「東涌西没南涌北没妙応無方朕跡を留めず」の語をあげ、〝その来るや魔のごとく、その去るや風のごとし〟の心境であったとしている。

こののち草鹿参謀長の参加したいくつかの海戦で、日本側が勝利をねばらず戦果を中途半端にしたまま終止するのをみて米軍指揮官たちはふしぎがったが、それは彼が全力をあげて一撃で事を決し、さらに身を引いてつぎの攻撃にそなえる、といった剣の思想にとらわれていたためと思われる。

剣の極意とか禅の悟りには決断の明快さがあるが、事象を演繹的に処理する合理性に欠ける。日本は緒戦において戦術的には勝利をあげたが、戦略的には敗北した、と米戦史家たちにしばしば指摘される理由も、まさにこの点にある。

草鹿参謀長が第二撃を断念した理由とは、こうである。

「機動部隊の立ちむかうべき敵はまだ一、二に止まらないのである。だからこそ、ただ一太刀と定め、周密な計画のもとに手練の一太刀を加えたのである。大体その目的を達した以上、いつまでもここに心を残さず獲物にとらわれず、いわゆる妙応無方朕跡を留めずであると、ただちに引き揚げを決意した。

　これについて後から種々非難を聞いた。山本連合艦隊司令長官も空母を逸したことに不満であったとか、なぜ大巡以下の残敵を殲滅しなかったとか、工廠、重油槽を壊滅しなかったのかとか、戦力の主力である空母を徹底的に探し求めて壊滅していたら東京空襲はなかったとか、いろいろ専門的批判もあるが、私にいわせれば、この際、これらはいずれも下司の戦法である」

　下司の戦法――と草鹿参謀長は腹立たしげに書いているが、彼にしてみればその怒りももっともである。要はこの作戦を第一に考えるか、あるいはまた南方作戦の補助的手段にすぎないと考えるかの差にある。その意味では、この考えかたの対立は作戦計画が立てられた当初の論争にまで遡って行くのである。

　南雲中将も、草鹿参謀長と同じ意見であった。というより、草鹿少将の判断に従ったというべきか。その敵情判断とは、

「一、第一次空襲により、ほぼ所期の目的を達成した。第二次空襲を行うも、大なる戦果の拡張は期待し得ない。

二、第一次空襲に於てすら敵の防御砲火は迅速に起り、殆んど強襲となった。第二次以後は純然たる強襲となり、所期の戦果の割に犠牲は著しく増大するであろう。

三、敵信により判断するに、敵大型機は少くとも五〇機程度残存すること確実である。ま

た一方敵の航空母艦、大型巡洋艦、及び潜水艦等の動静は不明である。
四、之に対し我方は二五〇浬以上の索敵困難であり、また先遣潜水艦部隊の索敵のみにも頼り得ない状況であるから、敵の基地飛行圏内に永く停留することは不利である」

二航戦の旗艦蒼龍では、司令官山口多聞少将がいらいらしながら先行する赤城を見やっていた。「敵は混乱している」というのが山口司令官が発した第一声であった。

「いまが攻撃の機会だ」

強くうなずくように、傍らにいた鈴木栄二郎航空参謀をふり返って言った。

旗艦赤城からは、第二次攻撃にそなえて各艦に使用可能兵力の速報を求めている。

「被弾ノ為明日使用可能ナルモノ　戦闘機一八　艦爆二五　艦攻二三」

翔鶴からは、さっそくの応答があった。『第五航空戦隊戦闘詳報第一号』にその信号が記録されていて、各艦からも同様に報告があったらしいことがわかる（注、全機数は不明）。

僚艦加賀では、あらたな攻撃隊の進発にそなえてあわただしい人の動きがあった。岡田艦長もまた再攻撃を信じて疑わない。そして庫内では、被弾機が大いそぎで修理され、さらに無傷の攻撃機群に爆弾が搭載されつつあった。

だが、午前八時三五分、機動部隊は真珠湾の真北一九〇マイルまで接近したあと反転し、艦隊はいま一路北上をつづけている。これでは部隊とハワイの距離はひらいて行くばかりである。

第二航空戦隊旗艦蒼龍からは、南雲長官の決意をうながすようにつぎのような信号が送られた。

「第二撃準備完了」

旗艦赤城からは何の動きもない。蒼龍艦橋では、前方の一航艦司令部でどのような議論がかわされているのかが不明である。そのとき、鈴木中佐は山口司令官がポツリとつぶやくのを耳にした。

「南雲さんはおやりにならんだろうな」

鹿児島の岩崎谷荘で、「これは恋の歌ではないんだよ」と司令官がつぶやいた折のことが思い出された。やはりそうか、と鈴木参謀も思った。

「軍人精神の塊のような方でした。『第二撃準備完了』というのは意見具申ではなくて、当然の連絡にすぎない。長官と司令官は画然とした区別があって、作戦命令にはしたがわねばならない。それを無視してまでも意見具申はしなかった、というのが実際のところでしょう」

というのが、鈴木航空参謀の戦後回想談である。

翌日のことになるが、米海軍の通信傍受により空母が数隻行動中なのがわかり、山口司令官が再攻撃を具申した。石黒進通信参謀によれば、その案文にサインするとき、やはり「これは採用しないよ」と言いながら寂しそうな表情であったという。

南雲はやらん――という言葉は、期せずして旗艦長門にいた山本長官の口にしたものだった。

その直後、連合艦隊首席参謀黒鳥亀人大佐がハワイ再攻撃に関する発令案を提出したさい、長官は「閫外《こんがい》の任にある機動部隊指揮官に委せておこう」といい、さらに、佐々木参謀にむかって「南雲はやらないだろう」と洩らしたという。

その理由は、おそらく南雲中将が攻撃型の指揮官というより、むしろ守備型の、進んでみずからの道を切り拓いていくというよりは与えられた条件をそのまま受容するといった、消極的な性格の持ち主であることを知っていたためであろう。そして大事なことは、やはり南雲中将自身がこの作戦の当初から〝この投機的な〟戦法に賛成でなかったことである。

前掲の『ハワイ作戦』には、つぎのような記述がみえる。

「(連合艦隊では)佐々木航空参謀だけが敵航空母艦二隻の所在が不明で、少なくともエンタープライズがオアフ島近海にあることは確実、また再度攻撃の戦果は大して期待できず、損害のみ多いと判断されるとの理由で、この再度攻撃に反対を続けた。戦後佐々木参謀は、山本長官の及川大臣あての書簡写しを読んで、初めて山本長官の抱いていた作戦方針を知り、再攻撃下令に反対すべきでなかったと述懐している」

草鹿参謀長は、ためらうことなく南雲長官にいった。

「長官、引きあげましょう」

南雲中将はうなずき、ただちに攻撃準備取り止めを下命した。——この瞬間において、ハワイ作戦は幕が下りたのである。

源田参謀も第二撃問題について、長官への積極的な進言はしていない。彼自身、その著書で明らかにしている。

「……私自身は前日まで連続攻撃の必要性を長官に具申し続けたことを覚えているが、長官には絶対にその意志がないことを見定め、それ以後は一言半句もこれに触れていないのである。……私だけではない。他の何人からも強い二次攻撃に関する意見具申はなかった」

当初から、南雲長官も草鹿参謀長も第二撃はやらないとの胆づもりであった。その理由については、先にのべた。だからこそ、源田参謀は口を閉ざしたのである。

「はっきりいって、南雲さんの長官はミス・キャストだった」と、戦後に源田参謀は書いている。「といっても、これは南雲さんの罪ではない。海軍中央の人事のミスである。大西さん、山口さんが指揮をとっていれば、事態はもう少し変わっていただろう。しかし序列からいって、そうもいかなかった」

この南雲中将の判断は連合艦隊司令部幕僚たちのあいだで、さまざまな論議をまき起こした。宇垣参謀長は、つぎのような不満を翌日の日記に誌している。

「機動部隊は戦果報告と同時に第一航路を執《と》り、L点を経て帰投するの電昨夜到達す。泥棒の逃げ足と小成に安んずる弊なしとせず」

そしてさらに、連合艦隊司令部が再攻撃を下命するにいたらなかった理由として、

「僅《わずか》に三十機を損耗したる程度に於ては、戦果の拡大は最も重要なることとなり。昨夜主力部隊の行動を変更し、彼（機動部隊）がLを通過するなら当方も亦《また》之に向ふ改定案を参謀持ち来れるも応ぜず、本日の経過を俟《ま》たしむることとせるが、夫れは考ふる所ありたるに依る。敵戦艦の大部行動不能、航空機も亦相当損害を与へ甲巡数隻と空母一隻の活動が予期せらるるも、之とて戦備の関係上遠く追撃するの勇到底あるべからず。

……更に、彼ら（参謀）の内にも今一度布哇《ハワイ》攻撃をやらせてはという尤も至極の提案あり、研究を加へたるが、

一、近接は奇襲的にはやり得ざるべし。強襲となり、効果はあるも我損害も大なるべし、之は相当に痛手なり。敵飛行機の損害程度不明、之を知るものは彼なり

二、予定が出来居らず建直して実行に移るは容易ならず。電波の輻射は到底免れざるべし。且同方面に停滞せる低気圧も移動を初め補給も困難を来すべし

三、最も大切なるは精神的状態なり。本作戦の経緯を知るもの、誰か之を強要するの可を唱ふるものあらん。先ず一杯一杯の処にして、之を立たしめんが為には怒らすより外方法なし。将棋の指し過ぎと云ふことも有り、先ず無理ならざる程度に収むるが上なり」（『戦藻録』＝傍点筆者）

これをみると、司令部幕僚たちの憤懣が尋常のものでなかったことがよくわかる。また、

「最も大切なるは精神状態なり」と宇垣参謀長が書いたのは、このときの南雲中将の心境を言いえて妙である。

この作戦計画の当初から、一航艦の両首脳が消極的であったことはすでにのべた。いわば、連合艦隊はいやがる将をむりやりに戦場に送りこんだのである。そして、彼らが一応の大戦果をあげたにもかかわらず、またもう一度戦えというのである。

これにたいして、事情を知る宇垣参謀長が、

「本作戦の経緯を知るもの、誰か之を強要するの可を唱ふるものあらん」

と辛うじて自制したのも当然であろう。

しかし、宇垣参謀長はその怒りをおさえることができなかった。「之（南雲中将）を立たしめんが為には怒らすより外方法なし」と宇垣は刺戟的な表現をつかい、さらにこう書いている。

「自分が指揮官たりせば、比際に於て更に部下を鞭撻して戦果を拡大、真珠湾を壊滅する迄やる決心なり。

自分は自分、人は人なり」

機動部隊が引き揚げを決意したことは、第二撃を予期していたハワイの将兵たちにある種の〝拍子ぬけ〟の感じをいだかせることになった。

南雲司令部の決断がいかなるものにせよ、日本側が反覆攻撃をおこなわなかったのは「戦略的には愚」とする見方が、米戦史家たちのなかにある。

その代表的な例がサミュエル・E・モリソン博士である。

「真珠湾にたいする奇襲は日本軍自らが戦後に申し立てた通り、まったくの『戦略的必要』からはるかにかけ離れたものであって、これは戦略的には愚の骨頂であった。何人も戦史上で、侵略者にたいしてこれより以上に致命的であった作戦の戦例を探し求めることはできない。すなわち、戦術面よりみれば、真珠湾攻撃は恒久的施設と油槽に攻撃を集中しないで、艦船にたいして集中する錯誤を犯した。また戦略面よりみれば、これは馬鹿げていた。さらに政略面よりみれば、それは取り返しのつかない失敗であった」

モリソンの指摘は、なぜ日本軍が目標を艦船にばかり区切ったのか——ということにある。もし米太平洋艦隊を行動不能におちいらせようとするならば、その四五〇万バレルの石油に火を放ち、さらに工廠をふくむ恒久施設を破壊したほうがより効果を拡大したであろう。長いことかかって蓄積した燃料は、米国の欧州にたいする約束から考えた場合、ほとんどかけがえのないものであった。

これは、キンメル提督もおなじ意見である。彼は、「もしそのような場合、艦隊はアメリカ本土の西海岸に帰らざるをえなかったであろう」と書いている。

さらに、モリソンは、日本側がこうした〝騙し討ち〟によらず、南方作戦のみに攻撃を限定していれば、太平洋艦隊の戦艦群はマレー沖で撃沈された英戦艦プリンス・オブ・ウェールズおよびレパルスと同様の運命をたどったにちがいない、としている。

　これは、取りも直さず両国の戦略観の相違と言うことができる。源田参謀によれば、攻撃目標に「初めから石油タンクは入っていず、その構想もなかった」といい、また主目的は南方作戦であり、南雲司令部幕僚たちは山本長官の目指す戦略目的に最後まで理解が浅かったといえるだろう。


——ただし、真珠湾攻撃には第四法というものがあったと、源田参謀は述懐している。

　第三法までは攻撃して引き返してくる戦法だが、第四法は攻撃終了後、オアフ島西の海峡を通りぬけマーシャル群島の基地に帰る。ここからだと反復攻撃ができ、出撃してくる米空母を叩きつぶし、一気に制空権を握る。そうなれば、南方基地への〝ピット・エンド・ラン作戦〟もなく、東京空襲も、ミッドウェー海戦での敗北もなかった……。

　戦術的に見れば、真珠湾における米側の被害は甚大なものであった。

　たとえば、左に列挙してみると——。

◇艦船の被害
㈠　撃沈
戦艦オクラホマ　〇七五五左舷に魚雷三本命中、四五度に傾き、さらに二本命中。水平爆撃機の爆弾命中により転覆

戦艦アリゾナ　〇七五五数本の魚雷左舷に命中、大型爆弾四、うち一弾は二番砲塔の横に命中、前部火薬庫で爆発す。その他爆弾四、完全喪失
戦艦ウエスト・バージニア　〇七五五左舷に魚雷六、七本命中、急速に傾斜、爆弾二発以上命中、擱座
戦艦ネバダ　〇八〇二左舷前部に魚雷一本命中、さらに運航中、急降下爆撃機の爆弾六発以上命中、フォード島南西端北側に擱座
標的艦ユタ　〇八〇〇左舷に魚雷五本命中、左に四〇度傾斜。〇八一〇転覆、完全喪失
機雷敷設艦オグララ　魚雷一本艦底通過、隣りに繋留したヘレナ舷側で爆発したため艦底に損傷をうけ、移動後沈没
駆逐艦カッシンおよびダウンズ　急降下爆撃機の爆弾一発命中、搭載中の魚雷頭部が爆発し、両艦とも大火災

(二)　損傷（大破、小破をふくむ）
戦艦テネシー　大型爆弾二発命中、一発は三番砲塔に命中炸裂して一四インチ砲を破壊
戦艦メリーランド　大型爆弾一発前甲板貫通、小型爆弾命中一
戦艦ペンシルバニア　〇九〇六急降下爆撃機の一弾右舷短艇甲板を貫通し、五インチ砲郭内で爆発、損害軽微
軽巡ヘレナ　〇八〇一右舷に魚雷一命中、右舷側に爆弾一、至近弾四発
軽巡ホノルル　至近弾一により左舷側損傷

軽巡ローリー　〇八〇〇左舷に魚雷一命中、ついで小型爆弾一、第二罐室、前部機関室浸水
駆逐艦ショー　〇九〇二前部に小型爆弾一、大爆発を起こし炎上
水上機母艦カーチス　〇九〇五急降下爆撃機一機右舷側に体当り、火災、小型爆弾一格納庫に命中、小破
工作艦ベスタル　二弾命中、フォード島北東に移動し、浸水擱座

◇陸軍航空基地（カッコ内は空襲前保有機数）
ヒッカム飛行場　爆撃機三四機（七二）
ホイラー飛行場　戦闘機八八機（一五八）
ベローズ飛行場　偵察機六機（一三）
計一二八機（二四三）

◇海軍航空基地
カネオへ飛行場　哨戒機三三機（三六）
フォード飛行場　哨戒機二七機（三三）
エ　ワ飛行場　戦闘機四三機（哨戒爆撃機他四三）
計一〇三機（一一二）

◇人員被害（死傷者）
海　軍　二、九一六名

海兵隊　一八三名
陸　軍　五八二名
一般市民　一〇三名
計三、七八四名（注、数字は『米上下両院合同調査委員会』資料による）

必要なことは、この教訓をどう生かすかということであった。母艦機を中心とした航空作戦は海戦の革命をもたらしたが、それをその後の戦闘でどう活用し、発展させて行くことができるか――ということだった。

「アメリカの観点からみた場合、真珠湾の惨敗のていどは、その当初思われたほど大きくなく、想像されたものよりはるかに軽微であった」

と、そののち太平洋艦隊司令長官となったニミッツ提督が評している。

「真珠湾で沈没した二隻の旧式戦艦は、日本の新しい戦艦と対抗するにも、あるいは米国の高速空母と行動をともにするにも、あまりにも速力が低かった。アリゾナとオクラホマ以外の旧式戦艦は浮揚後に改装された。これら旧式戦艦の主たる任務は、戦争の最後の二年間に、陸上目標にたいする砲撃であった。

旧式戦艦を一時的に失ったことは、他方で当時非常に不足していた熟練乗組員を空母と水陸両用部隊に充当することができ、それは米国をして、やがて決定的と立証された空母戦法を採用させることになったのである」

南雲部隊が凱歌をあげていたとき、彼らは真珠湾から苦い教訓を学びとっていたのだ。

◇日本側被害

「赤城　艦戦一　艦爆四機
加賀　艦戦四　艦爆六　艦攻五機
蒼龍　艦戦三　艦爆二
飛龍　艦戦一　艦爆二
翔鶴　　　　　艦爆一
　　　　　　　　計二九機　」

十二月七日午後一時三〇分、最後の一機を収容すると、機動部隊は帰途についた。この朝午前六時に一番機が飛び立ってから七時間三〇分におよぶ攻撃行である。

——旗艦赤城の檣頭に、信号旗が掲げられる。

「艦隊進路　北西」

その決定は、このとき艦内で闘わされていたすべての議論に終止符を打つことになった。攻撃隊のメンバーからはずされた若いパイロットたちは飛行長に喰ってかかり飛龍の天谷孝久中佐は、「おれたちは日本に帰るんではないぞ、サンフランシスコにむかうんだ」といって彼らを欺かなければならなかった。

蒼龍では、水平爆撃隊の戦果に沸き立っていた。第一中隊の阿部平次郎隊は確実に二弾が命中し、その嚮導機の金井昇一飛曹の沈着さを賞めたたえる声が、艦内に渦巻いた。阿部大尉は着弾の瞬間を撮影し、一生の記念に持っていようと大切にアルバムにした。

事実、阿部平次郎大尉は戦後、蒼龍戦友会の会長として毎年の慰霊祭を欠かさずつづけ、平成七年、奇しくも彼岸の日に病没。そのさい、この記念写真は夫人愛子の手によって墓に納められた。享年八十三。

この賑わいのなかで、山本貞雄中尉の第二中隊員だけは落胆の表情を隠せないでいた。戦艦ネバダを狙い、「見事挾叉《きょうさ》」とはいうものの、つまりは全五弾とも外れたのである。嚮導機の操縦員、大多和達也一飛曹の落ち込みぶりは人一倍だった。ふだんは剽軽《ひょうきん》で、陽気なこの〝艦隊のお兄さん〟も、失敗の責任を自分一人で背負ったかのような意気消沈ぶりだった。「あまりにションボリしているので、声をかけられない雰囲気だった」と同僚の証言にある。

制空隊では飯田房太大尉の第一小隊三機が未帰還となり、雷撃隊も他艦にくらべて戦果をあげることはできず、標的艦ユタを空母サラトガとまちがえるなどミスを犯し、意気が揚がらなかった。

大戦果に酔っていないものもいた。瑞鶴水平爆撃隊の佐藤善一中尉は、オアフ島上空を立ち去るとき、はじめ侵入したときとあまり状況は変っていないことに気づいていた。格納庫は煙を吐き、戦艦群は横倒しとなっていたが、巨大な工廠やタンクの群れはそのまま偉容を誇っていたし、飛行場攻撃もまた徹底を欠いているような気がしていた。もし、戦果を拡大したいのなら、もう一度攻撃を加えるべきではないか、と彼は思った。

こうしてさまざまな感慨をのせながら、機動部隊は待機地点L点（北緯三五度、東経一六〇度）にむかった。

午後四時四四分、機関待機を二八節即時、三〇節二〇分待機にゆるめられ、そして薄暮が近づくと、上空警戒機を収容するため、艦は風上に回頭した。

海上に夕霧が立ち込めはじめていた。天候は回復せず、荒い波に長く艦影が落ちている。厚い雲が空を閉ざし、海上はほの暗い。

夕暮れが近づくと、さすがに風も肌寒くなった。北にむかう機動部隊のなかでは、後方にいる翔鶴の姿だけが見えなくなっていた。第一次攻撃隊の九九艦爆が一機、母艦をもとめて海上をさすらいつつあるのを待ち受けていたためである。

操縦員岩槻国夫一飛、偵察員熊倉哲三郎一飛——一度は帰投集団に身を投じながら、隊長機を恐れて単機さすらいの飛行に転じた最若年のペアである。

「帰投ノ方位ヲ知ラサレ度シ」

九九艦爆には、石井機とちがい航空通信用としての九六式空二号無線電信機がある。これによって、母艦側と攻撃要領および戦果などについてのさまざまな交信ができる。

悲鳴のように、たびたび方位測定の要求が来た。訓練をおえたばかりでいきなり作戦参加となり、若き偵察員は度を失ったのだろう。出撃前、母艦の方位、方向はつたえられていて、専門の偵察員なら帰投方向は知悉《ちしつ》しているはずのものだ。

だが、菅波隊と離れ単機帰投となった瞬間から上気してしまったのか、海上をひたすらさ迷いつづける。

「電波ヲ輻射サレ度シ」

戦史叢書『ハワイ作戦』では「無線帰投を母艦に要求した飛行機はただの一機もなかった」としているが、これが真相である。

若き二人は必死になって生きようとしていたのであろう。その事で、彼らの電波要求を指弾することはできない。だが、母艦の艦長城島高次大佐も、禁を破って電波を出すことはない。

ここでも、若い電信員たちが泣きながらレシーバーにかじりついている姿が見られた。二人の同期生たちもいたのである。旗艦瑞鶴の電信室でも、ひたすらレシーバーを固く握りしめている電信員たちの姿を佐藤善一中尉が目撃している。

ついに、そのときがきた。

「ワレ燃料ナシ　不時着ス」

発艦して七時間七分後、地点は北緯二五度二八分、西経一五七度五七分。

もはや、彼らの望みは絶たれた。いまはただ、二人が広い太平洋の海原で孤独な死を迎えるのを傍観するのみである。

多くの死があった。機動部隊で最大の被害をだした加賀では、この朝、搭乗員たちでうずめられた食卓に、櫛の歯が欠けたような空席がめだった。

岡田艦長以下飛行機隊幹部たちは、息づまるような重苦しさにとらわれていた。――艦内にも沈黙があった。だれもが妙なけだるさを感じていて、それはこうした大事をなしおえたあとでは、昂奮よりはむしろ気持は沈みこむものだということを、彼らに教えた。

やがて、十二月七日の陽が沈んだ。この日、多くの搭乗員たちが機上でながめたあのかがやかしい光芒はなく、空は急速に色褪せ、海上を暗闇がおおいはじめている。

長い一日が終った。歴史の一頁が開かれ、その巻頭を勝利がかざった。だが、それが何を意味するのか、その新しい選択がこの国に何をもたらすのか、まだだれにもわからなかった。

最終章　二つの挿話

　最後に、真珠湾攻撃をめぐる二つの挿話をここに記しておかねばならない。

——特殊潜航艇に乗り組んでいた酒巻和男少尉は、むなしい努力をくり返していた。魚雷発射装置も壊れてしまい、一時は体当りを決意して湾内に突入を試みたものの、水中盲目航走のため、何度も失敗を重ねている。

　十二月七日の夕暮れが近づき、やがて夜になった。艇内の気圧は二、〇〇〇ミリに上昇し、いまにも二人は息が途絶えそうである。

「艇長、出直してシンガポールへ行きましょう」艇付の稲垣清兵曹が言った。「こんどこそ、ジャイロをしっかり整備しますから」

　彼は、つぎの作戦まで待って再起をはかろうと、勇気づけているのである。シンガポール——。それもよかろう、と酒巻少尉は一瞬思った。いまから引き返さなければ、収容予定時刻に間に合わず、おそらく艇の航続力もなくなってしまうであろう。

「いや、俺は帰れん。いまからまだやるんだ」彼はその申し出をこばんでいった。「もう一回やろうじゃないか」

ふたたび酒巻艇は、湾内突入を試みた。だが、艇はまたしても湾口リーフに衝突した。これで、ようやく彼の決心もきまった。「よし、引き返そう」

月の光がにぶく海上を照らしていた。オアフ島周辺の夜空は晴れ渡り、冴えた星が白くまたたいている。時刻は真夜中をすぎ、艦首に打ちくだける波の音だけがひたひたと耳を打つ。

集合地点は、ラナイ島南東七浬の海上であった。

――やがて、彼は左前方に島影を認めた。とっさにそれは、ラナイ島とモロカイ島の間と推定したが、実際はちがっていた。眠ったまま水上航走をつづけているうちに、艇は島の東端を回わり、カネオへ飛行場付近の海上に流れていたのである。

「おい、集合地点だぞ」それと知らずに、少尉は疲れて眠り込んだ稲垣兵曹を揺り起こして言った。「夜の明けないうちに、いったん島に逃げ込もう」

東の空が白みはじめていた。エンジンを全速にかけたが、推進器からはいやな震動音が聞こえはじめた。電池が放電しきったのか、白煙が吹き出している。

そのときだった。ふたたび艇にはげしい振動が起こり、ガリガリとこすれる音がした。またしても、暗礁に乗り上げたのである。こんどは、もはや、どうするすべもなかった。とにかく、艇を爆破して陸地に逃げ込むことだった。二人は起爆装置の導火線に火をつけ、ハッチをよじのぼり、疲れ切った身体を海に投げた。

海水は思ったより冷めたかった。高い磯波が泳ぎをさまたげ、彼らの疲労を倍加させた。海岸までおよそ一八〇メートル、わずかの距離である。

すでに夜は明け放たれ、水平線が明るみをおびていた。時刻は午前六時四〇分ごろ、と少尉は記憶している。

酒巻少尉は、稲垣兵曹の姿をもとめて、夜明けの海にむかってさけんだ。

「艇付！　艇付」

「艇長！」彼の部下の声が返ってきた。「――こっちですよ」

暗い波の上に、稲垣兵曹の頭が見えた。ほんのすぐ一波か二波前である。と同時にゴブン、ゴブンという咳ばらいとともに、水を吐きだす音が聞こえた。

「おい、がんばれ、岸は近いぞ」

少尉は精一杯の声をふりしぼってさけんだが、しかしその声は波のざわめきにまぎれて、果たして部下にとどいたのかどうか。

これが、稲垣兵曹の最期となった。翌日、彼は溺死体となって海岸に打ち上げられ、守備兵がそれを発見した。

ラナイ島南方海面では、伊二十四潜が配備点について、酒巻艇の帰投を待っていた。

十二月七日午後九時三〇分から翌朝三時三〇分まで、同艦はその他四隻の潜水艦とともに水上待機。この日は、月出時刻午後九時四六分、天候晴、視界良好、東の風六メートルと記録にあり、収容作業には申し分のない天候だった。

翌日も、昼間潜航、夜間第二配備（二隻ラナイ島西方海面、三隻同南方海面）で待機をつづけたが、帰ってくるはずの特殊潜航艇の姿は見えなかった。

「真珠湾はたった一日で急転、真暗となり、黒い影を不気味に横たえている。浮上してすぐ特攻隊の収容地点、ラナイ島南西七浬に向け急航する。夕闇のなかに灰色の島がまぢかにみえる距離まで近づく。僚艦の姿もみえる。……五隻の潜水艦がたがいに姿がみえるくらいに近く集まって特攻隊の帰りを待ったが、それらしいものもみえない」

と、伊二十四潜の水雷長をつとめていた橋本以行大尉が記している。

艦内では、酒巻少尉の発進後、まったく生還を期していないことが話題となっていた。両親に遺書を一通、さらに遺品は整理され、その送り先を記し、送料までそえられてあった。残金はすべて従兵にあたえ、自爆用のマッチを油紙に包んでぬらさぬよう特別の配慮をしていた。

だが、八日の夜になっても、帰ってくるはずの特殊潜航艇は、一隻もその姿を見せなかった。

特別攻撃隊指揮官佐々木半九大佐は、ついに収容の見込み少なしとみて、つぎの命令を発した。

「十日黎明ニ至ラバ『伊二十、伊十八、伊二十四潜』ハ収容配備ヲ撤シ哨区ニ就ケ『伊二十二、伊十六潜』ハ十一日（注、ハワイ時間十日）黎明マデ付近陸岸ヲ捜索シタル上哨区ニ就ケ」

花房博志艦長もついに収容をあきらめた。もはや、何の手がかりも得られないのである。

だが、酒巻少尉は死んではいなかった。その朝、疲れ切った身体が岸に打ちよせられたとき、彼の意識はもうろうとしていた。艇が爆発しないことに気づき、あわてて泳ぎもどろうとしたが、いまはその気力さえも萎えていた。

やがて、少尉が意識を回復したとき、背の高いアメリカ兵が腰に拳銃をかまえたまま彼を見張っているのに気づいた。デヴィッド・M・アクイ軍曹。――こうして酒巻少尉は捕虜第一号となり、特殊潜航艇作戦の幕はすべて下りたのである。

酒巻少尉がホノルルの米軍収容所に送られているころ、はるか北西のニイハウ島では、一人の日本機搭乗員が同じように最後の生還のための努力を重ねていた。

攻撃隊の不時着機を収容するため、ハワイ諸島西端の予定地点、ニイハウ島に伊七十四潜水艦がむかったのは十二月六日夜のことである。

同艦に乗り組んでいた第十一潜水隊司令水口兵衛大佐の日誌には、つぎのように記されている。

「十二月七日（注、日本時間）晴

潜航後連合艦隊司令長官の訓示竝に連合艦隊に賜りたる聖旨の電に接す　乗員一同に伝達せしめ粉骨砕身以て成功を誓ふ

日没後浮上するに風浪依然高し　一戦速にてニイハウ島に向ふ　一八〇〇（ハワイ時間十二月六日午後一〇時三〇分）同島の灯台を左二〇度に見て強速とす　第一待機地点に向ふ」

伊七十四潜は、そのまま配備についた。

艦長池沢政幸少佐は真珠湾攻撃の直後浮上し、不時着機の捜索に当たった。この手配については事実のようである。攻撃を受けないときは浮上し、潜航中でも潜望鏡は露呈している

——この机上プランは、実行してみると実際には困難をきわめた。

その直上を、救出潜水艦をもとめてオアフ島から飛来した西開地重徳機が、何も気づかないまま通過しているのである。

時刻は午前一〇時半ばをすぎていた。この日、ニイハウ島に住むカナカ先住民たちは、礼拝のため島の北西、プウワイにある教会に集まっていた。

そのときのことだった。上空に二機の日本機が飛来し、そのうちの一機は長く煙の尾を曳いていた。彼らのあいだにざわめきが起こったが、その事態が何を意味するのかはだれにもわからなかった。

ニイハウ島は不思議な島である。ハワイ諸島八島のなかで、一三六戸、二五〇人と二番目に人口の少ない島だ。面積は七二平方マイル、米国政権下でも個人所有の島で、隣りのカウアイ島で砂糖会社を営むロビンソン一家の別荘地として管理されている。

ロビンソン家の先祖はイギリス人で、曾祖母の時代にハワイ王カメハメハ大王から島を一万ドルで買い取った。島はカナカ人集落が一ヵ所にあるだけで、緑にあふれ、ブーゲンビリアの花が咲き、果物も豊富な、文字通りの〝地上の楽園〟であった。

ロビンソン家の当主であるエルマーとレスター兄弟は、小国の王のようにこの島に君臨していた。一家はめったに島を訪れることがなく、管理をまかされた三男イルマーが週一回、プウワイ近くのキエキエにある別荘の管理にやってくるだけだった。

警察も裁判所も郵便局も、ホテルもレストランもアルコールも、ない。公用語はカナカ語で、ラジオも一台しかない。そして、ロビンソン一家の招待状がないかぎり、だれも足を踏み入れることができない治外法権の島であった。その島に、突然〝招かれざる客〟がやってきたのだ。


カエナ岬の集合地点にやってきたとき、西開地一飛曹は飛龍隊がすべて反転帰投していることを知った。米軍機との交戦や被弾で、集合に手まどったのが失敗だった。

同隊『戦闘行動調書』には、能野隊は「〇五二〇引上ゲ　帰途ニツク」とあるから、午前九時五〇分すぎのことである。

西開地機は、真珠湾上空に取り残された。見るともう一機、白煙を曳きずっている零戦がいた。蒼龍隊の石井三郎二飛曹機である。

二機は合流すると、すぐにニイハウ島にむかっている。傷ついた同士がたがいの状況を見て、勇気を奮い起こしたのであろう。オアフ島から島までは一二四マイル（約二〇〇キロ）。わずか三〇分余りの飛行距離にすぎない。

二機はニイハウ島上空を旋回した。カナカ人たちが爆音におどろいて見上げたのはこのときのことだ。彼らの目的は、不時着地点を探すのではなく、浮上潜水艦を洋上にもとめていたのだと思われる。

島は南北に二八キロ。五〇メートルの低空で飛んでいたため、機上からは地上の様子が手にとるようにわかった。プウワイにある教会は白亜の建築物で、キエキエの別荘も白人たちの豪邸に見えた。集まってきたカナカ人たちも、教会へは男は白ワイシャツ、白ズボン、白靴。女はドレスと、見下ろすと敵国白人ばかりの集団と思われた。のちに彼がこの場所を不時着地点にえらばなかったのは、こういう理由がある。

洋上に出て、二機はさらに味方潜水艦を捜しもとめる。ニイハウ島南方洋上一〇キロの待機地点——だが、不幸なことに伊七十四潜は海没したのか、発見できないでいる。ここで、石井三郎機に異変が起きた。ガソリンの流出がさらにはげしくなったからである。

「母艦に帰投せよ」

西開地一飛曹は自機の被害がまだ軽微だと思われたので、彼に母艦への反転を勧める。石井二飛曹は首を振った。

「電波を出してくれと頼んだが、ダメだった」と、彼は手真似でいった。

「母艦の位置がわからない」

西開地機も決断のときがせまっていた。彼は、機首を南に転じた。一縷《る》の望みをいだいて不時着予定地点を捜索するつもりだった。彼が一緒にくるか、それとも……。

「真珠湾にもどり、自爆する」

それが石井機の答えだった。石井二飛曹は東にむかった。と見るや、機は急反転し、そのまま海面に突入した。波紋がおさまると尾部が浮き、それが墓標のように見えた。

——これが、米軍記録に多く見える石井三郎二飛曹の最期である。だが、これは事実とは遠いようである。前掲のように石井二飛曹は蒼龍をもとめて反転帰投し、洋上で行方不明となったことは確実で、この話は不時着後、西開地一飛曹が後述する原田夫妻に語った内容に、のちのさまざまな憶測が加わったものであろう。

この日、制空隊零戦の未帰還は九機である。その最期が確認されているのは五機で、戦死状況が不明なのは加賀の佐野清之進、羽田透二飛曹、稲永富雄一飛曹の三機である。もし海上突入が石井機でなかったとしたら、この苛烈な自裁行動がだれのものであるか、もはや知ることはできない。

二度目に、島に日本軍戦闘機がもどってきたとき、こんどは一機だった。最初に目撃したときから相当の時間がたっていた。十二時という記録があるから、洋上一〇キロ周辺を機は必死になって捜索していたに違いない。

伊七十四潜の池沢艦長が、任務に忠実であったことは間違いない。だが、浮上と潜航のくり返しでは、海面の潜望鏡は波頭にまぎれて見えず、また浮上時の見張りも、もし島への不時着機を発見したところで、いかなる救出手段をとるつもりだったのか。

海軍中央も、日本機救出にたいしてさほど関心が無かったことも指摘できる。

その証拠に、午後一時に清水光美中将名で潜水艦隊に、脱出する米艦や帰投中の空母、重巡艦群を邀撃するために残敵を殲滅《せんめつ》せよ——との命令を発せられている。このため、午後七時一〇分に伊七十四潜は新たに緊急配備点にむかい、ニイハウ島救出地点から離れたのである。

結局、西開地機はキエキエの白人住居（と思われた）をさけ、海を見下ろせる小高い丘の牧草地帯を不時着地点にえらんだ。

機はカナカ人、ハワード（現地名ハウイラ）・カレオハノの牧場の近くに不時着した。この零戦『BII―120』は小岩の多い牧草地帯をバウンドし、鉄条網を引きちぎり、前後に揺さぶるようにして地を這い、ようやくのことで止まった。パイロットは、衝撃で失神したようだった。

西開地一飛曹がこの場所をえらんだことが、彼の悲劇の発端となった。ハワード・カレオハノ——日本兵との戦闘の功績で終戦時、勲章を授けられた——の自宅二〇フィート（六メートル）先に、不時着機は止まっていた。その後、撮影された西開地機の写真を見ると、プロペラは折れ曲り、脚はめり込んで、まるで人が両手を広げたままうつ伏せに飛び込んだかのような悲惨な形となっている。

カレオハノはとっさに走りよると、パイロットを引きずり出し、素早く拳銃と書類をポケットより奪い去った。その素早い行動は何だったのか？

カレオハノが真珠湾攻撃を知っていたはずはない。ハワイ島のコナに生まれ、八年制小学校を卒業。ニイハウ島に渡り、ロビンソン家に気に入られて、牧場主となった。このとき二十九歳。

米人ジャーナリスト、アラン・ベークマン著『The Niihau Incident』（「ニイハウ事件」）には、このときの二人のやりとりが再現されている。それによると、カレオハノは三男坊イルマーが読む新聞記事により日米関係の悪化を知り、日本機が——偵察か侵入目的で——姿を現したと判断し、「重要書類」を奪いとったとしている。

意識を回復した西開地一飛曹がまっさきに発した質問は、「あなたは日本人ですか」ということだった。これは、事前に「ニイハウ島住民ハ日本人ナリ」と聞かされていた情報と合致する。カナカ人とはいえ、日に焼けて色黒のカレオハノは、そうまちがえられても不思議ではない風貌をしていた。

「いや、ハワイアンだ」

彼は首を振った。西開地は少し英語が話せた。今治中学時代の英語教育で少し読み書きはできるが、発音はうまくない。

カレオハノは、妻が焼いておいたパンケーキをさし出した。ブラックコーヒーと干し魚も一緒だった。のどが乾いていたのだろう。西開地はコーヒーをお代わりし、干し魚とパンケーキを口にした。そしてポケットから日本円を取り出すと、お礼に渡そうとした。

「NO！」

と、カレオハノが言った。日本の紙幣は、ここでは通用しないよ。西開地は煙草を取り出した。彼はそれを断り、愛用の煙草を巻き、二人はそれを吸った。

西開地は重い口調で言った。

「書類を返して下さい」


この「書類」が何であったかについては、諸説ある。ベークマンによれば、西開地一飛曹が奪われたのは単純に「拳銃《ピストル》と書類《ペイパー》」とし、その中身は命令書、真珠湾およびヒッカム飛行場の見取図、平文の呼び出し符号、その他身のまわりの所持品としている。開戦当初、米本土に仏教師として布教活動をしていた田名大正師著『抑留所日記』（後出）には「機密書類」とも「重要書類」ともある。

常識的に考えれば、機密暗号表と航法図だが、これは蒼龍の阿部平次郎大尉が、帰途に正式に航空図板に作成して記念にしたと回想するように、出撃前に帰途の母艦の位置を記入したとは考え難い。ただ、零式戦闘機には専門の航法士はいず、またクルシー式無線帰投装置は設計図では装備されているが、生産が間に合わず積んである機はかぎられている。もし帰投装置を搭載していたところで、母艦は無線封止をつづけているので、役立つまい。

その場合、加賀隊の志賀淑雄大尉によると、出撃前に母艦位置と帰投方位を記入していた可能性もありそうだ、という。蒼龍の田中平飛曹長は隊長の菅波政治大尉が、途中翔鶴艦爆機が左に一〇度横に外れている事態に気づいていたと回想し、それを修正しなかったため彼らは洋上を彷徨したのだが、その事実は、同時に菅波大尉は母艦の位置、帰投の方位を出撃前に記録していたことになる。

二十一歳の西開地一飛曹にとって、日本側機動部隊の位置を知られることは致命的なまでの失策であった。もし米側につたわれば、六隻の空母群は風前の灯である。とにかく、早く取りもどさなければ……。これ以降の西開地重徳の行動を追うと、彼が狂気のように（彼にとっての）「機密書類」を捜しもとめていた事実が浮かび上がる。

だが、カレオハノは冷たくいった。

「渡すことはできない」

ニイハウ島には四人の日本人がいた。いや、正確には日系《ジャパニーズ・アメリカン》二世、三世というべきだろう。

一人は原田義雄。日本人移民の子で、父親菊代は福島県生まれ。明治三十二年にカウアイ島に入植し、妻ミエとのあいだに一〇人の子供をもうけた。義雄は四番目の子供である。白人経営者と日本人労働者の境遇の差、立ちはだかる人種差別と排日気運――。青年原田は十七歳のとき、青雲の志を抱いてカリフォルニアに渡り、七年間ロサンゼルスや各地を転々としたが成功せず、ふたたび故郷にもどった。二十四歳のとき、結婚相手にえらんだのがアイリーン・ウメノ・タナカである。

田中梅乃も日系二世で、父親は山口県出身の田中善助。母ハツとのあいだに五人の兄弟姉妹があり、梅乃は次女。原田はガソリンスタンドで働き、結婚して五年、三人の子供に恵まれた。

家族に転機が来たのは一九四〇年（昭和十五年）一月のことである。ニイハウ島全体の管理人をもとめていたロビンソン一家との話し合いで、原田は教育のため長男と長女をカウアイ島に預け、妻梅乃と四歳の次女三人で島に渡った。原田義雄三十七歳、梅乃三十五歳である。

管理者イルマーに気に入られ、持ち前の実直、誠実な性格からカナカ人たちの信頼もえ、一家は米本土で五年後のレストラン経営を夢見ながら、平穏な日々を重ねていた。別荘の管理人、養蜂業が主な仕事である。妻梅乃は島の牧童たち相手に（注、島には一、五〇〇頭の牛と一二、〇〇〇頭の羊がいた）得意の編物で収入をあげている。

原田一家の生活は、まずは順風満帆のスタートであった。

もう一人の新谷石松だけは、日系二世ではない。明治十四年、広島県生まれ。十九歳のときハワイに渡り、ロビンソン家の許しをえて、ニイハウ島の労働者となった。カナカ人を妻とし、三人の子供に恵まれた。だが、彼に米国籍はあたえられていない。妻と子供たちは米国人に登録されているが、石松はあくまでも日本人である。

その不安が、新谷石松の行動を不安定なものとした。西開地機が不時着したとき、さっそく彼が駆けつけたが、二言三言、言葉を交すと表情を変えて、すぐその場を立ち去った。それを見て、二人のカナカ青年が馬を飛ばし、キエキエの別荘近くに住む原田義雄に急を報せることにした。


原田はカレオハノの自宅に入って行った。高床式の山小屋風の家である。周囲は、不安そうなカナカ人たちが取り巻いている。

「どうかしましたか。あなたは、どこから来たんですか？」

原田は額にケガをした西開地を見て、日本語で話しかけた。西開地は目を輝かせてさけんだ。

「あなたは、日本の方ですか！」

生まれたときから、日系二世の原田は当局の監視下におかれている。そのために、この緊急事態収拾のために何らかの役割を果たして見せなければならないのだ。原田はできるだけ平静な表情を保つことにした。

西開地はそっと訊ねた。

「ここの人たちはみな、日本語がわかりますか」

「いいえ、わかっても片言ぐらいでしょう」

一安心したのか、西開地は口火を切った。

「日本が真珠湾を攻撃したのを、ご存知でしょう」

原田は唯一のラジオを持っていたが、真珠湾攻撃の事実は知らなかった。しかしながら日本人パイロットの持ち出した話は、いきなり彼の立場を窮地に陥れることになった。カナカ人たちは原田の出自を知っており、もし日米開戦ともなれば、彼の存在をめぐってどんな事態が生起するか知れなかった。

西開地は用心深く、自分の名前を名乗っていない。だが、相手を日本人と知って心を許したようだった。そして、すぐさまこう訴えた。自分の拳銃と機密書類を奪い取られた。すぐに取り返したい。

「そのことは黙っていたほうがよい」

と、原田は口を封じた。とにかく今は、住民たちにパニックを起こさせないことが肝心だ。彼らが何も知らないうちに、方策を考え出さねばならない。

その夜、ハワイ諸島全島に灯火管制が施かれた。対岸のカウアイ島は真っ暗な闇に閉ざされている。

西開地重徳は潜水艦による救出をあきらめていなかった。だが、南方洋上一〇キロとあるからには、島からの視認は不可能である。もしかして潜水艦が水上偵察機を放ち、あるいは島近くの洋上に来て救出してくれるかも知れない。あれを思い、これを案じ、二十一歳の青年パイロットの心は千々に乱れている。

原田にとっても、カレオハノにとっても、日本軍潜水艦が西開地救出に上陸してくれば、抵抗するすべはない。日本軍の武力の前では無抵抗である。そのために、この〝招かれざる客〟の始末は、翌月曜日に島にやってくるはずの三男坊イルマーの判断にまかせよう、という話し合いになった。西開地は混乱する頭のなかで、その提案を受け入れた。

島の北東端にケエという舟着場がある。翌日、カナカ人たちは西開地をともない、トラクターでケエに行った。一日待ったが、イルマーは来なかった。それも道理であった。真珠湾攻撃の大混乱で、カウアイ島からの週一回の定期便は、陸軍の命令で運航中止となっていたのである。翌九日も同様であった。

第三潜水戦隊伊七十四潜水艦は、もはやこの海域にいない。すでに日本機搭乗員の救出不要と判断し、司令部命令による配備変更で不時着予定地点から後退していたのである。

搭乗員救出について、先遣部隊指揮官清水光美中将がその位置確認、連絡などの具体的方法について指示、検討をはかった形跡はない。伊七十四潜側も、エンタープライズ追尾の攻撃優先で、この地味な役割に積極的であったとは言い難い。

清水中将からの命令とは次のようなものである。


「敵空母及大巡数隻港外ニアルモノノ如シ　之ガ帰路ヲ邀撃スベシ」

これで、西開地重徳を救出する途はすべて断たれたのである。


西開地重徳は追いつめられていた。味方潜水艦による救出はもはや見込みがない。時がいたずらにすぎ、事態は悪化する一方である。

新谷石松が問いつめられて真珠湾攻撃の事実を口にし、島民たちは事態のすべてを知っていた。村人たちが信頼する原田が後楯についているため、日本軍パイロットに手出しはできないが、騒ぎを聞きつけていずれカウアイ島の駐留部隊が出動して来るのは間違いない。

ついに、決断のときが来た。カナカ人の若者六人がケエの舟着場につながれた大型ボートで、連絡のとだえたカウアイ島に危急を報らせるべく船出したのである。

この情報はたちまち軍当局に通報され、ロビンソン一家にもつたえられるだろう。そのことを知った西開地重徳には、もはや逃げ場はなかった。このまま米軍に捕えられるか、それとも……。彼の決断は一つしかなかった。

前出の浄土真宗、仏教開教師田名大正著『抑留所日記』には、その後ホノルルの収容所に入れられた原田梅乃が語った談話がつたえられている。それによると、「日本の航空兵」はキエキエの原田の自宅に移り、そこで祖国日本はなぜ米国と戦端を開くことになったか、そのいきさつをくわしく語り、「二人の間の話は十年の知己の如くになった」という。

原田義雄はカウアイ島生まれで、日本をまだ見たことはない。父親菊代は、祖父の面倒を見なければならないという理由で日本に帰り、母と子供たちだけがハワイに残った。その彼がどのような思いで祖国日本と対していたのか。梅乃の回想によればこうである。

「日本民族の血を受けた私として、祖先の国日本につくすのはまさにこの時だと思うから、私にすべきことがあれば言ってくれ」

原田の問いかけに、西開地はこう答える。その要旨はこうだ。

われわれは不退転の決意をもって、何十年もの長期戦を覚悟しての開戦である。私の司令官（注、二航戦司令官山口多聞少将の意）は、われらの出発にさいして、「いかなる場合においても生命は君国のものなり。大切に取りあつかって、再三再四の奉公のできるように」と訓示された。自分は不幸にして敵国の小島に不時着したので、軍人としての誇りを思うならば、切腹して果つべきであるが、司令官の訓示を思うならば、最善の方法をとりたいと思う――。

西開地の願いは、米軍に捕縛される前に機密書類すべて取り返し、この最新鋭戦闘機、零戦の秘密を米軍に知られないように破壊しつくすことである。

「それができなかったら、死ぬばかりです」

「私もそうしよう」

と、原田が応じた。西開地は梅乃夫人にむき直り、頭を下げた。

「あなたにたいしては、まことにお気の毒に思うが、原田氏の命を祖国にささげさせてくれ」

梅乃は、はっきりとこう答えた。

「夫の身命を君国にささげることに、一言もありません」

ホノルルの収容所で聞いた新谷石松の話と、梅乃未亡人の話には幾分の差があるが、「私は原田夫人から聞いたままを語るのみ」と、田名大正師は記している。

十二月十二日金曜日を迎えた。二人は新谷石松が働いている養蜂場に出かけた。二人の村人の監視役が同行した。新谷を呼び出すと、三人は長い間話しあっていた。会話は日本語なので、中身はわからなかった。やがて新谷が出て行った。

後の話だが、新谷石松も二人の話に心動かされたようだ。彼は一人でカレオハノを訪ね、機密書類を返せ、さもなくば重大なことになると交渉している。二百ドルの紙幣を出し、御礼はこれですするとも語りかけている。二百ドルといえば、この島では大金であった。

カレオハノの態度は相変らずにべもなかった。

「出て行け！」

新谷から報告を受けた二人は、行動を起こすときが来たことを知った。原田はロビンソン家の所有していた猟銃《ショット・ガン》と拳銃を持ち出し、拳銃のほうを西開地に渡した。

そのときのことだった。西開地は日本語で紙に書いた文字を手渡し、「日本軍が上陸してきたら、これを司令官に渡して下さい」といった。それには、

海軍一等飛行兵曹西開地重徳
愛媛県越智郡波止浜町三八六番地

と書かれていた。梅乃はその紙切れを受けとり、スリップのひだ飾りに隠した。

梅乃が家を取りまく村人たちに酒をふるまっている隙を見て、二人は窓から抜け出した。午後四時三〇分ごろのことである。行き先はカレオハノの自宅である。

だが、めざす相手は救援をもとめるためカウアイ島に逃れ、家には妻と幼い子供二人がいるだけであった。

それから、いったい何が起こったのか。じつは妻梅乃はその場にいず、証言者もカナカ人ばかりで話も誇張され、事実関係がはっきりしない。

この事件を最初に報じたのはホノルルの英字新聞紙「スター・プレティン」(一九四二年七月十八日付)だが、報道の中身はあらまし次のようなものである。

――二人の日本人は駆けだすと、そのままハウイラ・カレオハノの家を襲った。武器は原田がロビンソン家から持ちだした拳銃と散弾銃計二梃である。しかし、そこには、最初西開地から取りあげた拳銃だけはみつかったが、書類はなかった。

夕闇がせまりつつあった。二人は気が狂ったように村の一軒一軒をたずねて歩き、失った機密書類をさがしもとめた。村人たちは野原に隠れていたため、彼らに問いただすすべもなく、西開地はむなしい捜索をつづけた。機密書類はついに発見できず、二人は落胆し、最後の方法としてカレオハノの家に火を放った。こうすれば、家ごと書類も焼けてしまうと考えたからである。

土曜日の朝になった。

日本人に占領されたこのニイハウ島の村に、村人のベニ・カナヘレが妻エラとともにしのび込んだ。彼の目的は形勢をうかがうためであったが、たちまち西開地たちの人質となってしまった。しかし、大男のベニは小さな日本人に飛びかかり、エラもそれに加わって格闘となった。

原田は妻を引き離し、抵抗したエラは原田を引っかき、足で蹴とばした。カナヘレは原田に「妻に手を出すな。でないと、お前を殺すぞ」と脅かした。

これですべてが終りとなってしまった。組み敷かれた西開地はカナヘレの太ももと腹と足に三発の拳銃弾を撃ち込んだが、彼はそれに屈せず〝まるで羊でもつかまえるように〟その日本人の首と足をつかんで高々とさしあげ、石の壁にたたきつけて殺した。原田は、それをみて観念し、散弾銃をのどにあて自殺した……。

ここに登場するベニ・カナヘレとは、もともとニイハウ島に君臨した酋長の末裔である。二メートル近い巨躯で、このとき五十一歳。力自慢の男として知られていた。原田がロビンソン家の寵愛《ちょうあい》を受けていたことを「元酋長」の誇りが許さず、日系人に好感情を持っていなかったとも指摘されている。

梅乃夫人の回想ではこうだ。この中で「土人」とあるのはカレオハノのことである。

――ある家での事、土人の妻が一言二言いったとき、その主人が裏から逃げてロビンソン氏の家に走った。原田氏はあとを追うて行き、ロビンソン氏の家にいたり、腕力ではダメだと思ってそこにあった銃をさしむけたら、土人は書類を出すと言う。それで、書類のありかがわかったのである。ところが、土人はすきを見て窓から逃げ出したので、西開地氏は今はこれまでとその家に火を放ったのである。その火は十八哩もはなれたカウアイ島にすむ私にも見えた。

わが事終れり、と見た西開地は水兵の持つナイフで自殺し、それを見た原田氏もまた暗涙をのんで、後を追って猟銃をもって行動をともにしたものである。

ハウイラ・カレオハノはカウアイ島に脱出したため、この話に信憑性《しんぴょう》はない。おそらく混乱のなかで人から人へと伝えられた話を、夫人が聞きかじっただけのものと思われる。

米側諸記録を総合すると、少なくとも浮かび上がってくるいくつかの事実がある。

西開地と原田二人がカレオハノの家に火を放ったのは翌十三日午前三時のことである。夜半から深更にかけて、村中のあらゆる場所を探しまわったが、どこにも機密書類は見出せなかった。カレオハノに逃げられ、妻と子供相手ではらちがあかず、絶望的な気分にとらわれていたろう。

西開地たちは暗い無人の村を歩きまわり、銃を空にむけ発射しながら、カレオハノの行方を追った。村人を人質に取り、他の村人にも捜索させた。

不時着機を燃やそうとしたが、焼けたのはコックピットと胴体だけだった。

原田の気持も追いつめられていた。不時着の日本人パイロットを助け出し、村人を威嚇し、家に火を放っている。米国籍をもつ原田にとって、もはや後もどりできない状況であった。

村人を人質に取った西開地は猟銃を両手で持ち、飛行靴に拳銃をさし込んでいた。予備の弾薬は原田が持っていた。

ベニ・カナヘレと妻エラがやはり事件の立役者となったことは、事実のようである。その詳細とはこうだ。――覚悟を決めた原田がワイシャツのボタンを外し、猟銃を手に持った。彼から拳銃用の弾薬を受け取ろうと西開地が背をむけた瞬間、カナヘレとエラが飛びかかった。

飛行靴から急いで拳銃を抜こうとしたとき、エラが彼の手にしがみついた。原田が必死になって引き離すと、西開地は三発の銃弾を放った。カナヘレは背から尻にかけて弾丸を受けたが、それにひるまず西開地の首と両足をつかみ上げ、石壁に叩きつけた。

西開地は気を失ったが、エラは飛びかかり石で頭を砕いた。同時にカナヘレは、持っていた狩猟ナイフでこの日本人パイロットの喉をかき切った。

それを見た原田義雄は猟銃を腹に当てがい、引き金をひいた……。

一九四五年八月十五日、ベニ・カナヘレはホノルルで日本兵と戦い、島民の危機を救ったという理由で中部太平洋司令官リチャードソン大将から、パープル・ハート勲章を授けられている。カレオハノも同じ理由で叙勲された。

事件後、カナヘレは平常の生活にもどったが、「あのとき私は、正気ではなかった」と述懐している。


原田梅乃と新谷石松は翌十四日、ハワード・カレオハノの案内でニイハウ島に駆けつけてきた海兵隊員たちによって逮捕された。罪名は国家反逆罪であった。

夫人梅乃は、二人の死を知らない。無実を訴える彼女にカウアイ島バーンズ基地の日系将校ジョン・ミズハ大尉はそれを認めず、四歳の次女と梅乃、新谷の三人をカウアイ島に送った。

カレオハノが西開地から奪った書類はミズハ大尉に渡された。米軍情報将校は、この「機密書類」は日本機搭乗員にとっては大事なものかも知れないが、軍にとっては大して重要なものではなかった、とコメントしている。

たしかに真珠湾攻撃後一週間たった現在では、たとえ日本側機動部隊の位置が判明しても無意味な一片の紙切れにすぎない。焼かれた零戦も修復不可能で、その驚異的な性能の秘密を解明するためにはミッドウェー作戦時、アリューシャン列島で鹵獲《ろかく》した完成機一機の出現を待たねばならなかった。

梅乃は次女を預け、オアフ島ホノルル港内にあるサンドアイランド収容所にむかった。新谷石松も同様である。ここは一般収容所とは異なり、重罪犯のみを収容する刑務所であった。ここで彼女は夫の死をはじめて知った。

夫人梅乃が釈放されたのは、終戦間近い一九四四年秋のことである。丸四年間の獄中生活であった。

西開地重徳の遺族、愛媛県波止浜にある両親がニイハウ島事件の詳細を知るのは、戦後十年たってからのことである。一九五五年（昭和三十年）、元四国新聞社長で「生長の家」の東山半之助師がカウアイ島滞在中に事件のことを知り、事件の調査を開始した。

地元山陽新聞がそのいきさつを記事にし、すべてのいきさつが明るみに出た。

西開地と原田の墓は、ニイハウ島の事件現場にあった。一九四六年、終戦後一年目に梅乃の嘆願でふたたび掘り起こされ、カウアイ島で荼毘《だび》に付された。墓は立てられず、原田の遺骨は梅乃夫人の仏壇に祭られている。

西開地の遺骨は「日本兵、無名戦士、ニイハウ島X―1」として同年、日本側に返された。

一九五六年、神奈川県庁に安置されていた「X―1」が西開地重徳と判明し、十五年ぶりに遺族のもとに帰った。

三人の子供たちがそれぞれ独立し、梅乃夫人の晩年は孤独なものであったようである。

「あの飛行機さえ飛んでこなければ……」

という彼女の述懐は、運命というものの恐るべき貌《かお》を物語って余りある。

エピローグ

戦艦アリゾナ・メモリアルの南側、F―5桟橋にはもう一隻の記念艦ミズーリ号が繫留され、これも一般公開されている。東京湾上で日本の降伏調印式がおこなわれた戦艦である。開戦当初、奇襲攻撃を受け爆沈した戦艦と、やがて立ち直り相手に降伏文書の調印をさせた戦艦とを同一海面に並べて展示するのは、アメリカ人好みの派手なショー的演出が色濃いが、かつてヒトラーが一九四〇年、第一次大戦のドイツ休戦会談場となった鉄道車輛をコンピェーニュの同じ森に引き出し、フランスの降伏使節を引見したように、戦勝国の振舞いはどこでも同じようだ。

ブッシュ演説から十年後、真珠湾六十周年記念式典で、奇しくもその息子ジョージ・W・ブッシュ大統領がふたたび真珠湾上の演台に立った。

彼は言う。

「パールハーバーで起こったことは、米国にとって長く辛い戦争の始まりだった。この突然の攻撃《サープライズ・アタック》にたいし、われわれは自由の守護者として着実な戦いをしてきた。そして、その使命は今も変わることなく、われわれは自由のために戦いつづけている。

パールハーバーへの攻撃は秘密裡に計画され、容赦のない攻撃がおこなわれた。そして二、四〇三人の命が奪われた。……十二月八日（注、攻撃翌日）になって事態が明らかになり、国を挙げて解決に挑むことになった。この四年の戦いのあいだ、だれ一人われわれの戦いの目的の正当性、および勝利を疑う者はいなかった。そして、何万人もの兵士の努力と犠牲によって、世界は残虐な行為から救われたのだ」

両大統領とも、現在の日米関係の友好を謳い上げ、父は欧州戦線における日系米兵四四二部隊の功績を称え、息子は同盟国である日本とその素晴しい国民に感謝すると、「海の友情」を力説した。

歴史的に見れば、その通りだと思う。アリゾナ・メモリアルからの帰途、対岸にもどるランチのなかで、ブッシュ現大統領のスピーチのつづきがスピーカーで流されている。

「……六十年前の惨禍《さんか》は過去のものとなり、太平洋における戦いは、今や歴史上の出来事となった」

なぜ、このような悲劇が起こったのだろうか？　この私の疑念は、本書を書き終えた今、少しばかりは晴らされている。だが、本質的な疑念はまだ心の裏に残って去らない。

現在までつづく国家間の対立、宗教や民族間の抗争、差別、テロリズム――かつて、われわれとの二つの国にあった敵意、憎悪がどのようなものであったのか。それが、なぜ起こったのか。そして今、これら憎しみや偏見、差別といったものが、果たして本当に消え去ったといえるのだろうか。

戦艦アリゾナの赤錆びた砲塔基部は思ったより貧弱で、小さな波が弱々しく打ち寄せているだけである。この波の下に眠る米国水兵たちも、どんな思いでいるのか。そしてまた、単冠湾からそのまま戦場に送り込まれた日本機搭乗員たちは、死の瞬間、何を感じていたのか。岩佐直治大尉の特殊潜航艇は引き揚げられて、戦時中、潜水艦桟橋の埋め立て材料とされた。湾口外には、もう一隻の潜航艇が投棄されて、眠ったままである。

私はこの物語を、若き搭乗員たちへの鎮魂のつもりで書いた。戦死者や哀れ――。若き彼らがなぜ死ななければならなかったのか。そして少なくとも彼らがこの世に生きた、という証《あかし》を語りつづけたいと思う。

この物語のために、多くの協力を得た。これらの人々は筆者のインタビューに快く応じ、また著書からの引用を快諾してくれた。その名を記して感謝の気持としたい。

草鹿龍之介、横川市平、佐薙毅、雀部利三郎、鈴木栄二郎、大橋恭三、大谷藤之助、坂上五郎、小原尚、下田久夫、杉山積の各氏。

また、ハワイ作戦参加者で協力者は、以下の通りである。

淵田美津雄、源田実、橋口喬、吉岡忠一、阿部平次郎、志賀淑雄、松村平太、岡嶋清熊、江間保、阿部善次、山本貞雄、藤田怡与蔵、三福岩吉、佐藤善一、橋本敏男、越智正武、徳留明、松田憲雄、沖中明、小山富雄、吉野治男、中村豊弘、森拾三、吉岡政光、丸山泰輔、笠島敏夫、大浦民兵、鈴木敏夫、堀建二、谷口正夫、田中平、安部安次郎、金沢卓一、横枕秀綱、西沢十一郎、牛島静人、松山弥高、大久保忠平、石川鋭、小瀬本国雄、古田清人、木村惟雄、阪東誠、岡元高志の各氏（以上、順不同）。

さらに、第三戦隊参謀竹内将人少佐の愛嬢中村澄江氏からは日記の引用を、ハワイ総領事館にいた油下和子氏からは体験談を、阿部平次郎夫人愛子氏からは、提供資料の引用を、それぞれ快く許してくれた。

基本文献として使用したものに実松譲編『現代史資料―太平洋戦争〈1～3〉』（みすず書房）がある。米上下両院合同調査委員会の報告をまとめたもので、コーデル・ハル国務長官はじめ米政府高官の尋問をはじめ、すでに開催された六つの査問委員会の概要が訳出してあり、真珠湾の謎を解明する上で大いに役立った。

日本側には、それと対比する文献として防衛研究所戦史室著、戦史叢書『ハワイ作戦』があるが、その他、作戦参加者の記録として飛龍会編『空母飛龍の追憶（正・続）』、蒼龍会編『航空母艦蒼龍の記録』両著があり、日本側の戦史をたどる上で貴重な文献となった。これら両著の引用を快諾してくれた飛龍会世話人萬代久男氏、蒼龍会世話人元木茂男氏に感謝の言葉をのべたいと思う。

われわれは真珠湾の悲劇を二度とくり返してはならない。あの悲惨な歴史を教訓として、日本は対アジア近隣諸国、対ソ、対米関係において誇りうる民族の選択を歴史に刻んで欲しいと願う。――そうでなければ、あの日、真珠湾で喪われた若者たちの魂が報われることはない。

ホノルルを去る前日、私は真珠湾上空を飛んだ。高度一、〇〇〇メートルぐらいであったろうか。それはあまりに狭く、小さな入江であったことに衝撃を受けたことを、最後に付記しておきたい。

（文中敬称略）

平成二十七年八月　盂蘭盆会の日に

森　史朗

主要参考文献

【戦史・戦闘記録】
戦史叢書（防衛庁戦史室著）　朝雲新聞社
「ハワイ作戦」
「海軍航空概史」
「潜水艦史」
「大本営海軍部・連合艦隊（1）」
飛行機隊戦闘行動調書　防衛庁戦史室蔵
赤城、加賀、蒼龍、飛龍、瑞鶴、翔鶴各艦
「第五航空戦隊戦闘詳報第一号」　同
「布哇空中攻撃隊戦闘詳報　軍艦翔鶴」　同
「特別攻撃隊AI戦闘詳報」　同
「飛龍盡忠録」　軍艦飛龍　加来花子蔵

【回顧録・戦史研究など】
「連合艦隊」　草鹿龍之介　毎日新聞社
「史観真珠湾攻撃」　福留繁　自由アジア社
「機動部隊」　淵田美津雄・奥宮正武共著　日本出版協同
「真珠湾の真相」　淵田美津雄　大和タイムス社
「真珠湾作戦回顧録」　源田実　読売新聞社
「十二月八日未明」　源田実　公論社
「人間山本五十六」　反町栄一　光和堂
「山本五十六とその幕僚たち」　近江兵治郎　TIS
「井上成美」　井上成美伝記刊行会
「戦藻録」　宇垣纏　原書房
「大東亜戦争全史」　服部卓四郎　同
「自伝的日本海軍始末記」　高木惣吉　光人社
「米国に使して」　野村吉三郎　岩波書店
「野村吉三郎」　木場浩介編著　同伝記刊行会
「泡沫の三十五年」　来栖三郎　文化書院
「時代の一面」　東郷茂徳　改造社
「祖父東郷茂徳の生涯」　東郷茂彦　文藝春秋
「幻の最後通牒」　実松譲　五月書房
「一青年外交官の太平洋戦争」　藤山楢一　新潮社
「真珠湾・リスボン・東京」　森島守人　岩波新書
「海へ帰る」　横山一郎　原書房
「加瀬俊一回想録」　加瀬俊一　山手書房
「二人だけの戦争」　牛島秀彦　毎日新聞社
「九軍神は語らず」　牛島秀彦　講談社
「抑留所日記」　田名大正　山喜房佛書林
「九軍神正伝」　朝日新聞社編

「飯田中佐伝」　飯田中佐顕彰会
「鎮魂の海」　佐々木半九・今和泉喜次郎　読売新聞社
「潜水艦隊」　井浦祥二郎　出版協同
「伊号58帰投せり」　橋本以行　鱒書房
「特殊潜航艇」　佐野大和　図書出版社
「山本五十六」　阿川弘之　新潮社
「軍艦長門の生涯」　阿川弘之　新潮社
「昭和16年12月8日」　児島襄　文春文庫
「大本営が震えた日」　吉村昭　新潮社
「真珠湾メモリアル」　徳岡孝夫　中央公論社
「昭和史の謎を追う」　秦郁彦　文藝春秋
「第二次大戦航空史話」　秦郁彦　光風堂出版
「日本海軍戦闘機隊―付・エース列伝」　秦郁彦監修・伊沢保穂編　酣燈社
「雷撃機出動」　森拾三
「空母艦爆隊」　山川新作　今日の話題社
「修羅の翼」　角田和男　光人社
「戦争裁判余録」　豊田隈雄　泰生社
「東京裁判」　朝日新聞法廷記者団　東京裁判刊行会
「太平洋戦争への道」　国際政治学会　朝日新聞社
「戦前期日本官僚制の制度・組織・人事」　日本近代史料研究会編　東京大学出版会
「日本陸海軍の制度・組織・人事」　日本近代史料研究会編　同
「陸海軍将官人事総覧」　外山操編　芙蓉書房
「日本海軍将官辞典」　福川秀樹　同

【雑誌記事、その他】

「五十年前の真珠湾攻撃」　阿部善次（「新潮45」平成三年八月号）
「私は開戦直前の真珠湾をさぐった」　鈴木英（「週刊読売」昭和五十年六月七日号）
「真珠湾攻撃を見た男たち『最後の証言』」　神立尚紀編（「現代」平成十三年九月号）
　原田要、本島自柳、森永隆義各手記
「真珠湾攻撃の思い出」（「東郷」昭和四十四年十二月号）
　橋口喬、松村平太、阿部平次郎、岡嶋清熊各手記
「私が真珠湾の秘密を盗んだ」　吉川猛夫（「丸」昭和三十五年七月号）
「ハワイに不時着した零戦」　龍城巌（「歴史読本」昭和四十五年九月号）

「祖国は知らないただ一機」　大日方傳（「オール読物」昭和三〇年十二月号）
「ハワイ出撃日記」　竹内将人（増刊「歴史と人物」昭和五十六年五月号）
「敵艦隊ハ真珠湾ニ在リ」　福岡政治（同　昭和五十八年一月号）
「その日、私は総領事館にいた」　油下和子　同
「われ真珠湾上空にあり」　同
前田武、吉川啓次郎、重永春喜、内海寿男、山崎武男各手記
「機動部隊、針路九十七度」　増田正吾（「丸」昭和三十二年三月号）
「1941/12/7/在ワシントン日本大使館」　寺井義守・監修佐藤一守（同　平成十四年十二月号）
「東郷家文書が語る12月8日」　東郷茂彦（「文藝春秋」平成三年十二月号）
「対米通告遅延の全真相」　八木正男（同　平成七年十二月号）
「日本大使館員にも言わせてくれ」　吉田寿一（「諸君」平成四年一月号）
「誰が対日『最後通牒』を仕掛けたのか」　ハル・ゴールド（同　平成三年八月号）
「パール・ハーバー前夜のF・ルーズベルト」R・J・C・ビュートウ（「中央公論」昭和六十三年十二月号）
「十二月八日のホワイトハウス」　同（「新潮45」平成三年十二月号）
「真珠湾の火の海から」　J・K・トーシッグ（『特集文藝春秋――ニッポンと戦った五年間』）
「運命の選択―日米開戦」（『別冊歴史読本』'86年冬季特別号）
「奇襲ハワイ作戦」（『歴史群像』太平洋戦史シリーズ①　Gakken
「真珠湾攻撃隊」（モデルアート10月号臨時増刊No.378）

【外国文献】
「ルーズベルトとホプキンス（I〜II）」　ロバート・シャーウッド（村上光彦訳）　みすず書房
「回想のルーズベルト（I〜II）」　ジョン・ガンサー（清水俊二訳）　六興出版社
「世紀の大行進」　ジョン・ガンサー（内山敏訳）　集英社
「太平洋戦争秘史―米戦時指導者の回想」　毎日新

聞社訳・編
「回想録―コーデル・ハル」 朝日新聞社訳同社刊
「滞日十年（上・下）」 ジョセフ・C・グルー（石川欣一訳） 毎日新聞社
「日米外交秘史」 F・モアー（寺田喜治郎・南井慶二共訳） 法政大学出版局
「栄光と夢〈2〉」 ウィリアム・マンチェスター（鈴木主税訳） 草思社
「太平洋の旭日（上・下）―太平洋戦争アメリカ海軍作戦史」 サミュエル・E・モリソン（中野五郎訳） 改造社
「真珠湾は眠っていたか（I～III）」 ゴードン・W・プランゲ（土門周平・高橋久志訳） 講談社
「真珠湾の審判」 ロバート・A・シオボールド（中野五郎訳） 講談社
「真珠湾―日米開戦の真相とルーズベルトの責任」 G・モーゲンスターン（渡邉明訳） 錦正社
「真珠湾攻撃」 ジョン・トーランド（徳岡孝夫訳） 文藝春秋
「真珠湾の真実―ルーズベルト欺瞞の日々」 ロバート・B・スティネット（妹尾作太男訳） 同
「パールハーバー」 ロベルタ・ウールステッター（岩島久夫・斐子訳） 読売新聞社
「キル・ジャップス！」 E・B・ポッター（秋山信雄訳） 光人社
「暗号戦争」 デーヴィッド・カーン（秦郁彦・関野英夫訳） 早川書房
「太平洋戦争暗号作戦（上・下）」 エドウィン・T・レートン（毎日新聞社外信部グループ訳） TBSブリタニカ
「太平洋暗号戦史」 W・J・ホルムズ（妹尾作太男訳） ダイヤモンド社
「特殊潜航艇史」 ペギー・ウォーナー（妹尾作太男訳） 時事通信社

【原書など】

"History of United States Naval Operations in World War II —THE RISING SUN IN THE PACIFIC" by Samuel Eliot Morrison ; Little, Brawn & Company.
"AT DAWN WE SLEPT—THE UNTOLD STORY OF PEARL HARBOR" by Gordon W. Prange ; Mc Graw-Hill Book Co.
"Admiral Halsey's Story" by Halsey William F &

J.Bryan Ⅲ ; Mc Graw-Hill Book Co.
"DAY OF DECEIT—THE TRUTH ABOUT FDR AND PEARL HARBOR" by Robert B. Stinnett ; THE FREE PRESS.
"PEARL HARBOR BETRAYED" by Michael Cannon ; OWL BOOKS
"THIS IS NO DRILL!" by Henry Berry ; BERKLEY BOOKS
"HAWAII UNDER THE RISING SUN" by John J.Stephan ; University of Hawaii Press.
"THE ATTACK ON PEARL HARBOR" by Larry Kimmett & Margaret Regis ; Navigator Publishing.
"OUR CALL TO ARMS" Times Inc
"PEARL HARBOR—THE DAY OF INFAMY" by Jhon McCain ; BASIC BOOKS
"The Niihau Incident" by Allan Beekman ; Heritage Press

単行本　平成十五年八月「運命の夜明け」改題　光人社刊

NF文庫

真珠湾攻撃作戦

二〇一五年十二月十七日　印刷
二〇一五年十二月二十三日　発行
著　者　森　史朗
発行者　高城直一
発行所　株式会社　潮書房光人社
〒102-0073
東京都千代田区九段北一-九-十一
振替／〇〇一七〇-六-五四六九三
電話／〇三-三二六五-一八六四(代)
印刷製本　株式会社シナノ
定価はカバーに表示してあります
乱丁・落丁のものはお取りかえ致します。本文は中性紙を使用
ISBN978-4-7698-2922-5　C0195
http://www.kojinsha.co.jp

NF文庫

刊行のことば

第二次世界大戦の戦火が熄《や》んで五〇年——その間、小社は夥しい数の戦争の記録を渉猟し、発掘し、常に公正なる立場を貫いて書誌とし、大方の絶讃を博して今日に及ぶが、その源は、散華された世代への熱き思い入れであり、同時に、その記録を誌して平和の礎とし、後世に伝えんとするにある。

小社の出版物は、戦記、伝記、文学、エッセイ、写真集、その他、すでに一、〇〇〇点を越え、加えて戦後五〇年になんなんとするを契機として、「光人社NF（ノンフィクション）文庫」を創刊して、読者諸賢の熱烈要望におこたえする次第である。人生のバイブルとして、心弱きときの活性の糧《かて》として、散華の世代からの感動の肉声に、あなたもぜひ、耳を傾けて下さい。